Internationale vegetarische Küche

INTERNATIONALE

VEGETARISCHE

KÜCHE

Barbara Rias-Bucher
Food-Fotos von Karl Newedel

Südwest

Chilischoten auf einem Markt in Bangkok.

Die Reisterrassen von Banaue auf den Philippinen gelten als achtes Weltwunder.

Traditioneller Reisanbau in Vietnam: Setzlinge werden im Schlammbett gezogen und dann in größeren Abständen auf das Feld umgepflanzt (Seite 4/5).

Ein Muß für Thailandreisende: Die schwimmenden Märkte in der Umgebung der Stadt Damnoen Saduak in der Nähe von Bangkok (Seite 6/7).

Gemüse und Früchte in üppiger Vielfalt: Markt in Quatre Bornes auf Mauritius (Seite 8/9).

INHALT

Russische Bäuerin bei der Ernte in der Nähe von Irkutsk.

Straßenküche in Karatschi, Pakistan.

Vorwort

Die Idee zu diesem Buch entstand im Sommer 1995: Damals hatte ich zwei sehr umfangreiche Kochbücher mit vielen Rezepten abgeschlossen und wollte gewissermaßen wieder raus aus der Küche. Ich glaube, ich hatte einfach Lust auf eine Zeitreise und eine Weltreise. Da mir für eine Zeitreise die entsprechende Maschine, für die Weltreise aber Geld und Muße fehlten, musste ich einen anderen Weg wählen, mir diesen Wunsch zu erfüllen. So beschloss ich, meine Faszination am zeitlich und räumlich Fremden, mein Interesse an Kultur und Geschichte, mein Wissen über Kochen und Lebensmittel miteinander zu verbinden. Natürlich wollte ich beim Kulinarischen bleiben: Erstens kenne ich mich damit am besten aus. Zweitens macht der Aspekt des Vegetarischen, mit dem ich mich nun seit Jahren beschäftige, eine solche Reise erst richtig spannend.

Die Theorie der vegetarischen Ernährung ist ein paar Tausend Jahre alt, die vegetarische Küche wurde in fast jeder Kultur praktiziert und nährt auch heute Millionen in aller Welt. Obwohl Fleisch in unserer Geschichte immer die Speise der Reichen war, machte beim Geschäft mit Lebensmitteln nicht das Fleisch reich, sondern die Pflanzen: Kornspekulanten, Gewürzhändler und Zuckerbarone sind nur ein paar Beispiele. Gemüse, Früchte, Gewürze, Kräuter, Hülsenfrüchte, Nudeln, Reis und Brot sind im Laufe der Zeit entdeckt, gezüchtet oder produziert worden. Mit den Menschen haben sie Wanderungen vollzogen, die über Tausende von Kilometern reichen – wie die Kartoffel, die Tomate oder die Chilischote. Vieles blieb lange regional begrenzt, weil woanders die Nachfrage fehlte. In Deutschland sorgen Ausländer und unsere Reisen ins Ausland seit einigen Jahren für ein Angebot »fremder« Lebensmittel, das mit dem anderer europäischer Staaten endlich vergleichbar ist.

Weil ich kein Buch aus Büchern schreiben wollte, brauchte ich für den größten Teil meiner Reise Begleiter. So ging ich auf die Suche nach Männern und Frauen aus allen Ländern, die mir über das Essen ihrer Heimat, über ihre Kultur und ihre Lebensgewohnheiten erzählen wollten. Und die mir authentische Rezepte geben konnten. Ich fand sehr viele Begleiter, und sie sind auf den folgenden Seiten immer präsent – mein herzlicher Dank an alle.

Die gemeinsame Arbeit am Buch half mir, ein paar Verhaltens- und Denkmuster zu begreifen, bei mir und bei anderen. Ich bin selbst keine Vegetarierin, esse aber vorwiegend fleisch- und fischlos. Das hat keinen ideologischen Hintergrund, es ist einfach Prägung: Ich bin mit Tieren aufgewachsen und verstehe mich sehr gut mit ihnen. In meiner Kindheit und Jugend aß man aus Sparsamkeit Kartoffeln, Gemüse, Salat und Nudeln. Meine Mutter ist eine ausgezeichnete Köchin, denn sie besitzt Phantasie. Ich lernte also eine fleischlose, oft einfache Küche in höchster Perfektion kennen. Noch heute esse ich am liebsten das Einfache – allerdings perfekt zubereitet und mit den besten Zutaten. Ich liebe die

Vielfalt der Formen und Farben von Gemüse und Früchten, ich mag den Duft von Kräutern und Gewürzen. Außerdem bin ich neugierig: Mich reizen die verschiedenen Sorten von Reis, Nudeln, Hülsenfrüchten und alle anderen Lebensmittel, die ich nicht kenne. Essen dient der Erhaltung des individuellen und kollektiven Lebens: Ob wir Felder bestellen oder Vorräte anlegen, unsere Kinder ernähren oder Gäste bewirten – immer geht es um uns selbst und um unsere Mitmenschen.

Bei Vegetariern ist das nicht anders. Vegetarisch mit Not, Askese oder Lustfeindlichkeit gleichzusetzen, scheint mir ein Missverständnis vieler Fleischesser zu sein. Fast überall auf der Erde galt Fleischessen als Luxus. Da man Luxus und Genuss gemeinhin als Einheit betrachtet, galt der Fleischesser als Gourmet. Fromme Männer und Frauen dagegen verzichteten auf Fleisch, Arme konnten es sich nicht leisten, und Gesundheitsbewusste lehnen es ab – aus Gründen, die nicht immer besonders rational sind. Daraus wiederum folgten die simplen Kategorien »Asket«, »Hungerleider« und »Spinner«. Was umgekehrt viele Vegetarier wohl aus Rache dazu verleitete, die »anderen« mit ethischen Maßstäben zu messen und – je nach dem Grad der eigenen Unsicherheit – auch zu verdammen.

Diese Polarisierung habe ich während meiner vielen Vorgespräche nicht ein einziges Mal empfunden. Zunächst war es nicht immer leicht, meine Idee zu vermitteln. Ich wandte mich ja nicht an Profis, die Fragen von Journalisten gewohnt und für PR durchaus zu haben sind. Ich konnte niemandem anbieten, ein Buch zu schreiben, sondern bat nur andere, mir bei meinem eigenen zu helfen. So musste es anfangs auf die meisten gewirkt haben, die ich ansprach. Dass dieses Buch ohne meine vielen Begleiter niemals entstanden wäre, wusste anfangs niemand, nicht mal ich selbst. Und obwohl ich nichts bieten, sondern nur bitten konnte, fand ich fast überall zuerst freundliches Gehör, bald Vertrauen, schließlich Unterstützung und Hilfe.

Zum Schluss möchte ich ein Erlebnis erzählen, das mich wie ein Foto über Jahre begleitet hat. Als ich von meiner imaginären Zeit- und Weltreise wieder zu Hause angekommen war, schien es mir wie ein Bild für dieses Buch und die Erfahrungen zu sein, die ich dabei gemacht hatte: Während meiner realen Reise nach Sri Lanka besuchte ich einen Tempel. Auf dem Boden saßen Frauen und Männer, versunken in ihre Gebete. Auf einem Altar hockte ein Affe und fraß Tempelblumen. Keiner fand das Tier störend, amüsant oder niedlich; es war einfach da, so selbstverständlich wie die Menschen. Und genauso selbstverständlich war ich da, die Fremde.

Roger E. Cope und Renata Sako-Hoess

María Díaz

Nora Dubral

Die Autoren der Rezepte

Iris Bichelmaier-Zalszupin
Sie wurde am 30.9.1966 in Curitiba (Brasilien) geboren. Nach dem Besuch der Staatlichen Fachschule für Land- und Viehwirtschaft absolvierte sie verschiedene Praktika und Fortbildungen in diesem Bereich. Seit 1991 ist Iris in München verheiratet. Ihre Kenntnisse über die Produkte ihrer Heimat und ihre Begeisterung für brasilianische Küche waren ausschlaggebend, dass sie inzwischen einen privaten Service für Buffets und größere Essen anbietet.

Çoskun und Claudia Büyükgüçlü
Çoskun wurde am 1.7.1956 in Kilis (Türkei) geboren. Er kam bereits als Student nach Deutschland und lebt inzwischen seit 18 Jahren hier. Der Diplompolitologe betreibt zusammen mit seiner Frau Claudia in München einen Feinkostladen für Mittelmeerspezialitäten und einen Imbiss mit vorwiegend vegetarischen Gerichten. Der Grund, diesen Laden aufzumachen: Çoskun arbeitete nach dem Studium in der Lebensmittelbranche, interessierte sich für vollwertige Ernährung, kocht gern und wollte selbständig sein. Er hat mir die Verbindung von traditioneller türkischer Küche und der Europas, natürlichem Kochen und Feinschmeckerei gezeigt.

Roger E. Cope
Er wurde am 21.4.1941 in London geboren und lebt seit 25 Jahren in Deutschland, wo er als Systemingenieur tätig ist. Er kocht gern und gut – nicht nur englische Rezepte. Egal ob mit Formen für den typischen Christmas-Pudding oder einem authentischen Wok für asiatische Gerichte, Roger ist für sämtliche (Koch-)Aktivitäten bestens ausgerüstet.

Arun Das Gupta
Er wurde am 3.8.1932 in Kalkutta geboren, wo er nach dem Abitur in einer Maschinenfabrik eine Lehre absolvierte. Mit 22 Jahren kam er als Praktikant nach Deutschland. Während seines Maschinenbaustudiums in England lernte er seine spätere Frau, eine Deutsche, kennen, mit der er 1967 zurück nach München ging. Kochen hat Arun erst von einem indischen Freund in England gelernt, denn in Indien wäre ein Mann in der Küche undenkbar. Arun hat zwei Töchter, die beide in Deutschland studieren.

María Díaz
Sie wurde am 9.2.1970 in Pamplona geboren und lebt seit 1988 in Deutschland. Sie schloss ihr Studium der Ernährungs- und Hauswissenschaft mit dem Diplom ab, absolvierte verschiedene Praktika und ist als Ausbilderin in diesem Bereich tätig.

Nora Dubral
Sie wurde in Teheran geboren. Die Armenierin ist mit einem Deutschen verheiratet, lebt seit Jahren in Deutschland und beschäftigt sich am liebsten mit Kunst und Kultur, Kochen und Bewirten.

Ramata Ebersbach-Dabiré
Sie wurde am 21.4.1944 in Diébougou (Burkina Faso) geboren und kam mit 23 Jahren nach Deutschland, wo sie ein Studium absolvierte. Als Sozialarbeiterin betreut sie geistig Behinderte. In der freien Zeit, die ihr neben der Familie bleibt (sie ist mit einem Deutschen verheiratet, hat zwei Söhne), malt sie.

Michiyo Ernst
Sie wurde 1950 in Japan geboren und lebt seit 1974 in Deutschland. Sie ist verheiratet und hat zwei Kinder. Ihre Liebe zum Kochen vermittelt sie anderen mit großer Begeisterung bei den Kochkursen an der Volkshochschule.

Maria Fecondo
Sie wurde am 12.4.1952 in Ribera in der italienischen Provinz Agrigento geboren und lebt mit ihrer Familie (Kindern und Enkeln) seit über 20 Jahren in Deutschland.

Aurea Galarpe-Helbig
Sie wurde am 29.5.55 auf den Philippinen geboren, lebt seit 1980 in Deutschland und ist hier auch verheiratet. Die gelernte Apothekerin betreibt seit einiger Zeit in München ein eigenes Geschäft für philippinische Spezialitäten und Geschenkartikel.

Maria Paz Gonzalez
Sie stammt aus Asturien (Spanien), ist Lehrerin und lebt mit ihren drei Kindern seit 19 Jahren in Deutschland.

Josefine Helm
Sie wurde am 10.10.1944 in Pramet (Österreich) geboren. Neben ihrer Familie (sie ist verheiratet und hat zwei Kinder), der Arbeit im Einzelhandel und ihrem Mitwirken im Kirchenchor backt sie leidenschaftlich gern.

Dr. Phung Hoang
Sie stammt aus Vietnam und kam 1970 nach Deutschland. Sie studierte in Darmstadt Chemie und arbeitete nach der Promotion an der Münchner Universität. Weil sie sehr gerne kocht, gab sie dem Drängen ihrer deutschen Bekannten nach und eröffnete 1989 zusammen mit einer Freundin ein Restaurant in Gauting. Längerfristig ließen sich Lokal und Uni nicht kombinieren, so dass sie sich nun seit drei Jahren mit Hilfe ihrer Schwester ganz auf das Restaurant konzentriert.

Sun Hee Jun-Sailer
Sie wurde am 5.1.1952 in Milyang (Südkorea) geboren und kam nach dem Abitur 1972 nach Deutschland. Hier lernte sie Krankenpflege. Sie ist mit einem Deutschen verheiratet und hat zwei Kinder. Ich machte ihre Bekanntschaft vor einigen Jahren, als ich ein Haus von ihr und ihrem Mann mietete und von der Nachbarin erfuhr, dass Sun Hee so gut kochen kann.

Sombat Kaewchum-Rozmus
Sie wurde am 17.8.1952 in Bangkok geboren, lebt seit vielen Jahren als Haushälterin in Deutschland und kocht außerdem für große Veranstaltungen. Sie hat mir die Präzision der thailändischen Küche gezeigt.

Jutta Kogel
Sie wurde am 16.7.1948 in München geboren und ist 1989 in die USA emigiriert, wo sie mit ihrem Mann und zwei Söhnen in Kentucky im Staate Washington lebt. Dort betreibt sie einen Partyservice und kocht für große Veranstaltungen.

Galina V. Koptelzewa
Sie wurde am 18.11.1967 in Moskau geboren und studiert seit zwei Jahren in Deutschland.

Rosemarie Kraus
Sie wurde am 11.5.1946 im schweizerischen Kanton Obwalden geboren, lebt seit 1977 in Deutschland, ist hier verheiratet und als Krankenschwester voll berufstätig.

Vicky Krug
Sie wurde am 7.1.1954 in Tessaloniki (Griechenland) geboren. Seit 1973 lebt sie in Deutschland. Sie bezeichnet sich selbst als richtigen Familienmenschen. Natürlich kocht sie mit Begeisterung für ihren Mann und ihre zwei Kinder. Ihre hauswirtschaftlichen Kenntnisse kann sie in ihrer Beratungstätigkeit für Tupperware gut einsetzen.

Martha Lavallée
Sie wurde am 29.12.1934 in Budapest geboren. Von Beruf Journalistin, ist sie inzwischen »nur noch« als Hausfrau tätig. Daneben widmet sie sich ihren Hobbys – vor allem Reisen und der Lektüre politischer Bücher.

Elena Lupas
Geboren 1944 in Bukarest, lebt sie seit 1979 in Deutschland. Sie unterrichtet Englisch, hat ein Buch über die englische Renaissance und Shakespeare geschrieben und findet noch Zeit für ihren Mann und ihre zwei Kinder.

Lyne Manuel
Sie wurde 1946 in Dijon geboren, kam 1967 nach Deutschland, ist hier verheiratet und hat zwei Söhne. Sie arbeitet im Datenmanagement, im Bereich klinischer Studien. Ihre Rezepte greifen die bäuerlichen Elemente auf und veredeln sie für den französischen Geschmack.

Athanase Mariggis
Sie wurde am 5.9.1964 in Griechenland geboren, lebt seit 1974 in Deutschland. Nachdem das zweite Kind gerade auf die Welt gekommen ist, widmet sich die ehemalige Filialleiterin einer Bank jetzt ganz ihrer Familie. Sie kocht gerne, aber am liebsten backt sie.

Martha Lavallée

Lyne Manuel

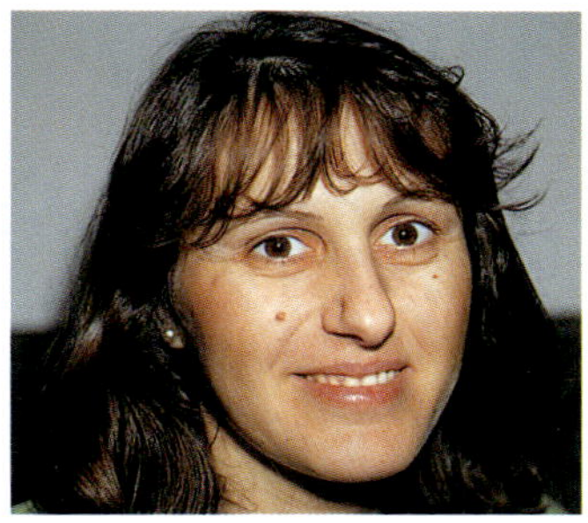
Athanase Mariggis

Lina und Albrecht Neudecker

Helga Pucker

Carmen Ramirez-Königsbauer

Cecilie Messmer
Sie stammt aus Rorschach, also von der Schweizer Seite des Bodensees, lebt seit 44 Jahren in Deutschland und ist eine begeisterte Köchin, die gern Neues ausprobiert.

Sonja Rye Mortensen
Geboren am 4.7.1957 in Skanderup (Dänemark), wuchs sie auf einem Gutshof auf, studierte Ökotrophologie und arbeitet selbstständig als PR-Beraterin. Kochen und Reisen gehören zu ihren Hobbys.

Lina Neudecker
Sie wurde am 22.2.1960 in Jakarta (Indonesien) geboren. Die Mathematikdozentin lebt seit 1994 in Deutschland, ist hier verheiratet und hat gerade ihr zweites Kind bekommen.

Zenaida Panganiban
Sie wurde am 25.1.1963 in Manila (Philippinen) geboren, wo sie auch ihr Studium der Kommunikationswissenschaften abschloß. 1968 verbrachte sie bereits einige Zeit in München, hielt Deutschkurse für Ausländer an der Universität ab und organisierte Reiseprogramme.

Ramola Parbhoo
Sie wurde 1952 in Port Elizabeth (Südafrika) geboren. Ihre indische Abstammung und ihr Verwurzeltsein im Hinduismus sind eingeflossen in ihren Beruf: die Verbreitung der indischen Küche, wobei sie sich natürlich ganz besonders mit vegetarischer Ernährung befasst. Ramola zog 1980 mit ihrer Familie nach Kapstadt, eröffnete dort Südafrikas erste Schule für indische Kochkunst, schrieb zahlreiche Bücher und versuchte immer, die verschiedenen kulturellen Elemente möglichst erfolgreich zu integrieren.

Helga Pucker
Sie wurde am 25.1.1953 in Wien geboren, wo sie auch Geschichte und Germanistik studierte. Seit 1980 lebt sie mit ihrem Mann und drei Kindern in Gräfelfing. Sie liebt Nudelgerichte, Pizza und Schokoladenkuchen; Fleischgerichte gibt es kaum, auch wenn sie sich nicht als Vegetarierin bezeichnet.

Carmen Ramirez-Königsbauer
Sie wurde am 8.8.1956 in Andahuylas (Peru) geboren. Nach ihrem Studium in Lima und den USA ging sie 1979 nach Deutschland. Sie arbeitet seit 16 Jahren in der Erwachsenenbildung, hat eine Tochter und engagiert sich in der lateinamerikanischen Kulturszene.

Joëlle Ribas
Sie wurde am 8.9.1957 in Perpignan (Südfrankreich) geboren. Nach ihrem Studium der französischen, lateinischen und englischsprachigen Literatur an der Universität von Toulouse war sie mehrere Jahre als Lehrerin tätig, bevor sie sich dem Verlags- und Buchwesen zuwandte. Seit 1996 lebt Joëlle in München, wo sie inzwischen als freie Lektorin und Verlagsassistentin arbeitet.

Janja Rieser
Geboren am 25.1.1966 in der thailändischen Provinz Prae, wuchs sie auf dem Bauernhof ihrer Familie auf. Bei ihrer Cousine lernte Janja das Kochen; dabei war ihr das Wichtigste, durch Ausprobieren herauszufinden, welche Kombinationen miteinander harmonieren. Bei ihrer Arbeit in einem Restaurant auf der Insel Sqmed lernte sie ihren Mann kennen. Vor sieben Jahren kamen sie nach Deutschland.

Natalia Rykova
Sie wurde am 12.11.1964 in Kischinew, der Hauptstadt Moldawiens, geboren. Nach einem Chemiestudium in Odessa ließ sie sich als Krankengymnastin ausbilden. Sie lebt seit 1991 in Deutschland, hat eine Tochter und arbeitet in der Prävention und Rehabilitation.

Renata Sako-Hoess
Geboren am 3.6.1961 in Preßburg, kam sie 1968 aus politischen und familiären Gründen in die Bundesrepublik. Sie schloss ihr Studium der Germanistik und Slawistik in München mit dem Magister ab. Heute arbeitet sie als Lehrbeauftragte für Slowakisch, als Übersetzerin und Dolmetscherin und auf freiberuflicher Basis für das Kulturreferat der Stadt München, für das sie u.a. die Betreuung der osteuropäischen Stipendiaten übernommen hat.

Sonja Samouh
Sie wurde am 6.3.1949 geboren und ist Chefsekretärin. Die marokkanische Küche lernte sie durch ihren aus Casablanca stammenden Mann kennen.

Ewa Schimmer
Sie wurde am 9.11.1954 in Stockholm geboren, kam bereits 1965 nach Deutschland, ist hier verheiratet und hat zwei Kinder. Sie unterrichtet Biologie, Chemie und Schwedisch am Gymnasium.

Natalia Schkunajeva
Sie wurde am 6.7.1944 in Buchara (Usbekistan) geboren. Sie ist Russin, lebt seit 1992 in Deutschland, ist hier verheiratet und hat eine Tochter. Natalia arbeitet als Architektin.

Marina Schlichter
Sie wurde 1959 in Moskau geboren. Sie lebt seit 1990 in Deutschland, ist als Übersetzerin tätig und hat einen Sohn.

Llermi Schröder
Sie wurde am 29.10.1949 in Mexiko-Stadt geboren, wo sie die deutsche Schule besuchte. 1971 übersiedelte sie nach München, absolvierte eine Ausbildung zur mathematisch-technischen Assistentin und legte ein Sprachdiplom am Goethe-Institut ab. Sie ist verheiratet, hat zwei Söhne und arbeitet halbtags an der Universität.

Miguel Angel Servidio
Er wurde am 14.9.1967 in Buenos Aires (Argentinien) als Sohn italienischer Eltern geboren. Natürlich zog es ihn, als er 1987 nach Europa ging, zuerst nach Italien. Seit 1989 lebt er in Deutschland. Schon als Kind kochte Miguel gern; heute ist er Koch und kennt sich mit der südamerikanischen und italienischen Küche gleichermaßen gut aus.

Arnoldo da Silva-Pereira
Er wurde 1974 in Brasilia geboren. Als Mitglied der nationalen Schüler- und Studentenvereinigung war er mehrere Jahre aktiv in der Jugend- und Kulturarbeit tätig. Seit einem Au-pair-Aufenthalt in München im Sommer 1993 lebt er hier und bereitet sich zur Zeit auf das Studium der Sonderpädagogik vor.

Marina Tek
Sie stammt aus Phnom Penh (Kambodscha), wo sie als ältestes von neun Kindern chinesischer Herkunft aufwuchs. 1980 wanderte sie wegen des Krieges nach Deutschland aus. Ihre Leidenschaft ist Kochen. Sie probiert ständig neue Gerichte aus, dabei ist und bleibt ihre Spezialität aber die chinesische Küche.

Bilha Widmann
Geboren am 26.1.1950 in Israel, zog sie 1980 nach Deutschland, ist hier verheiratet und Mutter zweier Söhne. Bilha leitet die Kochkurse der Jüdischen Gemeinde Münchens.

Tutty Wilpernig
Sie wurde am 21.11.1956 in Bandung (Indonesien) geboren und lebte mehrere Jahre in Taiwan und Pakistan, so dass sie die Gerichte der unterschiedlichsten Länder kennen lernte. Heute ist sie in Deutschland verheiratet. Von ihr habe ich gelernt, dass Kochen nicht in einem Land bleibt und Küchen sich kreativ vermischen.

Erdogan Yarar
Geboren 1957 in Niktes (Mittelanatolien), betreibt er zusammen mit seiner Frau einen Feinkostladen mit Imbiss im Hamburger Univiertel. Er kam 1979 nach Deutschland und arbeitete als Koch in Köln, Frankfurt und in Hamburg. Dort lernte er auch seine Frau kennen, die ebenfalls aus der Türkei stammt und mit der er zwei Kinder hat.

Michiko Yoshihara-Fink
Sie wurde am 28.8.1954 in Osaka geboren. Die Textildesignerin lebt seit 18 Jahren in Deutschland und hat ein Kind.

Xiaoyan Zhang
Geboren am 15.12.1962 in China, lebt sie seit 1988 in Deutschland. Die gelernte Bauingenieurin ist verheiratet und Mutter zweier Kinder. Seit ihrem 13. Lebensjahr ist sie eine leidenschaftliche Köchin. Außerdem gibt sie Kurse in Tai Chi und Chi Gong.

Natalia Rykova

Arnoldo da Silva-Pereira

Tutty Wilpernig

VORSPEISEN

Imbiss in China heißt auch eine Auswahl an Kleinigkeiten.

Tapas, Hors d'œuvres, Sushi

Häppchen zum Entspannen

Edle Vorspeise, kleines Häppchen als Gaumenkitzel oder schneller Imbiss in der Arbeitspause – kulinarisch läßt sich das in vielen Ländern der Erde nicht ganz scharf trennen.

An dem, was wir vor dem Essen zum Aperitif knabbern, als Tapas zum Sherry essen, als traditionsreiches Hors d'œuvre genießen oder zeitgeistmäßiges Amuse-gueule kredenzt kriegen, was wir uns von der russischen Zakuski-Tafel holen, in Chinarestaurants als Dim Sum oder »beim Japaner« als Sushi bestellen, kann man zwei Entwicklungen ablesen: Die eine führt durch die Zeit, die andere durch die Welt.

Vorspeisen oder »Voressen«, wie es im berühmtesten deutschen Barockroman, dem Simplicissimus von Grimmelshausen, heißt, dienten der höfisch-feudalen Gesellschaft einst als fette und kräftige Grundlage, die reichlichen Alkoholgenuss ermöglichte. Eine russische Vorspeisentafel scheint mir noch in diese Zeit zurückzureichen: »Zakuski entstanden aus der Gewohnheit, eine Kleinigkeit zum Wodka zu essen«, sagte mir Marina Schlichter. Und so lautet auch die korrekte Übersetzung: Häppchen zum Getränk. Zakuski schlagen gleichzeitig die Brücke zur Moderne, denn Blini zum Kaviar, Fisch in Aspik oder würzige Salate mit Mayonnaise gehören nicht mehr zur großen kulinarischen Show, sondern zum reichhaltigen Buffet, das auf Qualität vor Quantität setzt. Im 19. Jahrhundert, dem Jahrhundert der Bürger, wurde nicht mehr geprasst und gesoffen – dazu waren die Bürger zu gottesfürchtig und zu sparsam. Aber viele von ihnen waren reicher als der Adel und deshalb höchst selbstbewusst, sie waren gebildeter und sehr kultiviert. So wurden aus den gewaltigen Voressen zum Hochprozentigen im Laufe der Zeit die erlesenen, kleinen Vorspeisen zum leichten Aperitif.

Tapas, die kleinen Häppchen, gehören in Spanien zum Aperitif.

Tapas, Hors d'œuvres, Dim Sum und Sushi sind ebenfalls miteinander verwandt. Ursprünglich waren sie die kleinen Häppchen zum Erholen während der Arbeitspause oder zum Entspannen am Feierabend – »hors d'œuvre« heißt: außerhalb der Arbeit. Um die Mitte des vorigen Jahrhunderts änderte sich die Art des Servierens. Hatten vorher die Diener mit jedem Gang zur Tafel eine ganze Palette von Speisen zur Auswahl für die Gäste gebracht, wurde den Gästen nun beim neuen »service à la russe« bei jedem dieser Gänge nur ein Tellergericht vorgesetzt. Es heißt, hinter dieser kulinarischen Neuerung habe die Politik gestanden und Initiator des Ganzen sei der Gesandte des russischen Zaren gewesen. Man habe

Die Vorspeisentafel in Kasachstan zeigt die kulinarischen Einflüsse aus den angrenzenden Regionen und die für traditionell muslimische Gesellschaften übliche Trennung der Geschlechter: Auch beim Essen sind sowohl Männer als auch Frauen nur unter sich.

Eine strenge Speisenfolge wie in Europa kennt man in Asien nicht. Alle Gerichte kommen gemeinsam auf den Tisch – egal ob in der Arbeitspause, zu Hause oder beim Festessen. Jeder nimmt, worauf er gerade Lust hat.

sich nun – unbelastet von der Qual der Wahl und eines übervollen Bauchs – den diplomatischen Winkelzügen bei gepflegter Konversation widmen können.

Ich halte das für eine sehr eurozentrische Erklärung; selbstverständlich haben Menschen aller Länder schon immer erlesenes Speisen und kultiviertes Tischgespräch miteinander verbunden, haben Chinas Diplomaten, Indiens Maharadschas, Japans Schogune beim Essen hohe Politik gemacht. Und in diesen Ländern kommen die Gerichte noch heute gemeinsam auf den Tisch, ähnlich wie beim alten europäischen »service à la française«.

In Europa jedenfalls wandelte sich mit dem Service auch die Bedeutung des Hors d'œuvre: Jetzt verstand man unter »œuvre« nicht nur ganz konkret die Arbeit, sondern das Schaffen. Es wurde das Werk des Künstlers, auch des Kochkünstlers, der ein Menü komponierte. Den Auftakt dieses kulinarischen Kunstwerks bildete das Hors d'œuvre. In den ländlichen Gegenden Europas, wo man sich nicht streng an die Regeln der klassisch-bürgerlichen Menüfolge hielt, und in asiatischen Ländern, die eine ganz andere Speisenfolge kennen, bedurfte es keiner Hors d'œuvres; Tapas und Antipasti, Meze, Dim Sum und Sushi blieben, was sie waren – die wunderbaren, kleinen Häppchen zum Erholen und Entspannen.

Ich glaube, dass sich in den letzten Jahren kulinarisch wieder vieles geändert hat. An die Stelle des exakt komponierten Menüs können andere Arten des Genießens und Bewirtens treten: Bistro und Döner-Kebab-Stand, Asienimbiss und Sushi-Bar, Raki-Tafel und Vorspeisenbuffet liegen im Trend. Das ist so international wie traditionell: Die Garküchen des alten Europa kehren über den Osten wieder zurück und machen dem konfektionierten Fastfood aus dem Westen endlich Konkurrenz.

Mit Hartkäse am besten

Erdogan Yarar nimmt für die Armenfrikadellen Kasar peyniri, den harten türkischen Schafkäse: »Er schmeckt mild und passt gut zu einem so starken Würzkraut wie Pfefferminze. Beim Erhitzen wird er weich, ohne zu laufen – man kann die Frikadellen also gut aus der Hand essen. Als Alternative empfehle ich pikanten Schafkäse aus Korsika. Feta, der bekannte weiche Frischkäse in der Lake, eignet sich nicht.«

Armenfrikadellen
Fakir Koftesi

Aus der Türkei

Die kleinen Pflänzchen aus Kartoffelteig mit einer würzigen Füllung aus festem türkischem Schafkäse und gemischten Kräutern stammen aus Mittelanatolien. Dort isst man sie mit Tomatensauce als Hauptgericht. Erdogan Yarar serviert sie in seinem Laden heiß oder kalt als Imbiss und empfiehlt sie fürs Vorspeisenbuffet.

Für 6 Portionen
6 große Kartoffeln
4 Eier
Salz, Pfeffer
Geriebene Muskatnuss
50 g Semmelbrösel
200 g türkischer Schafkäse (siehe links)
2 Hand voll Kerbel, Petersilien- und Pfefferminzblättchen (gemischt)
Öl zum Braten
Dauert etwa 1 1/2 Stunden

› Die Kartoffeln mit der Schale gerade eben weich kochen, pellen und fein reiben.

› 2 Eier, Salz, Pfeffer und Muskatnuss zufügen und alles mit den Händen zu einem Teig kneten.

› Die restlichen Eier in einem tiefen Teller verquirlen. Semmelbrösel auf einem anderen Teller bereitstellen.

› Den Schafkäse reiben und mit den fein gehackten Kräutern mischen.

› Aus dem Kartoffelteig etwa tischtennisballgroße Klöße formen, mit der Käse-Kräuter-Mischung füllen und wie Frikadellen leicht flach drücken. In Eiern und Semmelbröseln panieren.

› Öl in einer großen Pfanne erhitzen. Frikadellen bei mittlerer Hitze auf der Unterseite etwa 5 Minuten braten, bis sie sich leicht vom Pfannenboden lösen. Frikadellen wenden und auf der zweiten Seite in weiteren 3 bis 4 Minuten goldbraun braten.

Kalter Spinat mit Sesam
Hourenso no Goma-ae

Aus Japan

Japanisches Essen trägt keine Phantasienamen; es wird nach Zutaten oder Zubereitung benannt. Wörtlich übersetzt heißt dieses kleine Gericht: Spinat (Hourenso) und Sesam (Goma) gemischt (ae). In Japan ist Spinat genau wie bei uns ein Frühlingsgemüse. Dann gibt es auch die beste Sorte mit kräftigen, dunkelgrünen Blättern. Michiyo Ernst richtet die Vorspeise auf weiß-blauen oder rein weißen Porzellanschälchen an.

Für 4 Portionen
Gewürzmischung
1/4 TL Seetangbrühe (instant)
2 EL Wasser
1 1/2 EL Mirin
1 1/2 EL Sojasauce
Gemüse
200 g Herbst- oder Winterspinat
1 1/2 EL Sojasauce
1 Prise Salz
2 EL Sesamsamen
Dauert etwa 45 Minuten

› Für die Gewürzmischung das Brühepulver mit Wasser, Mirin und Sojasauce kurz aufkochen. Beiseite ziehen und abkühlen lassen.

› Spinat verlesen, putzen, gründlich waschen und in sprudelnd kochendem Salzwasser etwa 15 Sekunden blanchieren, bis er intensiv dunkelgrün ist.

› Auf ein Sieb abgießen und mit dem Sieb sofort in eine Schüssel mit eiskaltem Wasser tauchen, damit er so schön grün bleibt.

› Spinat im Sieb gut abtropfen lassen, mit den Händen ausdrücken und grob zerkleinern. Mit Sojasauce beträufeln und 1 bis 2 Minuten ziehen lassen.

› Spinat mit den Gewürzen mischen. Auf Schälchen anrichten und mit Sesam bestreuen.

Die walnussgroßen, außen knusprigen, innen saftig-weichen Bällchen gehören in Brasilien zu den typischen Snacks; es gibt sie in jedem Einkaufszentrum, in Imbissbuden und Konditoreien.

Käsebällchen
Pão de Queijo

Aus Brasilien

»Brot aus Käse« heißen die Bällchen auf Portugiesisch, sie kommen aus Minas, dem Bundesstaat nordwestlich von São Paulo. Iris Bichelmaier-Zalszupin backt sie als Partysnacks und serviert sie heiß.

Für 30 Stück
250 g Tapiokamehl
Salz
75 g Margarine
1 EL Weizenmehl
3 Eier
125 g junger Gouda und Emmentaler (gemischt)
30 g Parmesan
Dauert etwa 2 1/2 Stunden
Arbeiten müssen Sie etwa 30 Minuten

› Tapiokamehl und Salz in einer Schüssel mischen. Margarine schmelzen, aber nicht bräunen, und darüber gießen. Weizenmehl und Eier zufügen und alles mit den Knethaken des Handrührers vermischen.

› Alle drei Käsesorten fein reiben und mit den Händen unter den Teig kneten. Teig in der Schüssel mit den Händen so lange kräftig durchkneten, bis er sich vom Schüsselrand löst. Nun auf die Arbeitsfläche geben und weiter kneten, bis er nicht mehr klebt.

› Zugedeckt bei Zimmertemperatur etwa 1 Stunde ruhen lassen. Backofen auf 220 °C (Umluft, 200 °C; Gas, Stufe 4) vorheizen.

› Etwa walnussgroße Bällchen formen und auf gefettete Backbleche legen. Bällchen in den heißen Ofen (mittlere Schiene) schieben und etwa 20 Minuten backen, bis sie schön goldbraun sind. Heiß servieren.

Käse in Brasilien

Von Iris Bichelmaier-Zalszupin weiß ich, dass Käse in jeder Form zu den Favoriten der Brasilianer gehört: »Wir schneiden die warmen Bällchen auf und füllen sie mit etwas Butter und Schmelzkäse.« Für die Originalbällchen aus Minas nimmt man Queijo de Minas, einen leicht gesalzenen Kuhmilch-Frischkäse mit einer ähnlichen Konsistenz wie Mozzarella. Iris backt damit lieber heiße Käsetörtchen zum Nachmittagskaffee – als Variante zum Rezept links: Einen weichen Teig mit etwa 1 1/2 Tassen Milch kneten, den geriebenen Käse weglassen. Kleine Formen fetten, mit dem Teig füllen und mit einem Stück Mozzarella belegen.

Heisse Häppchen aus der Garküche

Sie sind Asiens Fastfood – meist gesünder als Cheeseburger mit Fritten und kulinarisch jedenfalls viel interessanter: Pakoras (im Rezept unten) gehören zum gesamten indischen Subkontinent, Galgappa oder Puri (Foto rechts unten; Rezept auf Seite 105) ist typisch für Bengalen, den Bundesstaat an der Grenze zu Pakistan: Das Brot aus dem tiefen Fett bläht sich beim Frittieren auf wie ein Luftballon. Man tunkt es heiß in eine saure Sauce mit Tamarindensaft.

Straßenimbisse finden Sie in allen großen Städten Asiens. Hier ist es eine Garküche in Pakistan.

Gebackenes Gemüse im Teig

Pakoras

Aus Pakistan

Tutty Wilpernig würzt den Pakorateig mit gröberem Chilipulver statt staubfeinem Cayennepfeffer. So kann sie die Schärfe besser dosieren: Reines Chilipulver ist brennend scharf, mit anderen Gewürzen gemischtes etwas milder. Zum Gemüse trinkt man Chai, eine Mischung aus schwarzem Tee, Zucker, Milch und Wasser, die aufgekocht und heiß serviert wird.

Für 4 Portionen
100 g Mehl
150 ml Wasser
1 TL Salz
1 TL gehackte Pfefferminzblätter (frisch oder getrocknet)
3/4 TL rotes Chilipulver
1 Messerspitze Kreuzkümmel
1 Messerspitze Zimtpulver
1/4 TL Pfeffer
1 TL Currypulver
500 g gemischtes Gemüse (wie Kartoffeln, Zwiebeln, Blumenkohl, Pilze und Auberginen)
Öl zum Frittieren
Dauert etwa 1 Stunde

Wenn die Fladenbrote fertig sind, lösen sie sich von der Backofenwand und werden herausgenommen.

› Mehl mit Salz, Pfefferminze und den Gewürzen mischen. Wasser zugießen und alles mit einem Schneebesen zu einem glatten Teig rühren. Bei Zimmertemperatur zugedeckt quellen lassen, bis das Gemüse vorbereitet ist.

› Gemüse und Kartoffeln schälen oder putzen, waschen, trockentupfen und in mundgerechte Stücke schneiden.

› Öl in einem hohen Topf oder einer Fritteuse erhitzen. Die Gemüsestücke nacheinander in den Teig tauchen und im Öl braun und knusprig ausbacken. Mit dem Schaumlöffel herausnehmen, auf einer Lage Küchenpapier abtropfen lassen und heiß servieren.

»Pakoras sind sowohl Imbiss als auch fester Bestandteil eines Menüs.«

TUTTY WILPERNIG

Wakame

Zur Küche Ostasiens gehören verschiedene Meeresgemüse. Eine Art dieser essbaren Algen sind Wakame – oder Miok, wie sie in Korea heißen – für Mariniertes (siehe Rezept), Salate und Suppen (Rezept auf Seite 80). Wakame werden in den warmen Küstengewässern des Pazifiks kultiviert, im Frühling und Frühsommer frisch auf den Märkten verkauft. Die Mengen sind erstaunlich: Allein in Japan werden über 200 Millionen Kilogramm geerntet. Außerhalb der Saison und bei uns gibt es getrocknete Wakame. Für die Zubereitung weicht man sie ein und schneidet eventuell harte Rippen heraus. Sie können sie auch wie Spinat eine halbe Minute sprudelnd kochen und eiskalt abschrecken, damit sie die schöne grüne Farbe behalten. Nur Instantwakame streut man gleich aus der Packung in Suppen oder gedünstetes Gemüse. Wakame sind frei von Kalorien, doch – wie jedes Meeresgemüse – sehr reich an Nährstoffen: Wie Milchprodukte liefern die Algen Kalzium, wie Meeresfisch enthalten sie Jod, wie Vollkornbrot Vitamin B1, wie frisches Gemüse und Obst Vitamin C.

Auch ohne feste Regeln legt man in Japan großen Wert auf die Harmonie der Farben und Formen.

Gurke und Wakame in Marinade

Wakame to Kyuri no aemono

Aus Japan

Gurken mit dem Meeresgemüse Wakame in leichter Marinade stammen aus dem Kochrepertoire von Michiyo Ernst. Auf den ersten Blick wirkt die Vorspeise ganz unverwechselbar japanisch: mit wenigen Zutaten, klaren Farben und genau abgestimmten Formen. Doch wer die Küchen der vielen Länder Asiens besser kennt, entdeckt Gemeinsamkeiten: Da besteht die Marinade aus reichlich Zucker wie in Thailand, helle Sojasauce ersetzt Salz wie in Korea, Ingwer gibt sanfte Schärfe wie in Indien, Essig aus Reiswein (siehe Seite 51) steuert milde Säure bei, wie man es in China und ganz Südostasien schätzt. Den Bezug zu Europa schafft Wakame: An der Atlantikküste sind Algen als Salat und Gemüse so beliebt wie im Fernen Osten.

Für 4 Portionen
1/2 Salatgurke
Salz
5 g getrocknete Wakame (siehe links)
1 EL Sojasauce
1/2 EL Zucker
3 EL japanischer Reisessig
1 Stück frischer Ingwer (knapp 1 cm)

Dauert etwa 40 Minuten

› Die Gurke waschen, längs halbieren und in sehr dünne Scheiben schneiden. In eine Schüssel geben, salzen, durchmischen und 3 Minuten ziehen lassen. Mit den Händen gut ausdrücken und auf Küchenpapier abtropfen lassen.

› Wakame etwa 5 Minuten in warmem Wasser einweichen und ebenfalls wieder gut ausdrücken.

› Sojasauce, 1/2 Teelöffel Salz, Zucker und Reisessig in einer Schüssel verrühren. Gurkenscheiben und Wakame untermischen. Auf Schälchen verteilen.

› Ingwer schälen. In nadelfeine Streifen schneiden und darüber streuen.

Teigtaschen mit Gemüse und Glasnudeln
Pastel

Aus Indonesien

In Indonesien holt man Pastel als Imbiss aus der Garküche. Lina Neudecker serviert sie auch als kleines Abendessen mit Sambal Tomat, einer scharfen Tomatenpaste (Rezept auf Seite 224).

Für 4 Portionen
Teig
50 g Butter
75 ml Wasser
1/2 TL Salz
250 g Mehl
1 Ei
Füllung
40 g Glasnudeln
6 Schalotten
2 Knoblauchzehen
150 g Möhren
100 g Kartoffeln (fest kochende Sorte)
150 g grüne Bohnen
1 Stange Sellerie
3 EL Öl
1 TL Salz
1 TL weißer Pfeffer
1 Prise Muskat
1/2 TL Zucker
5 EL Wasser
Dauert etwa 2 Stunden

› Butter mit Wasser und Salz erwärmen, bis die Butter geschmolzen ist. Mehl mit dem Ei vermischen. Die lauwarme Buttermischung zugeben und alles zu einem Teig verkneten.

› Glasnudeln in lauwarmem Wasser etwa 10 Minuten quellen lassen.

› Schalotten und Knoblauch fein hacken. Möhren und Kartoffeln schälen und waschen, Bohnen und Sellerie putzen. Alle diese Zutaten in ganz kleine Würfel schneiden.

› Öl erhitzen, Schalotten und Knoblauch darin bei schwacher Hitze glasig braten. Salz, Pfeffer, Muskat, Zucker und Wasser zugeben. Zerkleinertes Gemüse untermischen und schmoren, bis das Wasser eingekocht und die Füllung ziemlich trocken ist.

› Abgetropfte Glasnudeln mit einer Küchenschere in kleine Stücke schneiden und ebenfalls untermischen.

› Den Teig etwa 2 bis 3 Millimeter dünn ausrollen und mit einer großen Tasse zu etwa 12 Zentimeter großen Scheiben ausstechen. Auf jede Scheibe einen knappen Esslöffel Füllung geben. Teig zu einem Halbmond zusammenklappen. Die Teigränder mit Daumen und Zeigefinger zusammendrücken und dabei leicht nach oben biegen, so dass ein gewellter Rand entsteht.

› Das Öl in einem hohen Topf oder einer Fritteuse erhitzen, die Teigtäschchen darin etwa 10 Minuten bei mittlerer Hitze goldgelb ausbacken.

Indonesische Pastel schmecken heiß oder kalt mit einer scharfen Sauce.

Zellophannudeln

Glasnudeln bestehen aus Wasser und Pflanzenstärke: Bei den dünnen Fäden, die durchs Einweichen transparent werden, ist es Mungobohnenstärke.

Gefülltes Gemüse

Fast alle Länder steuern ihre Variation zum Thema bei, und einige finden Sie in diesem Buch versammelt.
Nora Dubral füllt ihre Tomaten nicht mit Fleisch wie das russische Original, sondern mit gemischtem Gemüse.
Mexiko ist mit Llermi Schröders gefüllten Paprikaschoten (Rezept auf Seite 143) vertreten, die Türkei mit Erdogan Yarars Selleriescheibchen in Olivenöl (Rezept auf Seite 39).
Gurken mit buntem Reis und Ei (Rezept auf Seite 34) hat Maria Paz Gonzalez aus Spanien aufgeschrieben.

Dicke Sommertomaten mit viel Gemüse schmecken kalt als Vorspeise so gut wie warm mit Reis. Wichtig fürs Aroma sind gute Tomaten: Früchte mit grünen Stellen lässt man auf der sonnigen Fensterbank nachreifen.

Gefüllte Tomaten
Farshirowka

Aus Russland

Nora Dubral serviert ihre Farshirowka immer als Vorspeise: Sie lässt die Tomaten im Schmorsud kalt werden, damit sie besonders würzig sind, und richtet sie auf Portionstellern mit Bohnensalat an. Dazu gibt es Fladenbrot oder Baguette.

Für 6 Portionen
6 Fleischtomaten
2 kleine Zwiebeln
5 Lauchzwiebeln
400 g Möhren
4 EL Öl
1 EL Tomatenmark
2 1/2 EL Wasser
1 TL getrocknetes Basilikum
Salz
Cayennepfeffer
1/2 Bund Petersilie

Dauert etwa 1 1/2 Stunden

› Fleischtomaten waschen und einen »Deckel« abschneiden. Tomaten mit einem Löffel aushöhlen und das Fruchtfleisch auf einem Teller beiseite stellen. Zwiebeln hacken, das Weiße der Lauchzwiebeln in feine Ringe schneiden. Möhren würfeln.

› Öl erhitzen, Zwiebeln und Lauchzwiebeln darin bei schwacher Hitze glasig braten. Möhren kurz mitbraten.

› Das Tomatenmark mit dem Wasser verrühren, mit Basilikum, Salz und Cayennepfeffer würzen und zur Gemüsemischung geben. Gemüse 10 Minuten bei schwacher Hitze garen, mit der gehackten Petersilie mischen und lauwarm abkühlen lassen.

› Tomaten mit dem Gemüse füllen, nebeneinander in einen Topf setzen und die »Deckel« auflegen. Das ausgehöhlte Tomatenfleisch mit eventuell übrig gebliebener Füllung mischen und neben die Tomaten geben.

› Tomaten zugedeckt bei mittlerer bis schwacher Hitze 30 Minuten und im offenen Topf noch 10 Minuten garen.

Zigarrenbörek mit Dill-Käse-Füllung

Sigara Böreği

Aus der Türkei

Auf den einfachsten Nenner gebracht, bestehen Böreks aus hauchdünnem Teig mit einer Füllung aus Fleisch oder Käse. Je nach Art der Zubereitung werden sie dann benannt: Peynirli Böreği etwa ist Schafkäse, Kasar peyniri, in einer Teighülle, Sigara Böreği sind wie Zigarren gerollt. Çoskun Büyükgüçlü füllt sie mit einer feinen Mischung aus frischem Dill, weichem Feta und mildem Paprika.

Für 24 Stück
12 Blätter Yufka-Teig (dreieckig geschnitten)
2–3 Bund Dill (ca. 50 g)
100 g Feta
1 Prise edelsüßes Paprikapulver
1 Prise Pfeffer
1 Ei
200 ml Öl zum Braten

Dauert etwa 1 Stunde

› Die Teigblätter der Länge nach mit einer Küchenschere durchschneiden. Dill fein zerkleinern, mit dem zerbröckelten Käse Paprika und Pfeffer mischen. Das Ei verquirlen.

› Die Blätterteig-Dreiecke am oberen, breiten Rand gleichmäßig mit Füllung belegen und zur Spitze hin wie eine Zigarre aufrollen. Den Teigrand mit etwas Ei bestreichen und festdrücken.

› Öl in einer großen Pfanne erhitzen und die »Zigarren« portionsweise darin goldbraun backen. Auf Küchenpapier kurz abtropfen lassen und warm servieren.

Geröstete Brote mit Artischockencreme

Crostini con crema di carciofi

Aus Italien

Für 4 Portionen
1 kleines Glas eingelegte Artischockenherzen
1 Knoblauchzehe
1 Stück unbehandelte Zitronenschale
100 g Parmesan
1 EL Olivenöl
1 TL Zitronensaft
Weißer Pfeffer
Salz
4 Scheiben italienisches Weißbrot
1 EL gehackte Petersilie

Dauert etwa 30 Minuten

› Den Backofen auf 250 °C (Umluft, 220 °C; Gas, Stufe 5) vorheizen.

› Artischockenherzen etwas abtropfen lassen. Mit abgezogenem Knoblauch, der Zitronenschale, zerbröckeltem Käse und Öl im Blitzhacker pürieren, mit Zitronensaft, Pfeffer aus der Mühle und Salz würzen.

› Brotscheiben auf einem Backblech im heißen Backofen in etwa 5 Minuten goldgelb rösten. Mit der Artischockencreme bestreichen, mit Petersilie bestreuen und heiß servieren.

Crostini von früher

Vor vielen Jahren war ich in einer kleinen Trattoria auf dem Land zwischen Florenz und Siena. Dort kochten zwei Frauen, und zwar für mich als Pizza gewohnte Touristin so exzellent, dass ich es bis heute nicht vergessen habe. An den Namen der Trattoria kann ich mich nicht mehr erinnern, denn damals hatte ich noch gar nichts mit Kochen zu tun, ging zum Essen noch ohne Notizbuch. Vorweg gab es knusprige Crostini mit Artischockenmus. Zu Hause habe ich sie nachgebacken – mit Artischocken aus der Dose, denn Anfang der achtziger Jahre hat man zarte, italienische Artischocken in Deutschland noch nicht frisch bekommen. Heute nehme ich in Olivenöl eingelegte Artischocken. So sind die Crostini rasch fertig und schmecken fast so gut wie bei den beiden Frauen in der Toskana.

Yufka-Teigblätter aus Mehl, Wasser und Salz nimmt man in der türkischen und griechischen Küche für herzhafte und süße Gerichte. Die Teigblätter können Sie am besten mit einer Küchenschere schneiden und ganz leicht verarbeiten: Sie sind erstaunlich »reißfest«.

Tips zum Einlegen

Galina Koptelzewa nimmt für ihre Salzgurken am liebsten Twist-off-Gläser – sauber gespült und 10 bis 15 Minuten in einem Topf mit heißem Wasser bei schwacher Hitze gekocht. Durch dieses Sterilisieren kann man die Gurken länger aufbewahren.
Galina sammelt möglichst auch alle Kräuter und Blätter selbst auf dem Markt, beim Gärtner, bei ihren Obstbäume besitzenden Nachbarn und im Wald. Denn dadurch bekommen die Gurken ihren ganz besonderen Geschmack.
Eichenblätter und Meerrettich sorgen zudem dafür, dass die Salzgurken lange haltbar sind. »Doch es schadet natürlich nicht, wenn Sie zwei oder drei Blätter nicht bekommen«, meint sie. »Nur die richtigen Gurken sind wirklich sehr wichtig; mit großen Schmorgurken oder gar Salatgurken gelingt es nicht.«
Einlegegurken gibt es im Spätsommer fast überall auf den Wochenmärkten. Früher waren die kleinen Gürkchen ohne Kerne eine letzte Nachlese im Gemüsegarten.

Tips zum Lagern

Nach vier bis fünf Tagen sind die Gurken schwach gesalzen und fertig zum Essen, nach ein bis zwei Wochen gut durchgezogen. In fest verschlossenen Gläsern kann man sie höchstens neun Monate aufbewahren. Geöffnete Gläser stellt man in den Kühlschrank, und man braucht die Gurken innerhalb von fünf Tagen auf.

Die Gurken sollen maximal zehn Zentimeter lang und möglichst frisch geerntet sein, damit sie noch schön knackig sind. Wenn man sie nach dem Waschen an beiden Enden kappt, werden sie schneller salzig.

Salzgurken
Solënye ogurzy
Aus Russland

Eingelegte Gurken gehören in Russland zu den vielen Kleinigkeiten, die – kalt und warm – am Beginn des großen Festessens serviert werden. Diese »Zakuski« müssen so reichlich bemessen sein, dass die Gäste unmöglich alle Platten leer essen können – sonst gelten die Gastgeber als knausrige Leute. Bei fünf Kilogramm Salzgurken wird das kaum passieren. Was von diesen delikaten Gurken übrig bleibt, schmeckt gut zu gekochten Kartoffeln oder verfeinert Gemüse- und Kartoffelsalate.

Für 6 Gläser à 1 1/2 l

- 5 kg kleine Gärtnergurken
- 100 g Dillzweige und -blüten
- Je 1 Hand voll Petersilie, Sellerie, Estragon, Kirschblätter
- 2 Hand voll Blätter von schwarzen oder roten Johannisbeeren
- 10–20 Eichenblätter (siehe links)
- 10–12 Knoblauchzehen
- 25 g frische Meerrettichwurzel
- Etwa 5 l Wasser
- 250–300 g Salz
- 1 EL Essig

Dauert etwa 1 Stunde
Dazu kommt die Zeit (4 Tage) fürs Marinieren

› Gurken, Kräuter und alle anderen Blätter waschen. Knoblauch abziehen und grob hacken, Meerrettichwurzel schälen und grob zerkleinern.
› Alle diese Zutaten in die sterilisierten Einmachgläser geben; dabei alles so dicht wie möglich schichten, damit die Gurken nicht zu salzig werden.
› Das Wasser aufkochen, Salz darin auflösen, Essig zugeben. Die Gurken mit dem kochend heißen Wasser übergießen und die Gläser sofort fest zuschrauben. Salzgurken 1 bis 2 Tage bei Zimmertemperatur stehen lassen, danach in einen kühlen, dunklen Raum stellen.

Gemüsekuchen

Aus Deutschland

Diesen Kuchen holte ich vor Jahren oft in meinem Naturkostladen. Damals boten viele »grüne« Läden hausgemachte Häppchen und Brotaufstriche an. Heute ist das wegen der strengen Auflagen durch das Lebensmittelgesetz nicht mehr möglich: Die Naturkosthändler/innen müssten alle Inhaltsstoffe auflisten und eine hohe Gebühr für regelmäßige Kontrollen zahlen.

Für 4 Portionen
Teig
150 g Mehl
1 TL Trockenhefe
1/2 TL Salz
5 EL Wasser
4 EL Milch
1 EL Öl
Belag
1 kleine Kartoffel
3 mittelgroße Tomaten
1 kleine Aubergine (200 g)
1 Lauchzwiebel
125 g Mozzarella
75 Parmesan
1/2 Bund Petersilie
4 EL Olivenöl
Butter für die Form
1 TL getrockneter Oregano
Tomatenmark
Salz, schwarzer Pfeffer
Dauert etwa 1 1/2 Stunden
Arbeiten müssen Sie etwa 1 Stunde

› Für den Teig Mehl, Hefe, Salz, Wasser, Milch und Öl mit den Knethaken des Handrührgerätes 5 Minuten durchrühren. Zugedeckt bei Zimmertemperatur 45 Minuten ruhen lassen.

› Geschälte Kartoffel, abgezogene Tomaten und gewaschene Aubergine in kleine Würfel schneiden. Lauchzwiebel mit allen saftigen grünen Blättern in Ringe schneiden. Mozzarella würfeln, Parmesan reiben. Petersilie hacken.

› Öl erhitzen, Kartoffel, Aubergine und Lauchzwiebel darin bei mittlerer bis schwacher Hitze halb weich und leicht braun braten. In einer Schüssel lauwarm abkühlen lassen. Tomaten, die Petersilie, Tomatenmark, Oregano und 1 Esslöffel Parmesan untermischen.

› Eine Springform von 26 Zentimeter Durchmesser fetten und mit dem Teig auslegen. Gemüsemischung darauf verteilen, mit Salz und Pfeffer würzen, mit dem Mozzarella belegen und mit dem restlichen Parmesan bestreuen.

› Kuchen weitere 15 Minuten gehen lassen. In den kalten Backofen (mittlere Schiene) schieben und bei 200 °C (Umluft, 180 °C; Gas, Stufe 3) etwa 30 Minuten backen. Heiß oder gerade eben abgekühlt und ganz frisch servieren.

Sellerie mit Roquefort
Céleri au roquefort

Aus Frankreich

Für 4 Portionen
1 frischer grüner Staudensellerie
100 g reifer Roquefort
1 TL Crème fraîche
Salz, Pfeffer
1/2 EL fein gehackte Walnusskerne
Dauert etwa 30 Minuten

› Die äußeren, faserigen Selleriestangen entfernen und nur die inneren Stangen verwenden. Sellerie waschen, mit Küchenpapier trockentupfen und in 8 Zentimeter lange Stücke schneiden.

› In einer Schüssel den Roquefort und die Crème fraîche mit einer Gabel vermischen. Etwas salzen und Pfeffer nach Geschmack zugeben.

› Die Creme in die Vertiefung der Selleriestangen streichen. Die Stangen auf einer Platte anrichten und mit den gehackten Nüssen bestreuen.

Der Aperitif in Frankreich

»Er ist eine Institution: Ein richtiges Essen beginnt bei uns immer mit einem Häppchen, dem Amuse-gueule – vielleicht zu einem Glas Sherry oder leichtem Wein«, sagt Joëlle Ribas. »Französische Menüs umfassen meist mehrere Gänge und dauern einige Stunden. Der Aperitif bedeutet die Aufforderung zum gemeinsamen Essen als kulinarischem und kommunikativem Erlebnis. Eine ausgewogene Kombination von Amuse-Gueule und Getränk regt den Appetit an und fördert die Entspannung. Übrigens muss nicht auf jeden Aperitif gleich eine ganze Mahlzeit folgen. In Südfrankreich, wo ich geboren und aufgewachsen bin, stellt er vielmehr ein tägliches Ritual dar, das man sich am Ende eines Arbeitstages gönnt. Man trifft sich im Café seines Stadtviertels oder zu Hause – im Wohnzimmer zur kalten Jahreszeit, im Garten, sobald die Tage schöner werden.«

Wild viel besser

In Russland nimmt man grundsätzlich Wildpilze für den »Kaviar«. Doch als mitteleuropäische »Notlösung« hat Marina Schlichter Austernpilze, Champignons und ein paar Shiitakepilze für ihren Ikra akzeptiert.

Pilzkaviar
Gribnaja ikra

Aus Russland

Für 8 Portionen

400 g gemischte frische Pilze
1 mittelgroße Zwiebel
2 EL Öl
Salz
Schwarzer Pfeffer
Saft von 1/2 Zitrone

Dauert etwa 45 Minuten

› Pilze putzen. In reichlich sprudelnd kochendem Wasser 3 Minuten garen. Abgießen, abkühlen lassen und durch den Fleischwolf drehen.
› Zwiebel fein hacken und im heißen Öl glasig braten. Pilze zugeben und bei mittlerer Hitze etwa 5 Minuten schmoren, bis die Flüssigkeit verdampft ist.
› Pilzkaviar auskühlen lassen. Mit Salz, Pfeffer und Zitronensaft würzen.

Zucchinikaviar
Kabačkovaja ikra

Aus Russland

Für 6 Portionen

6 kleine Zucchini
3 mittelgroße Möhren
2 mittelgroße Zwiebeln
2–3 EL Öl
4 Tomaten
1 Bund Petersilie
Salz, Pfeffer

Dauert etwa 30 Minuten

› Gewaschene Zucchini und geschälte Möhren fein reiben. Zwiebeln fein hacken und im heißen Öl glasig braten. Zucchini und Möhren zugeben und bei starker Hitze etwa 10 Minuten schmoren und abkühlen lassen.
› Abgezogene Tomaten würfeln. Petersilie hacken. Beide Zutaten mit dem Gemüse mischen. Zucchinikaviar mit Salz und Pfeffer abschmecken.

Blini aus Hefeteig
Bliny na opare

Aus Russland

Für 8 Portionen

1/2 Päckchen frische Hefe (ca. 20 g)
2 EL lauwarme Milch
1 EL Zucker
600 ml lauwarme Milch
2 EL Butter
650 g Mehl
4 Eier
Salz
Öl zum Braten

Dauert etwa 2 Stunden
Arbeiten müssen Sie etwa 1 Stunde

› Die Hefe mit Milch und 1 Teelöffel Zucker verrühren. Etwa 15 Minuten bei Zimmertemperatur ruhen lassen.
› Die Butter in der restlichen Milch weich werden lassen. Diese Mischung und die aufgelöste Hefe zum Mehl geben. Mit den Knethaken des Handrührers etwa 3 Minuten durchrühren. Zugedeckt an einem warmen Ort 1 Stunde ruhen lassen, bis sich das Teigvolumen etwa verdoppelt hat.
› Die Eier, den restlichen Zucker und das Salz unterrühren.
› Öl in einer Pfanne erhitzen. Pro Blini 2 bis 3 Esslöffel Teig in die Pfanne geben und zu einem Pfannkuchen von etwa 20 Zentimeter Durchmesser auseinander laufen lassen.
› Die Blini bei mittlerer bis schwacher Hitze jeweils etwa 2 Minuten backen, bis sie sich leicht vom Pfannenboden lösen lassen. Mit Öl bestreichen, wenden und in weiteren 1 bis 2 Minuten goldgelb backen. Heiß servieren.

Russische Bauern haben immer den »falschen Kaviar« zu ihren Blini gegessen. Moderne Vegetarier erhalten diese gesunde Tradition aufrecht.

Frühling in Russland

Man begrüßt ihn mit Blini. Die runden Eierkuchen werden gebacken, wenn die Sonnenstrahlen wieder wärmen. »Blini symbolisieren die Sonne«, hat mir Marina Schlichter erklärt und gleich das blinigerechte Maß genannt: »20 Zentimeter im Durchmesser müssen sie sein – das ist 100 Jahre alte Tradition. Die kleinen Brötchen, die man in Restaurants manchmal bekommt, haben nichts mit echten Blini zu tun«.

Der echte »Blin« ist eine üppige Sache: »Fett und ungesund muss er sein«, sagt Marina Schlichter. Dem kann ich nur zustimmen: Meine Vollkornblini beim gemeinsamen Testessen waren gewiss gesund, doch kulinarisch ein Flop.

Natalia Schkunajevas Original dagegen (im Rezept links) ging weg wie die warmen Semmeln: Die leichten, weichen Fladen wurden durch die vier Eier herrlich locker, sie nahmen Butter und saure Sahne auf wie ein Schwamm und glänzten so schön vor Fett wie die Augen unserer Gäste vor Vergnügen.

Üppig sind auch die Beilagen zu Blini: Butter und Honig oder Orangenmarmelade (Rezept auf Seite 216) beim Frühstück oder Tee, saure Sahne und Kaviar beim Abendessen oder Imbiss. Fischloser »Kaviar« wie in den beiden Rezepten links ist ebenfalls russische Tradition: Wer sich echten Kaviar und Räucherlachs nicht leisten konnte, servierte saure Sahne, Butter, Salz und vegetarischen Ikra oder Vinegret (Rezept auf Seite 68) zu den Blini.

Richtig gebacken

Ob die Reisbällchen richtig gebacken – »al telefono« – sind, merken Sie beim Auseinanderbrechen: Der Mozzarella muß weich sein und sich lang ziehen lassen wie eine Telefonschnur.

Passt wozu?

Reisbällchen isst man gewöhnlich als Vorspeise. Ich mag sie zu Rucolasalat und Tomaten als leichtes Hauptgericht.

Reisbällchen mit Käse
Supplì al Telefono

Aus Italien

Für 6 Portionen

200 g Rundkornreis
1/2 l Wasser
1 TL Salz
50 g Parmesan
1 Ei
Schwarzer Pfeffer
Geriebene Muskatnuss
100 g Mozzarella
50 g Semmelbrösel
1 l Öl zum Frittieren

Dauert etwa 1 1/2 Stunden

› Reis mit der Hälfte des Wassers und Salz aufkochen und zugedeckt bei schwacher Hitze 45 Minuten garen. Dabei immer wieder mit einer Gabel durchrühren und nach und nach das restliche Wasser dazugießen.

› Parmesan reiben und mit der Gabel untermischen, Reis abkühlen lassen und dabei immer wieder umrühren.

› Ei, reichlich Pfeffer und Muskatnuss unter den Reis mischen. Mit der Gabel rühren, bis der Teig etwa so wie Frikadellenteig bindet.

› Mozzarella abtropfen lassen und in kleine Würfel schneiden. Die Semmelbrösel auf einem Teller bereit stellen. Vom Reis mit einem Esslöffel Portionen abnehmen, mit angefeuchteten Händen zu kleinen Bällchen formen, mit je einem Mozzarellawürfel füllen und in den Semmelbröseln wenden.

› Das Öl zum Frittieren in einem hohen Topf oder der Fritteuse erhitzen. Die Bällchen darin portionsweise bei mittlerer Hitze etwa 5 Minuten backen, bis sie braun und knusprig sind; dabei immer wieder im heißen Fett wenden.

› Mit einem Schaumlöffel herausnehmen, auf Küchenpapier abtropfen lassen und bei 50 °C im Backofen warm halten. Heiß servieren.

Gefüllte Gurken
Pepinillos rellenos

Aus Spanien

Für 4 Portionen

2 kleine Gurken
100 g Langkornreis
Salz
2 Eier
1 Tomate
Je 1 rote und grüne Paprikaschote
100 g Oliven
3 Lauchzwiebeln
2 Knoblauchzehen
3 EL Essig
1 TL scharfes Paprikapulver
1 EL Olivenöl

Dauert etwa 1 Stunde

Dazu kommt die Zeit (2 1/2 Stunden) fürs Ruhen

› Die Gurken schälen, längs halbieren, Kerne mit einem Löffel entfernen. Die Gurkenhälften salzen und 30 Minuten ziehen lassen. Inzwischen den Reis mit Salz in etwa 20 Minuten körnig kochen und abkühlen. Eier hart kochen, kalt abschrecken, ebenfalls abkühlen lassen, schälen und hacken.

› Die Tomate vierteln, die Kerne entfernen, das Fruchtfleisch würfeln. Paprikaschoten putzen, waschen und in kleine Würfel schneiden. Die Oliven entsteinen und hacken. Lauchzwiebeln putzen, waschen und mit allen saftigen grünen Blättern fein zerkleinern. Die Knoblauchzehen abziehen und mit Salz zerdrücken oder fein hacken.

› Für die Marinade den Essig mit dem Paprikapulver und einer kräftigen Prise Salz verrühren, das Öl unterrühren. Die Marinade mit dem Reis und den zerkleinerten Zutaten mischen.

› Die Gurken kalt abspülen, trockentupfen und mit dem Gemüsereis füllen. Vor dem Servieren zugedeckt im Kühlschrank etwa 2 Stunden, bei Zimmertemperatur 30 Minuten ziehen lassen.

Typisch für die Türkei ist der Zitronensaft am gemischten Gemüse. Woanders schmeckt man mit Essig ab.

Gemischtes gebratenes Gemüse

Karisik Sebzeli Kisatma

Aus der Türkei

Sie können das Gemüse gleich lauwarm servieren oder vorbereiten und kalt essen. Dazu passt Fladenbrot oder Baguette.

Für 3–4 Portionen
3 kleine Zucchini
1 mittelgroße Aubergine
1 rote Paprikaschote
2 mittelgroße Kartoffeln (fest kochende Sorte)
2 mittelgroße Möhren
2 Zwiebeln
1 Knoblauchzehe
Etwa 150 ml Öl zum Braten
1 TL Salz
1/2 TL Pfeffer
1 TL Paprikapulver
Saft von 1 Zitrone
1 Bund Petersilie
Dauert etwa 1 1/4 Stunden

› Alle Gemüse waschen oder schälen und in sehr kleine Würfel schneiden. Die Zwiebeln und den Knoblauch abziehen und ganz fein hacken.

› Das Öl portionsweise in einer großen Pfanne erhitzen. Die Gemüsesorten darin nacheinander so lange bei mittlerer Hitze braten, bis sie gerade eben weich sind. Jeweils herausnehmen und in einem großen Sieb abtropfen lassen. Zuletzt Zwiebeln und Knoblauch im verbliebenen Öl goldgelb braten und zum Gemüse geben.

› Alles mischen, mit Salz, Pfeffer und Paprika würzen. Mit Zitronensaft beträufeln. Petersilie waschen, trockentupfen und fein zerkleinern. Gemüse unmittelbar vor dem Anrichten damit bestreuen.

Çoskun Büyükgüçlü stellt dieses leichte Gemüse nach dem Angebot der Saison zusammen. Wenn Auberginen und Paprikaschoten im Winter zu teuer oder nicht zu bekommen sind, nimmt er Knollensellerie, Porree oder in kleine Rauten geschnittene Weißkohlblätter.

Das Sommerkraut

Frische Petersilie riecht angenehm süßlich und zart nach Sellerie. Doch unverwechselbar würzig und leicht scharf schmeckt Petersilie nur im Sommer, wenn sie genügend Sonne bekommt. Wie jedes Kraut sollte man sie frisch geerntet verwenden, denn sie behält ihr Aroma höchstens zwei Tage. Zum längeren Aufbewahren friert man sie ein. Im Winter nimmt man am besten tiefgefrorene Petersilie.

Maniok

Maniok ist eine mächtige Wurzel von einigen Kilogramm und stärkehaltig wie die Kartoffel. Sie wurde schon in prähistorischer Zeit von den Indios am Amazonas als Grundnahrungsmittel kultiviert. Portugiesische Seefahrer und Sklavenhändler brachten sie nach Afrika, und von dort verbreitete sie sich überall in den Tropen. Heute ist sie Hauptenergiequelle für viele Millionen von Menschen in Lateinamerika, Afrika und Asien – gekocht oder geröstet, als Brei oder Fladen, Mehl (siehe Seite 237) oder kleine Tapiokaperlen (siehe Seite 237). Keine der verschiedenen Manioksorten darf man roh essen: Die Milchröhren der Wurzeln enthalten giftige Blausäure, doch beim Kochen, Braten oder Frittieren wird das Gift vollkommen unwirksam.

Frittierte Maniokwurzeln
Mandioka frita

Aus Brasilien

In Brasilien isst man knusprige Maniokstückchen wie bei uns Pommes frites. Iris Bichelmaier-Zalszupin nimmt möglichst 30 Zentimeter lange Knollen; länger sind sie schwierig zu schälen und zu kochen. Manioks, die in Deutschland verkauft werden, haben noch eine Wachsschicht als Konservierung auf der Schale.

Für 6 Portionen
1 Maniokwurzel (etwa 400 g; siehe links)
Öl zum Frittieren
Dauert etwa 2 Stunden

› Die Maniokwurzel mit der Wachsschicht wie eine Kartoffel abschälen, waschen und der Länge nach halbieren. Den harten Strunk in der Mitte, die Mittelvene, mit einem Messer herauslösen und die Maniokhälften quer in grobe Stücke schneiden.
› Maniok in reichlich Salzwasser aufkochen und zugedeckt bei mittlerer Hitze in etwa 30 Minuten weich garen, bis man sie mit der Messerspitze leicht anstechen kann. Maniok abgießen, abtropfen und abkühlen lassen. In mundgerechte, fingerdicke Stücke schneiden.
› Öl in einem großen Topf oder einer Fritteuse erhitzen. Maniokstücke einige Minuten im heißen Öl frittieren, bis sie goldbraun sind. Mit dem Schaumlöffel herausnehmen und auf einer dicken Lage Küchenpapier abtropfen lassen.

Tip: Iris serviert die Maniokstücke heiß oder warm mit scharfem Dip – eine scharfe Sauce zum Nachwürzen steht in Brasilien immer auf dem Tisch.
Gut harmoniert eine Vinaigrette mit Chilis und Knoblauch oder Kreolische Rougaille (Rezept Seite 219).
Außerdem passt leichter Weißwein aus Portugal dazu.

Blätterteigecken mit Austernpilzen und Rucola

Aus der Türkei

Rucola ist in Deutschland immer noch vor allem Salatkraut. Da können wir von anderen Ländern lernen: Italiener mischen sie in Pastasaucen oder kombinieren sie mit Risotto. Çoskun Büyükgüçlü hat ein Börek kreiert, in dem die Rucola ganz zart und ohne Penetranz würzt.

Für 24 Stück
300 g Austernpilze
1 Knoblauchzehe
5 EL Olivenöl
1 TL Salz
1/2 TL Pfeffer
1/2 TL edelsüßes Paprikapulver
3 Bund Rucola (Rauke)
1 Packung Yufka-Teigblätter (dreieckig geschnitten)
1 Ei
500 ml Öl zum Braten
Dauert etwa 1 Stunde

› Die Stiele der Austernpilze entfernen, die Pilzhüte in Streifen schneiden. Den Knoblauch fein hacken.
› Olivenöl in einer Pfanne erhitzen. Die Pilze darin bei starker bis mittlerer Hitze in etwa 6 Minuten braun braten. Dabei den Knoblauch zugeben und die Pilze häufig wenden.
› Herausnehmen, auf Küchenpapier abtropfen und abkühlen lassen. Mit Salz, Pfeffer und Paprika würzen.
› Rucola waschen, grob hacken und unter die Austernpilze mischen.
› Die Teigdreiecke mit der Füllung belegen und zu einer Tasche formen. Die Teigränder mit dem verquirlten Ei bestreichen und fest zusammendrücken.
› Öl in der Pfanne erhitzen und die Teigtaschen portionsweise darin bei mittlerer Hitze in etwa 5 Minuten goldbraun backen. Dabei einmal wenden.

Die eindrucksvollen Kalksteinterrassen in Pamukkale: Mineralreiche Thermalquellen rinnen über die natürlichen »Treppen« und bilden einen Anziehungspunkt für Touristenströme.

»Türkisch würzen ist so einfach: Wir nehmen vor allem Zwiebeln, Pfeffer, Salz, Zitronensaft und Paprika – letzteren am liebsten als aromatische Flocken.«

ÇOSKUN BÜYÜKGÜÇLÜ

Die Suche nach Malaguetta

Sie führt auf verschlungene Wege. »Es sind Chilischoten in Öl«, sagte Iris, als ich nach der Zutat in ihren Pasteten fragte. Miguel Angel Servidio, Spezialist für lateinamerikanische Lebensmittel (Seite 46), bestätigte es: In Brasilien hat man immer ein Glas selbst gemachtes Chiliöl, eben Malaguetta-Pfeffer, im Kühlschrank, mit dem man tropfenweise würzt, weil es so höllisch scharf ist. Ich hatte von Malaguetta-Pfeffer als kleinen Samen gelesen, wusste, dass die westafrikanische »Pfefferküste« nach dieser orchideenähnlichen Pflanze (Xylopia aethiopica) benannt ist. Lange spielte Malaguetta eine wichtige Rolle: Sobald Krieg zwischen Europa und Asien herrschte, ruhte der Handel mit »normalem« Pfeffer, und man holte den Ersatz aus Afrika. Wie kam dieser Pfeffer – der übrigens weder mit dem uns bekannten schwarzen oder weißen Pfeffer noch mit Chili verwandt ist – nach Brasilien? »Durch die Portugiesen«, erklärte Iris. Und weshalb hatten sich die Samen in Schoten verwandelt? »Weil man die Namen vertauschte«, erklärte Miguel. »Pimenta Malaguetta war lange gleichbedeutend mit Pfeffer. Als der portugiesische Gewürzhandel an Bedeutung verlor, nahmen wir heimische Chilis wie früher die Indios, behielten aber den vertrauten Namen Malaguetta.«

Palmherzenpastetchen

Creme de Palmito

Aus Brasilien

Für 10 Portionen
12 Scheiben tiefgefrorener Blätterteig (etwa 720 g)
1 Dose große Palmherzen (Einwaage 500 g)
2 mittelgroße Zwiebeln
5 Knoblauchzehen
5 mittelgroße Tomaten
10 schwarze Oliven
Öl zum Braten
100 g tiefgefrorene Erbsen
1/2–1 TL Gemüsebrühe (instant)
1–2 Tropfen Malaguetta-Pfeffer (siehe links; ersatzweise Tabascosauce)
Salz
Mehl zum Ausrollen
1 Eigelb
2 EL süße Sahne

Dauert etwa 2 Stunden

› Blätterteigscheiben auftauen lassen. Die Palmherzen abgießen und in fingerdicke Scheiben schneiden. Zwiebeln und Knoblauch fein hacken. Tomaten abziehen und würfeln, Oliven entkernen und in feine Scheiben schneiden.

› Öl in einer großen Pfanne erhitzen. Die Zwiebeln und den Knoblauch darin bei schwacher Hitze glasig braten. Tomaten, Oliven und Erbsen zugeben, mit Gemüsebrühe, Malaguetta-Pfeffer und Salz würzen.

› Palmherzen zugeben. Etwa 10 Minuten schmoren, bis eine cremige Masse entstanden ist; dabei immer wieder umrühren. Creme abkühlen lassen.

› Backofen auf 200 °C (Umluft, 180 °C; Gas, Stufe 3) vorheizen.

› Die Blätterteigscheiben auf Mehl dünn ausrollen, in Quadrate schneiden, mit der Creme belegen und zusammenklappen. Die Ränder mit den Zinken einer Gabel festdrücken. Die Taschen auf der Oberseite mit einem scharfen Messer dreimal schräg einschneiden und auf zwei kalt abgespülte Backbleche legen. Eigelb mit Milch verrühren, die Täschchen damit bestreichen.

› Palmherzenpastetchen in den heißen Backofen schieben und etwa 25 Minuten backen, bis sie leicht gebräunt sind.

Wenn die Pastetchen Ihnen zuviel Arbeit machen, füllen Sie die Palmherzencreme einfach in einen salzigen Mürbeteigboden – auch das ist typisch für Brasiliens Küche.

Gefüllter Sellerie in Olivenöl
Zeytinyagli Kereviz

Aus der Türkei

Erdogan Yarars Selleriescheiben mit einer Füllung aus Kartoffeln und Gemüse schmecken am besten, wenn man sie einen Tag im Kühlschrank ziehen lässt.

Für 6 Portionen
2 mittelgroße Knollensellerie
1 Zitrone
1 große Möhre
1 große Kartoffel (fest kochende Sorte)
2 Zwiebeln
6–7 EL Olivenöl
200 g frische oder tief gefrorene Erbsen
1 TL Zucker
Salz
Weißer Pfeffer
Etwa 400 ml Wasser
Zitronenscheiben und Petersilie zum Garnieren
Dauert etwa 1 Stunde

› Knollensellerie schälen und in etwa 5 Zentimeter dicke Scheiben schneiden. Mit einem spitzen Messer auf der Oberseite so aushöhlen, dass kleine Schälchen entstehen.

› In eine Schüssel mit Wasser und Zitronensaft legen, damit er sich nicht verfärbt.

› Möhre und Kartoffel schälen, waschen und in kleine Würfel schneiden. Zwiebeln abziehen und fein hacken.

› Olivenöl erhitzen, die Gemüsewürfel mit den Erbsen darin etwa 2 Minuten bei mittlerer Hitze dünsten. Mit Zucker, Salz und Pfeffer würzen.

› Den Sellerie auf das Gemüse legen und zugedeckt 5 Minuten bei schwacher Hitze ziehen lassen. Die Scheiben mit der ausgehöhlten Seite nach oben nebeneinander in einen flachen Topf legen und mit dem Gemüse füllen.

› An den Seiten so viel Wasser zugeben, dass die Selleriescheiben darin liegen, ohne zu schwimmen. Bis knapp unter den Siedepunkt erhitzen und etwa 10 Minuten bei schwacher Hitze ziehen lassen. Im Sud erkalten lassen. Mit Zitronenscheiben und Petersilie garnieren.

Brot mit Pfifferlingen
Kantarellsmörgas

Aus Schweden

Die meisten Schweden sind leidenschaftliche Pilzsammler, und am liebsten mögen sie Pfifferlinge, die man noch heute im hohen Norden überall findet. Weil wir in Deutschland so glücklich nicht sind, können Sie für Ewa Schimmers kleinen Imbiss auch »zahme« Pilze nehmen.

Für 4 Portionen
400 g frische Pfifferlinge
2 EL Butter
Salz
Weißer Pfeffer
4 Scheiben Toastbrot
25 g Kräuterbutter (fertig gekauft)
4 Zitronenscheiben zum Garnieren
Dauert etwa 45 Minuten

› Pilze putzen und in Scheiben schneiden. In einer Pfanne etwa 15 Minuten zugedeckt bei mittlerer Hitze im eigenen Saft garen. Bei starker Hitze in der offenen Pfanne weiter garen, bis die ganze Flüssigkeit eingekocht ist.

› Etwa 1/3 der Butter hinzufügen und die Pilze bei schwacher Hitze weitere 15 Minuten schmoren. Mit Salz und Pfeffer würzen.

› Toast in der restlichen Butter goldbraun braten, mit den Pfifferlingen belegen, mit Kräuterbutter und Zitronenscheiben garnieren.

Gut zum Raki

Wie die vielen anderen Kleinigkeiten aus der türkischen Küche paßt auch dieser Sellerie zur Raki-Tafel (siehe Seite 21). Raki, das Nationalgetränk der Türken, ist ein Anisbranntwein mit 45 Prozent Alkohol – ähnlich wie griechischer Ouzo oder französischer Pastis. Der beste Raki wird aus Rosinen, Sultaninen, Weintrauben und Anissamen hergestellt, einfache Rakis bestehen vorwiegend aus neutralem Alkohol und Anisaroma. Guten Raki können Sie pur oder mit Wasser aufgegossen (dann erhält er seine typisch milchige Farbe), als Longdrink, handwarm oder eisgekühlt trinken.

Dreifach am besten

»Ihre Samosas sind so schwierig zu beschreiben und zu backen!«, faxte ich Ramola Parbhoo nach Südafrika und fragte an, ob Leser und Autorin – Sie und ich – es sich auch leichter machen und einfach zwölf Teigscheiben ausrollen, halbieren und wie Tüten über der Füllung falten könnten.
»Gewiß«, kam Ramolas höfliche Antwort, »es geht auch so, doch die Teighülle Ihrer Samosas wird dann ziemlich dick sein. Wenn man den Teig dagegen nach meinem Rezept in drei Schichten vorbackt, wird die Hülle wirklich hauchdünn und knusprig.«
Ich ließ beide Versionen testen, wir kosteten, und natürlich hatte Ramola recht. Und ich wusste endlich, weshalb mir »deutsche« Samosas eigentlich nie gut geschmeckt hatten.

Das Wichtigste beim Samosateig: Hauchdünn muss er sein.

Gemüsepastetchen
Samosas

Aus Indien

Zu ihren echt indischen Samosas serviert Ramola Parbhoo meist Kokosnusschutney (Rezept, Seite 218). Wir haben Indien mit den Philippinen gemixt und die Pastetchen mit Zenaida Panganibans süßsaurer Sauce (Rezept, Seite 224) angerichtet.

Für 12 Stück

Füllung
1 mittelgroße Möhre
1 große Kartoffel (ca. 125 g; fest kochende Sorte)
2 grüne Chilischoten
2 Knoblauchzehen
200 g tiefgefrorene Erbsen
2 EL Kokosraspel
1/2 TL gemahlene Gelbwurz
1 TL Salz
1 TL Sesamsamen
2 mittelgroße Zwiebeln
1/4 TL gemahlener Kreuzkümmel
80 g Ghee (siehe rechte Seite) oder Butterschmalz
1 Hand voll Korianderblätter (ersatzweise 2 Schalotten)

Teig
500 g Mehl
1 TL Salz
180 ml kaltes Wasser
60 ml Speiseöl oder geschmolzenes Ghee
Mehl zum Formen und Ausrollen
Öl zum Bestreichen

Außerdem
40 g Mehl
Knapp 2 EL Wasser
3/4 l Öl zum Frittieren

Dauert etwa 3 Stunden

› Für die Füllung Möhre und Kartoffel schälen, waschen und reiben. Chilischoten halbieren, Kerne entfernen, die Schoten waschen und in feine Streifen schneiden. Knoblauchzehen abziehen und mit Salz zerdrücken. Alles mit Erbsen, Kokosraspel, Gelbwurz, Salz und Sesamsamen mischen.

› Zwiebeln abziehen, fein hacken und mit dem Kreuzkümmel im heißen Fett bei schwacher Hitze glasig braten. Die Gemüsemischung zugeben und zugedeckt 20 Minuten bei schwacher Hitze dünsten.

› Den Deckel abnehmen und das Gemüse weitere 15 Minuten unter gelegentlichem Rühren dünsten. Die ausgetretene Flüssigkeit sollte dabei fast vollständig verdampfen.

› Den Topf vom Herd nehmen, die Füllung abkühlen lassen und mit den gehackten Korianderblättern mischen.

› Für den Teig das Mehl in eine Schüssel sieben und mit dem Salz mischen. Mit dem Wasser zu einem weichen Teig verarbeiten. Auf einer bemehlten Arbeitsfläche kräftig durchkneten, bis der Teig glatt und elastisch ist.

› Den Backofen auf 200 °C (Umluft, 180 °C; Gas, Stufe 3) vorheizen.

› Teig in 6 gleich große Stücke teilen. Die Stücke zwischen den Handflächen zu Kugeln rollen und auf der leicht bemehlten Arbeitsfläche zu etwa 10 Zentimeter großen Fladen ausrollen. Jeden Fladen vollständig - auch rundherum am Rand - mit 1 Teelöffel Öl bestreichen und dünn mit Mehl bestreuen.

› 2 Fladen mit den bestrichenen Seiten aufeinander legen. Die Oberseite wiederum mit Öl bestreichen. Mehl darüber streuen und mit einem weiteren Fladen abschließen, so dass ein dicker Fladen aus drei Lagen entsteht (siehe Foto links unten). Mit den restlichen 3 Fladen ebenso verfahren.

Der Teig wird in drei Lagen vorgebacken.

› Die beiden dreilagigen Fladen nun jeweils zu 2 großen Fladen von etwa 25 Zentimeter Durchmesser ausrollen. Auf leicht gefettete Backbleche legen und nacheinander im heißen Backofen etwa 3 Minuten backen.

› Zum Bestreichen des Teiges Mehl und Wasser zu einer dickflüssigen Paste verrühren. Die 3 Teigschichten wieder vorsichtig voneinander lösen und etwas abkühlen lassen.

› Jeweils 3 Fladen aufeinander schichten und mit einem scharfen Messer in etwa 6 Zentimeter breite Streifen schneiden. Diese 18 Streifen mit einem feuchten Tuch bedecken, damit sie nicht austrocknen.

› Einen Teigstreifen auf der Arbeitsfläche ausbreiten und das spitze Teigende wie für eine Tüte nach innen klappen (siehe Foto links unten). Diese »Tüte« noch einmal umklappen, dabei das untere spitze Ende der »Tüte« fest zusammendrücken, damit beim Frittieren kein Öl in die Füllung laufen kann.

› 1 1/2 Esslöffel Füllung in die »Tüte« geben. Die Samosa nun erneut falten, um sie zu schließen. Dabei das Teigende an der Kante mit etwas Mehlpaste bestreichen und andrücken.

› Die anderen Teigstreifen ebenso falten, füllen und schließen.

› Das Öl in einem hohen Topf oder einer Fritteuse erhitzen. Die Samosas portionsweise pro Seite etwa 5 Minuten ausbacken, bis sie goldbraun sind.

› Mit einem Schaumlöffel herausnehmen und auf Küchenpapier abtropfen lassen. Heiß oder kalt servieren.

Tip: Die vorbereiteten Gemüsepasteten kann man roh einfrieren.
Zum Anrichten läßt man sie nicht auftauen, sondern gibt sie gefroren ins heiße Frittierfett und backt sie goldbraun aus.

Ghee

Das Universalfett für die indische Küche ist geklärte Butter wie unser Butterschmalz: Die Gewürzmischungen Garam Masala, Kari oder Panch Phoron werden darin angebraten, bevor man die anderen Zutaten untermischt. Ghee hat drei Vorteile: Sein besonderer Geschmack entsteht durch die Bräunung beim Kochen der Butter. Es ist wie jedes reine Fett lange haltbar. Und es eignet sich auch zum Braten bei hohen Temperaturen, weil es keine Eiweißbestandteile mehr enthält, die verbrennen könnten.

Ghee zubereiten

500 Gramm Butter – gesalzen oder ungesalzen – in eine tiefe Kasserolle geben. Bei mittlerer Hitze schmelzen lassen und aufkochen. Die Butter bei mittlerer bis schwacher Hitze 12 bis 15 Minuten sanft kochen lassen, bis sie nicht mehr »blubbert«. Dann ist das darin enthaltene Wasser verdampft, die weißen Eiweißbestandteile steigen an die Oberfläche und eventuell enthaltenes Salz sinkt zu Boden. Ein zweites ofenfestes Gefäß dicht neben der Kasserolle bereitstellen, die Kasserolle leicht neigen und das klare Butterfett ins zweite Gefäß abgießen. Dabei sollten Sie vorsichtig pusten, damit die weiße Schicht zurückbleibt, und darauf achten, dass Sie das Salz am Boden der Kasserolle nicht mit abgießen. Falls das Ghee noch etwas trübe ist, filtert man es durch ein feines Mulltuch. Kristallklares Ghee hält sich in einem Glas selbst bei Zimmertemperatur etwa ein Jahr.

Nur zum Fest

»Guo Tie werden nur zu großen Festen gebacken – nicht, weil sie sehr teuer oder besonders edel sind, sondern weil sie so viel Arbeit machen«, erklärte mir Xiaoyan Zhang, als sie mir ihr Rezept für gebratene Teigtaschen gab. »Beim Frühlingsfest, das in China so wichtig ist wie Weihnachten im Westen, sind sie Tradition. Wir kochen sie immer gemeinsam – zu Hause tut sich die ganze Familie zusammen, und wenn wir im Ausland leben, treffen sich Freunde und Bekannte.
Ich habe hier ein Frühlingsfest mit vorbereitet, da waren um die 50 fleißige Guo-Tie-Köchinnen am Werk: Wir produzierten sicher an die 1000 Stück der Täschchen und stapelten sie backblechweise für unser Festessen.«

Guo Tie, festliche Teigtäschchen aus China, erinnern ein wenig an deutsche Maultaschen, zumindest was die einfachen Zutaten und den Zeitaufwand betrifft. Man isst sie heiß mit einer klaren, würzigen Sauce.

Gebratene Teigtaschen
Guo Tie

Aus China

Für 4 Portionen

Teig
300 g Mehl
Etwa 150 ml kaltes Wasser
Füllung
4 Eier
2–3 EL Öl
50 g Glasnudeln
2 mittelgroße Zucchini
1 Frühlingszwiebel
1 kleines Stück frischer Ingwer
1 TL Salz
Sauce
4 Knoblauchzehen, Salz
4 EL helle Sojasauce
4 EL Essig
1 EL Sesamöl
4 EL Öl zum Braten
50 ml Wasser zum Kochen

Dauert etwa 2 1/2 Stunden

› Mehl mit dem Wasser mischen. Gut durchkneten und bei Zimmertemperatur etwa 30 Minuten ruhen lassen.
› Eier schaumig schlagen. Etwas Öl in einer Pfanne von 22 Zentimeter Durchmesser erhitzen. Pro Eierkuchen 1 Esslöffel Eischaum darin bei schwacher Hitze hauchdünn ausbacken. Die Eierkuchen fein hacken.
› Die Glasnudeln in sprudelnd kochendem Wasser etwa 3 Minuten garen. Auf ein Sieb abgießen, kalt abspülen, abtropfen lassen und hacken.
› Zucchini grob raspeln, Frühlingszwiebel hacken, Knoblauchzehen mit etwas Salz zerdrücken. Den Ingwer schälen und fein hacken. Alle vorbereiteten Zutaten für die Füllung mit dem Salz in einer Schüssel mischen.
› Für die Sauce die Knoblauchzehen mit etwas Salz zerdrücken. Mit Sojasauce, Essig und Sesamöl mischen.
› Teig in 3 Portionen teilen und zu Rollen von 3 Zentimeter Durchmesser formen. In etwa 1 1/2 Zentimeter dicke Stücke schneiden und mit einem Nudel-

holz zu dünnen Scheiben ausrollen. Teigscheiben mit je 1 Teelöffel Füllung belegen, Teigränder mit Wasser bestreichen. Jede Scheibe zusammenklappen und die Ränder gut festdrücken.

› 4 Esslöffel Öl in einer Pfanne erhitzen. Teigtaschen nebeneinander darin zugedeckt 3 Minuten bei mittlerer Hitze braten. Das Wasser zugießen und die Taschen weitere 3 Minuten dünsten.

› Teigtaschen auf einer Platte anrichten und heiß mit der Sauce servieren.

Oliven im Teigmantel

Aus der jüdischen Küche

Bilha Widmann nimmt reine Pflanzenmargarine für den Teig, weil sie in der koscheren Küche als neutrales Lebensmittel gilt, das mit Ei und dem Milchprodukt Magerquark kombiniert werden darf.

Für 6–8 Portionen
250 g Magerquark
200 g Margarine
375 g Mehl
Salz
400 g entsteinte grüne Oliven (etwa 40 Stück)
1 Ei
Fett für die Bleche
Dauert 1 1/2 Stunden.

› Den Backofen auf 200 °C (Umluft, 180 °C; Gas, Stufe 3) vorheizen.

› Quark, weiche Margarine, Mehl und Salz zu einem Teig verarbeiten. Mit einem Esslöffel walnussgroße Portionen abstechen und auf der angefeuchteten Handfläche flach drücken. Jeweils eine Olive in die Mitte legen, mit dem Teig umhüllen und zu Bällchen formen.

› Die Teigbällchen mit dem verquirlten Ei bestreichen und auf gefettete Backbleche legen. Im heißen Backofen in jeweils etwa 20 Minuten goldbraun backen. Warm oder kalt servieren.

Kichererbsenpaste
Humus

Aus dem Nahen Osten

Humus ist Vorspeise und Aufstrich für gefülltes Pitabrot (siehe Tip unten), einen typischen Imbiss in der Türkei und im gesamten Nahen Osten. Dort ist das vegetarische Sandwich, das gleich aus der Hand gegessen wird, beliebtes Fastfood.

Für 4 Portionen
200 g Kichererbsen
3/4 l Wasser
12 Knoblauchzehen
200 g Tahin (Sesampaste; siehe rechts)
Saft von 1 Zitrone
1 EL gemahlener Kreuzkümmel
1 EL Salz
1 EL Paprikapulver
6 EL Olivenöl
150 ml Wasser
1 Bund Petersilie
8 schwarze Oliven
Dauert etwa 1 Stunde
Dazu kommt die Zeit (etwa 10 Stunden) fürs Einweichen und Abkühlen

› Kichererbsen im Wasser 8 Stunden zugedeckt einweichen. Mit dem Wasser in 30 bis 40 Minuten weich kochen. Abgießen und abkühlen lassen.

› Kichererbsen, Knoblauch, Tahin, Zitronensaft, Kreuzkümmel, Salz, Paprika und 4 Esslöffel Öl pürieren. Dabei nach und nach das Wasser zugeben.

› Kichererbsenpaste auf eine Platte streichen, mit dem restlichen Öl beträufeln. Mit der gehackten Petersilie bestreuen und mit Oliven garnieren.

Tip: Ein mittelgroßes Pitabrot wie eine Tasche aufklappen, mit Humus, Salatblättern, Gurken- und Tomatenscheiben, frisch frittierten Kichererbsenbällchen (Falafel; siehe Rezept, Seite 49) und Kräutern oder Pickles füllen. Servieren, solange die Bällchen noch warm sind.

Tahin

Tahin, eine Creme aus Sesamsamen – ähnlich wie Erdnußbutter –, können Sie in Mittelmeer- und Asienläden, Naturkostläden und Reformhäusern kaufen.

Das Öl, das sich auf der Creme absetzt, müssen Sie vor der Verwendung unterrühren.

Tahin ist Brotaufstrich für Pitabrot, Dip für Gemüse und Fladenbrot. Damit es in Salatsaucen glatt und sämig wird, verdünnt man es zuerst mit Joghurt oder Wasser und würzt es danach mit Zitronensaft.

MULITNATIONAL

Nora Dubrals Kochkunst ist von vielen Ländern beeinflusst und lässt sich keinem einzelnen zuordnen. »Pirogi und Piroški, große und kleine Teigtaschen, gibt es auch in Russland«, sagt Nora, »doch mit einer Hülle aus Hefeteig. Ich nehme Blätterteig, und das ist eher griechisch.« Mich erinnerte Noras Art, warme Piroški zu einer Suppe zu reichen, an Frankreich. Übrigens gab es die knusprigen kleinen Dinger zu einem wunderbaren Borschtsch (Rezept auf Seite 84) – und der stammt bekanntlich aus Russland!

FÜR DEN VORRAT

Nora backt die Teigtaschen auf Vorrat und friert sie gleich nach dem Abkühlen ein. Zum Servieren schiebt man sie gefroren in den vorgeheizten Ofen und backt sie etwa 20 Minuten bei 220 °C (Umluft, 200 °C; Gas, Stufe 4). Die gefüllten, ungebackenen Taschen kann man etwa einen Tag im Kühlschrank aufheben: Die feste Füllung weicht die mehrmals gewickelten Teigstreifen nicht durch, und die Piroški werden trotz Lagerung beim Backen sehr knusprig.

Piroški sind in Russland die einfache Version der großen festlichen Pirogge. Man isst sie zur Suppe.

Blätterteigecken mit Käse

Piroški

Aus Armenien

Für 12 Stück

3 Scheiben tiefgefrorener Blätterteig
50 g Schafkäse
50 g Gouda
30 g Greyerzer
5 Stängel Schnittlauch
2–3 Stängel Dill
1/2 Bund Petersilie
2 Lauchzwiebeln
1 1/2 EL Wasser
1/4 TL weißer Pfeffer
1 Eigelb

Dauert etwa 1 Stunde

› Blätterteigscheiben auftauen lassen.
› Den Schafkäse fein zerbröckeln, Gouda und Greyerzer fein reiben. Die Kräuter waschen und trockentupfen. Den Schnittlauch in feine Röllchen schneiden, Dill und Petersilie hacken. Lauchzwiebeln putzen, waschen und nur das Weiße in feine Ringe schneiden. Käse, Kräuter, Lauchzwiebeln und Wasser mischen und mit dem Pfeffer würzen. Backofen auf 200 °C (Umluft, 180 °C; Gas, Stufe 3) vorheizen.
› Die Blätterteigplatten jeweils quer in 4 gleich große Rechtecke schneiden und jedes Rechteck auf eine Größe von etwa 5 mal 30 Zentimeter dünn ausrollen. Jeweils 1 Teelöffel Füllung in die oberen Ecken der Teigplatten setzen.
› Teig über der Füllung zu einem Dreieck falten. Dieses Dreieck nun immer wieder über den Teig klappen, bis die 30 Zentimeter Teig aufgebraucht sind und eine mehrlagige Teigtasche entstanden ist. Auf diese Weise 12 Teigtäschchen füllen und wickeln.
› Ein Backblech mit kaltem Wasser abspülen und die Teigtäschchen darauf setzen.
› Mit dem verquirlten Eigelb bestreichen, in den heißen Backofen (mittlere Schiene) schieben und in etwa 20 Minuten goldgelb backen.

Gemüsepflänzchen
Bala-bala

Aus Indonesien

Die frittierten Pflänzchen mit reichlich Gemüse und Tofu stammen aus Westjava, der Heimat von Lina Neudecker. »Wir servieren sie als Imbiss oder Bestandteil großer Festessen. Dazu gibt es fertig gekaufte Chilisauce oder Tomatenketchup.«

Für 4 Portionen
250 g Mehl
200 ml Wasser
2 Eier
1 gehäufter TL Salz
1 TL weißer Pfeffer
2 Schalotten
1 Knoblauchzehe
100 g Möhren
1 Frühlings- oder Lauchzwiebel
100 g Weißkohl
100 g frische Sojabohnensprossen
200 g Tofu
100 g Gemüsemais (Dose)
Pflanzenöl zum Frittieren
Dauert etwa 1 Stunde

› Mehl mit Wasser, Eiern, Salz und Pfeffer zu einem dicken Teig verrühren. Schalotten und Knoblauch abziehen, hacken und untermischen. Zugedeckt ruhen lassen, bis Gemüse und Tofu vorbereitet sind.

› Möhren schälen, Frühlingszwiebel putzen, Kohl und Sojabohnensprossen waschen, Tofu abtropfen lassen. Alles fein zerkleinern und mit dem gut abgetropften Mais unter den Teig mischen.

› Das Öl in einem hohen Topf oder einer Fritteuse erhitzen. Vom Teig mit einem Esslöffel Portionen abnehmen und im heißen Öl in etwa 4 Minuten goldbraun frittieren. Auf Küchenpapier abtropfen lassen und heiß servieren.

Tip: Kalte Bala-bala kann man im Mikrowellengerät aufwärmen.

Bohnen in Sesamsauce
Ingen no Goma-ae

Aus Japan

Michiyo Ernst verwendet wenige Würzzutaten für die Bohnen: weiße, geschälte Sesamsamen – es gibt auch ungeschälte gelbliche und braunschwarze Samen – und Tamari, eine dunkle, milde Sojasauce mit wenig Salz und leichtem Malzaroma. Dazu noch Mirin, japanischen Reiswein aus Reismaische und süßem Maissirup, verdünnt mit Wasser. Der süße Mirin mit etwa 14 Prozent Alkohol wird fast ausschließlich zum Kochen genommen, während der eher trockene Sake – typischer Sushi-Begleiter zum Beispiel – Japans Nationalgetränk und ebenfalls Würzmittel ist.

Für 4 Portionen
300 g grüne Bohnen
3 EL weiße Sesamsamen
1 1/2 TL Zucker
2 TL Mirin (siehe oben; ersatzweise Medium-Sherry)
2 TL Wasser
1 TL dunkle Sojasauce
1 TL Salz
Dauert etwa 30 Minuten

› Die Bohnen von Stiel- und Blütenansätzen befreien und waschen, aber nicht zerkleinern. Reichlich Salzwasser aufkochen und die Bohnen darin 10 bis 15 Minuten sprudelnd kochen, bis sie gerade eben bissfest sind.

› Auf ein Sieb abgießen und mit dem Sieb kurz in eine Schüssel mit kaltem Wasser und ein paar Eiswürfeln tauchen. Bohnen herausnehmen und kurz im Sieb abtropfen lassen. In etwa 3 Zentimeter lange Stücke schneiden.

› Sesam im Mörser (siehe Foto rechts) zerreiben oder in einer speziellen Sesammühle mahlen und mit den restlichen Zutaten in einer Schüssel mischen. Bohnen untermischen und servieren.

Die Blätterteigecken werden mehrfach gewickelt, so dass die Füllung den Teig nicht durchweichen kann.

Im japanischen Mörser mit hauchfeinen Rillen kann man Sesam so gut wie in der Sesammühle zerreiben. Den Suribachi und die Mühle (Gomasuriki) gibt es in Asienläden.

Miguel Angel Servidio

»Zur lateinamerikanischen Küche gehört ein riesiges Gebiet: von Mexiko im Norden bis zur Südspitze meines Heimatlandes Argentinien«, sagte mir Miguel, Experte für Küche und Lebensmittel Lateinamerikas. »Die regionalen Unterschiede sind so stark, dass viele Früchte und Gemüse des Nordens im Süden nicht mal dem Namen nach bekannt sind. Geprägt wurde das Essen von heimischen Produkten: Mais, Tomaten, Chilischoten, Maniok, Papayas – um nur die wichtigsten zu nennen. Wie stark der indianische Einfluß ist, zeigt sich an Namen: »Ahuacatl« für Avocado oder »Tomatl« für grüne Tomate. Ein Rückgang der indianischen Bevölkerung wäre eine Katastrophe für unsere Kultur; sie ließe unsere Länder auch kulinarisch verarmen. Wir verbringen den größten Teil des Tages im Freien. Deshalb spielt das Essen im Freien eine viel größere Rolle als bei euch in Europa. Übrigens auch die Lust am Kochen und Essen: Die Küche bedeutet einer Lateinamerikanerin so viel wie euch das Wohnzimmer. Sie ist äußeres Zeichen ihres Wohlstandes, und bei Regenwetter empfängt sie hier ihre Gäste.«

Teigtaschen mit Mais
Empanadas de Choclo

Aus Argentinien

Miguel Angel Servidios Teigtaschen mit Mais, Gemüse, Rosinen und Käse schmecken warm und kalt gleich gut.

Für 20 Stück
Teig
400 g Mehl
1 Ei
6 EL Öl
100 g Butter
140 ml Milch
1 TL Salz
Füllung
3 dünne Stangen Lauch
1/2 Peperoni
100 g Butter
200 g Maiskörner (frisch oder aus der Dose)
2 EL geriebener Käse
50 g Rosinen
2 EL gehackte Petersilie
2 hart gekochte Eier
Salz
Pfeffer
Mehl zum Ausrollen

Dauert etwa 1 1/2 Stunden

› Für den Teig Mehl, Ei, Öl, weiche Butter, Milch und Salz in einer Schüssel mit dem Knethaken des Handrührers vermischen, bis die Masse krümelig ist. Auf der Arbeitsfläche mit den Händen zu einem Teig kneten.

› Lauch putzen, waschen und mit den saftigen grünen Blättern fein zerkleinern. Peperoni von Scheidewänden und Kernen befreien und fein hacken. Beide Zutaten in 1 Esslöffel Butter bei schwacher Hitze etwa 5 Minuten dünsten. Restliche Butter, Mais, Käse, Rosinen, Petersilie und gehackte Eier zugeben. Alles gut vermischen und mit Salz und Pfeffer würzen.

› Die Arbeitsfläche leicht mit Mehl bestreuen und den Teig portionsweise darauf so dünn wie möglich ausrollen. Mit einer großen Suppentasse Kreise von 12 bis 15 Zentimeter Durchmesser ausstechen.

› Je 1 Esslöffel Füllung in die Mitte der Kreise geben. Die Ränder mit Wasser bestreichen und die Kreise zu einem Halbmond zusammenklappen. Die Ränder mit den Zinken einer Gabel zusammendrücken.

› Taschen auf ein Backblech legen und in den kalten Backofen (mittlere Schiene) schieben. Bei 180 °C (Umluft, 160 °C; Gas, Stufe 2) etwa 30 Minuten backen, bis sie goldbraun sind.

Soja-Brotaufstrich
Patê de Soja

Aus Brasilien

Endlich ein neuer Brotaufstrich für alle, die Wurst meiden und nicht immer Lust auf Käse haben. Arnoldo da Silva-Pereira serviert die Paste zu Weißbrot mit frischen Tomaten- und Gurkenscheiben. Die Tomatensauce für den Aufstrich macht er immer selbst: »Es geht ganz einfach: Man zieht frische Tomaten ab und püriert sie.«

Für 2–4 Portionen
1 kleine Zwiebel
4 EL Sojamehl
2–3 EL Tomatensauce
1/2 TL Oregano
Salz
1 EL frische, gehackte Petersilie

Dauert etwa 10 Minuten

› Die Zwiebel abziehen, fein hacken und bei schwacher Hitze ohne Fettzugabe goldbraun rösten.

› Das Sojamehl, die Tomatensauce und den Oregano zugeben und alles unter Rühren 3 Minuten schmoren.

› Petersilie untermischen, die Paste mit Salz würzen und abkühlen lassen.

Die Obstcocktails von Arnoldo da Silva-Pereira sind Beispiele für die Vielfalt brasilianischer Mixgetränke.

Avocadococktail mit Milch

Suco de abacate

Aus Brasilien

Obst- und Milchmixgetränke sind sehr beliebte Zwischengerichte in Brasilien. Man bekommt sie an Imbissbuden und in Eisdielen und trinkt sie gut gekühlt.

Für 6 Portionen
2 reife Avocados
Saft von 1 Limette oder 1/2 Zitrone
400 ml eiskalte Milch
Zucker oder Honig nach Geschmack
Eiswürfel

Dauert etwa 15 Minuten

› Avocados halbieren, Kerne entfernen, die Hälften schälen und mit dem Limetten- oder Zitronensaft im Mixer pürieren. Dabei nach und nach die Milch zugießen und kräftig mixen.

› Den Cocktail mit Zucker oder Honig süßen und in eisgekühlten Gläsern mit einigen Eiswürfeln servieren.

Papaya-Orangen-Cocktail

Waranja com Mamao

Aus Brasilien

Messen Sie alles in Tassen ab. Bei diesem Cocktail kommt es auf das Verhältnis von Obst und Flüssigkeit an: Brasilianische Fruchtdrinks sollen dick und sämig sein.

Für 6 Portionen
2 Tassen klein geschnittene Papaya
1 1/2 Tassen Orangensaft
3 EL Limettensaft
1/4 TL gemahlene Vanille
2 Tassen eiskaltes Wasser
Honig nach Geschmack
Eiswürfel

Dauert etwa 15 Minuten

› Papaya, Orangen- und Limettensaft sowie Vanille im Mixer pürieren. Nach und nach das Wasser zugießen.

› Cocktail mit Honig süßen, mit Eiswürfeln in kalte Gläser füllen, mit einer Blüte oder Limettenscheibe garnieren.

Gute Avocados

In Mexiko gibt es Avocados mit dunkler, fast schwarzer und sehr dünner Schale – Llermi Schröder hält sie für die besten. Hier nimmt man zum Pürieren die dunkelgrüne, runzelige und dickschalige »Hass«, eine sehr aromatische Sorte mit butterartig weichem Fleisch. Reife Früchte geben auf Fingerdruck etwa so nach wie reife Bananen.

Der schwarze Punkt

Kleine Augenbohnen mit dem schwarzen Punkt um den Keim sind typisch für die Mittelmeerküche. Sie schmecken mariniert und als Salat besonders gut, weil sie schön weich, aber nicht matschig kochen und sich gut mit dem Aroma der Gewürze verbinden. Die jungen Blätter isst man in Afrika. Ramata Ebersbach-Dabiré hat mir von einem »Armeleuteessen« (und Lieblingsgericht ihres Mannes!) erzählt: Frikadellen aus Hirse und gestampften Bohnenblättern werden über Dampf gegart und mit gewürzter Butter angerichtet. Bohnenblätter nimmt man in Afrika auch für Saucen.

Spinat mit Schwarzaugenbohnen

Isparnakli Börülcek

Aus der Türkei

Für 3–4 Portionen

- 125 g getrocknete Schwarzaugenbohnen (siehe links; ersatzweise weiße Bohnen)
- 1 l Wasser
- Salz
- 400 g frischer Spinat
- 2 Zwiebeln
- 150 ml Olivenöl
- 150 ml Wasser
- 1 TL Salz
- 1 TL Paprikaflocken
- 1/2 TL Pfeffer
- 50 g Tomatenmark
- 1 Zitrone

Dauert etwa 1 Stunde
Dazu kommt die Zeit (etwa 8 Stunden) fürs Einweichen

› Bohnen kalt abspülen, mit dem Wasser übergießen und zugedeckt 8 Stunden einweichen. Salz zugeben, Bohnen aufkochen und zugedeckt bei schwacher Hitze etwa 25 Minuten kochen, bis sie weich, aber nicht aufgeplatzt sind. Während des Kochens immer wieder den Schaum abschöpfen. Die Bohnen abgießen und abkühlen lassen.

› Spinat verlesen, mehrmals waschen und zerkleinern. Zwiebeln fein hacken.

› Öl in einem Topf erhitzen, Zwiebeln darin goldgelb braten. Spinat zugeben und zusammenfallen lassen. Wasser zugießen, Spinat mit Salz, Paprikaflocken, Pfeffer, Tomatenmark und ausgepresstem Zitronensaft kräftig würzen. Im offenen Topf bei mittlerer bis schwacher Hitze 10 Minuten leicht kochen lassen.

› Die Bohnen zugeben, aufkochen und 10 Minuten bei mittlerer Hitze garen. Neben der Kochstelle noch 20 Minuten im offenen Topf ziehen lassen. Bohnen lauwarm oder kalt servieren.

Ziegenkäsebrote mit Knoblauchmus

Peasant Bread with Garlic and Goat Cheese

Aus Europa und den USA

Den Snack habe ich im Flugzeug von New York nach München entdeckt – leider nicht auf meinem Teller, sondern in einer amerikanischen Zeitschrift. Für mich ist Ruth Spears Rezept Beispiel für eine neue internationale Küche, die Typisches aus allen Ländern miteinander kombiniert.

Für 4 Portionen

- 4 Knoblauchknollen
- 150 ml Gemüsebrühe
- 8 frische Salbeiblätter
- 4 EL Olivenöl
- 1 TL Zitronensaft
- Salz, Pfeffer
- 1 Baguette (250 g)
- 200 g weicher weißer Ziegenkäse

Dauert etwa 1 1/2 Stunde
Arbeiten müssen Sie etwa 30 Minuten

› Die äußeren Blätter der Knoblauchknollen entfernen. Knollen quer halbieren. Mit den Schnittflächen nach oben eng nebeneinander in eine Gratinform setzen. Gemüsebrühe darüber gießen. Auf jede Knollenhälfte ein Salbeiblättchen legen. Mit Öl beträufeln.

› Knoblauch zugedeckt in den kalten Backofen (mittlere Schiene) schieben. Bei 200 °C (Umluft, 180 °C; Gas, Stufe 3) in 1 Stunde weich backen. Mit einer Gabel aus den Häuten streifen, mit Salz, Pfeffer aus der Mühle und Zitronensaft mischen.

› Baguette schräg in etwa fingerdicke Scheiben schneiden, nebeneinander auf ein Backblech legen und etwa 2 Minuten im Ofen knusprig backen. Mit dem Knoblauchpüree bestreichen. Die Käsescheiben darauf anrichten.

Knusprige Kichererbsenbällchen, beliebter Snack – Israelis füllen sie als Falafel in Pitabrot (siehe Seite 43) –, sind in viele Länder gewandert. Dieses Rezept hat Ramola Parbhoo in Mauritius aufgeschrieben.

Kichererbsenbällchen

Aus Mauritius

Für 6 Portionen
500 g Kichererbsen
Chilisauce
3 Knoblauchzehen
1 TL Salz, 1 TL Zucker
250 g Pizzatomaten (Dose)
1/2 TL Tabascosauce oder 1 TL Chilipulver
Joghurtsauce
2 TL Kreuzkümmelkörner
250 g Joghurt
100 g süße Sahne
1/2 TL Salz, 1/2 TL Chilipulver
Außerdem
3 Lauchzwiebeln
2 grüne Chilischoten
2 TL Anissamen
1/2 TL Backpulver
2 Hand voll Korianderblätter
1/2 TL gemahlene Gelbwurz
1 TL Salz
800 ml Öl zum Frittieren
Dauert etwa 1 1/2 Stunden
Dazu kommt die Zeit (8 Stunden) fürs Einweichen

› Die Kichererbsen etwa 8 Stunden in reichlich Wasser einweichen.

› Für die Chilisauce den Knoblauch mit dem Salz zerdrücken und mit den restlichen Zutaten mischen.

› Für die Joghurtsauce den Kreuzkümmel im Mörser zerreiben. Mit allen restlichen Zutaten mischen.

› Kichererbsen abtropfen lassen und zu einer cremigen Masse pürieren. Lauchzwiebeln fein hacken. Chilischoten von Kernen und Scheidewänden befreien, waschen und fein hacken. Anissamen im Mörser zerreiben.

› Alle diese Zutaten mit dem Backpulver, den gehackten Korianderblättern, der Gelbwurz und dem Salz zu einem festen Teig verarbeiten. Eventuell noch etwas Wasser dazugeben. Mit angefeuchteten Händen etwa walnussgroße Bällchen formen.

› Öl zum Frittieren in einem hohen Topf oder einer Fritteuse erhitzen. Jeweils etwa 4 Kichererbsenbällchen darin in 3 bis 5 Minuten goldbraun backen, dabei immer wieder wenden, damit sie gleichmäßig bräunen. Auf Küchenpapier abtropfen lassen. Warm oder kalt mit den Saucen servieren.

Kichererbsen

Man isst sie in allen arabischen Ländern, in Nordafrika und Südeuropa, in der Türkei und in Israel. Diese kleinen, braungelben, unregelmäßig geformten Hülsenfrüchte gehören zu den traditionellen Lebensmitteln der arabisch-islamischen Küche, und ihre Zubereitung ist seit Jahrhunderten ziemlich unverändert geblieben. In arabischen Kochbüchern, die mindestens 100 Jahre älter sind als das erste bekannte deutsche Kochbuch, werden Kichererbsen entweder wie Gemüse mit Ingwer und Butter zubereitet oder in reichlich Wasser gekocht.
Die Brühe würzt man mit Zwiebeln, Pfeffer, Koriander, Safran, Essig oder Limettensaft. Das Mus aus Kichererbsen, »Humus« (Rezept auf Seite 43), ist noch immer eine beliebte Vorspeise im Nahen und Mittleren Osten. Der Name kommt aus dem Arabischen: »Humus« heißt Kichererbse.

Salate

Senfkörner verarbeitet man in Europa zu Mostrich, in Asien nimmt man sie als Würze wie Pfeffer.

Salate, Gemüse, Saucen

Das Geheimnis ist die Würze

Für Europäer schmeckt das Essen fast aller asiatischer Regionen zuerst ziemlich ungewohnt. Das liegt nicht nur an exotischen Zutaten, sondern vor allem an der besonderen Würzkombination.

Am Anfang stand die Verwirrung: »Die Chinesen haben nicht so viele Gewürze wie die Europäer«, sagte mir Xiaoyan Zhang und zählte Sojasauce, Reisessig, Bohnenpaste, Sternanis, Ingwer, Knoblauch, Frühlingszwiebeln und Sesamöl auf. Von Sombat Kaewchum-Rozmus wusste ich, dass man sich in Thailand auf weniges beschränkt (siehe Seite 176). Dennoch ist Thailands Würzkunst berühmt. Phung Hoang fand, daß wir Deutschen so wenig würzen und nannte mir für Vietnam außer Speisewürze als Ersatz der einheimischen Sojasauce noch Chilischoten, Koriander, Minze, Basilikum, Knoblauch und Frühlingszwiebeln. Das war tatsächlich nicht viel, bedenkt man den charakteristischen Geschmack des Essens. Ich fragte Tutty Wilpernig und Lina Neudecker, Sun Hee Jun-Sailer und Zenaida Panganiban, Michiko Yoshihara-Fink und Michiyo Ernst, verglich alle Rezepte miteinander. Schließlich war mir klar, was es mit der intensiven Würze aus wenigen Ingredienzen auf sich hatte: Asien setzt auf Kontrast, wo Europa die Vielfalt pflegt. Der Kontrast entsteht auf unseren Geschmacksknospen: Wir schmecken süß und sauer, salzig und bitter. Außerdem bleibt uns die Luft weg, wenn wir Scharfes auf die Mundschleimhäute bekommen. Doch die Meldung »scharf« läuft nicht über die Knospen am Zungengrund zu Nervenbahnen und Gehirn, sondern über die Schleimhaut. Schärfe aber ist typisch für viele Länder und dazu ein so weites Thema, dass Sie dazu ein eigenes Special auf Seite 214 finden.

Das rote Häutchen über der Muskatnuss kommt getrocknet als Muskatblüte in den Handel.

Das Süße in Asien ergibt sich zuerst natürlich aus Zucker. Auch europäische Köche haben Zucker einst nur wie Salz als Gewürz verwendet, bis im 15. Jahrhundert der Italiener Martino als einer der Ersten richtige Süßspeisen kreierte. Süße kommt in Asien auch von Sojabohnen: Japanisches Miso oder mildes Chiang aus China, beides Pasten aus zerkleinerten, gekochten Sojabohnen, die mit einem hefeähnlichen Pilz wie Sojasauce fermentieren und im besten Fall über Jahre reifen, schmecken je nach Zubereitungsart süß bis würzig oder salzig. Faustregel für die Rezepte dieses Buches: Helles Miso ist eher süß, dunkles eher salzig. Bei Sojasauce läuft es umgekehrt: Dunkle Sojasauce ist würzig und süß – von der tiefdunklen, süßen Kecap manis aus Indonesien kommt das Wort »Ketchup«. Salzig ist Austernsauce, die Sie in drei Rezepten dieses Buches fin-

Gewürznelken sind die roten Blütenknospen des Nelkenbaumes.

Der Marktstand in Hongkong zeigt ein paar der wichtigsten Gewürze asiatischen Kochens.

den. Gewiss, Austernsauce gehört nicht zu den vegetarischen Lebensmitteln, und wer aus ethischen Gründen keine tierischen Produkte isst, nimmt stattdessen helle Sojasauce. Doch wer die unterschiedlichen Nuancen des Salzigen kosten will, kann Salat und Suppen, Gemüse und Saucen mal mit Austernsauce, thailändischer Fischsauce, Miso, scharfer roter Bohnenpaste aus China, eingelegten Sojabohnen oder salzigem Rettich, heller Sojasauce oder eben Salz würzen. Ein Tip: Gerichte mit Miso nicht aufwärmen, weil das delikate Aroma verloren geht und nur das Salz übrig bleibt.

Sauer kann in Ostasien sehr sauer sein: Sun Hee Jun-Sailer hat mir absichtlich kein typisches Rezept für Kimchi, das koreanische Sauerkraut, gegeben. »Meine Familie und meine Freunde sind begeistert, wenn ich koreanisch koche«, sagte sie mir. »Aber Kimchi mögen sie nicht.« Sanae Muraoka riet mir ab, eingelegte Umeboshi-Pflaumen zu Gemüsegerichten zu empfehlen: »Die sind viel zu salzig und zu sauer.« In Japan isst man sie als Beilage wie Reis. Sauer in Indien und Thailand, Südostasien und auf den Philippinen kann wie Zitronensaft schmecken: mit dem Saft von Limetten, die mehr Aroma besitzen als Zitronen. Oder mit dem Extrakt von Fruchtfleisch und Kernen der Tamarinde – den Extrakt gibt es bereits küchenfertig in Beuteln verpackt. Sauer kann überall in Asien schön mild und samtig sein: mit Reis- oder Kokosnussessig. Beide Sorten werden aus Reiswein bzw. der milchigen Flüssigkeit frischer Kokosnüsse oder Palmwein gebraut und enthalten nur bis zu fünf Prozent Säure – etwa so viel wie besonders milde Obstessige und viel weniger als Weinessig. Der berühmteste Reisessig ist schwarz und dickflüssig wie Balsamessig. Er stammt aus China, ist typisch für sauerscharfe Suppen, in Deutschland aber kaum zu bekommen. Die Geschmacksnuance »bitter« kommt von Zitrusfrüchten, Gewürzen und Kräutern. Selbstverständlich ist das Bittere so dezent, daß man es nur als harmonische Ergänzung empfindet: Es sind Basilikum, Pfefferminze und Minze im süß abgeschmeckten Salat, Samen von Bockshornklee im indischen Curry, Lorbeer, Ingwer, Gelbwurz oder Zitronenblätter in Saucen und Suppen mit Kokos und Zitrusschalen im süßen Kuchen.

»Die Salatplatte schmeckt auch im Winter, denn so richtig sommerlich sind nur die Fleischtomaten. Wenn es die nicht gibt, nehme ich ein paar schöne Champignons und Chicorée oder Stangensellerie.«

LYNE MANUEL

Salatplatte mit Saucen

Aus Frankreich

Frisches Baguette oder warmes, geröstetes Knoblauchbrot serviert Lyne Manuel zu ihrer Salatplatte mit zwei Saucen und einer Menge verschiedenem Gemüse. »Die Salate gibt es meist bei uns zum Abendessen. Doch seitdem viele unserer Freunde weniger Fleisch essen, richte ich sie auch als Vorspeise zu einem leichten Menü an.«

Für 6 Portionen
6 kleine Rote Beten
6 kleine Kartoffeln (fest kochende Sorte)
4 Eier
Vinaigrette
1 Knoblauchzehe
Salz
2 1/2 TL Dijonsenf
4 EL Essig
6 EL Öl
Pfeffer
Mayonnaise
1 frisches Ei
1 EL Dijonsenf
1 TL Essig
Schwarzer Pfeffer
1/8 l Öl
Außerdem
1 kleine Dose Artischockenherzen
1 kleine Dose Palmherzen
3 dünne Lauchstangen
4 Fleischtomaten
4 mittelgroße Möhren
1 EL Zitronensaft
5 sehr kleine Gewürzgurken (Cornichons)
1 EL frische gehackte Petersilie (ersatzweise tiefgefrorene Petersilie oder Salatkräuter)
Dauert etwa 1 1/4 Stunden

› Die Roten Beten und die Kartoffeln waschen. Getrennt mit der Schale in wenig Wasser weich kochen. Die Roten Beten brauchen 40 bis 50 Minuten, die Kartoffeln sind in 20 bis 30 Minuten gar. Beide Zutaten kalt abschrecken, etwas abkühlen lassen, schälen und in dünne Scheiben schneiden. Die Eier in 8 bis 10 Minuten hart kochen, ebenfalls kalt abschrecken, pellen und in dünne Scheiben schneiden.

› Während Gemüse und Eier kochen, die Vinaigrette zubereiten. Dafür die Knoblauchzehe abziehen und mit etwas Salz zerdrücken. Senf, 3 Esslöffel Essig und Öl verrühren und mit Salz und Pfeffer abschmecken. Die Hälfte der Vinaigrette mit dem zerdrückten Knoblauch mischen. Den Rest mit dem restlichen Essig verrühren und mit den heißen Roten Beten mischen.

› Für die Mayonnaise Ei, Senf, Essig und Pfeffer verrühren. Das Öl erst tropfenweise, dann in einem dünnen Strahl zugießen und alles mischen, bis eine hellgelbe Mayonnaise entstanden ist.

› Artischocken und Palmherzen abgießen und abtropfen lassen. Beide Zutaten mit der Knoblauchvinaigrette begießen und zugedeckt ziehen lassen, bis alles andere zubereitet ist.

› Die Lauchstangen putzen, waschen und in mundgerechte Stücke schneiden. In reichlich sprudelnd kochendem Salzwasser in etwa 3 Minuten bissfest garen. Abgießen und abtropfen lassen.

› Während der Lauch kocht, Tomaten waschen und in Scheiben schneiden.

› Die Möhren waschen, schälen und fein reiben. Mit dem Zitronensaft und 2 bis 3 Esslöffel Mayonnaise mischen. Cornichons in feine Scheiben schneiden und mit dem Rest der Mayonnaise unter die Kartoffeln mischen.

› Die verschiedenen Salate auf einer großen Platte anrichten. Dafür zuerst den Plattenrand abwechselnd mit Tomaten- und Eierscheiben belegen und mit der Petersilie bestreuen. In der Mitte portionsweise die Möhren, Kartoffeln, Roten Beten, Lauch, Artischocken- und Palmherzen anrichten.

Tip: Die Artischocken- und Palmherzen kann man einige Stunden früher vorbereiten, damit sie gut durchziehen.

Gemüsesalate mit Mayonnaise sind in Südamerika beliebt; die festliche Variante mit Kartoffeln heißt in Brasilien sogar «Mayonnaise«. Carmen Ramirez-Königsbauer hat ein Familienrezept aus Peru aufgeschrieben.

Frühlingssalat
Ensalada primavera

Aus Peru

Für 4 Portionen

400 g Maiskörner (Dose oder frisch gekocht)
3 große Tomaten
1 dünne Stange Porree
Je 1 rote und grüne Paprikaschote
300 g Queso fresco (schnittfester Frischkäse; siehe rechts)
1/2 Essiggurke
2 reife, feste Avocados
1 Zitrone
300 g Joghurt
6 EL Mayonnaise (selbst gemacht oder fertig gekauft)
1 Knoblauchzehe
Salz
Schwarzer Pfeffer

Dauert etwa 50 Minuten

› Mais abtropfen lassen. Die Tomaten waschen und würfeln. Porree putzen, waschen und mit allen saftigen grünen Blättern in feine Ringe schneiden. Die geputzen Paprikaschoten in feine Streifen schneiden. Käse würfeln, die Essiggurke in dünne Scheiben schneiden.

› Avocados halbieren, schälen, von den Kernen befreien, in Scheiben schneiden und mit dem ausgepressten Zitronensaft beträufeln. Alle diese vorbereiteten Salatzutaten in eine Schüssel geben.

› Joghurt und Mayonnaise verrühren. Den Knoblauch abziehen, mit Salz zerdrücken und mit einer kräftigen Prise Pfeffer unter den Joghurt mischen. Die Sauce über die Salatzutaten gießen und alles vorsichtig mischen.

In Peru serviert man das Dressing oft in einem Extraschälchen, damit jeder nach Geschmack bedienen kann. Zum Salat isst man Brot.

Queso fresco

In Lateinamerika isst man hauptsächlich Frischkäse und halbfesten Schnittkäse. Die heimischen Sorten bekommt man hier kaum, doch es gibt guten Ersatz: Für Salate nimmt man halbfesten Schnittkäse wie Cheddar und Monterey, Frischkäse wie spanischen Burgos und Flor de oro, Molkenkäse wie Ricotta, Requesón aus Spanien und Zieger aus der Schweiz. Für Suppen und Süßes eignet sich Mozzarella aus Kuhmilch. Büffelmozzarella ist zu weich und cremig. Griechischer Feta, der Schafkäse aus der Lake, eignet sich ebenfalls für manche südamerikanische und mexikanische Gerichte. Doch für diesen Salat ist er zu salzig.

Der Ursprung aller Salate

Er liegt in Italien. Das Wort »Insalata« sagt, was Salat einst war: Eingesalzenes aus dem Vorrat. Die Mischung aus Salz- oder Sauergemüse, Fisch, Fleisch, Nudeln, Reis und vielen anderen Zutaten, aromatisiert mit Essig, Öl, Kräutern und Gewürzen, wanderte in die Küchen aller Länder, und selbst das Wort wurde in die meisten Sprachen übernommen.

In der bäuerlichen Küche Ost- und Nordeuropas isst man viel eingelegtes Gemüse – auch als Salat.

Rote-Bete-Salat

Rödbetssallad

Aus Schweden

»Früher spielte Salat bei uns keine große Rolle: Gurken, Möhren, Tomaten wurden einfach ohne Dressing gegessen«, sagte mir Ewa Schimmer. »Urlaub im Süden hat Salat dann so populär gemacht.«

Für 4 Portionen
700 g ganze, eingelegte Rote Beten
2 säuerliche Äpfel
200–250 g saure Sahne
1 EL geriebener Meerrettich

Dauert etwa 30 Minuten

› Äpfel vierteln, schälen, vom Kerngehäuse befreien und grob raspeln. Die Roten Beten in feine Streifen schneiden oder grob raspeln.

› Aus saurer Sahne und Meerrettich die Salatsauce rühren. Mit den Roten Beten und den Äpfeln mischen.

Rettichsalat

Salat iz red'ki

Aus Russland

Als Bayerin ist mir Rettichsalat natürlich vertraut. Doch Marina Schlichters Rezept war sehr neu und ungewöhnlich für mich: Geraspelter Rettich wird mit goldbraun gebratenen Zwiebeln vermischt.

Für 4 Portionen
2 mittelgroße Zwiebeln
4 EL Öl
2 weiße Rettiche
Salz

Dauert etwa 20 Minuten

› Zwiebeln abziehen, fein hacken und im heißen Öl bei schwacher bis mittlerer Hitze goldbraun braten. Etwas abkühlen lassen.

› Inzwischen die Rettiche schälen, grob raspeln und mit den Zwiebeln mischen. Salat mit Salz abschmecken.

Palmherzensalat
Palmito-Salada

Aus Brasilien

Iris Bichelmaier-Zalszupin verwendet Salz nur ganz sparsam bei diesem Salat: »Es überdeckt rasch den feinen Eigengeschmack der Palmherzen. Deshalb nehme ich höchstens eine Prise oder lasse es ganz weg. Fein und besonders würzig schmeckt Pesto als Salatdressing.«

Für 4 Portionen
2 kleine Dosen Palmherzen (siehe rechts)
2 Tomaten
1 Bund Schnittlauch
2 EL Balsamessig
4 EL Olivenöl
Pfeffer

Dauert etwa 30 Minuten

› Die Palmherzen abgießen und in fingerdicke Scheiben schneiden. Tomaten waschen und würfeln, den Schnittlauch in feine Röllchen schneiden. Alles in eine Schüssel geben.

› Essig mit Öl verrühren, über den Salat gießen und mischen. Zugedeckt 10 Minuten ziehen lassen. Mit frisch gemahlenem Pfeffer bestreut servieren.

Gemüsesalat
Jam Pag Roumit

Aus Thailand

Sombat Kaewchum-Rozmus serviert frisch gekochten, heißen Reis zu ihrem Salat.

Für 4 Portionen
1 kleiner weißer Rettich
2 mittelgroße Möhren
Je 1 rote und grüne Paprikaschote
1–2 rote Chilischoten
4 Stängel Koriandergrün
4 EL Sesamöl
50 g geschälte Sesamsamen
2–3 EL Sojasauce
Salz, Pfeffer
1 TL Zucker
3 EL thailändischer Reisessig

Dauert etwa 20 Minuten

› Rettich und Möhren schälen. Zuerst in dünne Scheiben, dann in feine Stifte schneiden. Paprikaschoten putzen, waschen und in Streifen schneiden. Chilischoten halbieren, weiße Scheidewände und alle oder den größten Teil der Kerne entfernen. Schoten in feine Streifen schneiden. Das Koriandergrün mit einer Küchenschere fein schneiden.

› 1 Esslöffel Öl in einer kleinen Pfanne erhitzen. Sesam darin goldgelb rösten und mit dem vorbereiteten Gemüse, Chili und Koriander mischen.

› Sojasauce, Salz, Pfeffer, Zucker, Essig und das restliche Öl verrühren. Salat damit mischen.

Schmale Palmherzen aus der kleinen Dose sind schön zart. Große Stücke dagegen können holzige Stellen haben. Übrig gebliebene Palmherzen schmecken mariniert (Rezept auf Seite 54) oder im gemischten Salat.

Palmherzen

Sie sind das Mark verschiedener Palmenarten: Das zarte, knackige weiße »Herz« mit nussartigem Geschmack ist entweder Nebenprodukt beim Fällen von Kokospalmen. Oder es wird aus drei bis fünf Jahre alten Plantagenpalmen gewonnen, die man eigens für die begehrte Delikatesse kultiviert. Grundsätzlich ist die Gewinnung von Palmitos ein Problem, denn Palmen, deren Mark man erntet, sterben ab – bei einstämmigen, wilden Palmen bedeutet das Raubbau an ganzen Wäldern. Assaipalmen in den Plantagen jedoch vermehren sich durch Wurzelschösslinge und wachsen in Gruppen. Bei der Ernte stirbt also nur der Stamm ab, dessen Mark man entnommen hat.

Sommerportulak

Die erste schriftliche Quelle stammt aus dem 3. Jahrhundert vor Christus: Der Grieche Theophrast, Philosoph und Aristoteles-Schüler, führt ihn unter 30 Gemüse- und Gewürzpflanzen an. Der altrömische Naturforscher Plinius behandelt ihn nur als Heilpflanze, Hildegard von Bingen erwähnt ihn, sagt uns aber nichts über die Verwendung. Im 17. Jahrhundert empfiehlt ihn der Arzt und Botaniker Johann Elsholtz als Medizin und für die Küche; doch offenbar schmeckte das Kraut damals viel strenger als heute: »Man gebraucht es auch in allerhand Gemüsen und Suppen, jedoch gar wenig, weil es trefflich sauer ist.«

Winterportulak

Er trägt drei Namen: Postelein, den alten, den vor allem Naturköstler verwenden. Kuba-Spinat, den neuen, der in Richtung Heimat des Krautes in der Neuen Welt weist. Tellerkraut, weil die Blättchen zuerst wie ovale Rhomben aussehen und allmählich Tellerchen mit kleinen grünen Blüten in der Mitte bilden. Das frische Kraut bekommen Sie beim Gemüsehändler oder im Naturkostladen, auf dem Markt und beim Gärtner. Samen gibt es im Gartencenter. Zum Selberziehen muss man ihn im Herbst ansäen, wenn es kalt wird, denn bei Wärme kümmert er.

Die Kombination aus Obst, Gemüse und Kräutern gibt dem Mallorca-Salat die ungewöhnliche Note.

Bauernsalat
Trempó

Aus Mallorca

Trempó ist ein typisch mallorquinischer Salat. Früher war er Imbiss der Bauern und Landarbeiter, die ihn am Vormittag mit Brot gegessen haben – so jedenfalls steht es in einem sympathischen kleinen Kochbuch, das ich vor etwa 20 Jahren am Flughafen in Palma de Mallorca gekauft habe.

Für 4 Portionen
500 g Fleischtomaten
1 feste Birne
1 säuerlicher Apfel
2 grüne Pfefferschoten
1 Zwiebel
1 Hand voll Portulak (siehe links)
Salz
1 EL Zitronensaft oder Obstessig
4 EL Olivenöl
1 EL Kapern

Dauert etwa 30 Minuten

› Die Tomaten achteln, die Achtel noch einmal quer teilen.

› Die Birne und den Apfel gründlich waschen oder schälen, vierteln, vom Kerngehäuse befreien und quer in dicke Scheiben schneiden.

› Die Pfefferschoten mit einem Messer halbieren, alle scharfen Kerne und Scheidewände entfernen, die Schoten kalt abspülen und in feine Streifen schneiden.

› Zwiebel abziehen und grob hacken oder in dünne Scheiben schneiden.

› Den Portulak waschen und trocken tupfen.

› Alle diese Zutaten in eine Schüssel geben.

› Salz mit Zitronensaft oder Obstessig und Öl verrühren.

› Den Salat damit mischen, auf einer tiefen Platte anrichten und mit den Kapern bestreut servieren.

Tip: Kapern sind zwar die authentische Würze, doch Kapernfrüchte schmecken fast noch besser am Salat.

Römersalat mit Joghurtsauce
Yogurtlu Marulsalatasi

Aus der Türkei

Für 3–4 Portionen

1 mittelgroßer Römersalat
500 g türkischer Joghurt
75 ml Wasser (1/2 Tasse)
1–2 Knoblauchzehen
1 EL Olivenöl
Salz
1 TL getrocknete Pfefferminze
1/2 TL Paprikaflocken

Dauert etwa 30 Minuten
Dazu kommt die Zeit (etwa 2 Stunden) fürs Kühlen

› Salat putzen, waschen, trockenschleudern und in sehr feine Streifen schneiden.
› Joghurt und Wasser verrühren, Knoblauch durch die Presse drücken, zugeben und mit dem Olivenöl unterrühren.
› Mit Salz und Pfefferminze würzen.
› Den Salat untermischen und mit Paprikaflocken bestreuen.

Tip: Wie Zaziki schmeckt die Joghurtsauce am besten gekühlt.
An heißen Tagen zwei Eiswürfel daruntermischen.

Mangosalat

Von den Philippinen

Für 4 Portionen

200 g Sojasprossen
2 feste, rotschalige Mangos (siehe rechts)
2 große Tomaten
1 kleine Zwiebel
1 Stängel Zitronengras
2 TL Sojasauce
Salz, Pfeffer
Eventuell 1 EL gehackte Erdnüsse zum Bestreuen

Dauert etwa 30 Minuten

› Die Sojasprossen in eine Schüssel geben, mit kochendem Wasser begießen und 10 Minuten zugedeckt stehen lassen. Sojasprossen abgießen, abtropfen und abkühlen lassen.
› Die Mangos schälen, das Fruchtfleisch vom Kern schneiden und in Streifen schneiden. Zwiebel abziehen und fein hacken, Tomaten waschen und würfeln.
› Das Zitronengras waschen, den weichen, hellen Teil fein hacken.
› Sojasprossen, Tomaten, Zwiebel und Zitronengras mischen und mit der Sojasauce, Salz und Pfeffer würzen. Mangos unterheben. Nach Belieben mit gehackten Erdnüssen bestreuen.

Die Obstkönigin

Bei Mango geraten alle ins Schwärmen, die aus den »Mangoländern« kommen. Als ich die Mango kostete, die mir Zenaida Panganiban zusammen mit ihrem Salatrezept (links) schenkte, konnte ich die Begeisterung nachempfinden. Natürlich hatte ich schon häufig Mangos gegessen, doch keine war so aromatisch gewesen wie diese kleine Frucht von den Philippinen, die Zenaidas Mutter ein paar Tage zuvor geschickt hatte.
Wie man gute Mangos erkennt, fragte ich alle. »Manila-Mangos sind die besten, aber hier kaum zu bekommen«, sagt Zenaida. Für den Salat nimmt sie grüne oder leicht orangefarbene große Mangos, die es auch im Supermarkt gibt: »Sie duften, wenn sie reif sind.«
Iris aus Brasilien: »Eine gute Mango soll ähnlich angenehm in der Hand liegen wie eine reife Banane. Ein paar braune Flecken zeigen ebenfalls Reife an. Harte Früchte reifen bei Zimmertemperatur nach.«
Llermi aus Mexiko: »Eine reife Mango mit dünner Haut soll nicht weich, sondern eher ein wenig runzelig sein.
Nur dickschalige Mangos dürfen weicher werden.«

In Mexiko gibt es grüne, unreife Mangos auf der Straße zu kaufen. Man isst sie gleich aus der Hand – mit Salz, Zitronensaft und Paprikaflocken.

Bilha Widmann

Bilha Widmann lehrt koschere Küche in der Israelitischen Kultusgemeinde in München. »Einige jüdische Speisengebote beziehen sich auf Säen und Ernten, die anderen auf Fleisch. Wer rein vegetarisch isst, muss also keines davon beachten. Doch wenn Sie sich gemischt mit wenig Fleisch und viel Gemüse ernähren und koscher kochen wollen, müssen Sie auf die Zusammenstellung des Essens achten. Milchprodukte und Butter werden streng getrennt von Fleisch aufbewahrt, gekocht, serviert und gegessen. Nach einer Fleischmahlzeit muss man einige Stunden warten, bis man z. B. Kuchen, mit Butter oder Milch zubereitet, essen darf. Deshalb koche und backe ich nur mit neutraler Pflanzenmargarine. Der Brauch, Matzenbrot vor Pessach zu essen, hat nichts mit der koscheren Küche zu tun; er ist Erinnerung an den Auszug der Juden aus Ägypten: In der Hast des Aufbruchs konnten die Frauen keine Sauerteigbrote mehr backen – Roggensauerteig muss lange ruhen und backen. So nahm man ungesäuertes Brot mit. Es eignet sich besser für lange Märsche, weil es sich wie Knäckebrot lange hält und wenig wiegt.«

Auberginensalat

Aus Georgien

Marina Schlichters Rezept war ganz neu für mich: Gebratene Auberginen werden mit Kräutermayonnaise aufgeschichtet.

Für 4 Portionen
1 kg Auberginen
8 EL Öl
1 Bund Petersilie
1 Bund Dill
1 Bund Koriander
4–5 EL Mayonnaise
Salz

Dauert etwa 1 Stunde

› Auberginen waschen, der Länge nach in fingerdicke Scheiben schneiden und im heißen Öl bei schwacher Hitze auf beiden Seiten goldbraun braten. Auf Küchenpapier abtropfen lassen.
› Kräuter durch den Fleischwolf drehen und mit Mayonnaise mischen.
› Eine flache Schale mit 2 bis 3 Auberginenscheiben auslegen und mit etwas Kräutermayonnaise bestreichen.
› Auf diese Weise die restlichen Auberginenscheiben schichten und bestreichen.
› Mit Auberginen abschließen.

Kartoffelsalat
Salata de cartofi

Aus Rumänien

Für 4 Portionen
1 kg Kartoffeln (fest kochende Sorte)
1 mittelgroßes Glas schwarze Oliven
1 große Zwiebel
2 EL Essig
Salz, Pfeffer
3 EL Öl

Dauert etwa 50 Minuten

› Die Kartoffeln waschen und mit der Schale in wenig Wasser weich kochen. Abgießen, kalt abschrecken, etwas abkühlen lassen und schälen. In 1/2 Zentimeter dicke Scheiben schneiden.
› Abgetropfte Oliven vierteln und entsteinen. Zwiebel abziehen und fein hacken. Alles zu den Kartoffeln geben.
› Essig mit Salz, einer kräftigen Prise Pfeffer und Öl verrühren. Kartoffeln damit mischen und zugedeckt bei Zimmertemperatur 1 Stunde ziehen lassen.

Weißkohlsalat

Aus der jüdischen Küche

Mandeln, gebratene Zwiebeln und reichlich Zitronensaft geben Bilha Widmanns Salat das feine Aroma.

Für 4 Portionen
1 mittelgroße Kartoffel
1 mittelgroßer Kopf Weißkohl
4 Zwiebeln
1/2 Bund Petersilie
Öl zum Braten
Salz
Saft von 1 Zitrone (ersatzweise 3–4 EL Essig)
100 g gehackte Mandeln oder Nusskerne

Dauert etwa 45 Minuten

› Kartoffel waschen und ungeschält in wenig Wasser garen. Abgießen, kalt abschrecken und schälen.
› Die Kartoffel in Stifte schneiden, den geputzten, geviertelten Kohlkopf und die abgezogenen Zwiebeln fein hobeln. Die Petersilie fein hacken.
› Das Öl in einer Pfanne erhitzen. Die Zwiebeln darin bei mittlerer Hitze unter häufigem Wenden goldbraun braten und etwas abkühlen lassen.
› Weißkohl, Kartoffel, Petersilie und Zwiebeln mischen, Salat mit Salz und Zitronensaft würzen. Mandeln unmittelbar vor dem Servieren unterheben.

Weit verbreitet und traditionsreich: Rote Beten finden Sie als Gemüse oder Salat in fast jedem Land.

Rote-Bete-Salat

Salat iz svëkly

Aus der Ukraine

Natalia Rykovas Salat zeigt, wie Küchen einander anregen: Rote Beten weisen nach Russland, Granatäpfel und Walnüsse eher in die Länder ums Schwarze Meer.

Für 4 Portionen
3 mittelgroße Rote Beten
3–4 Knoblauchzehen
1/2 Granatapfel
100 g gehackte Walnusskerne
150 g Salatmayonnaise (fertig gekauft)
Salz
Pfeffer
Dauert etwa 1 1/4 Stunden
Arbeiten müssen Sie etwa 30 Minuten

› Rote Beten mit Schale in 50 Minuten weich kochen. Abgießen, abschrecken, abkühlen lassen. Knoblauch durch die Presse drücken. Kerne des Granatapfels herauslösen. Rote Beten schälen, reiben und mit den anderen Zutaten mischen.

Grüne-Bohnen-Salat

Lobio

Aus Georgien

Für 4 Portionen
600 g grüne Bohnen
Salz
2 kleine Zwiebeln
4 EL Öl
1/4 Bund Petersilie
1/4 Bund Dill
1/2 Hand voll Korianderblätter (ersatzweise Petersilie)
1 frisches Ei
Dauert etwa 50 Minuten

› Bohnen in reichlich Wasser mit Salz in 12 bis 15 Minuten bissfest kochen.
› Abgießen, mit eiskaltem Wasser abschrecken und gut abtropfen lassen.
› Zwiebeln fein hacken, im heißen Öl bei mittlerer Hitze goldbraun anbraten und abkühlen lassen.
› Die Kräuter fein hacken, das Ei verquirlen. Alle Zutaten mischen und mit Salz abschmecken.

Frisch vom Huhn

Für Marina Schlichters Bohnensalat brauchen Sie unbedingt ein legefrisches Ei: Es wird roh mit vielen gehackten Kräutern vermischt.

Zwei Saucen

Vermutlich ist Sojasauce vor einigen Tausend Jahren in China erfunden worden. Inzwischen gehört sie zu den wichtigsten Würzsaucen in Ost- und Südostasien. Es gibt helle, dunkle und tief dunkelbraune Sojasauce zu kaufen: helle und mittelbraune wird aus Sojabohnen und Getreide hergestellt. Heute ist das vorwiegend Weizen, früher wurden auch Mais, Gerste und Reis verwendet. Dunkle Sojasauce wird vorwiegend aus Sojabohnen gebraut. Dazu kommen Wasser und Salz wie bei der hellen Sauce. Hochwertige, tiefbraune Saucen reifen genau wie Balsamessig, Wein oder Weinbrand einige Jahre. Grundsätzlich schmeckt helle Sauce salzig, dunkle eher süß – je höher die Qualität, desto weicher und würziger.

Salat aus Sojabohnensprossen

Moyashi no salada/sumono

Aus Japan

Das alte japanische Wort für den Salat, »sumono«, bedeutet säuerliches Gericht. Das moderne, heute allgemein verwendete »salada« kam über die Amerikaner aus Europa (siehe Seite 56).

Für 4 Portionen
2 EL Reisessig
2 EL helle oder dunkle Sojasauce (siehe links)
1 EL Sesamöl
Salz
Knapp 200 g Sojabohnensprossen

Dauert etwa 20 Minuten

› Für die Salatsauce den Reisessig mit Sojasauce und Sesamöl verrühren.

› Reichlich Wasser, eventuell mit einer winzigen Prise Salz (siehe Tip unten), zum Kochen bringen und die Sprossen darin etwa 10 Sekunden sprudelnd kochen lassen.

› In ein Sieb abgießen, sofort kurz in eine Schüssel mit kaltem Wasser und einigen Eiswürfeln tauchen, wieder herausnehmen und gut abtropfen lassen.

› Die Sojabohnensprossen mit der Salatsauce mischen und sofort servieren.

Tip: Die Sprossen sollen nicht weich, sondern nur kurz blanchiert werden: Sie schmecken dann milder und sind besser verträglich.
Das Abschrecken in eiskaltem Wasser ist wichtig, damit der Garprozess sofort unterbrochen wird und die Sprossen knackig bleiben. Weil Sojasauce genügend Salz enthält, muss man das Wasser auch nicht eigens salzen.
Zum Salat isst man kein Brot, sondern – wie in vielen anderen asiatischen Ländern – frisch gekochten Reis.

Scharfer Olivensalat mit Tomaten

Aus der jüdischen Küche

Bilha Widmanns in scharfem Tomatenmus marinierte Oliven sind ein weiteres Beispiel für die vielfältige Interpretation der italienischen »insalata«. Genau wie die Kichererbsenbällchen Falafel (Rezept auf Seite 49) füllt man sie mit grünen Salatblättern, Humus (Rezept auf Seite 43) und dem Sesammus Tahin in Pitabrot. »Der Salat ist zwar keine ausgewiesene vegetarische Spezialität, gehört aber traditionell zur fleischlosen Kost. Wir essen ihn nämlich auch einfach zu Reis oder Nudeln«, sagte mir Bilha.

Für 6 Portionen
2 große reife Tomaten
6 Knoblauchzehen
Salz
80 ml Öl
1 EL Tomatenmark
450 g entsteinte grüne Oliven
3 Zitronenscheiben mit Schale (unbehandelt)
1 TL mildes Chilipulver oder Cayennepfeffer
1 TL scharfes Paprikapulver
Schwarzer Pfeffer
3 EL Wasser

Dauert etwa 30 Minuten

› Die Tomaten abziehen, die Kerne entfernen und das Fruchtfleisch mit der Gabel zerdrücken. Knoblauchzehen abziehen und mit etwas Salz zerdrücken.

› Das Tomatenmus in einen Topf geben, mit Knoblauch, Öl und Tomatenmark mischen und bei schwacher Hitze etwa 5 Minuten leicht erwärmen.

› Oliven, Zitronenscheiben, Chilipulver, Paprika, eine kräftige Prise Pfeffer aus der Mühle und das Waser zugeben. Alle Zutaten gut mischen und bei mittlerer Hitze etwa 5 Minuten kochen, bis das Wasser verdampft ist.

› Den Topf von der Kochstelle nehmen und den Salat auskühlen lassen.

Markt im arabischen Viertel Jerusalems. Für den Kleinen ist der Fotograf das Besondere, für uns die Vielfalt.

Couscoussalat
Taboulet

Aus Nordafrika

Ramata Ebersbach-Dabiré mag Taboulet am liebsten mit Vollkorncouscous: »Er wird nicht matschig und schmeckt viel herzhafter als weißer Couscous.«

Für 6 Portionen
500 g Vollkorncouscous
1 Bund Basilikum
1–2 Bund Pfefferminze
2 kleine Zwiebeln
1 Gurke
1 rote Paprikaschote
2 kleine Tomaten
1 milde rote Chilischote
2 kleine Zitronen
Etwa 1/4 l Olivenöl
1–1 1/2 TL gemahlener Koriander
Salz, Pfeffer

Dauert etwa 30 Minuten

› Das Couscous in ein großes, feines Sieb geben, in eine Schüssel mit kaltem Wasser hängen und 10 Minuten quellen lassen. Einen Topf mit so viel Wasser füllen, dass man das Sieb in den Topf hängen kann, ohne dass es das Wasser berührt. Wasser aufkochen, das Couscous im Sieb darüber hängen und mit einer Gabel lockern. Im geschlossenen Topf 10 Minuten dämpfen und in eine große Schüssel geben. Kräuter hacken. Zwiebeln, Gurke, Paprikaschote und Tomaten fein zerkleinern. Chilischote von den Kernen und Scheidewänden befreien und fein hacken. Alle diese Zutaten mit dem Couscous mischen.

› Zitronen auspressen, Saft mit dem Olivenöl verrühren und langsam zum Couscous gießen. Salat dabei mit einer Gabel durchrühren. Falls der Salat zu trocken ist, etwas mehr Öl zugießen.

› Couscoussalat entweder sofort noch lauwarm servieren oder zugedeckt über Nacht kühlen. Zum Servieren mit Salz und Pfeffer abschmecken.

Couscous heute

Es besteht entweder aus Hartweizengrieß, Hirse oder einer Mischung aus beiden Getreidearten. Die kleinen Körnchen werden vorgegart, gepresst und getrocknet, sind leicht verdaulich und einfach zu verwenden: In kleineren Mengen können Sie Couscous wie Bulgur über Gemüse- oder Kräutersalat streuen (Rezept auf Seite 72). Sonst lässt man es quellen und dämpft es wie im Rezept links, richtet es heiß als Beilage oder kalt als Salat an. Außerdem können Sie es nach dem Quellen wie asiatischen Reis mit Gemüse und Ei braten.

Historisches

Couscous hat eine lange Tradition in den arabischen Ländern. In seiner Studie über die islamische Kochkunst des Mittelalters beschreibt Peter Heine, wie man es früher gemacht hat: »Feinmehl wurde mit leicht gesalzenem Wasser besprengt und dann mit den Fingerspitzen hin und her bewegt. So entstanden kleine Kugeln.« Die Couscouskügelchen – vermutlich so groß wie Köpfe von Ameisen – hat man in einem Sieb wie Puderzucker leicht geschüttelt, um das überschüssige Mehl abzusieben.

KLEIN AM BESTEN

Je kleiner eine Gurke ist, desto weniger Wasser enthält sie. Deshalb sind Minigurken – bis 250 Gramm schwer und bis zu 15 Zentimeter lang – auch viel aromatischer als die großen Salatgurken, von denen die meisten rund ums Jahr aus dem Gewächshaus kommen. Minigurken wurden früher aus der Türkei und Israel importiert und waren deshalb nur selten im Angebot. Aufgrund der großen Nachfrage baut man sie nun auch in Deutschland an und kann sie den ganzen Sommer über kaufen – vorwiegend aus dem Freiland. Einlegegurken – zwischen 6 und 10 Zentimeter lang – stammen von Mitte August bis Mitte September ebenfalls aus dem Freiland. Sie schmecken so gut wie Minigurken, sind zum Schälen aber zu zierlich. Einlege- und Minigurken enthalten genau wie dicke Schmorgurken noch Samenkerne, die in weicheres Fleisch eingebettet sind. Doch beides kann man leicht als Keil aus der längs halbierten Gurke herausschneiden.

Mit Gurken ist es so wie mit Roten Beten – kaum ein Land ohne verschiedene Gurkenrezepte.

Gurkensalat Atjad

Aus Thailand

Für 4 Portionen

1 Salatgurke oder 2 Minigurken
2 Schalotten
1 grüne Chilischote
2 Stängel Koriandergrün
Salz, Pfeffer
1 EL Zucker
1 1/2 EL Reisessig
2 EL Erdnuss- oder Sonnenblumenöl

Dauert etwa 15 Minuten

› Gurke schälen, längs vierteln und quer in dünne Scheiben schneiden. Schalotten in feine Ringe schneiden. Chilischote von Scheidewänden und Kernen befreien und in feine Streifen schneiden. Koriandergrün zerkleinern. Alle diese Zutaten mischen.

› Salz, Pfeffer, Zucker, Reisessig und Öl verrühren. Salat damit mischen.

Gurkensalat Oi Namul

Aus Korea

Für 4 Portionen

2 Salatgurken
1 EL Salz
1 Knoblauchzehe
1 TL Sesamsamen
1/2 TL Cayennepfeffer
1 TL Zucker
1 EL Sesamöl
Schwarzer Pfeffer

Dauert etwa 45 Minuten

› Gurken waschen oder schälen, in dünne Scheiben hobeln, mit Salz bestreuen und 30 Minuten ziehen lassen. Überschüssige Flüssigkeit mit den Händen ausdrücken.

› Gurken mit zerdrücktem Knoblauch, Sesamsamen, Cayennepfeffer, Zucker und Sesamöl mischen. Mit Salz und Pfeffer abschmecken.

Gurkensalat
Uborka Sala'ta

Aus Ungarn

Gurken sind weltweit äußerst beliebt: Von den vielen Rezepten aus allen möglichen Ländern, die ich gesammelt habe, konnte ich in dieses Buch nur einen Teil aufnehmen. Europa wird auf unserer internationalen Gurkensalat-Sette durch den Salat von Martha Lavallée repräsentiert.

Für 4 Portionen
2 kleine Salatgurken
1 EL Salz
1 Bund Dill
2–3 Knoblauchzehen
1 EL Essig
Zucker
1 EL Crème fraîche
1–2 EL Öl
Schwarzer Pfeffer
Dauert etwa 35 Minuten
Dazu kommt die Zeit (1 bis 2 Stunden) fürs Marinieren

› Gurken schälen, dünn hobeln und salzen. Etwa 30 Minuten ziehen lassen, dann mit den Händen gut ausdrücken.

› Dill waschen, trockentupfen und fein hacken. Die Knoblauchzehen abziehen und zerdrücken. Beide Zutaten mit Essig, Zucker nach Geschmack, Crème fraîche und dem Öl verrühren. Die Gurken darunter mischen.

› Salat 1 bis 2 Stunden zugedeckt kalt stellen. Mit frisch gemahlenem Pfeffer bestreut servieren.

Gurkensalat aus Adana

Aus der Türkei

Adana, an der Südostküste des Mittelmeers nahe der Grenze zu Syrien, gehört zu den ältesten türkischen Städten. Es ist berühmt für hervorragenden Kebab und einen pizzaähnlichen Hackfleischkuchen.

Für 6–8 Portionen
150 g Tahin (Sesammus)
300 g türkischer oder griechischer Joghurt
2 Knoblauchzehen
1 Hand voll frische Pfefferminzblätter
Salz
Weißer Pfeffer
5 Minigurken
Eventuell mildes Chilipulver
Dauert etwa 25 Minuten

› Für die Marinade Tahin und Joghurt in eine Schüssel geben. Knoblauch abziehen und fein hacken. Etwa 2/3 der Pfefferminzblätter fein zerkleinern.

› Tahin, Joghurt, Knoblauch, zerkleinerte Pfefferminze, Salz und Pfeffer mit dem Schneebesen aufschlagen und etwa 20 Minuten zugedeckt ziehen lassen.

› Inzwischen die Gurken schälen, in möglichst dünne Scheiben schneiden, auf Portionstellern verteilen und die Marinade darüber geben.

› Mit der restlichen Pfefferminze garnieren und nach Wunsch mit Chilipulver bestreuen.

Pfefferminze ist in der Türkei und den Ländern des Vorderen Orients Küchenkraut wie bei uns Petersilie. In Nordafrika mischt man unfermentierten grünen Tee mit frischen oder getrockneten Pfefferminzblättern.

Erdogan Yarar

Erdogan, Mezze-Spezialist in Hamburg, bereitet jeden Tag ein Buffet aus türkischen Vorspeisen und Salaten zu: Der Gurkensalat links stammt aus seinem Repertoire. Manches gibt es nur bei ihm: z. B. Paprikaschoten mit einer Creme aus Basilikum und Schafskäse. Die türkische Küche ist eine der besten, und als ich Erdogan nach dem Grund fragte, nannte er mir die Lust am Kochen, die Freude am gemeinsamen Essen und die Ruhe bei beidem. »Wir brauchen Zeit, um Gemüse und Kräuter auszuwählen und vorzubereiten. Typische Zutaten unserer Küche sind nicht ruck, zuck fertig: Bulgur – grob zerkleinert als Beilage, fein gemahlen für Salat und Vorspeisen – muss man quellen lassen, damit er schmeckt. Es gibt wunderbare Vorspeisen und Suppen mit Hülsenfrüchten, aber die erfordern viel Geduld. Oder denken Sie an gefüllte Weinblätter – was es da eingelegt in Dosen zu kaufen gibt, ist eine Zumutung. Doch selbst gemacht schmecken sie köstlich. Und wer gerne kocht, weiß genau: Gutes Essen genießt man mit Muße in angenehmer Gesellschaft am besten.«

Pilze zum Salat

In Olivenöl und Kräutern eingelegte Champignons gibt es in der Feinkostecke von großen Metzgereien und Warenhäusern zu kaufen.

Janes Gemüsesalat

Jane's Marinated Vegetable Salad

Aus England

Jane Cooper lebte mit ihrem Mann, dem ehemaligen Regionaldirektor des British Council, in Deutschland und Afrika. Das Salatrezept hat sie auf ihren Reisen begleitet; bei Freunden und Bekannten wurde der »Vegetable Salad« so sprichwörtlich wie Janes Gastfreundschaft.

Für 12 Portionen

500 g grüne Bohnen
Salz
1 kleine Dose Kichererbsen
1 Dose Artischockenherzen
2 kleine Dosen Kidneybohnen
125 g schwarze Oliven
1 kleine Zwiebel
Je 1/4 Bund Petersilie und Schnittlauch
150 g eingelegte Champignons (siehe links)
1 TL Kapern
2 zerdrückte Pimentkörner
1 Knoblauchzehe
3 EL Kräuteressig
Weißer Pfeffer
1 Prise Cayennepfeffer
Je 1/4 TL getrockneter Kerbel und Estragon
3 EL Olivenöl

Dauert etwa 1 Stunde
Dazu kommt die Zeit (12 Stunden) fürs Marinieren

› Die Bohnen waschen, putzen und in reichlich kochendem Salzwasser in etwa 15 Minuten bissfest kochen. Abgießen, kalt abschrecken, abtropfen lassen und in Stücke schneiden.

› Kichererbsen, Artischocken und kalt abgespülte Kidneybohnen ebenfalls abtropfen lassen.

› Die Oliven entkernen, die Zwiebel in Ringe schneiden, frische Kräuter fein zerkleinern. Vorbereitete Zutaten, Champignons, Kapern und Piment mischen. Für die Marinade den Knoblauch zerdrücken. Mit Essig, Salz, weißem Pfeffer, Cayennepfeffer und getrockneten Kräutern mischen. Öl unterrühren.

› Den Salat mit der Marinade mischen und zugedeckt über Nacht im Kühlschrank ziehen lassen.

Kichererbsensalat

Salat humus

Aus der jüdischen Küche

Kichererbsen sind in Deutschland viel zu wenig bekannt. Bilha Widmanns Salat schmeckt mir wegen der Kombination von Sultaninen, Zitrone und Gemüse so gut.

Für 4 Portionen

200 g Sultaninen
2 mittelgroße rote Paprikaschoten
150 g Stangensellerie
1/2 Bund Dill
1 Bund Lauchzwiebeln
1 kleine Dose Kichererbsen
Saft von 1 Zitrone
4 EL Öl
Salz
Pfeffer

Dauert etwa 30 Minuten

› Sultaninen in wenig Wasser einweichen. Paprikaschoten waschen, vierteln, putzen und in feine Streifen schneiden. Stangensellerie waschen und in kleine Stücke schneiden. Den Dill waschen, trockentupfen und fein hacken. Lauchzwiebeln waschen und für den Salat nur das Zwiebelgrün fein hacken.

› Sultaninen auf ein Sieb geben und abtropfen lassen. Mit dem zerkleinerten Gemüse und den Kichererbsen in einer Schüssel mischen.

› Für das Dressing Zitronensaft und Öl verrühren. Mit Salz und Pfeffer abschmecken und über den Salat gießen.

Nestnudeln mit Tofu
Mi tron dan hu

Aus Vietnam

Nestnudeln sind keine spezielle Sorte, sondern zu kleinen »Nestern« aufgerollte Asiennudeln – unterschiedlich dick, mit oder ohne Ei. Den Salat von Phung Hoang isst man lauwarm oder kalt.

Für 4 Portionen
30 g Nestnudeln
Salz
50 g Sojabohnensprossen
10 EL Pflanzenöl
75 g Tofu
2 Frühlingszwiebeln
1 scharfe rote Chilischote
2 EL Erdnusskerne
30 g frisches Koriandergrün
1 EL flüssige Speisewürze (Maggi, siehe rechts)
2 EL Wasser
1/2 EL Zucker
1 EL Sesamöl
Salz, Pfeffer

Dauert etwa 20 Minuten

› Die Nudeln in sprudelnd kochendem Salzwasser etwa 5 Minuten garen. Auf ein Sieb abgießen und abtropfen lassen. Sojabohnensprossen waschen und in reichlich sprudelnd kochendem Wasser etwa 1 Minute kochen, abgießen und abtropfen lassen.

› Pflanzenöl in einer Pfanne erhitzen und den Tofu darin bei mittlerer Hitze von beiden Seiten goldgelb braten. Auf Küchenpapier abtropfen und abkühlen lassen. In feine Streifen schneiden.

› Die Frühlingszwiebeln putzen, waschen und in feine Ringe schneiden; dabei das zarte Zwiebelgrün mit verwenden. Die Chilischote halbieren, Kerne und Scheidewände entfernen, Schotenhälften waschen und in sehr feine Streifen schneiden. Erdnüsse fein hacken, das Koriandergrün mit einer Küchenschere etwa fingerbreit schneiden.

› Für die Salatsauce die Speisewürze mit dem Wasser, dem Zucker und dem Sesamöl verrühren.

› Nudeln, Sprossen, Tofu, Zwiebelringe, Chili und Nüsse in einer Schüssel mit Sauce und Koriander mischen. Mit Salz und Pfeffer abschmecken.

Der Salat kombiniert ein paar der wichtigsten Zutaten vietnamesischer Küche: Koriandergrün, Chilischoten und Erdnüsse. In Vietnam werden die frischen Nüsse gebraten und dann gemahlen.

Speisewürze

Die besonders würzige Sojasauce aus Vietnam gibt es in Deutschland nicht zu kaufen. Phung Hoang nimmt stattdessen flüssige Speisewürze, die allerdings vorwiegend aus tierischen Produkten besteht. Als Ersatz auch hierfür habe ich die doppelte Menge dunkle Sojasauce mit der halben Wassermenge und etwas Zitronensaft gemischt. Diese Salatsauce schmeckt fast so gut wie die vietnamesische.

»Es gibt sehr viele Varianten für den Gemüsesalat. Man kann z. B. Sauerkraut statt Salzgurken verwenden. In Russland nimmt man auch wie Sauerkraut eingelegte Äpfel, die man hier nicht zubereiten kann, weil man die Apfelsorte – große und sehr saure Früchte – nicht bekommt.«

NATALIA SCHKUNAJEVA

In Sibirien im Sommer. Dort hat Natalia Rykova einen ungewöhnlichen Möhrensalat (Rezept unten) kennen gelernt, der seine Würze durch eine Menge Knoblauch und heißes Sonnenblumenöl bekommt.

Gemüsesalat
Vinegret

Aus Russland

Für 4 Portionen

2 mittelgroße Kartoffeln (fest kochende Sorte)
2 kleine Rote Beten
2 Möhren
100 g tiefgefrorene Erbsen
2 Salzgurken
1 Bund Dill
2 EL Öl
Salz

Dauert etwa 1 Stunde

› Kartoffeln und Rote Beten mit wenig Wasser weich kochen. Nach dem Abkühlen in kleine Würfel schneiden.
› Geschälte Möhren bissfest garen und in dünne Scheiben schneiden. Erbsen etwa 5 Minuten in wenig Wasser garen.
› Salzgurken in feine Scheiben schneiden, Dillzweige abzupfen. Alles mit Öl mischen und mit Salz abschmecken.

Möhrensalat
Morkovnyj salat

Aus Sibirien

Für 4 Portionen

700 g Möhren
6 Knoblauchzehen
Salz
Schwarzer Pfeffer
1/8 l Sonnenblumenöl

Dauert etwa 35 Minuten

› Die Möhren schälen, waschen und in dünne, lange Streifen hobeln. In eine Schüssel häufen und in die Mitte der Möhren eine Vertiefung drücken.
› Knoblauchzehen abziehen und durch eine Knoblauchpresse zu den Möhren in die Mulde drücken. Salz und Pfeffer darüber streuen.
› Das Öl stark erhitzen und über die Möhren gießen. Rasch durchmischen, das überschüssige Öl abgießen und den Salat sofort servieren.

Salat mit Roten Beten und Orangen

Ensalada de Naranja y Betabel

Aus Mexiko

Mexikaner essen diesen Salat traditionell in der Weihnachtszeit. Llermi Schröder serviert ihn auch als winterliches Dessert. Wichtig für den Geschmack sind reife, saftige Orangen und brauner Zucker aus Zuckerrohr (siehe Seite 228). Den Likör kann man durch Orangensaft ersetzen, wenn Kinder mitessen.

Für 4 Portionen
200 g Rote Beten
1/8 l Wasser
50 g brauner Rohrzucker
Saft von 1 Limette
6–8 cl Orangenlikör (oder Marillenlikör)
4 Navelorangen
50 g ungesalzene Erdnusskerne

Dauert etwa 30 Minuten

Dazu kommt die Zeit (etwa 24 Stunden) fürs Ziehen

› Die Roten Beten schälen, würfeln und in einen Topf geben. Mit Wasser und Zucker 8 Minuten kochen. Von der Kochstelle nehmen, Limettensaft und Orangenlikör untermischen.

› Die Roten Beten zugedeckt 24 Stunden im Kühlschrank ziehen lassen.

› Zum Servieren die Orangen schälen, von allen weißen Häutchen befreien, in Schnitze teilen und die Schnitze noch einmal halbieren. Die Erdnüsse grob hacken. Orangen und Nüsse unter die Roten Beten mischen.

Tip: Rote Beten, die Sie geschält kochen wollen, müssen Sie vor dem Schälen gründlich waschen. Denn danach verlieren die Knollen ohnehin Saft, und mit dem Waschwasser würde noch mehr davon wegfließen.

Wurzelsalat

Aus Deutschland

Wurzelgemüse ist in Deutschland typisch für den Winter, obwohl es kleine, zarte Rote Beten mit frischem Grün – das man wie den verwandten Mangold zubereiten kann – und Knollensellerie auch im Sommer gibt. Den Salat mit lauter Wurzeln habe ich in einem alten bayerischen Kochbuch gefunden. Topinambur, ursprünglich Exote (siehe rechts), war im 19. Jahrhundert bereits so heimisch wie die Kartoffel. Heute sind die Knollen fast vergessen.

Für 4 Portionen
2 kleine Rote Beten
2 kleine Kartoffeln (fest kochende Sorte)
4 Schwarzwurzeln
2 Eier
1/2 Bund Petersilie
1 rote Zwiebel
100 g Topinamburknollen
200 g Knollensellerie
2 EL Orangensaft
2 EL milder Obstessig
4 EL Oliven- oder Sonnenblumenöl
Salz, schwarzer Pfeffer

Dauert etwa 1 1/4 Stunden

Arbeiten müssen Sie etwa 30 Minuten

› Rote Beten, Kartoffeln und Schwarzwurzeln weich garen. Eier hart kochen. Gemüse und Eier abgießen, unter kaltem Wasser abschrecken und pellen.

› Gekochtes Gemüse in kleine Würfel schneiden. Eier und Petersilie hacken. Zwiebel in dünne Ringe schneiden. Topinamburknollen schälen, waschen und in dünne Scheiben schneiden. Geschälten Sellerie raspeln. Gemüse mit dem Orangensaft mischen.

› Gekochtes und rohes Gemüse mit Zwiebelringen, Obstessig und Öl mischen, mit Salz abschmecken und auf einer Platte anrichten. Eier und Petersilie darüber verteilen. Kräftig mit Pfeffer aus der Mühle würzen.

Topinambur

Topinambur kam aus der Neuen Welt in die deutschen Bauern- und Bürgergärten – zusammen mit Kartoffeln, Tomaten und Mais. Das Gemüse ist winterhart und besonders pflegeleicht, trägt im Sommer wunderschöne dottergelbe Blüten und liefert von Mitte September bis Mai vitaminreiche Knollen für Salat und Gemüse. Sie können Topinambur auf Märkten, bei guten Gemüsehändlern und in Bioläden bekommen.
Und natürlich selbst anbauen: Die besten Sorten sind die frühe »Bianka«, »Gute Gelbe« oder die späte »Rote Zonenkugel«.

»Reis zum Salat klingt für Europäer ziemlich ungewohnt. Doch in Korea stellen wir alle Speisen zusammen auf den Tisch. Und dazu gibt es eine große Schale frisch gekochten Reis.«

SUN HEE JUN-SAILER

In Korea ist dieser Glasnudelsalat wegen der aufwendigen Zubereitung ein festliches Gericht.

Glasnudelsalat
Chap Chae

Aus Korea

Die Mischung von heller salziger und dunkler würziger Sojasauce ist typisch für koreanische Gerichte. Extra Salz gibt Sun Hee Jun-Sailer nur an die Omeletts.

Für 6 Portionen
6 getrocknete Shiitakepilze
6 Eier
Salz, Pfeffer
6–8 EL Sesamöl
2 Möhren
Je 1 rote und grüne Paprikaschote
1 Bund Frühlings- oder Lauchzwiebeln
1 Knoblauchzehe
1/2 TL Zucker
2 EL helle Sojasauce. 4 l Wasser
300 g Glasnudeln
1 EL dunkle Sojasauce
Dauert etwa 2 1/2 Stunden
Arbeiten müssen Sie etwa 45 Minuten

› Shiitakepilze mit warmem Wasser bedeckt 2 Stunden ziehen lassen.

› Eier mit Salz und Pfeffer verrühren. Mit insgesamt 1 bis 2 Esslöffel Sesamöl zu 3 bis 4 dünnen Omeletts backen. In feine Streifen schneiden.

› Möhren in dünne Stifte, die Paprikaschoten in feine Streifen, Frühlingszwiebeln in feine Ringe schneiden. Den Knoblauch abziehen und zerdrücken.

› Insgesamt 2 bis 3 Esslöffel Sesamöl erhitzen. Gemüse darin portionsweise unter ständigem Rühren gerade eben bissfest anbraten. Mit Salz, Pfeffer, etwas Zucker und 1 Esslöffel heller Sojasauce würzen und herausnehmen.

› Shiitakepilze ausdrücken. Stiele entfernen, die Hüte in Streifen schneiden. 1 Esslöffel Sesamöl erhitzen. Pilze mit dem Knoblauch darin bei mittlerer bis schwacher Hitze 3 Minuten braten. Mit Salz und Pfeffer würzen.

› In einem großen Topf 4 Liter Wasser zum Kochen bringen, Glasnudeln zugeben, von der Kochstelle ziehen und 10 Minuten ziehen lassen. Abgießen, abschrecken und gut abtropfen lassen. Mit der Küchenschere so zerschneiden, dass Stücke entstehen, die man gut mit Stäbchen essen kann.

› 2 Esslöffel Sesamöl erhitzen und die Nudeln darin anbraten. Gemüse und Pilze untermischen. Salat mit Salz, Pfeffer und dem Rest von Zucker und Sojasauce abschmecken. Lauwarm abkühlen lassen, mit den Omelettstreifen mischen und servieren.

Apfel-Gurken-Salat mit Erdnusssauce

Apel bumbu kacang

Aus Indonesien

Für 4 Portionen

2 mittelgroße Äpfel
1 mittelgroße Salatgurke
250 g Ananasstücke (Dose)
2 Knoblauchzehen
Salz
4 EL Erdnussmus
2 EL Tomatenketchup
3 EL Ananassaft (Dose)
1 TL süße indonesische Sojasauce
1 Messerspitze gemahlener weißer Pfeffer
1 TL Zucker
50 g ungesalzene Erdnusskerne

Dauert etwa 30 Minuten

› Äpfel schälen und würfeln. Gurke schälen und halbieren. Das weiche Innere mit den Kernen herausschneiden. Gurke in Würfel schneiden und mit den Ananasstücken mischen.

› Für die Sauce die Knoblauchzehen abziehen und mit einer Prise Salz zerdrücken. Mit Erdnussmus, Ketchup, Ananassaft und Sojasauce verrühren. Die Sauce mit Pfeffer, Zucker und Salz süßsauer abschmecken und mit dem Salat vermischen. Die Erdnüsse hacken und darüber streuen.

Glasnudelsalat mit Gemüse

Jamwunsen Seipag

Aus Thailand

In Südostasien kombiniert man zwei so intensive Kräuter wie Koriandergrün und Minze. Zu Sombat Kaewchums-Rozmus' Salat gehört auch Zucker, damit sich das Minzearoma richtig entwickeln kann.

Für 4 Portionen

1 mittelgroße Möhre
1 mittelgroße weiße Zwiebel
2 Frühlingszwiebeln
1 rote Chilischote
2 Stängel Koriandergrün
2 Stängel Minze
Salz
Schwarzer Pfeffer
1 EL Zucker
3 EL Zitronensaft
2 EL Pflanzenöl
100 g Glasnudeln

Dauert etwa 20 Minuten

› Möhre schälen und in dünne Stifte schneiden. Die Zwiebel abziehen und in hauchdünne Ringe schneiden. Die Frühlingszwiebeln putzen, waschen und mit einem Teil der saftigen grünen Blätter ebenfalls in feine Ringe schneiden. Chilischote halbieren, die Kerne und die Scheidewände herausschneiden. Die Chilischote waschen und in feine Streifen schneiden. Das Koriandergrün und die Minzeblättchen fein zerkleinern. Alle diese Zutaten mischen.

› Salz, Pfeffer, Zucker und Zitronensaft verrühren, bis sich der Zucker gelöst hat. Öl unterrühren. Sauce über den Salat gießen und mischen.

› Die Glasnudeln mit kochendem Wasser übergießen, kurz darin ziehen lassen, abgießen und kalt abschrecken. Mit einer Küchenschere zerkleinern und mit dem Salat mischen.

Erdnüsse

Sie gehören genau wie Bohnen, Linsen und Erbsen zur Familie der Leguminosen. Nüsse sind sie trotzdem. In Asien verwendet man sie nicht nur geröstet wie in dem Salatrezept von Tutty Wilpernig, sondern auch roh und kocht sie in Suppen und Saucen.

Xiaoyan Zhang

»Fuzhu ist ein typisches Produkt der fleischlosen Küche«, sagte mir Xiaoyan Zhang zu ihrem Salat. »Es wird genau wie Tofu aus Sojamilch hergestellt: Wenn man dicke Milch aus gemahlenen Sojabohnen sanft kocht, bildet sich darauf eine Haut wie bei Kuhmilch. Diese Haut wird abgenommen und getrocknet, zu Stäbchen gerollt oder flach wie Folie gepresst. So bekommt man sie auch hier in vielen Asienläden. Doch die interessantesten Speisen aus Fuzhu – täuschend echte Nachbildungen von Fleischgerichten – kann man nicht selber machen. Tofuhaut wird gefaltet, gerollt, geschichtet und gepresst, bis sie die Struktur von Fleisch oder Fisch hat. In chinesischen Klosterrestaurants bekommen Sie rot gekochte Lammkeule, Schweinefleisch nach Art des Kaiserhofes, Schweinerippchen, ganzen Fisch – alles aus Fuzhu. Und der Witz dabei: Auf der Speisekarte stehen die Originalnamen!« Von Xiaoyans Bericht angeregt, begab ich mich in München auf Fuzhu-Suche. Tatsächlich kostete ich in einem Chinarestaurant gebratene Ente aus Fuzhu – gewickelt, original aufgeschnitten und mit würziger dunkler Sauce angerichtet.

Fuzhu Salat

Aus China

Für 6 Portionen
Salat
150 g Fuzhu (getrocknete Sojamilch; siehe links)
10 g Mu-Err-Pilze
100 g Glasnudeln
1 kleine Salatgurke
2 Frühlingszwiebeln
1–2 EL Öl zum Braten
15 Sichuan-Pfefferschalen
Salatsauce
Saft von 1 Zitrone
2 EL Essig
2 EL Öl
1 TL Salz
1 EL Zucker
2 TL Chiliöl
3 TL Chilipaste
Dauert etwa 1 Stunde

› Fuzhu und die Mu-Err-Pilze in zwei Schüsseln getrennt mit heißem Wasser übergießen, 30 Minuten ziehen lassen und wieder abgießen.

› Reichlich Wasser in einem Topf aufkochen, Fuzhu darin etwa 5 Minuten bei schwacher Hitze kochen. Abgießen, kalt abspülen und abtropfen lassen. Pilzhüte von den Stielen schneiden und waschen. Glasnudeln in sprudelnd kochendem Wasser etwa 3 Minuten garen. Ebenfalls abgießen, kalt abspülen und abtropfen lassen.

› Geschälte Gurke längs halbieren und in feine Stifte schneiden. Frühlingszwiebeln in etwa 5 Zentimeter lange Stücke schneiden und der Länge nach in feine Streifen schneiden.

› Etwas Öl in einer kleinen Pfanne erhitzen. Die Pfefferschalen darin bei schwacher Hitze etwa 1 Minute braten.

› Für die Salatsauce den Zitronensaft mit Essig, Öl und allen Gewürzen verrühren. Die vorbereiteten Salatzutaten damit mischen und servieren.

Petersiliensalat

Maydanozlu Salata

Aus dem Nahen Osten

Salate aus Kräutern und Gemüse, gemischt mit Bulgur oder Couscous, sind in ganz Nordafrika und im östlichen Mittelmeerraum Tradition. In so kleinen Mengen kann man dieses gemahlene Getreide roh essen. In Salaten, die wie Taboulet (Rezept auf Seite 63) vorwiegend Getreide enthalten, schmeckt es besser gedämpft.

Für 4 Portionen
75 g Bulgur
1 hellgrüne spitze Paprikaschote (ersatzweise 1 rote Paprikaschote)
1 rote Zwiebel
5–6 Bund Petersilie (ca. 100 g)
Salz
Weißer Pfeffer
1 TL Paprikaflocken
Saft von 1 Zitrone
3–4 EL Olivenöl
Dauert etwa 20 Minuten

› Bulgur in eine Schüssel geben und mit so viel kochend heißem Wasser begießen, dass er leicht davon bedeckt ist. Etwa 10 Minuten quellen lassen.

› Inzwischen die Paprikaschote putzen, kalt abspülen und in sehr kleine Würfel schneiden. Zwiebel abziehen und in feine Ringe schneiden.

› Die Petersilie waschen und trockenschwenken, die Stiele abschneiden und die Blättchen sehr fein hacken. In einer zweiten Schüssel mit Salz, Pfeffer aus der Mühle, den Paprikaflocken und den Paprikawürfeln mischen. Mit dem ausgepressten Zitronensaft beträufeln.

› Bulgur und Olivenöl dazugeben und alles mit einer Gabel oder mit der Hand vermischen.

› Den Salat noch einmal mit Salz abschmecken, auf einer Platte anrichten und, mit den Zwiebelringen garniert, sofort servieren.

Markttag vor einem Kloster in Sichuan. Die Küche dieser chinesischen Provinz ist berühmt für ihre scharf gewürzten Gerichte.

Nichts für Europäer

So scharf wie der Salat von Xiaoyan Zhang ist auch Mala, eine berühmte Sauce in China. »Ma« ist das Wort für einen Menschen, der sich nicht richtig bewegen kann, und diese Sauce lähmt fast Gaumen und Zunge.

Suppen

Nudelsuppe – mal in einem echten Wok.

Suppe, Brühe, Brei

Geschichte der Löffelspeise

Je mehr Länder Sie besuchen, desto mehr Suppen lernen Sie kennen: dünn, dick, mit merkwürdigen Einlagen oder Beilagen. Irgendwann stehen Sie vor der Frage: Was ist eine Suppe?

So erging es auch mir während der Arbeit an diesem Buch. Ich schlug nach bei Fritz Ruf, der ein Standardwerk über die Suppe geschrieben hat. Und dort fand ich die Definition der Suppe, erstmals erschienen 1744 im 41. Band eines 64 Bände starken Lexikons: »Suppe, heisset die sehr bekannte, und sowohl den Gesunden als auch den Krancken dienliche Löffelspeise, welche entweder schlechthin aus Brod und Wasser … aus Fleischbrühe, Wein, Milch und Bier zubereitet wird, oder vielmahls mit unterschiedenen anderen nahrsamen und gesunden Ingredienzien versetzet und verändert werden kan.«

Ich weiß nicht, ob Johann Heinrich Zedler, der Herausgeber des Lexikons, und seine Mitarbeiter die internationale Küche ihrer Zeit studiert haben. Doch diese Definition scheint mir noch heute den Nagel auf den Kopf zu treffen. Alle meine Informationen zur Suppe fand ich darin wieder. Sehen Sie selbst: Ramata Ebersbach-Dabiré hatte mir erzählt, dass in ihrer Heimat Brei süß, Suppe aber salzig ist. »Als Brei gilt, was man trinkt, als Suppe aber, was man isst«, fügte sie hinzu und hatte damit die Löffelspeise untermauert.

In einer holländischen Kneipe wird die Zwiebelsuppe vorbereitet.

Von Xiaoyan Zhang wusste ich, dass Suppe in China keinen festen Platz hat: Im Süden serviert man sie wie bei uns zu Beginn des Essens, im Norden gegen Ende. Immer aber gibt es die Suppe erst, wenn man mit dem Trinken fertig ist und Reis serviert wird – traditionell gilt Trinken zum Essen in China als unhöflich. Von Löffelspeise kann in den Stäbchenländern Asiens natürlich nicht die Rede sein, denn man isst die Suppeneinlage mit den Stäbchen und trinkt die Brühe aus der Schale. Doch die den Gesunden und Kranken dienliche Speise trifft zu; die dünnen Suppen im heißen Süden Chinas erfrischen und helfen, den Wasserhaushalt des Körpers in Gang zu halten – genau wie Gazpacho oder die Radieschenblättersuppe (Rezept auf Seite 91), die kalten Suppen in Europas Süden. Die dicken und kräftigen Suppen des Nordens enthalten die »nahrsamen Ingredienzien«, und weil sie deshalb satt machen, gehören sie nicht an den Anfang des Essens. Die Frauen aus Ostasien – Sun Hee Jun-Sailer, Michiko Yoshihara-Fink und Michiyo Ernst – hatten mir Reis als Beilage zur Suppe genannt: Man gibt einen Löffel davon in die Essschale und gießt die Suppe darüber. Oder man

Der klassische Suppentopf mit viel frischem Gemüse.

Mittelpunkt auch in der Suppe: Frisch gekochter Reis gehört in Japan und Korea zuerst ins Schälchen. Die heiße Suppe schöpft man darüber.

isst Suppe und Reis abwechselnd. Auch in diesem Fall sind Suppen äußerst »dienlich«, denn sie stillen den Hunger – was beim einfachen häuslichen Essen erwünscht ist. Von Phung Hoang habe ich erfahren, dass es in der vietnamesischen Familienküche eine Schüssel Suppe gibt, ähnlich wie der auch hier bekannte Feuertopf. Sun Hee hatte mir noch erzählt, dass Koreaner Kimchi, das eingelegte Gemüse (siehe Seite 80) zur Suppe essen. Das erinnerte mich an Griechenland, wo Bauernsalat zur Bohnensuppe gehört – die »unterschiedenen anderen nahrsamen und gesunden Ingredienzien« fand ich auch hier; Suppe allein macht nicht satt, und nicht alle Menschen mögen Eintopf so gern wie Mittel- und Nordeuropäer. Nun war ich bei den Ungarn angelangt, die hinsichtlich der Suppe aus den Reihen ihrer europäischen Nachbarn tanzen. Sie essen süße Obstsuppe als Imbiss – so wie die Österreicher Gulaschsuppe, die man fälschlich den Ungarn zuschreibt. Bei Zedler stand die Lösung: Suppen können auch mit Wein zubereitet und ganz nach Belieben mit anderen Zutaten »versetzet und verändert« werden. Und welcher Vegetarier würde bestreiten, dass Obst eine wahrhaft gesunde Ingredienz ist? Blieb nur noch Mexiko. »Was ist der Unterschied zwischen Sopa und Sopa seca?«, fragte ich Llermi Schröder und erfuhr, dass Sopa eine Suppe ist, Sopa seca aber danach kommt. »Sopa seca ist eine kleine Mahlzeit oder ein Zwischengericht – z. B. Nudeln, Ravioli oder Risotto«, erklärte sie mir. Das, ich gebe es zu, ging über Zedlers Definition weit hinaus. Doch bei Sopa seca handelt es sich ja auch nicht um Suppe.

Kochen mit Stäbchen

Wo man mit Stäbchen isst, wird auch mit Stäbchen gekocht: In Japan und China z. B. nimmt man besonders lange Stäbchen als »Kochlöffel« für Wok und Kochtopf. Die Handhabung ist so einfach wie Essen mit Stäbchen: Das erste Stäbchen in die Beuge zwischen Daumen und Zeigefinger legen und mit dem Ringfinger so abstützen, dass es sich nicht oder kaum bewegt. Das zweite Stäbchen mit Daumen und Zeigefinger fest halten, während der Mittelfinger von hinten »steuert«, wenn Sie die Spitzen der Stäbchen aufeinander zu bewegen.

Japanische Suppenschälchen sind oft aus schwarz lackiertem Holz und in Rot und/oder Gold bemalt.

Suppe mit Ei
Kakitama-jiru

Aus Japan

Suppen werden in Japan so brühend heiß gegessen, dass Europäer pusten müssen, um sich nicht die Zunge zu verbrennen.

Für 4 Portionen
2 Stangenbohnen
2 TL Speisestärke
2 EL Wasser
1 Ei
1/2 Bund Schnittlauch
1 TL Seetangbrühe (instant)
800 ml Wasser
1 TL Salz
1 TL japanischer Reiswein (Sake) oder Sherry
1 TL Sojasauce
1 TL Mirin

Dauert etwa 30 Minuten

› Bohnen waschen, putzen und schräg in ganz feine Streifen schneiden. Die Speisestärke mit dem Wasser in einem Schälchen glatt rühren. Das Ei in einem zweiten Schälchen verquirlen. Schnittlauch in feine Röllchen schneiden.
› Seetangbrühe ins Wasser rühren und zum Kochen bringen. Salz, Sake, Sojasauce, Mirin und Bohnen zugeben und kräftig aufkochen.
› Topf von der Kochstelle nehmen und die Speisestärke in die Suppe mischen.
› Ei mit den Kochstäbchen vorsichtig unterrühren, so dass die Eierfäden deutlich sichtbar sind. Die Suppe ganz heiß in die Schälchen füllen und, mit den Schnittlauchröllchen bestreut, sofort servieren, damit sie nicht abkühlt.

Michiyo Ernst gibt in die klare Brühe mit Sake und Sojasauce als Einlage auch blanchierte Spinatblätter und hart gekochte Wachteleier.

Joghurtsuppe
Apur

Aus Armenien

Joghurt, Getreide und Kräuter sind für die armenische Küche typisch. Für diese Suppe ihrer Großeltern aus dem Grenzgebiet zwischen Armenien, Aserbeidschan und Iran kennt Nora Dubral noch zwei Varianten: In Armenien gibt man auch Rosinen zu, im Iran geröstete Zwiebeln.

Für 6 Portionen
75 g Weizenkörner
Knapp 1 l Wasser
1 TL Gemüsebrühe (instant)
1 Bund Lauchzwiebeln
500 g Joghurt (3,5 % Fett)
1 Ei
1 EL Mehl
1 Bund Dill
1 Bund Petersilie
1/2 Bund Schnittlauch
Salz
Weißer Pfeffer
Dauert etwa 2 1/4 Stunden
Arbeiten müssen Sie etwa 30 Minuten

› Weizenkörner mit 1/4 Liter Wasser und Gemüsebrühe aufkochen und zugedeckt bei schwacher Hitze 1 Stunde garen. Von der Kochstelle nehmen und 1 weitere Stunde quellen sowie dabei abkühlen lassen.

› Inzwischen Lauchzwiebeln putzen, waschen und mit allen saftigen grünen Blättern fein zerkleinern.

› Joghurt, Ei und Mehl in einem Topf mischen, nach und nach das restliche Wasser unterrühren und bei mittlerer Hitze unter ständigem Rühren zum Kochen bringen.

› Lauchzwiebeln und den abgetropften Weizen zugeben und bei mittlerer bis schwacher Hitze etwa 3 Minuten garen.

› Die Kräuter fein zerkleinern und in die Suppe rühren. Die Suppe mit Salz und Pfeffer abschmecken.

Maissuppe mit Austernpilzen

Von den Philippinen

Das Suppenrezept stammt von Zenaida Panganibans Großmutter, die im Norden der Philippinen lebt. Die Maiskörner sollten frisch vom Kolben geschnitten sein, die Pilze werden nur auseinander gezupft.

Für 2 Portionen
3 frische Maiskolben
200 g Austernpilze
2 Knoblauchzehen
1 Zwiebel
1 EL Öl
Salz, Pfeffer
2 EL Austernsauce
400 ml Gemüsebrühe
4-5 Pfefferblätter (siehe rechts)
Dauert etwa 30 Minuten

› Hüllblätter und Fäden der Maiskolben abziehen, Kolben mit dem dickeren Ende nach unten auf die Arbeitsfläche stellen und die Körner mit einem scharfen Messer abschneiden. Austernpilze putzen und in Streifen schneiden. Knoblauchzehen und Zwiebel abziehen und fein zerkleinern.

› Das Öl erhitzen und den Knoblauch darin hellbraun anbraten. Die Zwiebel zugeben und glasig braten. Mais hinzufügen, mit Salz, Pfeffer und Austernsauce würzen. Zugedeckt bei mittlerer Hitze 5 Minuten dünsten.

› Brühe zugießen und aufkochen. Die Austernpilze zugeben und im halb geschlossenen Topf etwa 10 Minuten bei mittlerer bis schwacher Hitze garen.

› Topf von der Kochstelle nehmen, die Pfefferblätter in die Suppe geben und etwa 5 Minuten ziehen lassen.

Tip: Als Ersatz für Pfefferblätter nimmt man rohe Spinatblätter. Oder man rührt ein verquirltes Ei in die heiße Suppe, die dann nicht mehr kochen darf.

Pfefferblätter

Pfefferblätter für Zenaidas Suppe stammen von Gemüsepaprika oder Peperoni.
Zenaida kauft die Pflanzen im Frühjahr im Gartencenter oder zieht sie aus Samen von Paprika- oder Chilischoten. Die Pflanzen gedeihen im Gartenbeet, in Balkonkästen oder in großen Blumenkübeln; sie brauchen viel Sonne und Wärme und liefern den ganzen Sommer über würzige, aromatisch-scharfe Blätter.
In Vietnam verwendet man für Fleischgerichte die Blätter vom schwarzen Pfeffer, der zu einer anderen Pflanzenfamilie gehört.

Sun Hee Jun-Sailer

»Die koreanische Küche teilt sich in drei Regionen: Im Süden wird scharf gewürzt und salzig gegessen, im kalten Norden ist das Essen fetter. Und an den Küsten kommen vor allem Fisch und Meeresgemüse auf den Tisch. Zu unserer Küche gehören Gemüse, die man hier überhaupt nicht kennt: Farnsprossen kann ich nur zu Hause essen. Sesamblätter mit ihrem zarten Geschmack nach Sesamkörnern und Pfefferminze gibt es eingelegt in Dosen. Nur Salatchrysanthemen baue ich selber an: Wir essen nicht die Blüten, sondern nur die Blätter, gefüllt mit Reis. Übrigens gibt es bei uns nichts einfach roh – das gilt als ungesund. Gemüse wird kurz blanchiert und in Sesamöl sautiert. Gurken für Salat salzt man ein. Eingesalzen ist auch Kimchi, die neben Reis wichtigste Beilage zu jedem Essen. Kimchi besteht meist aus Chinakohl und Rettich, ist noch saurer als europäisches Sauerkraut, süßscharf wie Pickles und durch eingelegte Sardellen für die meisten Europäer zu würzig.«

Sauerscharfe Gemüsesuppe
Suanla Tang

Aus China

Für 4 Portionen
5 Mu-Err Pilze
10 g Glasnudeln
Je 1 mittelgroße grüne und rote Paprikaschote
100 g Bambussprossen
100 g Tofu
1 Bund Schnittlauch
2 Eier
Sauce
5 EL Essig
4 EL Sojasauce
1 TL Pfeffer
2 TL Chilipaste
Außerdem
1 l Wasser
2 EL Speisestärke, Chilisauce

Dauert etwa 1 Stunde

› Die Mu-Err-Pilze mit kochendem Wasser übergießen und 30 Minuten einweichen. Die Glasnudeln in kaltem Wasser 10 Minuten quellen lassen.

› Inzwischen die Paprikaschoten waschen, putzen und in etwa 5 Millimeter dünne Streifen schneiden. Bambussprossen und Tofu zuerst in Scheiben, dann ebenfalls in dünne Streifen schneiden. Schnittlauch waschen, trockentupfen und in feine Röllchen schneiden. Die Eier schaumig schlagen.

› Alle Zutaten für die Sauce in einer Tasse mischen.

› Die eingeweichten Pilze abgießen, waschen und in dünne Streifen schneiden. Die Glasnudeln ebenfalls abgießen und mit einer Küchenschere etwa 2 Zentimeter lang schneiden.

› Etwa 3/4 Liter Wasser in einem Topf zum Kochen bringen. Paprikaschoten, Bambussprossen, Glasnudeln und Tofu zugeben und etwa 2 Minuten bei mittlerer Hitze kochen.

› Speisestärke mit dem restlichen kalten Wasser glatt rühren und langsam in die Suppe einrühren.

› Den Topf von der Kochstelle nehmen und die Eier vorsichtig in die Suppe rühren. Suppe mit Chilisauce würzen.

Seetangsuppe
Miok Kuk

Aus Korea

Die Suppe isst man mit frisch gekochtem Reis: Sun Hee Jun-Sailer gibt jeweils einen Schöpflöffel davon in die Teller und füllt mit der Suppe auf.

Für 4 Portionen
50 g Miok (Wakame)
5–6 TL Seetangbrühe (instant)
1 l Wasser
1 Knoblauchzehe
2 EL Sesamöl
2 Frühlingszwiebeln
Salz
Pfeffer
2 TL helle Sojasauce
1 TL dunkle Sojasauce

Dauert etwa 40 Minuten

› Den Seetang in lauwarmem Wasser etwa 20 Minuten ziehen lassen, bis er weich ist. Abgießen, abtropfen lassen, mit der Hand etwas ausdrücken und in 5 Zentimeter breite Streifen schneiden. Seetangbrühe ins Wasser rühren, die Suppe langsam erwärmen. Knoblauch abziehen und zerdrücken.

› Sesamöl erhitzen, Seetang und Knoblauch darin bei schwacher Hitze anbraten. Langsam mit der heißen Brühe aufgießen und bei schwacher Hitze etwa 10 Minuten garen.

› Frühlingszwiebeln putzen, waschen, in 3 Zentimeter breite Ringe schneiden und 1 Minute mitkochen. Suppe mit Salz, Pfeffer und Sojasauce würzen.

Die Suppe kocht man mit Gemüse der Saison: Gut sind auch Auberginen, Zucchini, Kohl und Spargelbohnen.

Süßsaure Gemüsesuppe

Sajur asam

Aus Indonesien

Die Suppe zählt zu den bekanntesten in Indonesien. Hier kocht Tutty Wilpernig sie für Freunde zu besonderen Gelegenheiten. Man isst sie kalt oder warm.

Für 5 Portionen
3 Möhren
2 Kohlrabi
100 g grüne Bohnen
2-3 grüne Chilischoten
1 Zwiebel
3 Knoblauchzehen
1 cm großer Galgant
3 Kemirinüsse
2-3 TL Zucker
Salz
50 g ungesalzene Erdnusskerne
2 Lorbeerblätter
1 l Wasser
100 g rote Kidneybohnen (Dose)
2 EL Zitronensaft

Dauert etwa 45 Minuten

› Geschälte Möhren in 2 Zentimeter lange, dünne Stifte, geschälte Kohlrabi in kleine Würfel schneiden. Bohnen putzen und in etwa 3 Zentimeter lange Stücke schneiden. Chilischoten halbieren, Kerne und Scheidewände entfernen. Zwiebel und Knoblauch abziehen und grob zerkleinern. Galgant schälen.

› Zwiebel mit Knoblauch, den Kemirinüssen, 2 Teelöffeln Zucker und Salz in einem Mörser möglichst fein zerreiben. Mit Erdnüssen, Lorbeerblättern, Galgant und dem Wasser in einen Topf geben und etwa 15 Minuten kochen, bis die Erdnüsse weich sind.

› Möhren, Kohlrabi, Bohnen und die Chilischoten zugeben und alles in etwa 5 Minuten bissfest kochen.

› Kidneybohnen auf einem Sieb kalt abspülen und in der Suppe erhitzen. Mit Zitronensaft, Salz und eventuell mit dem restlichen Zucker süßsauer abschmecken.

Tip: Im Frühling kann man die Suppe statt mit der Zitrone mit Rhabarber säuern: Eine frische Stange mitkochen und vor dem Servieren wieder entfernen.

Seetangbrühe

Die Grundlage für Suppen aus Japan und Korea wird mit Kombu (siehe Seite 191) hergestellt. Man kann sie in Pulverform als Instantbrühe in japanischen Lebensmittelgeschäften kaufen.

Zitronenblätter stammen von der Kaffir-Limette, einer Zitrusfrucht mit dicker, würziger Schale.

Statt Queso fresco aus Lateinamerika nimmt man für diese Suppe schnittfesten spanischen oder griechischen Frischkäse.

Kokossuppe mit Pilzen
Tom kahedfang

Aus Thailand

Die vegetarische Variante der berühmten thailändischen Hühnersuppe lernte ich an meinem Geburtstag kennen. Es war ein gelungener Abend in multinationaler Runde: Slowakei und Schweiz, England und Deutschland durften genießen, was Thailand kochte: Sombat Kaewchums-Rozmus' wunderbare Rezepte sind alle in diesem Buch versammelt.

Für 5 Portionen
2 Stängel Zitronengras
2 Zitronenblätter
100 g großer Galgant
1 rote Chilischote
300 g Champignons
1 EL Zitronensaft
800 ml Kokosmilch (Dose)
1 1/2 TL Salz
Schwarzer Pfeffer
1 Tomate
3 Stängel Koriandergrün

Dauert etwa 40 Minuten

› Zitronengras waschen und die hellen Teile ganz fein schneiden. Den Rest mit der Nudelrolle flach klopfen und wie Bindfaden verknoten. Zitronenblätter waschen, Galgant schälen und fein zerkleinern. Chili halbieren, Kerne und Scheidewände entfernen. Pilze putzen, vierteln und mit Zitronensaft mischen.

› Kokosmilch, zerkleinertes und verknotetes Zitronengras, Zitronenblätter, Galgant, Chilischote, Salz und Pfeffer unter Rühren aufkochen und bei mittlerer Hitze etwa 4 Minuten kochen.

› Tomate waschen und achteln, mit den Pilzen zugeben und erneut kräftig aufkochen. Das verknotete Zitronengras entfernen, die Suppe in gut vorgewärmte Teller füllen und, mit dem fein geschnittenen Koriandergrün bestreut, sofort servieren.

Kürbissuppe
Crema de zapallo

Aus Peru

Carmen Ramirez-Königsbauer hat mir dieses Rezept für eine Kürbissuppe der Indios gegeben, die man zur Fastenzeit isst.

Für 4 Portionen
1 Stück gelber Kürbis (etwa 500 g)
1 Zwiebel
2 Knoblauchzehen
1 EL Butter
1 l Wasser
2 Lorbeerblätter
100 g Queso fresco (griechischer Feta oder schnittfester spanischer Frischkäse)
1/2 Bund Petersilie
1 EL Mehl
1/4 l Milch
Salz
Schwarzer Pfeffer

Dauert etwa 1 Stunde

› Kürbis schälen, die Kerne entfernen und das Fruchtfleisch würfeln. Die Zwiebel und die Knoblauchzehen abziehen, fein hacken und bei schwacher Hitze in der Butter glasig braten.

› Etwa 3/4 Liter Wasser und Lorbeerblätter zugeben, aufkochen und zugedeckt bei schwacher Hitze 15 Minuten kochen, bis der Kürbis ganz weich ist. Inzwischen den Käse in kleine Würfel schneiden, die Petersilie fein hacken.

› Lorbeerblätter entfernen, den Kürbis pürieren. Etwa eine Tasse des Pürees abnehmen, mit dem restlichen kalten Wasser und dem Mehl glatt rühren. Wieder in die Kürbissuppe mischen und erneut aufkochen. Zugedeckt bei schwacher Hitze 5 Minuten kochen.

› Milch untermischen und erhitzen, aber nicht mehr aufkochen. Kürbiscreme mit Salz und Pfeffer aus der Mühle würzen und in vorgewärmte Teller geben. Käse darauf anrichten und

Tofusuppe mit Pilzen
Chai Powyu-Donguo

Aus China

Marina Tek, obwohl nicht Vegetarierin, hat ein Repertoire fleischloser Rezepte für ihre Gäste. Die Tofusuppe mit »falscher Abalone« (siehe rechts) ist eines davon.

Für 4 Portionen
5 große getrocknete Shiitakepilze
1 kleine Möhre
1 Stange Porree
1/2 l Wasser
1 TL Gemüsebrühe (instant)
20 g Glasnudeln
1 Dose Mock-Abalone (siehe rechts)
1/2 EL Speisestärke
1 EL Wasser
Salz, Pfeffer
1/4 TL Zucker
1 EL Sojasauce

Dauert etwa 20 Minuten

› Pilze in sprudelnd kochendem Salzwasser 15 bis 20 Minuten garen. Abgießen und abtropfen lassen. Die harten Stiele abschneiden, Pilzhüte würfeln. Möhre schälen und in feine Streifen schneiden. Wurzelansatz der Porreestange abschneiden, Stange der Länge nach einschneiden und auseinander biegen. 2 helle Innenblätter herauslösen und schräg in feine Streifen schneiden.

› Wasser mit der Gemüsebrühe zum Kochen bringen. Die Pilzwürfel, die Möhren- und Porreestreifen zugeben und etwa 3 Minuten garen.

› Glasnudeln mit kochendem Wasser übergießen, kurz darin ziehen lassen, abgießen und gut abtropfen lassen. Mit einer Küchenschere zerschneiden.

› Glasnudeln und Mock-Abalone in die Suppe geben und kurz erhitzen. Die Speisestärke mit dem kalten Wasser glatt rühren und untermischen.

› Die Suppe mit Salz, Pfeffer, Zucker und Sojasauce abschmecken und sofort ganz heiß servieren.

Falsche Abalone

»Vegetarian mock abalone« gibt es in Dosen mit Einwaage von 280 Gramm. Die »falsche Meeresschnecke« – das englische »to mock« bedeutet »täuschen« und hat auch Schildkrötensuppe in »Mock-Turtle-Suppe« verwandelt – besteht aus Tofu, Salz, Sojasauce, Zucker und Gewürzen. Marina Tek nimmt dieses vegetarische Fertiggericht nicht nur für Suppen wie hier, sondern auch für viele andere Gerichte, wenn ihre zahlreichen Gäste fleischlos essen wollen.

Wandelbarer Tofu: Als wichtigste Eiweißquelle Asiens ist der Sojabohnenquark Bestandteil verschiedenster Gerichte. Marina Tek nimmt für ihre Suppe ein Fertigprodukt aus Tofu.

Zum vorbereiten

Der Borschtsch von Nora Dubral ist genau richtig fürs »Etappenkochen« vor großen Festessen. Denn er schmeckt besonders gut, wenn Sie ihn schon am Vortag ohne Kartoffeln kochen. Die Kartoffeln werden gewürfelt separat gegart und zwei bis drei Stunden vor dem Essen unter die Suppe gemischt.
Zum Servieren dann alles zusammen erhitzen.

Aus dem deftigen Eintopf macht Nora Dubral eine leichte Suppe: Sie nimmt nur Kartoffeln und Gemüse, kocht es kürzer als das russische Original und würzt auf die feine armenische Art mit vielen Kräutern.

Borschtsch

Boršč

Aus Russland

Für 10–12 Portionen
250 g Zwiebeln
500 g Rote Beten
7 EL Öl
3 1/2 l Wasser
3 EL Gemüsebrühe (instant)
1 TL schwarze Pfefferkörner
15 Lorbeerblätter
Salz
Cayennepfeffer
1 kg Kartoffeln (vorwiegend fest kochende Sorte)
1 kg Weißkohl
500 g Möhren
1 große Dose geschälte Tomaten
1 kleine Dose Tomatenmark
1 großer Bund Petersilie
1 Bund Koriander
1 Bund Bohnenkraut
600 g saure Sahne

Dauert etwa 1 1/2 Stunden

› Die Zwiebeln abziehen und ganz fein hacken, die Roten Beten schälen, waschen und in kleine Würfel schneiden.
› Öl in einem sehr großen Topf erhitzen und die Zwiebeln darin glasig braten. Rote Beten zugeben und kurz mitbraten. Wasser, Brühe, Pfefferkörner und Lorbeerblätter zugeben, mit Salz und Cayennepfeffer würzen. Die Suppe einmal aufkochen und zugedeckt bei mittlerer Hitze 15 Minuten garen.
› Inzwischen Kartoffeln und Möhren schälen, waschen und würfeln. Weißkohl putzen, waschen und in feine Streifen schneiden. Tomaten mit der Flüssigkeit in eine Schüssel geben und mit einem Messer grob zerschneiden.
› Kartoffeln, Möhren, Kohl, Tomaten und Tomatenmark zur Suppe geben. Alles erneut aufkochen und zugedeckt weitere 15 bis 20 Minuten kochen, bis Kartoffeln und Rote Beten gar sind.
› Die Kräuter waschen, fein zerkleinern und untermischen. Borschtsch in vorgewärmte Suppenteller geben und die saure Sahne mit einem Esslöffel auf die Portionen setzen.

Sultan-Suleiman-Suppe

Aus der Türkei

Das Rezept hat Erdogan Yarar aufgeschrieben – als moderne Variante einer Armensuppe aus dem 16. Jahrhundert.

Für 8 Portionen
125 g Herbst- oder Winterspinat
1 kleine Möhre
1 kleine Tomate
1 Zucchini
2 Knoblauchzehen
125 g Butter
1 EL Mehl
800 ml Wasser
250 g rote Linsen
600 ml Gemüsebrühe
2 TL Salz
Schwarzer Pfeffer
1 Bund Petersilie
Dauert etwa 1 Stunde

› Spinat, Möhre, Tomate und Zucchini grob zerkleinern. Knoblauch hacken.
› Die Hälfte der Butter in einem Topf zerlassen. Mehl darin goldgelb rösten. Wasser zugießen, Suppe aufkochen und rühren, bis sie glatt ist. Zugedeckt bei schwacher Hitze 10 Minuten kochen.

Theatralische Roxelane und ihr Sultan in der Vorstellung des 18. Jahrhunderts.

› Den Rest der Butter in einem zweiten Topf erhitzen. Zerkleinertes Gemüse, Knoblauch und Linsen darin andünsten. Brühe zufügen und aufkochen.
› Alles in die Mehlsauce rühren, aufkochen und weitere 30 Minuten garen. Mit Salz und Pfeffer abschmecken. Mit gehackter Petersilie garnieren.

Rumfordsuppe

Aus Deutschland

Wie der Sultan aus der Türkei hat sich ein Graf aus Amerika sozial engagiert: Benjamin Thompson, vom bayerischen Kurfürsten 1791 geadelt, hat diese Suppe für die Armen Münchens erfunden.

Für 4 Portionen
150 g geschälte grüne Trockenerbsen
1 1/4 l Gemüsebrühe
1 kleine grüne Pfefferschote
40 g Graupen
1 kleine Kartoffel (fest kochende Sorte)
1 große Zwiebel
1 Knoblauchzehe
1 Bund Suppengrün
1 EL Öl
1–2 EL Zitronensaft
Salz
2 EL gehackte Petersilie
Dauert etwa 1 Stunde

› Die Erbsen mit der Gemüsebrühe einmal aufkochen und zugedeckt bei schwacher Hitze 30 Minuten garen.
› Pfefferschote in Streifen schneiden, mit den Graupen zu den Erbsen geben, alles aufkochen und 10 Minuten garen. Kartoffelstücke zugeben, erneut aufkochen und noch 15 Minuten garen, bis alle Zutaten gerade eben weich sind.
› Zwiebel, Knoblauch und Suppengrün fein zerkleinern und im heißen Öl 5 Minuten braten. In die Suppe rühren.
› Suppe mit Zitronensaft und Salz würzen und mit Petersilie bestreuen.

Der Prächtige und seine Frau

Sultan Suleiman I. war ein bemerkenswerter Mann. Politisch ebenso klug, doch weit kultivierter als sein Zeitgenosse Heinrich VIII. von England, verdiente sich der osmanische Herrscher zwei schmückende Beinamen: »Der Gesetzgeber« und »Der Prächtige«. Er ließ die türkische Flotte zur stärksten Seemacht im Mittelmeer ausbauen und führte das Osmanenreich zum Höhepunkt seiner Macht. Suleiman hatte auch eine bemerkenswerte Frau, die er offenbar sehr liebte: Roxelane war die erste Sultanin, die rechtlich nicht nur Sklavin des Sultans, sondern seine Ehefrau war. 1530 fand diese außergewöhnliche Hochzeit statt, und laut Johannes Tralow wurde Roxelane der Tradition des byzantinischen Reiches folgend zur Kaiserin erhoben und dem Sultan gleichgestellt. Roxelane stiftete 1538 eine Moschee – die Haseki Camii, heute am westlichen Rand der Istanbuler Altstadt.
Zur Moschee gehören Hospital und Armenküche. »Dort konnten die Bedürftigen schon zu Suleimans Zeit warme Mahlzeiten bekommen«, erzählte mir Erdogan Yarar, »ihm zu Ehren trägt die Suppe diesen Namen.«

»Unsere Potaje de garbanzos ist ein eher karges Essen: für den Winter, die Fastenzeit und den fleischlosen Freitag.«

MARIA DIAZ

Kichererbsensuppe
Potaje de garbanzos

Aus Spanien

Mit Kichererbsen aus der Dose oder dem Glas ist die Suppe ohne viel Aufwand in einer halben Stunde fertig.

Für 8 Portionen
500 g Kichererbsen
2 l Wasser
2 Lorbeerblätter
Salz
450 g tiefgefrorener Blattspinat
1 Ei
1 Zwiebel
2 Knoblauchzehen
100 ml Olivenöl
1 Scheibe Weißbrot
1 EL Paprikapulver
1 Bund Petersilie

Dauert etwa 2 Stunden

Dazu kommt die Zeit (etwa 8 Stunden) fürs Einweichen

› Kichererbsen mit dem lauwarmem Wasser bedecken und etwa 8 Stunden einweichen. Mit dem Einweichwasser, Lorbeerblättern und Salz aufkochen und zugedeckt bei schwacher bis mittlerer Hitze etwa 1 1/4 Stunden kochen, bis die Kichererbsen weich sind.

› Gefrorenen Spinat zugeben, erneut aufkochen und weitere 10 Minuten garen. Ei hart kochen, kalt abschrecken, schälen und grob zerkleinern. Zwiebel und Knoblauchzehen hacken.

› Öl in einer Pfanne erhitzen, Knoblauch und geviertelte Brot darin braun anbraten. Mit dem Ei in einem Mörser zu einer glatten Paste zerreiben. Bei Bedarf noch etwas Wasser zugeben.

› Die Zwiebel in der Pfanne knusprig braun braten, mit Paprika bestreuen und in die Suppe mischen. Knoblauchbrot-Ei-Paste unterrühren. Suppe mit Salz abschmecken und, mit der fein gehackten Petersilie bestreut, servieren.

Bohnensuppe
Fassoladá

Aus Griechenland

Zu Bohnensuppe essen Griechen Weißbrot und ihr vermutlich weltweit bekanntestes Gericht: Bauernsalat mit Feta. Das Rezept von Athanase Mariggis steht am Rand der rechten Seite.

Für 6 Portionen
500 g weiße Bohnen
2 l Wasser
Salz
1 große Zwiebel
2 mittelgroße Tomaten
2 mittelgroße Möhren
1/2 Bund Petersilie
100 ml Olivenöl
Pfeffer

Dauert etwa 2 Stunden

Dazu kommt die Zeit (etwa 8 Stunden) fürs Einweichen

› Die Bohnen im Wasser zugedeckt etwa 8 Stunden einweichen.

› Bohnen mit einer kräftigen Prise Salz einmal aufkochen und zugedeckt bei schwacher Hitze etwa 1 1/2 Stunden garen. Falls die Suppe zu dick wird, etwas Wasser nachgießen.

› Die abgezogene Zwiebel fein hacken. Tomaten abziehen, halbieren und ebenfalls fein zerkleinern. Möhren schälen, waschen und in dünne Scheiben schneiden. Die Petersilie waschen, trockentupfen und fein hacken.

› Das Olivenöl in einer Pfanne erhitzen, die Zwiebel darin bei schwacher Hitze glasig braten. Tomaten, Möhren und Petersilie zugeben und 5 Minuten bei schwacher Hitze dünsten.

› Das Gemüse und das Öl unter die Bohnen rühren, erneut aufkochen und die Suppe noch etwa 10 Minuten garen, bis die Bohnen weich und die Möhren gerade eben bissfest sind. Mit Salz und Pfeffer abschmecken.

Das Kloster Preveli auf Kreta: Stärker als bei uns gehört zum griechischen Ostern noch die ganze Fastenzeit. Man isst streng fleischlos und spart selbst bei Suppen mit Zutaten und Würze.

Der Bauernsalat

1 mittelgroße Zwiebel in feine Ringe, 2 geschälte Minigurken oder 1 Salatgurke in Scheiben und 2 Fleischtomaten in Stücke schneiden. Alle Zutaten mit einer Hand voll schwarzen Oliven in einer Schüssel anrichten. Mit Salz und nach Wunsch auch mit Pfeffer aus der Mühle bestreuen.
150 Gramm griechischen Schafkäse (Feta) würfeln und darüber verteilen. Mit etwa 5 Esslöffeln Olivenöl begießen und noch einmal vorsichtig mischen. Zur Suppe reicht diese Menge für 6, als Hauptgericht mit Brot für 3 Personen.

»Wir Ungarn sind große Suppenesser, und viel wichtiger als die allseits bekannte Gulaschsuppe sind bei uns Suppen mit Gemüse und Obst.«

MARTHA LAVALLÉE

Bohnensuppe
Bableves

Aus Ungarn

Für 6 Portionen

250 g Wachtelbohnen
2 l Wasser
Salz
2 Lorbeerblätter
3 Möhren
2 Petersilienwurzeln
100 g Knollensellerie
1 große Zwiebel
3 Knoblauchzehen
6 EL Sonnenblumenöl
2 TL mildes oder scharfes Paprikapulver
1 Ei
Salz
70 g Mehl
1 Bund Petersilie
100 g saure Sahne
Essig

Dauert etwa 1 3/4 Stunden
Dazu kommt die Zeit (etwa 8 Stunden) fürs Einweichen

› Bohnen mit dem Wasser übergießen und zugedeckt etwa 8 Stunden einweichen. Salz und Lorbeer zugeben, die Bohnen aufkochen und zugedeckt bei schwacher Hitze in etwa 1 1/4 Stunden fast weich kochen.
› Möhren, Petersilienwurzeln, Knollensellerie schälen, waschen und in kleine Stücke schneiden. Abgezogene Zwiebel und Knoblauchzehen hacken.
› Öl erhitzen. Zwiebel und Knoblauch darin bei schwacher Hitze glasig braten. Paprika und zerkleinertes Gemüse zugeben und unter Rühren etwa 3 Minuten schmoren. Zu den Bohnen geben.
› Ei, Salz und Mehl zu einem zähflüssigen Teig wie für Spätzle verrühren. Auf ein kalt abgespültes Holzbrett streichen und mit einem nassen Messer kleine Klößchen in die Suppe schaben.
› Bei mittlerer Hitze etwa 10 Minuten kochen, bis die Bohnen weich und die Klößchen gar sind. Suppe mit Salz und Essig abschmecken, Petersilie hacken und untermischen.
› Saure Sahne in die Suppenteller geben, Suppe darauf verteilen und mit jeweils einem Tropfen Essig würzen.

Kalte Kvas-Suppe
Okroška

Aus Russland

Kalte Suppen mit Kvas, dem »Bier« aus Brot und Hefe, gehören zum russischen Sommer. Okroška von Natalia Schkunajeva ist die fleischlose Variante. Es gibt auch Fleisch- oder Fisch-Okroška.

Für 8 Portionen

4 mittelgroße Kartoffeln (fest kochende Sorte)
2 Eier
100 g tiefgefrorene oder ausgepalte frische Erbsen
2 mittelgroße Salatgurken
10 Radieschen
1 Lauchzwiebel
1 Bund Dill
1 Bund Petersilie
Salz
1 1/2 l Kvas

Dauert etwa 1 1/4 Stunden

› Die Kartoffeln waschen und in wenig Wasser weich garen. Abgießen, kalt abschrecken, schälen und etwas abgekühlt in kleine Würfel schneiden.
› Eier 8 bis 10 Minuten kochen, kalt abschrecken, pellen und hacken. Erbsen in wenig Wasser bissfest garen, abgießen und abkühlen lassen.
› Gurken, Radieschen und die Lauchzwiebel waschen und fein zerkleinern, die Kräuter hacken.
› Alle vorbereiteten Zutaten mischen. Mit Salz würzen, in Suppenteller geben und mit dem kalten Kvas begießen.

Llermi Schröders Kartoffelsuppe wirkt ganz europäisch und ist doch so typisch für Mexiko: mit Kartoffeln, Tomaten und Chilischoten – alles Produkte der Neuen Welt.

Kartoffelsuppe mit Mozzarella

Sopa de papa con requesón

Aus Mexiko

Für 4 Portionen
150 g Zwiebeln
1–2 Knoblauchzehen
6 EL Öl
1 kleine Dose geschälte Tomaten
1 Bund Petersilie
1 TL getrockneter Oregano
4 mittelgroße Kartoffeln (fest kochende Sorte)
1/2–1 grüne Peperoni
3/4 l Wasser
Salz
Schwarzer Pfeffer
1 Kuhmilchmozzarella (125 g)

Dauert etwa 30 Minuten

› Zwiebeln und Knoblauch abziehen und grob hacken. Öl in einem hohen Topf erhitzen. Zwiebeln und Knoblauch darin bei schwacher Hitze glasig dünsten. Die Tomaten mit der Flüssigkeit, die gewaschene, unzerkleinerte Petersilie und den Oregano zugeben und zugedeckt 10 Minuten schmoren.

› Die Kartoffeln schälen, waschen und in 1 Zentimeter große Würfel teilen. Peperoni halbieren, Kerne entfernen, Schote waschen und fein hacken.

› Die Suppe pürieren. Kartoffeln und Wasser zugeben, aufkochen und zugedeckt bei mittlerer Hitze 5 Minuten garen. Peperoni untermischen und noch mal 5 Minuten kochen. Die Suppe von der Kochstelle nehmen und zugedeckt etwa 3 Minuten ziehen lassen.

› Abgetropften Mozzarella ebenfalls in 1 Zentimeter große Würfel schneiden. Nacheinander in die Suppe geben und zum Schluß vorsichtig umrühren.

Schön gewürfelt

Llermi Schröder nimmt für ihre Kartoffelsuppe nur Mozzarella aus Kuhmilch und nicht den weichen, cremigen Büffelmozzarella. Denn der Käse soll sich in der heißen Suppe weder auflösen noch zusammenklumpen. Deshalb muß man die Würfel nacheinander einzeln in die Suppe legen.

Sommer in den Pyrenäen

Für Joëlle Ribas ist Thymian mit schönen Erinnerungen verbunden: »Als Symbol der mediterranen Landschaft hat er mich auf den Spaziergängen meiner Kindheit begleitet: Wir pflückten ihn von den Böschungen am Wegesrand für die Kräutervorräte unserer Küche, sammelten ihn, um damit den Husten zu stillen, die Diele zu parfümieren, Kräutertee für den Großvater zu bereiten. Irgendeine Gelegenheit für die Thymianernte gab es immer zwischen April und September – denn das ist der Zeitraum, in dem der Thymian am meisten aromatische Öle enthält. Ich liebte diese Wanderungen sehr, auf denen wir so vertieft ins Pflücken und Sammeln waren, dass wir oft ganz vergaßen, rechtzeitig umzukehren. Dann mussten wir schnell nach Hause rennen, denn die Mahlzeiten exakt einzuhalten ist heilige Pflicht in Französisch-Katalonien. Und unsere Mutter wartete meist schon auf den Thymian: Die köstliche Suppe kochte sie, wenn sie ein schnelles und doch kräftiges Abendessen für ihre Familie zubereiten wollte.«

Im Süden wächst er wild – Thymianbüsche sind klein und duften so wunderbar, wie man es im Norden niemals erleben kann. Wilder Thymian mit feinem Zitronenduft ist auch in unseren Breiten heimisch.

Thymiansuppe
Soupe au thym

Aus Frankreich

Sie duftet und schmeckt phantastisch – die leichte, sommerliche Suppe. Und doch gelingt sie nur mit wirklich besten Zutaten: ganz frisch gepflücktem Sommerthymian, »pain de ménage«, weißem französischem Landbrot, das man auch bei uns gut bekommt, Olivenöl der ersten Pressung und einem Ei, das ein frei laufendes Huhn drei bis vier Tage zuvor gelegt hat.

Für 4 Portionen
1 l Wasser
1 Bund Thymian
4 große Scheiben Brot
1 frisches Eigelb
3 EL Olivenöl
60 g Emmentaler Käse
Salz
Pfeffer

Dauert etwa 30 Minuten

› Wasser in einem großen Topf zum Kochen bringen und den gewaschenen Thymian zugeben.
› Topf von der Kochstelle nehmen, den Thymian 15 Minuten bei geschlossenem Deckel im Wasser ziehen lassen. Brühe durch ein Sieb gießen und heiß halten. Brotscheiben rösten.
› Für die Mayonnaise das Eigelb in eine Schüssel geben und mit dem Schneebesen verrühren.
› Öl zuerst tropfenweise, dann in dünnem Strahl dazugießen und dabei ständig kräftig rühren.
› Die Mayonnaise mit dem geriebenen Käse mischen. Die Schüssel über ein heißes Wasserbad stellen. Thymiansud nach und nach in kleinen Mengen unter die Mayonnaise rühren. Suppe mit Salz und Pfeffer würzen.
› Die gerösteten Brotscheiben in große Suppentassen legen. Die heiße Suppe darüber gießen und sofort servieren.

Brot nach französischer oder italienischer Art gibt es fast nur in Bäckereien.

Suppe mit Chinakohl
Genetjud Pagadkan

Aus Thailand

In Asienläden können Sie Koriandergrün mit den dünnen, zarten Wurzeln kaufen.

Für 5 Portionen
300 g Chinakohl
2 Korianderwurzeln
2 Frühlingszwiebeln
2 Knoblauchzehen
1 EL Sojaöl
100 g Glasnudeln
1 l Gemüsebrühe (selbst gekocht)
1 1/2 TL Salz
Schwarzer Pfeffer
1 TL Zucker
3 Stängel Koriandergrün

Dauert etwa 20 Minuten

› Chinakohl in fingerbreite Streifen schneiden. Korianderwurzeln waschen und fein zerkleinern. Die Frühlingszwiebeln mit dem zarten Grün in etwa 2 Zentimeter lange Stücke schneiden.

› Knoblauch hacken und im heißen Öl goldbraun braten. Die Glasnudeln mit kochendem Wasser übergießen, kurz ziehen lassen, abgießen, abschrecken und mit der Küchenschere zerkleinern.

› Brühe mit Korianderwurzeln, Salz, Pfeffer und Zucker aufkochen. Chinakohl, Frühlingszwiebeln und Knoblauch zugeben und etwa 2 Minuten bei mittlerer Hitze kochen, bis das Gemüse gerade eben weich ist. Glasnudeln untermischen und erhitzen.

› Die Suppe, mit dem fein geschnittenen Koriandergrün bestreut, servieren.

Radieschenblättersuppe
Soupe aux fanes de radis

Aus Frankreich

Für 4 Portionen
1 Bund Radieschenblätter (siehe rechts)
3 Kartoffeln (mehlige Sorte)
20 g Butter
750 ml Gemüsebrühe
Salz
Weißer Pfeffer
2 EL Crème fraîche
1/2 Hand voll Kerbelblättchen

Dauert etwa 45 Minuten

› Radieschenblätter waschen und abtropfen lassen. Kartoffeln schälen, waschen und würfeln.

› Butter erhitzen, Radieschenblätter darin unter Rühren 2 Minuten dünsten. Brühe und Kartoffeln zugeben, zum Kochen bringen und bei schwacher Hitze etwa 25 Minuten garen, bis die Kartoffeln ganz weich sind.

› Suppe pürieren, mit Crème fraîche verrühren, mit Salz und Pfeffer würzen und unter Rühren noch einmal erhitzen, aber nicht mehr aufkochen.

› In Suppentassen verteilen, mit gehackten Kerbelblättchen bestreuen und sofort servieren.

Radieschenblätter

Junge, dunkelgrüne, saftige Blätter von jungen Radieschen kann man wie Kräuter oder Gemüseblätter für Suppen, Saucen, Omeletts wie Coucou sabzi aus dem Iran (Rezepte auf Seite 203) und Ragouts verwenden. Allerdings müssen die Blätter wirklich frisch sein; sobald sie schlaff und gelb werden, schmecken sie nicht mehr. Zum Aufbewahren wickeln Sie die abgetrennten Blätter in ein feuchtes Küchentuch oder legen den ganzen Bund mit den Radieschenknollen in den Kühlschrank. So halten sich die Blätter etwa einen Tag frisch.

Lauchzwiebeln haben wie Porreestangen keine Knollen. Sie sind das ganze Jahr über auf dem Markt. Frühlingszwiebeln mit flachrunden, bis vier Zentimeter großen, weißen Knollen und dicken Röhren kommen von Mitte Juni bis Mitte August auf den Markt.

Limetten

Die mexikanische Limette, eine kleine Frucht mit grüngelber Schale, schmeckt aromatisch und nicht zu sauer. Wegen der vielen Kerne liefert sie nicht allzu viel Saft, und man verwendet sie oft, in Scheiben oder Stücke geschnitten, zum Abschmecken. Persische oder Tahiti-Limetten sind grasgrün, größer und sehr sauer, weil sie unreif gepflückt werden. Frische Früchte enthalten etwa so viel Saft wie eine kleine Zitrone; sie eignen sich für süße Cremes (Rezept auf Seite 242) und exotische Drinks. Die Schale ist meist unbehandelt. Grundsätzlich ist die Saftmenge bei Limetten eher Glückssache: Selbst Experten aus Limettenländern wie Llermi Schröder, Iris Bichelmaier-Zalszupin und Miguel Angel Servidio, sehen den Früchten nicht an, ob sie frisch und saftig oder schon zu lange gelagert und deshalb trocken sind.
Der Rat von Iris: Lieber eine Frucht mehr und als Reserve noch eine Zitrone kaufen.
Bei Kaffir-Limetten geht es nicht um den Saft, sondern um das Aroma der Blätter (siehe Seite 82) und der dicken Schale.

In die Originalversion der Brühe mit Rohkost – Xochitl ist ein aztekischer Mädchenname – kommen Hühnerstückchen. Doch Llermi Schröder mag lieber die vegetarische Variante, auch mit gebratenen Tortillastreifen.

Gemüsebrühe mit Rohkost
Caldo Xochitl

Aus Mexiko

Für 4 Portionen

Gemüsebrühe
100 g Knollensellerie
200 g Tomaten
2 Zwiebeln
1 Knoblauchzehe
1 Bund Petersilie
6 EL Öl
1 1/4 l Wasser
Salz
Schwarzer Pfeffer
Rohkost
1 Avocado
100 g Radieschen
1 rote Peperoni
1 Bund Schnittlauch
1 mexikanische Limette (ersatzweise 1 kleine Zitrone)

Dauert etwa 45 Minuten

› Den Sellerie schälen und waschen, die Tomaten, Zwiebeln und die Knoblauchzehe abziehen, Petersilie waschen. Alle diese Zutaten grob zerkleinern.

› Das Öl in einem hohen Topf erhitzen und das zerkleinerte Gemüse darin 5 Minuten bei mittlerer Hitze anbraten. 1/2 Liter Wasser zugießen, die Brühe zugedeckt 10 Minuten kochen.

› Gemüse in der Brühe pürieren. Das restliche Wasser dazugießen, die Suppe einmal kräftig aufkochen und mit Salz und Pfeffer würzen.

› Während die Brühe kocht, die Rohkost zubereiten: Avocado halbieren, Kern herauslösen. Die Hälften schälen und würfeln. Radieschen waschen und ebenfalls würfeln. Peperoni waschen, von Scheidewänden und Kernen befreien und in ganz feine Streifen schneiden. Schnittlauch waschen und fein zerkleinern, die Limette vierteln.

› Alle diese Zutaten in einzelnen Schälchen anrichten, so dass sie jeder bei Tisch nach Belieben in die heiße Brühe geben kann.

Dicke Suppe
H'rira

Aus Marokko

Zugegeben – die nordafrikanische Küche ist in diesem Buch nur spärlich vertreten. Denn Fleisch spielt in Marokko, Algerien und Tunesien eine Hauptrolle. Und rein Vegetarisches ist eher für den östlichen Mittelmeerraum typisch. Doch Sonja und Miloud Samouh haben mir geholfen, authentische Gerichte zu finden. Eines davon ist diese kräftige Suppe.

Für 8 Portionen
200 g Kichererbsen
100 g getrocknete dicke Bohnen
2 l Wasser
200 g Linsen
1 große Zwiebel
2 Knoblauchzehen
500 g Tomaten
2 Stangen Sellerie
100 ml Olivenöl
2 EL Tomatenmark
Je 1/2 TL gemahlener schwarzer Pfeffer, Kreuzkümmel- und Gelbwurzpulver
75 g Reis
75 g dünne Nudeln
1 TL Salz
1 frisches Ei
1 Bund Petersilie
2 Stängel Koriandergrün

Dauert etwa 1 1/2 Stunden

Dazu kommt die Zeit (etwa 8 Stunden) fürs Einweichen

› Kichererbsen und dicke Bohnen im Wasser etwa 8 Stunden einweichen. Mit dem Wasser aufkochen und bei schwacher Hitze 30 Minuten garen. Linsen weitere 30 Minuten mitkochen.

› Zwiebel, Knoblauch und Tomaten abziehen und hacken. Sellerie in kleine Stücke schneiden. Zwiebel und Knoblauch im heißen Öl glasig braten.

› Sellerie mit Tomatenmark, Gewürzen und Reis zugeben und etwa 2 Minuten schmoren. Zur Kichererbsenmischung geben, Tomaten untermischen und alles 15 Minuten garen. Die Nudeln zugeben und 5 bis 10 Minuten kochen, bis alle Zutaten gar sind.

› Suppe mit Ei legieren, salzen und, mit zerkleinerter Petersilie und Koriandergrün vermischt, servieren.

Weißkohlsuppe
Krautsuppe

Aus Österreich

Josefine Helm gehört zu den Frauen, die vom Kochen nicht viel Aufhebens machen und höchst erstaunt sind, wenn man ihnen sagt, wie ausgezeichnet ihre Küche ist.

Für 4 Portionen
1 mittelgroße Zwiebel
500 g Weißkohl
2 EL Öl
Salz
Pfeffer
1 TL Kümmelkörner
1/2 l Gemüsebrühe
1 EL Mehl
4 EL Wasser
125 g süße Sahne
2 EL saure Sahne
2 EL Schnittlauchröllchen

Dauert etwa 45 Minuten

› Zwiebel abziehen und hacken. Weißkohl putzen, waschen und fein hobeln.

› Öl erhitzen, die Zwiebel darin glasig braten. Kohl zugeben, mit Salz, Pfeffer und Kümmel würzen. Brühe zugießen, aufkochen und zugedeckt bei mittlerer bis schwacher Hitze 10 Minuten garen.

› Mehl mit Wasser anrühren und in die Suppe mischen. Erneut aufkochen und zugedeckt weitere 5 Minuten kochen.

› Süße und saure Sahne unterrühren, Suppe mit Salz und Pfeffer kräftig würzen und mit Schnittlauch bestreuen.

Kreuzkümmel

Er gehört zur selben Pflanzenfamilie wie Kümmel und Koriander. Während »unser« Kümmel auf Mittel- und Nordeuropa beschränkt blieb, ist Kreuzkümmel gewandert: von seiner Heimat am Mittelmeer nach Asien und später in die Neue Welt.
In Marokko, den arabischen Ländern, Südostasien und Mexiko ist er eines der wichtigsten Gewürze, z. B. als Bestandteil der drei indischen Gewürzmischungen Panch Phoron, Garam masala und Kari. Auch die Küche der Kanaren verwendet ihn, das spanische Festland dagegen nicht.
Kreuzkümmel taucht sogar weiter im Norden auf: Holländer und Dänen würzen eine Käsesorte damit.

Mehr Obst als Gulasch

Ungarn war schon immer ein Agrarland mit ausgedehntem Anbau von Gemüse, Kräutern und Obst. Rinder wurden für den Export gezüchtet: Ein Teil der riesigen Herden, die jahrhundertelang als lebender Fleischvorrat quer durch Europa zogen, stammte aus Ungarn. Obstsuppen gehören für die Ungarn zum ganz normalen Essen – im Stehimbiss, in der Mensa und zu Hause.
Auch Saucen werden mit Obst zubereitet; die Bauern haben sie früher zu Kartoffeln gegessen, heute sind sie eine Beilage zu Fleisch.
In Kochbüchern aus dem 19. Jahrhundert findet man übrigens eine Menge Obstsaucen zu Rinderbraten und Wild. Ich könnte mir vorstellen, dass diese Saucen von Ost nach West gewandert sind: mit den damals in deutschen Bürgerhäusern so begehrten Köchinnen aus der k. k. Monarchie. Erhalten haben sich leider nur Preiselbeeren zu Wild.

Ungarische Bauernhöfe sind von herrlichen alten Obstbäumen umgeben. Zäune kannte man früher nicht.

Apfelsuppe

Gyümölcs Leves

Aus Ungarn

Die ungarische Tiefebene ist sehr fruchtbar – dort wächst eine Menge Gemüse und Obst. Daraus kochen die Ungarn Suppe – kalt im Sommer, schön heiß im Winter. »Obstsuppen, obwohl süß wie Desserts, sind bei uns keine Süßspeisen, sondern Vorsuppen wie Ihre Brühen mit Grießklößchen oder Pfannkuchen«, erklärte mir Martha Lavallée, als sie mich ihre Apfelsuppe kosten ließ.

Für 4 Portionen
500 g säuerliche Äpfel (Boskoop, James Grieve oder gute Granny Smith)
1 1/2–2 l Wasser
100 g Zucker
250 g saure Sahne
1 TL Mehl oder Speisestärke
1 Prise Salz
Zimtpulver nach Geschmack
1 frisches Eigelb
1 unbehandelte Zitrone
Eventuell 1–2 TL Rum

Dauert etwa 45 Minuten

Obstsuppe schmeckt mit allen säuerlichen Früchten – auch mit Sauerkirschen oder Stachelbeeren.

› Äpfel vierteln, schälen, vom Kerngehäuse befreien und zerkleinern. Mit Wasser und Zucker aufkochen und zugedeckt bei mittlerer bis schwacher Hitze in etwa 20 Minuten weich kochen.

› Saure Sahne mit Mehl oder Speisestärke vermischen und zur Suppe geben. Die Suppe unter Rühren noch einmal kurz aufkochen, mit Salz und Zimt abschmecken. Topf von der Kochstelle nehmen, Eigelb mit etwas heißer Suppe verquirlen und in die Suppe rühren. Mit einigen Tropfen Zitronensaft, abgeriebener Zitronenschale und eventuell auch Rum abschmecken.

Ungarische Küche

Zur bäuerlichen Küche Ungarns gehört nur wenig Fleisch. Dafür umso mehr Gemüse und Obst, Brot und Nudeln, Kartoffeln und Reis.

Toasten ohne Technik

Als es noch keinen Toaster gab, wurden die Brotscheiben auf lange Gabeln gesteckt und über der Herdglut »gedörret«, wie es in einem alten bayerischen Kochbuch heißt.

Kartoffelsuppe

Aus Deutschland

Kartoffelsuppe gilt als typisch deutsch, und nach einer Umfrage gehört sie tatsächlich zu den beliebtesten Suppen – entweder dick mit Gemüse und Fleisch zum Sattessen oder leicht mit Sahne und Kräutern. Bis vor etwa 50 Jahren haben Oberpfälzer Bauern Kartoffelsuppe sogar zum Frühstück gegessen: Kartoffelwürfel wurden in Fett geröstet, mit Schwarzbrot dick eingekocht und zerdrückt.

Für 4–5 Portionen
2 mittelgroße Kartoffeln (mehlige Sorte)
1 Knollensellerie (etwa 100 g)
1 dünne Stange Porree
1 l Gemüsebrühe (instant)
1 große Zwiebel
1 EL Butterschmalz
2 dünne Scheiben dunkles Roggenbrot
1 EL Zitronensaft
1 EL saure Sahne
Salz
Schwarzer Pfeffer

Dauert etwa 40 Minuten

› Kartoffeln und den Knollensellerie schälen, waschen und in kleine Würfel schneiden. Geputzten Porree fein zerkleinern. Alles mit der Gemüserühe aufkochen und zugedeckt bei schwacher Hitze etwa 20 Minuten garen, bis Kartoffeln und Gemüse weich sind.

› Zwiebel abziehen und in feine Ringe schneiden. Im heißen Butterschmalz bei schwacher Hitze weich und goldgelb braten. Brot braun toasten, halbieren und in 4 Suppenteller legen.

› Die Suppe mit dem Schneidestab des Handrührers oder im Blitzhacker pürieren. Zitronensaft und saure Sahne darunter mischen und noch einmal erhitzen, aber nicht mehr aufkochen. Mit Salz und Pfeffer abschmecken und über das Brot gießen. Gebratene Zwiebelringe auf der Suppe verteilen.

Kartoffel-Pilz-Suppe

Spisská polievka s hubami

Aus der Slowakei

Die Suppe von Renata Sako-Hoess stammt aus dem Kochbuch ihrer Großmutter. »Wir essen in der Slowakei häufig süße Mehlspeisen als Hauptgericht. Aber die machen nicht so richtig satt, und deshalb gab es bei uns zu Hause vorweg eine Suppe. Diese hier mit Kartoffeln und Pilzen mochte ich immer am liebsten. Heute streue ich zum Schluß noch fein gehackte Kräuter darüber.«

Für 4 Portionen
500 g Kartoffeln (fest kochende Sorte)
100 g frische Mischpilze (ersatzweise Champignons)
30 g Butter oder Margarine
50 g Mehl
1 l Wasser
200 ml Milch
2 Lorbeerblätter
Salz
Schwarzer Pfeffer
1–2 EL Essig

Dauert etwa 45 Minuten

› Die Kartoffeln schälen, waschen und würfeln. Die Pilze putzen und in feine Scheiben schneiden.

› Die Butter in einem Topf schmelzen und das Mehl bei schwacher Hitze unter Rühren darin goldgelb rösten. Das Wasser zugießen und weiter rühren, bis die Suppe glatt ist. Einmal aufkochen und zugedeckt bei schwacher Hitze etwa 5 Minuten kochen.

› Die Milch unterrühren. Kartoffeln, Pilze und Lorbeerblätter zugeben. Erneut aufkochen und zugedeckt bei schwacher Hitze etwa 10 Minuten kochen, bis die Kartoffeln weich sind. Suppe mit Salz, einer kräftigen Prise Pfeffer und dem Essig abschmecken.

Die Würzpaste aus Knoblauch, Kümmel, Safran und Pfeffer ist das Besondere an dieser kanarischen Suppe, die Sie nur abseits der großen Touristenzentren kosten können.

Petersiliensuppe

Von den Kanarischen Inseln

Für 4 Portionen
1 Zwiebel
1 Tomate
1 grüne Paprikaschote
500 g Kartoffeln
1 1/2 Bund Petersilie
4 EL Olivenöl
1 l Wasser
3 Knoblauchzehen
1/2 TL Kümmelkörner
1 Prise Safran
5 schwarze Pfefferkörner
1 Prise Cayennepfeffer
50 g Mandeln
Salz
Dauert etwa 1 Stunde
Arbeiten müssen Sie etwa 35 Minuten

› Zwiebel und Tomate abziehen. Paprikaschote putzen, Kartoffeln schälen und waschen. Alles fein zerkleinern und im heißen Öl bei schwacher Hitze braten, bis die Zwiebel glasig ist.

› Gewaschene, unzerkleinerte Petersilie, Wasser und Salz zugeben, aufkochen und zugedeckt bei schwacher bis mittlerer Hitze etwa 25 Minuten garen.

› Knoblauch abziehen, hacken und in einem Mörser mit Kümmel, Safran, Pfefferkörnern und Cayennepfeffer zu einer Paste zerreiben. Mandeln ohne Fett goldgelb rösten. Suppe pürieren, mit Gewürzpaste mischen und mit Mandeln bestreut servieren.

Auf den Kanaren wird – anders als auf dem spanischen Festland – sehr viel mit Kümmel gekocht. Safran und Mandeln wiederum erinnern an die maurische Vergangenheit Spaniens.

Beste Qualität

Safran wird in Frankreich, den Mittelmeerländern, im Iran, in Indien, Pakistan, China und Japan angebaut. Selbst England und die Schweiz kultivieren die kostbaren Pflänzchen. Hauptanbauland ist Spanien mit 90 Prozent der Weltproduktion. Elagierter Safran besteht nur aus Narben, ist intensiv dunkelrot. Natureller Safran enthält auch Griffel und andere Blütenbestandteile. Als beste Qualität gelten der spanische »Coupé« (ganz ohne Griffel) und »Mancha« (mit bis zu fünf Prozent Griffel und Blütenresten).

Zum Sattessen

Gemüsesuppen mit Brot machen satt. Deshalb gehören sie in allen Ländern Europas zur einfachen bäuerlichen Küche. Kartoffelsuppe dagegen findet man eher in der bürgerlichen Küche. In Asien hat die Funktion eines Sattmachers natürlich Reis, allerdings nicht schlanker Langkorn- oder kräftiger Rundkornreis, sondern Klebreis: In Thailand z. B. ist Klebreis auf den kargeren Norden beschränkt.

Brot und Tomaten – typische Zutaten mediterraner Kochkunst.

Tomatensuppe

Aus Ibiza

Das Rezept habe ich bei meinem einzigen Besuch auf Ibiza vor Jahren aus einer Zeitschrift abgeschrieben. Mein Spanisch ist nur rudimentär, und ich bitte die unbekannte Autorin oder den Autor um Nachsicht, wenn sich ein Fehler eingeschlichen hat, die Suppe nicht aus Ibiza stammt. Und natürlich bitte ich wegen des Plagiats um Verzeihung. Es muß sein, denn diese Suppe sollte wirklich jeder kennen.

Für 5 Portionen
1 1/2 kg reife Tomaten
1 Zwiebel
2 Knoblauchzehen
6 EL Olivenöl
1/8 l Wasser
Salz, Pfeffer
1 Prise Zucker
5 dünne Scheiben weißes Landbrot
Dauert etwa 1 1/2 Stunden
Arbeiten müssen Sie etwa 30 Minuten

› Die Tomaten waschen und grob zerschneiden. Zwiebel und Knoblauchzehen abziehen und fein hacken.

› 2 Esslöffel Öl in einem Topf erhitzen. Zwiebel und Knoblauch darin bei mittlerer Hitze unter Rühren hellbraun anbraten. Die Tomaten zugeben und etwa 5 Minuten schmoren.

› Wasser, Salz, Pfeffer und Zucker zugeben. Tomaten zugedeckt bei mittlerer bis schwacher Hitze 1 Stunde garen, bis sie ganz weich sind.

› Inzwischen Brot im restlichen Öl bei mittlerer bis schwacher Hitze auf beiden Seiten knusprig braten.

› Die Tomaten durch ein Sieb drücken, wieder in den Topf geben, kräftig aufkochen und noch einmal mit Salz und Pfeffer abschmecken.

› Das Brot auf die Suppe legen. Alles zugedeckt bei schwächster Hitze etwa 10 Minuten ziehen lassen.

Tip: Nehmen Sie lockeres französisches oder italienisches Landbrot. Am besten schmeckt Brot mit sehr wenig Salz.

Gemüsesuppe
Soupe aux legumes

Aus Frankreich

Lyne Manuel bereitet diese Suppe auch als Creme zu – mit mehligen Kartoffeln und ganz weich gekochtem Gemüse.

Für 4 Portionen
4 große Möhren
4 große Kartoffeln (fest kochende Sorte)
1 Stange Porree
1 große Zwiebel
1 1/2 l Wasser oder Gemüsebrühe
Salz
2 EL gehackte Petersilie zum Bestreuen
Dauert etwa 45 Minuten

› Die Möhren und Kartoffeln schälen, waschen und in kleine Würfel teilen. Porree längs halbieren, waschen und in dünne Scheiben schneiden.

› Wasser oder Brühe aufkochen, Salz und Gemüse zugeben, aufkochen und zugedeckt bei mittlerer Hitze in etwa 15 Minuten gerade eben bissfest garen.

› Die Suppe in vorgewärmte Teller geben und mit der Petersilie bestreuen.

Bei diesem Anblick wundert man sich, dass manche glauben, vegetarisch zu essen sei langweilig.

Gurkensuppe
Soupe de concombre

Aus Frankreich

Die kalte Sommersuppe hat Joëlle Ribas aus ihrer Heimat, den Pyrenäen, mitgebracht: »Bei uns baut man diese Suppen – eine übrigens origineller als die andere – häufig ins Menü ein. Das mag mit dem Einfluss der Gazpacho unserer spanischen Nachbarn zusammenhängen. Doch gewiss ist die Vorliebe für kalte Gemüsesuppen mit dem heißen mediterranen Sommer zu erklären: Man hat nicht viel Appetit, nur Durst und braucht reichlich Flüssigkeit.«

Für 4–5 Portionen
1 Zwiebel
1/2 Salatgurke
1 EL Öl
600 g Joghurt
400 ml Gemüsebrühe
1 unbehandelte Zitrone
2 EL gehackte Minze
Salz
Schwarzer Pfeffer
Minzeblätter zum Garnieren
Dauert etwa 45 Minuten
Dazu kommt die Zeit (2 Stunden) fürs Kühlen

› Die Zwiebel abziehen und ganz fein hacken, Gurke schälen, halbieren und die Kerne entfernen. Gurkenhälften in dünne Scheiben schneiden.

› Öl in einem Topf erhitzen und die Zwiebel darin glasig braten. Gurke dazugeben und bei schwacher Hitze etwa 5 Minuten dünsten. In eine große Schüssel geben und abkühlen lassen.

› Den Joghurt, die Gemüsebrühe, die abgeriebene Zitronenschale, den ausgepressten Zitronensaft und die gehackte Minze mit den Gurkenscheiben mischen, mit Salz und Pfeffer würzen und 2 Stunden zugedeckt kühlen.

› Auf Suppentellern verteilen und, mit den Minzeblättern garniert, servieren.

Das kühle Sommerkraut

Grüne Minze, ein süßes, erfrischendes Kraut, ist aus wilder rundblättriger Minze und Pferdeminze entstanden. Ähnlich wie beim Basilikum, das zur selben Familie gehört, gibt es auch bei der Minze Unterschiede: Apfel- und Ananasminze schmecken besonders mild, Limonenminze nach Zitrone, Edelminze leicht nach Parfüm. Ohne Menthol sind Ingwer- und Orangenminze.

BROTE

Fladenbrotbäckerei in einem irakischen Basar.

Brot, Baguette, Fladen

Eines der ältesten Lebensmittel

Ob Fladen, dunkler Laib oder knuspriges Teilchen – kaum ein Land der Erde kommt ohne Brot aus. Entsprechend vielfältig sind die Formen, die Zutaten und die Geschichten zum Thema »Brot«.

Statistisch gesehen isst jeder Deutsche pro Tag ein Brötchen und vier Scheiben Brot – für ein Brotland wie die Bundesrepublik keine erstaunliche Sache. Doch es hat mich verblüfft, dass Brot in fast allen Ländern der Erde zur kulinarischen Tradition gehört. In China gibt es einen Namen für die Grundnahrungsmittel: »fan«. So nennt man Reis, Hirse, Nudeln und eben auch Brot.

Der englische Pirat William Dampier, der Profitdenken mit wissenschaftlicher Neugier verband, berichtete im 17. Jahrhundert von einem Brot aus Sago, das die Bewohner Mindanaos, der größten philippinischen Insel, backten. Aus der gefällten Sagopalme nahm man das Mark, stampfte es in einem Mörser, weichte es in Wasser auf und seihte es durch ein Tuch in ein Gefäß. Im Tuch blieben alle Fasern der Palme zurück, im Gefäß setzte sich die Stärke ab – genau wie man es bei der Flüssigkeit aus roh geriebenen Kartoffeln beobachten kann. Das Wasser über der Stärke gossen die Einheimischen ab und formten aus der Stärke eine Art Kuchen, »der, wenn er gebacken ist, ein gutes Brot abgibt, dessen sich die Einwohner auf Mindanao drei oder vier Monate des Jahres bedienen«; so erzählte Dampier.

Der deutsche Brotkorb hat eine Vielfalt an unterschiedlichen Sorten.

Aus der Türkei des 20. Jahrhunderts stammt ein Brot, dessen Zubereitung mir Erdogan Yarar so geschildert hat: »Man buddelt eine Grube, macht Feuer darin und stellt einen Tontopf hinein. Sobald der Topf heiß ist, kleidet man ihn mit Vollkorn-Brotteig aus. Dann schließt man Topf und Grube, bis das Brot in der Hitze fertig gebacken ist.« Erdogan warnte ausdrücklich davor, im eigenen Garten statt des Grillfestes ein Brotbackfest zu veranstalten: »Es ist eine gefährliche Sache, und ich weiß von Unfällen in unserer Nachbarschaft.«

Brot ist eines der ältesten Lebensmittel: Wann und wo die Menschen sesshaft wurden und sich mit dem Ackerbau statt der Jagd die tägliche Nahrung besorgten, weiß man nicht genau. Getreide hat man zuerst als Brei, dann als harten Fladen und schließlich als weiches Brot gegessen – mit Sicherheit bereits vor knapp 5000 Jahren, wie Gräberfunde in Ägypten belegen. Brot begegnet uns in Mythen, Märchen und Geschichten: Es kommt in einer Fassung des Gilgamesch-Epos vor, das vor etwa 4000 Jahren in Babylonien gedichtet worden ist. Gilgamesch, mythischer und historischer Herrscher, war so stolz und

Im französischen Roussilion werden Baguettes nach wie vor von Hand hergestellt.

machtbesessen, dass die Götter Engidu schufen, ein Wesen, ebenso stark wie der König. Doch Engidu lebte mit den Tieren in der Wildnis. Da nahm sich eine Hure seiner an, gab ihm auch Brot und Wein mit den Worten: »Iss das Brot, Engidu, es gehört zum Leben.« Und Engidu, nunmehr gezähmt, konnte der Gefährte, Diener und schließlich der Freund von Gilgamesch werden.

Brot begegnet uns in der Bibel, als Jahwe den Juden befiehlt, beim Auszug aus Ägypten nur ungesäuerte Brote mitzunehmen (siehe Seite 60). Es spielte bei der Errichtung und Erhaltung von Weltreichen eine Rolle: Römische Legionäre bekamen nicht etwa (getrocknetes) Fleisch als Verpflegung; sie erhielten pro Tag eine bestimmte Menge Brotgetreide. Weißes Brot hatte jahrhundertelang eine ähnliche Funktion wie heute Trüffelscheibchen, Kaviarkörnchen und Gänsestopfleber. Es wies die Reichen und die Möchtegerne aus, war – genau wie weißer, polierter Reis in Asien – wichtiges Statussymbol. Alle, die es sich leisten konnten, aßen weißes Brot und ließen den anderen das – nahrhafte – dunkle aus dem vollen Korn.

Erntemahl in Bergell in der Südschweiz: Bäuerinnen stärken sich nach der schweren Arbeit mit selbst gebackenem Brot, Wein und Käse.

Sein tägliches Brot ist für den Menschen so wichtig, dass sich zu Notzeiten die Bäcker mit Stöcken der Hungernden erwehren mussten. Mit Getreide und Brot konnte man das Volk gängeln. Brot und Spiele, panem et circenses, richtig zu verteilen war anerkanntes Mittel römischer Innenpolitik. Die erste Szene von Shakespeares Drama »Coriolan« zeigt eine Menge aufgebrachter, von Hunger gequälter Plebejer, die mit einer klugen Geschichte und einigen Scheffel Getreide beschwichtigt werden. Shakespeare erzählt hier nicht allein Plutarchs Historie nach; er spricht auch von seiner Zeit. Mit Brot konnte man nämlich höchst lukrative Geschäfte machen: Getreidepreise wurden künstlich hochgetrieben, indem man die Vorräte kurz vor der Ernte zurückhielt. Brotberufe waren jahrhundertelang ein besonders einträgliches Handwerk: Die Müllerei warf am meisten ab – und das bis vor ein paar Jahrzehnten. Die Zahl der Mühlen war begrenzt, solange man Wind oder Wasser als Antrieb für das Mühlrad brauchte. Außerdem gehörten Mühlen zu den technisch besonders aufwändigen und damit teuren Einrichtungen, die viele Jahrhunderte lang nur von reichen Grundherren unterhalten werden konnten. Müller hatten also eine Monopolstellung. Die Bäckerei als Gewerbe – nicht als Arbeit in Haus und Hof – gibt es etwa seit 4000 Jahren, und sie ist älter als die Müllerei. Im Ägypten der Antike erledigten die Bäcker auch das Mahlen des Getreides und wurden entsprechend reich. Damals wurde auch der Sauerteig entdeckt oder erfunden. Im alten Rom galten die Bäcker als Künstler, die ihr Warenangebot ganz auf die Bedürfnisse ihrer reichen und anspruchsvollen Kunden abstimmten.

Pizzageschichte

Die Pizza ist so wenig in Neapel erfunden worden wie Nudeln in China. Beim täglichen Essen ist es müßig, den Ursprung zu suchen. Und die meisten Gerichte, die uns heute als Spezialitäten gelten, waren einst nur Alltagskost: Dampfnudeln haben die bayerischen Bauern gegessen, Kaiserschmarren die Hirten auf österreichischen Almen, Paella die spanischen Fischer und Maistortillas die einfachen Leute in Mexiko. Dünnen Teig mit Gemüse und viel Würze zu belegen scheint typisch fürs nördliche Mittelmeer zu sein: Neapels Pizza mit Tomaten und Käsescheibchen korrespondiert aufgrund des Teigs mit der römischen Variante: Zwiebeln und Öl auf Hefeteig. Ein ähnlicher Belag, erweitert durch Oliven und Anschovis, begegnet uns auf der Pissaladière der Provence. Und die sizilianische Calzone (Rezept auf Seite 116) erinnert an Strudel, den lange vor den Österreichern die Türken gegessen haben: Einfache Teig- oder Brottaschen kamen vermutlich durch die arabische Küche nach Sizilien und ins osmanische Reich, waren einerseits praktisches Fastfood, das man gut in kurzen Arbeitspausen essen konnte. Andererseits entstand daraus die Leckerei für die Reichen und Satten: hauchdünner Teig, gefüllt mit fetten Nüssen und süßen Rosinen.

Pizza at its best: Da müssen Sie sich selbst in die Küche stellen, denn so eine Pizza kriegen Sie sonst nie!

Die Pizza
La Pizza

Aus Sizilien

Maria Fecondo backt die beste Pizza, die ich je gegessen habe. Deshalb soll dieser zarteste und knusprigste aller Pizzateige mit dem saftigsten und würzigsten aller Beläge hier einfach »Die Pizza« heißen.

Für 20 Stücke
Teig
1 kg Mehl
1 Päckchen Trockenhefe
1–2 TL Salz
1 TL Sodapulver
1 Ei
3/8 l lauwarmes Wasser
Saft von 1/2 Zitrone
100 g weiche Butter
Belag
2 mittelgroße Zwiebeln
3 Knoblauchzehen
Salz
750 g Tomaten
2–3 EL Olivenöl
Pfeffer
750 frische Champignons
1 Glas eingelegte grüne Pfefferschoten
1/2 Glas Kapern
1 mittelgroßes Glas schwarze Oliven
500 g Mozzarella
2 TL Oregano
Außerdem
Fett für die Backbleche
Mehl zum Ausrollen
Dauert etwa 3 1/2 Stunden
Arbeiten müssen Sie etwa 1 1/2 Stunden

› Für den Teig das Mehl mit Hefe, Salz und Sodapulver mischen. Ei, Wasser, Zitronensaft und Butter zugeben und alles zu einem glatten Teig verarbeiten.
› Teig zugedeckt an einem warmen Ort ungefähr 1 Stunde ruhen lassen, bis sich sein Volumen verdoppelt hat.
› Für den Belag Zwiebeln fein hacken, Knoblauch mit Salz zerdrücken. Die Tomaten abziehen und klein würfeln.

› Das Olivenöl erhitzen. Zwiebeln und Knoblauch darin bei schwacher Hitze glasig braten. Tomaten zugeben und bei mittlerer Hitze unter Rühren schmoren, bis die Flüssigkeit verdampft ist. Tomaten mit Salz und Pfeffer abschmecken und abkühlen lassen.
› Die Champignons putzen und in feine Scheiben schneiden. Pfefferschoten, Kapern und Oliven abtropfen lassen. Mozzarella in kleine Würfel teilen.
› Den Teig auf einer bemehlten Arbeitsfläche noch einmal kräftig durchkneten und in 2 gleich große Portionen teilen. Auf 2 gefettete Backbleche legen, dünn mit Mehl bestreuen und etwa 1 Zentimeter dick ausrollen.
› Tomatenmischung auf den Teig streichen. Champignons, Pfefferschoten, Kapern, Oliven und Mozzarellawürfel gleichmäßig darauf verteilen. Mit Salz und Pfeffer würzen und mit Oregano bestreuen. Bei Zimmertemperatur weitere 15 Minuten gehen lassen.
› Die Pizza auf dem ersten Blech in den kalten Backofen (mittlere Schiene) schieben und bei 200 °C (Umluft, 180 °C; Gas, Stufe 3) etwa 1 Stunde backen. Die zweite Pizza braucht im heißen Backofen nur etwa 50 Minuten.

Tomatenernte bei Neapel: Die vollreifen Früchte werden zu Konserven verarbeitet.

Frittiertes Fladenbrot

Puri

Aus Indien

Die aufgeplusterten Fladenbrote essen Inder zu so vielen Gelegenheiten wie wir Brot: Ramola Parbhoo empfiehlt sie als Snack mit Kartoffel-Auberginen-Curry (Rezept auf Seite 144), wie Reis als Beilage zu Gemüsecurry, zum Frühstück oder Nachmittagstee mit Konfitüre.

Für 10 Portionen
300 g Mehl
1 TL Salz
4 EL geschmolzenes Ghee oder Butterschmalz
125 ml heißes Wasser
Mehl zum Kneten und Ausrollen
750 ml Öl zum Frittieren
Dauert etwa 1 Stunde

› Mehl, Salz und Ghee in eine Schüssel geben und mit den Händen zu einer krümeligen Masse vermischen. Nach und nach das Wasser zugeben und alles zu einem festen Teig verarbeiten. Auf der bemehlten Arbeitsfläche so lange kneten, bis der Teig elastisch ist.
› Den Teig in 10 Stücke teilen und mit bemehlten Händen kleine abgeflachte Kugeln formen. Teigkugeln zu dünnen runden Fladen von etwa 10 Zentimeter Durchmesser ausrollen.
› Das Öl in einem hohen Topf oder einer Fritteuse erhitzen. Die Fladen einzeln darin etwa 1 Minute pro Seite ausbacken, bis sie anfangen, sich stark aufzuplustern. Dabei mit einem Schaumlöffel ins heiße Fett drücken, damit sie gleichmäßig aufgehen.
› Auf Küchenpapier gut abtropfen lassen und warm oder kalt servieren.

Tip: Puris bleiben sogar kalt stundenlang wie ein Ballon aufgeplustert. Zum Wärmen schiebt man sie bei 180 °C (Umluft, 160 °C; Gas, Stufe 3) in den Backofen.

»Puris sind köstliche indische Brote – ganz ohne Treibmittel wie Hefe oder Backpulver. Trotzdem gehen sie im heißen Fett auf wie ein Ball.«

RAMOLA PARBHOO

Toms Kartoffeln

Von Bataten habe ich zum ersten Mal in meiner Kindheit gehört – vermutlich bei meiner Lektüre von »Tom Sawyer und Huckleberry Finn«.
Mark Twains Schelme lagen mir viel mehr als Harriet Beecher Stowes trauriger Onkel Tom. Noch heute verbinde ich Süßkartoffeln mit dem tiefen Süden der USA. Dabei stammen sie aus Mittel- und Südamerika, werden in allen warmen Ländern angebaut und gegessen – von Südafrika bis Peru, von Indonesien bis zu den Philippinen.
Anhand der Namen für die Pflanze kann man vermutlich die Wanderwege der Süßkartoffel nachzeichnen und ihre frühen Exporteure identifizieren: Als Bataten wurden sie von den Portugiesen aus Brasilien nach Afrika, Vorderindien und Indonesien gebracht. Als Camoten haben die Spanier sie aus Mexiko auf ihre Kolonie im Pazifik, die Philippinen, exportiert. Das Brot von Carmen Ramirez-Königsbauer, Pan de camote, erinnert noch an den alten spanischen Namen.
Es könnte übrigens sein, dass Süßkartoffeln bereits lange vor den Europäern nach Hawaii, Neuseeland und auf die Osterinseln gelangten: durch die Polynesier, geschickte Navigatoren, die in ihren hochseetauglichen Katamaranen die Küste Südamerikas erreichten. Denn das dritte Wort für Süßkartoffel, Kumara, gab es in Polynesien schon vor Ankunft der Europäer.

Brot mit Süßkartoffeln
Pan de camote

Aus Peru

Für 30 Stück
500 g Süßkartoffeln
1 EL Trockenhefe
4 EL brauner Zucker
1/4 l lauwarmes Wasser
1 kg Mehl
2 TL Backpulver
100 g Butter
1/8 l Milch
2 Eier
1 TL Salz
Mehl zum Kneten
1 Eigelb und 2 EL Milch zum Bestreichen

Dauert etwa 2 1/2 Stunden
Arbeiten müssen Sie etwa 1 Stunde

› Süßkartoffeln wie Pellkartoffeln in etwa 25 Minuten weich kochen. Abgießen, abschrecken, schälen, zu Püree zerdrücken und abkühlen lassen.
› Hefe, 1 Teelöffel Zucker und Wasser mischen und 10 Minuten ruhen lassen.
› Mehl, Backpulver und Hefe mischen und etwa 5 Minuten rühren, bis sich Blasen bilden. Zugedeckt 10 Minuten ruhen lassen. Butter schmelzen.
› Milch, Butter, Eier, Kartoffelpüree, restlichen Zucker und Salz zum Teig geben. Teig mit den Händen kneten, bis er geschmeidig ist; dabei eventuell noch Mehl zugeben. 1 Stunde ruhen lassen, bis das Volumen etwa verdoppelt ist.
› Mit einem Esslöffel zu 30 Portionen abstechen, auf Mehl zu Kugeln rollen, flach drücken und auf gefettete Backbleche legen. Eigelb und Milch verrühren, Brote damit bestreichen.
› Das erste Blech in den kalten Backofen schieben. Die Brote bei 180 °C (Umluft, 160 °C; Gas, Stufe 3) in etwa 40 Minuten goldgelb backen. Brote auf dem jeweils folgenden Blech brauchen etwa 30 Minuten. Warm oder gerade eben abgekühlt servieren.

Kartoffelbrot
Pão de Batata

Aus Brasilien

Dieses Kartoffelbrot, so hat mir Arnoldo da Silva-Pereira erzählt, ist typisches Gebäck zu den Festen der Heiligen Pedro, Antonio und Joao, die im Juni und Juli gefeiert werden. »Es geht zu wie bei einem kleinen Karneval: Abends zündet man riesige Scheiterhaufen an. Um das Feuer tanzen Quadrilhas, die für die perfekte Synchronisation ihrer Bewegungen oft monatelang geübt haben. Die beste und bunteste der Gruppen wird prämiert.«

Für 16 Stücke
550 g Kartoffeln (mehlige Sorte)
30 g frische Hefe
600 ml lauwarme Milch und Wasser (gemischt)
1 kg Mehl
2 TL Salz
Fett für die Form

Dauert etwa 1 1/4 Stunden
Dazu kommt die Zeit (2 3/4 Stunden) fürs Ruhen
Arbeiten müssen Sie etwa 30 Minuten

› Kartoffeln ungeschält weich kochen, abgießen, schälen und fein zerdrücken.
› Hefe in 6 Esslöffel der Milch-Wasser-Mischung unter Rühren auflösen und zugedeckt 15 Minuten ruhen lassen.
› Mehl, Salz und Kartoffelpüree mit den Händen vermischen. Hefe und die restliche Flüssigkeit zugeben. Alles zu einem glatten Teig verkneten und zugedeckt etwa 2 Stunden gehen lassen, bis sich das Teigvolumen verdoppelt hat.
› Teig nochmals leicht kneten und, mit einem feuchten Tuch bedeckt, weitere 30 Minuten gehen lassen.
› Brotteig in eine gefettete Kastenform füllen, in den kalten Backofen (mittlere Schiene) stellen und bei 220 °C (Umluft, 200 °C; Gas, Stufe 4) etwa 45 Minuten backen, bis das Brot eine hellbraune Kruste hat.

Im Hochland von Peru: Von der großartigen Kultur der Inkas sind nur noch ganz wenige Spuren vorhanden. Wichtige Nahrungsmittel leben in der europäischen Küche weiter.

Kartoffel

Kartoffelbrot ist für Europäer ziemlich fremd. Und Marmelade aus Kartoffeln, wie man sie in Peru kennt, kann man hier nicht mal nachkochen, denn die spezielle, längliche rosa Knolle gibt es auf unseren Märkten nicht zu kaufen.

Roquefort, Dali und New York

Joëlle Ribas hat mir die Geschichte von Frankreichs berühmtestem Käse erzählt: »Plinius der Ältere erwähnt den Roquefort bereits, und Karl der Große hatte ihn sogar zu seinem Lieblingskäse ernannt. Es war jedoch Karl VI., der im April 1411 den Einwohnern von Roquefort-sur-Soulzon das ›Monopol zur Veredelung‹ dieses Käses gewährte. Das Gesetz vom 26. Juli 1926 hat diese Charta König Karls nur weiter präzisiert. Roquefort als Warenzeichen auf dem internationalen Markt geht zurück auf die Konvention von Stresa am 1. Juni 1951«. Doch seine wirkliche Berühmtheit verdankt Roquefort dem katalanischen Maler Salvatore Dalí.
Als Dalí zum ersten Mal die USA besuchte, fragten ihn Journalisten nach dem Eindruck, den New York auf ihn gemacht habe. Und Dalí soll geantwortet haben: »New York ist ein gotischer Roquefort!«

Kann ein Gericht rustikal und elegant zugleich sein? Dieser Kuchen von Joëlle Ribas ist es: Ganz handfeste Käsesorten geben einem edlen Gebäck mit zartem Teig die Würze.

Roquefortkuchen

Tarte au Roquefort

Aus Frankreich

Für 6–8 Portionen
250 g Mehl
125 g Butter
2 EL kaltes Wasser
Salz
80 g Roquefort (regelmäßig grün gesprenkelt)
120 g Emmentaler
3 Eier
250 g Crème fraîche
250 ml Milch
Weißer Pfeffer
Fett und Mehl für die Form
Dauert etwa 2 Stunden
Arbeiten müssen Sie etwa 1 Stunde

› Für den Mürbeteig Mehl, Butter, Wasser und Salz verkneten, zu einer Kugel formen und 30 Minuten kühlen.

› Für den Belag den Roquefort mit einer Gabel ganz fein zerdrücken. Den Emmentaler fein reiben. Eier schaumig schlagen, mit Crème fraîche und Milch verrühren. Roquefort und Emmentaler untermischen. Mit wenig Salz und mit Pfeffer abschmecken.

› Eine Springform (Durchmesser: 28 bis 30 Zentimeter) mit weichem Fett ausstreichen, mit etwas Mehl ausstreuen und mit dem Teig auslegen. Dafür zuerst mit dem Handballen, dann mit den Fingerspitzen die Teigkugel in der Form auseinander drücken. Zuletzt mit dem Daumen rundherum einen 3 Zentimeter hohen Rand drücken.

› Die Roquefortmischung gleichmäßig auf dem Teigboden verteilen. Kuchen in den kalten Backofen (mittlere Schiene) schieben und bei 200 °C (Umluft, 180 °C; Gas, Stufe 3) etwa 35 Minuten backen. Die Oberfläche mit einem Stück Alufolie abdecken, sobald sich der Kuchen goldgelb färbt.

Gebratene Brötchen

Aus Taiwan

Die Brötchen schmecken am besten, wenn Sie den Teig kräftig kneten. »Insgesamt etwa 300-mal«, rät Tutty Wilpernig, die das Rezept aus Taiwan mitgebracht hat. Man isst sie als Vorspeise oder zum Tee – möglichst heiß und ganz frisch aus dem Bambuskorb. Die Körbe, die man zum Dämpfen von vielen anderen Gerichten – z. B. Reis oder Fisch – nehmen kann, gibt es preiswert in Asienläden.

Für 8 Stück
1/2 EL Zucker
1 EL lauwarmes Wasser
2 1/2 EL Trockenhefe
375 g Mehl
1 1/2 TL Essig
2 EL Öl
Dauert etwa 3 3/4 Stunden
Arbeiten müssen Sie etwa 1 1/4 Stunden

› Zucker und Wasser verrühren, die Trockenhefe darüber streuen, aber nicht mehr umrühren. Etwa 10 Minuten zugedeckt bei Zimmertemperatur ruhen lassen, bis die Oberfläche schaumig ist, dann etwas Mehl darüber streuen.

› Das restliche Mehl in eine Schüssel geben, in die Mitte eine Vertiefung drücken und die Hefe hineingeben. Zu einem geschmeidigen Teig verkneten.

› Teig zu einem Wecken formen, mit den Fingern kleine Vertiefungen eindrücken. Essig darüber gießen und mit den Fingern oder einem Pinsel gleichmäßig auf dem Wecken verstreichen. Dann zugedeckt bei Zimmertemperatur 2 Stunden ruhen lassen.

› Erneut kräftig durchkneten und weitere 30 Minuten ruhen lassen.

› Den Teig in 8 Portionen teilen und zu ovalen Brötchen formen. Ein Bambuskörbchen oder einen Siebeinsatz mit geöltem Pergamentpapier auslegen, die Brötchen nebeneinander hineinlegen.

› In einem Kochtopf etwa 3 Finger hoch Wasser zum Kochen bringen. Den Dämpfeinsatz oder den Bambuskorb über das Wasser stellen.

› Brötchen zugedeckt 30 Minuten dämpfen. Einsatz herausheben und die Brötchen darin abkühlen lassen.

› Das Öl in einer Pfanne erhitzen und die Brötchen darin 5 bis 6 Minuten rundum bei mittlerer Hitze goldbraun und knusprig braten.

Frittiertes Navajo-Brot

Navajo Fried Bread

Aus den USA

Das einfache Brot aus der indianischen Küche serviert Jutta Kogel zu kräftigen Suppen, Gemüseragouts oder indischen Currys. Zum Frühstück gibt es Honig oder Orangenmarmelade dazu.

Für 12 Portionen
1 kg Mehl
1 Päckchen Backpulver
1 TL Salz
1 1/2 EL Milchpulver
3/8 l warmes Wasser
Mehl zum Ausrollen
Öl zum Frittieren
Dauert etwa 1 Stunde

› Mehl, Backpulver, Salz und Milchpulver mischen.

› Wasser zugießen und dabei mit den Quirlen des Handrührgerätes einen glatten Teig mischen.

› Etwa walnussgroße Teigportionen abnehmen und auf wenig Mehl zu runden Fladen ausrollen.

› 2 Finger hoch Öl in einer tiefen Pfanne erhitzen. Fladen hineingeben und portionsweise darin auf beiden Seiten goldbraun backen.

› Auf Küchenpapier abtropfen lassen und heiß oder warm servieren.

Das geölte Pergamentpapier verhindert, dass die Brötchen im Bambuskorb ankleben.

Den Bambuskorb stellt man zugedeckt auf eine umgedrehte Kaffeetasse, damit er das Wasser im Topf nicht berührt.

Sauerteig

In Dänemark holt man Sauerteig vom Bäcker oder setzt ihn selbst an. »Häufig wird er auch unter Freunden weitergegeben«, erzählt Sonja Rye Mortensen. »Beim Brotbacken behält man dann ein wenig Teig für den neuen Sauerteig zurück. Im Kühlschrank hält er sich etwa drei Wochen frisch.« Bei uns bekommen Sie abgepackten Sauerteig in Reformhäusern und Naturkostläden.

Das Roggenbrot von Sonja Rye Mortensen schmeckt herrlich zu Rygeost, dem berühmten Räucherkäse aus Dänemark. Auch ein Rezept dafür finden Sie im Buch – auf Seite 208.

Roggenbrot

Rugbrød

Aus Dänemark

Für 20 Scheiben

Vorteig
250 g Roggenmehl
150 g Buttermilch
1 TL Salz
Teig
3 Päckchen Sauerteig (450 g; siehe links)
1 1/2 l lauwarmes Wasser
500 g Weizenmehl (Type 405)
1 kg grob geschroteter Roggen
4 EL Salz
1/2 l Wasser
1 kg Roggenmehl
Fett und Mehl für die Form
Wasser zum Bestreichen
Dauert etwa 6 Stunden
Dazu kommt die Zeit (4 Tage) fürs Ruhen
Arbeiten müssen Sie etwa 1 1/2 Stunden

› Für den Vorteig Roggenmehl mit Buttermilch und Salz mischen und zugedeckt 2 bis 3 Tage an einem kühlen Ort ruhen lassen.

› Für den Teig den Sauerteig, das lauwarme Wasser, das Weizenmehl und den geschroteten Roggen zum Vorteig geben. Alles mit einem Kochlöffel vermischen. Schüssel mit einem Küchentuch abdecken. Teig darin noch einmal etwa 24 Stunden kühl ruhen lassen.

› 4 Esslöffel Salz, Wasser und Roggenmehl unter den Teig kneten. Eine rechteckige Backform fetten und mit Mehl ausstreuen. Teig einfüllen und nun bei Zimmertemperatur weitere 3 Stunden zugedeckt ruhen lassen.

› Backofen auf 190 °C (Umluft, 175 °C; Gas, Stufe 3) vorheizen. Das Brot mit einer Gabel rundherum einstechen und mit etwas Wasser bestreichen.

› Brot in den heißen Backofen (untere Schiene) schieben und ein Gefäß mit Wasser darunter stellen. Roggenbrot in 1 1/2 bis 2 Stunden knusprig backen.

Große Pirogge

Pirog / Kulebjaka

Aus Russland

Zum Auftakt eines russischen Festessens gehört die große Pirogge, um die sich auf der festlichen Tafel viele Zakuski (siehe Seite 20) gruppieren. Piroggen kann man mit den Pasteten des Westens nicht vergleichen. Unsere Pasteten sind häufig so fein, dass sie fade wirken. Piroggen dagegen merkt man ihre Herkunft aus der bäuerlichen Küche an. Selbst die letzten 200 Jahre, in denen die Küche des Adels durch die der Bürger verdrängt wurde, die sich dann mit der Nouvelle Cuisine verband, änderten kaum den Charakter der Piroggen. Man nimmt für den Teig statt rustikalen Roggenmehls heute meist weißes Weizenmehl. Dabei sind die Teige mit Hefe, Quark oder saurer Sahne kräftig, die Füllungen mit Kohl, Pilzen, Kartoffeln, Fisch, Fleisch deftig. Piroggen sind festlich geblieben, aber nicht schick geworden. Deshalb mag ich sie so gerne.

Für 8–10 Portionen
Teig
40 g Hefe
1 EL Zucker
200 ml Wasser
200 ml Milch
1 kg Mehl
200 g Butter oder Margarine
2 Eier
1 TL Salz
Füllung
1 kleiner Kopf Weißkohl
100 g Butter
Salz
5 Eier
1 EL getrockneter Dill oder Petersilie
Außerdem
Mehl zum Kneten und Ausrollen
1–2 EL Öl für das Blech
1 Eiweiß
Dauert etwa 2 1/2 Stunden
Arbeiten müssen Sie etwa 1 1/2 Stunden

› Hefe mit dem Zucker im lauwarmen Wasser unter Rühren auflösen und zugedeckt 10 Minuten ruhen lassen.

› Milch leicht erhitzen. 800 Gramm Mehl und weiches Fett mit den Knethaken des Handrührgerätes mischen. Milch, zimmerwarme Eier und Salz dazugeben. Die Hefe zufügen und alles mit den Knethaken etwa 5 Minuten durchrühren. Teig zugedeckt an einem warmen Ort 1 Stunde gehen lassen, bis sich das Volumen etwa verdoppelt hat.

› Für die Füllung Weißkohl waschen und in reichlich Wasser einmal kräftig aufkochen. Herausnehmen, etwas abkühlen lassen und ganz fein hobeln. Portionsweise in etwa der Hälfte der Butter unter Wenden andünsten, leicht salzen und abkühlen lassen.

› Eier 8 bis 10 Minuten hart kochen, kalt abschrecken, schälen und grob hacken. Mit Weißkohl, der restlichen Butter und den Kräutern mischen. Mit Salz abschmecken.

› Den Teig auf wenig Mehl mit den Händen so lange kräftig durchkneten, bis er elastisch ist und nicht mehr klebt. Etwas mehr als die Hälfte des Teiges auf einem mit Öl bestrichenen Backblech etwa 1 1/2 Zentimeter dick ausrollen, so dass die Teigplatte rundherum etwa 2 Finger breit über den Blechrand reicht. Die Füllung darauf verteilen.

› Für den Deckel der Pirogge den restlichen Teig auf der mit Mehl bestreuten Arbeitsfläche in Größe des Blechs ausrollen; er soll dünner sein als der Teigboden. Auf die Füllung legen. Beide übereinander liegenden Teigränder rundherum mit Daumen und Zeigefinger zusammendrücken und zu einem gewellten Rand nach oben biegen.

› Pirogge mit dem verquirlten Eiweiß bestreichen. Mit einem Holzstäbchen feine Löcher in den Teigdeckel stechen, damit der Dampf entweicht und die Pirogge besser durchbackt. In den kalten Backofen (untere Schiene) schieben und bei 200 °C (Umluft, 180 °C; Gas, Stufe 3) 40 bis 50 Minuten backen.

Natalia Schkunajeva

Natalia Schkunajeva hat mir noch zwei Füllvarianten ihrer Pirogge aufgeschrieben: 10 mittelgroße Kartoffeln schälen, waschen und in kleine Würfel schneiden. 4 mittelgroße Zwiebeln fein hacken und mit den Kartoffelwürfeln in 3 Esslöffel Butter andünsten. Je 1/2 Bund Dill und Petersilie fein hacken (oder je 1 Esslöffel getrocknete Kräuter nehmen) und untermischen. Abschließend mit Salz abschmecken.

Für eine Pilzfüllung 10 Gramm getrocknete Steinpilze, Mischpilze oder Pfifferlinge etwa 30 Minuten in 1/8 Liter Wasser einweichen, aufkochen und zugedeckt bei schwacher Hitze 15 Minuten kochen lassen. Auf ein Sieb geben und mit kaltem Wasser gründlich abspülen. Abkühlen lassen und hacken. 500 Gramm Austernpilze putzen und in feine Streifen schneiden. 4 mittelgroße Zwiebeln fein hacken und in 3 Esslöffel Butter glasig braten. Alle Pilze, 1 Esslöffel getrockneten Dill oder Petersilie und Salz zugeben und bei mittlerer Hitze unter Rühren etwa 5 Minuten schmoren.

»Dieses Brot ist fast ein salziges Dessert und paßt hervorragend zur französischen Art, ein schönes Essen mit Salat und Käse abzuschließen. Aber ich backe es genauso gerne für ein Buffet mit Vorspeisen und für ein Picknick. Das Brot hält sich mehrere Tage frisch und läßt sich leicht transportieren.«

JOËLLE RIBAS

Brot mit Nüssen und Käse

Walnut and Cheese Loaf

Aus England

Joëlle Ribas hat das Brot in England kennen gelernt. Deshalb nimmt sie dafür am liebsten in Tüchern gereiften, würzigen Farmhouse-Cheddar, nicht den weichen Käse mit roter Wachshaut. Die Backform sollte rund sein: Gut eignen sich Springformen von 18 oder 22 Zentimeter Durchmesser oder andere ofenfeste Formen mit 5 bis 6 Zentimeter hohem Rand.

Für 10 Scheiben
250 g Mehl
2 TL Trockenhefe
1 TL Salz
Pfeffer
1 TL Senf
125 g weiche Butter oder Margarine
125 g Cheddar
30 g gehackte Walnusskerne
2 Eier
1/4 l Milch
Fett für die Form
Dauert etwa 1 1/4 Stunden
Arbeiten müssen Sie etwa 30 Minuten

› Mehl, Hefe, Salz und Pfeffer aus der Mühle in einer Schüssel mischen. Senf und das Fett in Stückchen zugeben. Alles mit den Händen zu einem krümeligen Teig verarbeiten. Nacheinander den geriebenen Cheddar, Nüsse, verquirlte Eier und Milch unter den Teig kneten.
› Den Backofen auf 180 °C (Umluft, 160 °C; Gas, Stufe 3) vorheizen. Teig in eine gefettete Form füllen. Brot in den Backofen (mittlere Schiene) stellen und etwa 35 Minuten backen. Dabei mit Alufolie abdecken, falls die Oberfläche zu schnell bräunt.
› Brot herausnehmen und in der Form etwa 30 Minuten ruhen lassen. Zum Abkühlen auf ein Kuchengitter stürzen.

Einfacher Pudding ohne Zucker

Plain Pudding

Aus den USA

Jutta Kogel serviert ihren Pudding zum Frühstück mit Marmelade, Sirup oder Honig. Ich mag ihn gerne als Beilage zu Gemüseeintöpfen und Salatplatten. Heiß schmeckt er am besten.

Für 10 Stücke
350 g Mehl
1 TL Backpulver
Salz
175 g Butterschmalz
Etwa 1/4 l lauwarmes Wasser
Dauert etwa 3 1/2 Stunden
Arbeiten müssen Sie etwa 30 Minuten

› Mehl mit dem Backpulver und etwas Salz mischen. Butterschmalz in kleine Stücke schneiden und mit den Händen unterkneten. So viel Wasser zugeben, dass ein elastischer Teig entsteht.
› Teig locker in ein feuchtes Tuch einschlagen und im Tuch zu einem runden Laib oder länglichen Wecken formen. Das Tuch darf nicht zu fest sitzen, weil der Teig beim Kochen aufgeht.
› Reichlich Wasser in einem großen Topf zum Kochen bringen und den eingeschlagenen Teig hineingleiten lassen. Das Wasser sollte den Teig ganz bedecken. Zugedeckt bei schwacher Hitze 2 bis 3 Stunden garen.
› Das Tuch etwas beiseite ziehen und die Garprobe mit einem Holzstäbchen machen: Wenn nur ein paar Krümel am Stäbchen haften, ist der Pudding fertig. Pudding aus dem Wasser nehmen, in Scheiben schneiden und auf einer gut vorgewärmten Platte anrichten.

Tip: Im heißen Backofen oder mit etwas Fett in der geschlossenen Pfanne kann man die Puddingstücke aufwärmen.

Das eingeritzte Kreuz in der Mitte des irischen Sodabrotes symbolisiert den erhofften Segen der Dreifaltigkeit, damit kein Brotkrümelchen verschwendet wird.

Sodabrot

Brown Soda Bread
Arán sóide

Aus Irland

Traditionell gehört das Brot zu Konfitüre oder Honig, Räucherlachs oder Hummer.

Für 20 Scheiben
675 g Weizenvollkornmehl
450 g Weizenmehl (Type 405)
30 g feines Hafermehl
1 TL Salz
2 TL Sodapulver (siehe rechts)
30 g Butter
1 Ei
730–860 ml Sauermilch oder Buttermilch
Dauert etwa 1 1/4 Stunden
Arbeiten müssen Sie etwa 25 Minuten

› Mehle, Salz und Sodapulver in einer Schüssel mischen. Die weiche Butter zugeben und alles mit den Händen zu feinen Krümeln zerreiben. In die Mitte eine Mulde drücken.

› Verquirltes Ei in die Mulde geben. Den größten Teil der Milch zufügen und mit den Händen zu einem weichen, aber nicht klebrigen Teig verarbeiten. Eventuell noch Milch zugießen.

› Backofen auf 230 °C (Umluft, 210 °C; Gas, Stufe 4–5) vorheizen. Teig auf einer bemehlten Arbeitsfläche kneten, bis er glatt und elastisch ist. Zu einer Kugel formen und zu einem 5 Zentimeter hohen Fladen flach drücken. In die Mitte ein Kreuz ritzen.

› Brot in den heißen Backofen (mittlere Schiene) schieben und 20 Minuten backen. Den Ofen auf 200 °C (Umluft, 180 °C; Gas, Stufe 3) schalten. Brot in 20 bis 25 Minuten fertig backen.

Sodapulver

Sie finden Sodapulver als Zutat in einigen Rezepten dieses Buches: Italiener nehmen es gern für ihren lockeren Pizzateig, Iren für ihr typisches Brot, Engländer für Crumpets (Rezept auf Seite 115). Das weiße Pulver ohne Geruch und Geschmack gibt beim Erhitzen Kohlendioxid ab und treibt so das Gebäck in die Höhe. Deshalb werden auch Eierkuchen mit Mineralwasser statt Milch besonders locker: Die Bläschen im Sprudel sind Kohlendioxid, das beim Backen »verpufft«. Sodapulver gibt es in den Lebensmittelabteilungen von Kaufhäusern und britischen Geschäften. Ersatzweise nimmt man Backpulver.

Wer keine Crumpet-Ringe hat, nimmt Spiegeleierringe von etwa 8 Zentimeter Durchmesser.

Die Ringe werden dann jeweils bis zur Hälfte mit Teig gefüllt.

Weißbrot
Pandesal

Von den Philippinen

Zenaida Panganiban backt dieses Brot oft für ihre Tochter zum Frühstück. Auf den Philippinen ist Pandesal so alltäglich wie bei uns frische Brötchen. Man isst es auch nachmittags zu Kokosmarmelade und Tee oder Kaffee.

Für etwa 40 Stück

1 TL Trockenhefe
30 g Zucker
Etwa 170 ml Wasser
3/4 TL Salz
3 EL Sonnenblumenöl
360 g Mehl
Mehl zum Ausrollen
1 Eigelb
Öl zum Bestreichen
100 g Semmelbrösel

Dauert etwa 4 Stunden
Arbeiten müssen Sie etwa 1 Stunde

› Hefe mit 1 Prise Zucker und etwas lauwarmem Wasser verrühren und zugedeckt etwa 10 Minuten gehen lassen.
› Restlichen Zucker, Salz und Öl verrühren. Hefe, den Rest des Wassers und die Hälfte des Mehls unterrühren. Mit dem restlichen Mehl nach und nach zu einem geschmeidigen Teig verkneten.
› Den Teig zu einem Kloß formen, mit etwas Öl bestreichen und, mit einem feuchten Tuch bedeckt, etwa 2 Stunden an einem warmen Ort ruhen lassen, bis sich das Volumen verdoppelt hat.
› Teig kräftig durchkneten und auf Mehl zu einem handbreiten Streifen ausrollen. Auf beiden Seiten mit Öl bepinseln, in Semmelbrösel wenden und 15 Minuten gehen lassen.
› Den Teigstreifen in 5 Zentimeter lange Stücke teilen und auf zwei gefettete Bleche legen. Mit den Semmelbrösel bestreut noch mal 30 Minuten gehen lassen.
› Den Backofen auf 200 °C (Umluft, 180 °C; Gas, Stufe 3) vorheizen.
› Brot in den Ofen (mittlere Schiene) schieben, die Temperatur auf 180 °C (Umluft, 160 °C; Gas, Stufe 2) zurückschalten und das Brot in 20 bis 30 Minuten hellbraun backen.

Apfelpastete
Apple and Onion Pie

Aus England

Für 4–6 Stück

6 tiefgefrorene Blätterteigplatten (etwa 270 g)
175 g Cheshire oder Cheddar
2 mittelgroße Zwiebeln
2–3 EL Öl
450 g feste, säuerliche Äpfel
Salz, Pfeffer
1 TL frisch gehackter Salbei
1–2 EL Crème fraîche
1 Ei

Dauert etwa 1 Stunde
Arbeiten müssen Sie etwa 20 Minuten

› Blätterteig auftauen lassen. Den Käse würfeln. Die Zwiebeln in feine Ringe schneiden und im heißen Öl goldgelb braten. Abkühlen lassen.
› Eine rechteckige Gratinform kalt ausspülen. So mit der Hälfte der Teigplatten auslegen, dass sie an den Rändern übereinander liegen. Mit einer Gabel mehrmals einstechen.
› Äpfel schälen, in Spalten schneiden und auf dem Teig verteilen. Zwiebeln und Käse darüber geben. Mit Salz und Pfeffer würzen, mit Salbei bestreuen. Restliche Äpfel darauf legen und mit Crème fraîche bestreichen. Pastete mit dem restlichen Teig abdecken, mehrmals einstechen und mit Ei bestreichen.
› Pastete in den kalten Backofen (untere Schiene) schieben und bei 200 °C (Umluft, 180 °C; Gas, Stufe 3) in 35 bis 40 Minuten goldbraun backen.

Crumpets

Aus England

Das Rezept stammt von Elizabeth David. Sie war eine der ersten Autorinnen, die Kochen nicht als Frauensache, sondern als Kulturthema betrachtet, Kochbücher nicht als Rezeptesammlung, sondern als Literatur verstanden hat. Ihr Bild hängt in der National Portrait Gallery in London.

Für 34 Stück
1 Päckchen Trockenhefe
600 ml lauwarme Milch
1 TL Zucker
500 g Mehl
1 EL Salz
2 EL Öl
1/2 TL Sodapulver
150 ml lauwarmes Wasser
Etwa 5 EL Öl zum Braten
Dauert etwa 3 Stunden
Arbeiten müssen Sie etwa 1 Stunde

› Hefe, 5 Esslöffel Milch und Zucker verrühren. 10 Minuten ruhen lassen.

› Mehl und Salz mischen. Hefe, restliche Milch und Öl zugeben. Alles mit den Quirlen des Handrührgerätes etwa 5 Minuten rühren, bis der Teig ganz glatt ist. Zugedeckt an einem warmen Ort 1 1/2 Stunden gehen lassen.

› Sodapulver im Wasser auflösen und unter kräftigem Schlagen langsam zum Teig geben. Zugedeckt weitere 30 Minuten ruhen lassen.

› 1 Esslöffel Öl in einer großen Pfanne erhitzen. Die Crumpet- oder Spiegeleierringe (siehe Foto links) innen mit Öl einpinseln und in die Pfanne legen.

› Die Ringe jeweils bis zur Hälfte mit Teig füllen. Crumpets knapp 10 Minuten bei schwacher bis mittlerer Hitze backen, bis die Oberfläche fest ist und sich viele Löcher bilden. Die Ringe abnehmen, die Crumpets wenden und in etwa 1 Minute fertig backen. Die Pfanne während des Backens immer wieder mit etwas Öl ausschwenken.

Crumpets, die halb knusprigen, halb weichen Brötchen, schmecken heiß und kalt – auch getoastet. Nur sehr frisch müssen sie sein.

Morgens in England

Mein erstes Crumpet-Erlebnis war sehr englisch: nebliger Herbstmorgen, altes Landhotel, kräftiger Tee mit Milch und heiße Crumpets mit so vielen Löchern, dass Butter und Orangenmarmelade auf meine Finger tropften – ganz wie es sich gehört. Seit damals in Woodstock, nahe Oxford und direkt um die Ecke von Blenheim Palace, dem großartigen Schloß der Herzöge von Marlborough – Sir Winston Churchill war eines der illustren Mitglieder der Familie –, bin ich ein großer Fan von Crumpets. Im Gegensatz zu Scones bekommt man sie in England leider fast nie frisch gebacken; nur verpackt wie unsere Brötchen zum Selberaufbacken gibt es sie in Supermärkten. Ich habe englische Freunde, die Crumpets tatsächlich nur dem Namen nach kennen. Für sie und für mich habe ich vergangenes Jahr ein Crumpet-Frühstück veranstaltet. Zum Backen reichen übrigens schon zwei Ringe: Man kann sie abnehmen und neu füllen, sobald der Teig am Rand fest geworden ist.

»Die Weihnachtscalzone backe ich auch hier in Deutschland. Das ist in unserer Familie Tradition.«

MARIA FECONDO

Gefüllte Pizzataschen
Calzone

Aus Italien

Auf Sizilien sind diese Calzone das Essen am Heiligen Abend, bevor man zur Christmette geht. Früher mussten sich die Menschen für den oft weiten Weg zur Kirche stärken. Und weil Fleisch in den Stunden vor Jesu Geburt noch verboten ist, füllte man reichlich Gemüse, Kartoffeln und Oliven in die Pizzataschen.

Für 10 Stück
Teig
1 kg Mehl
1 Päckchen Trockenhefe
1–2 TL Salz
1 TL Sodapulver
3/8 l lauwarmes Wasser
1 Ei
Saft von 1/2 Zitrone
100 g weiche Butter
Füllung
500 g Brokkoli
1 kleiner Blumenkohl (etwa 500 g)
4 große Zwiebeln
500 g Kartoffeln
400 g Spinat
120 ml Olivenöl
120 g schwarze, entkernte Oliven
Salz
Schwarzer Pfeffer
225 ml Olivenöl zum Bestreichen
Fett für das Blech
Dauert etwa 3 Stunden
Arbeiten müssen Sie etwa 1 1/4 Stunden

› Für den Teig Mehl, Trockenhefe, Salz und Soda vermischen. Wasser, Ei, Zitronensaft und Butter zugeben und alles zu einem glatten Teig verarbeiten.
› Zugedeckt bei Zimmertemperatur ungefähr 1 Stunde ruhen lassen, bis sich das Teigvolumen etwa verdoppelt hat.
› Während der Teig ruht, die Füllung vorbereiten: Brokkoli und Blumenkohl waschen, putzen und in kleine Röschen teilen, die Strünke nicht verwenden. Alle Röschen in reichlich Salzwasser etwa 5 Minuten sprudelnd kochen lassen, bis sie gerade eben bissfest sind.
› Zwiebeln abziehen und fein hacken. Die Kartoffeln schälen und waschen. In möglichst dünne Scheiben schneiden und mit Küchenpapier trockentupfen. Spinat gründlich waschen und trockenschwenken.
› 2 Esslöffel Olivenöl in einer großen Pfanne erhitzen und die Zwiebeln darin goldgelb anbraten. Herausnehmen und abkühlen lassen.
› Weitere 3 Esslöffel Öl in der Pfanne erhitzen. Kartoffelscheiben darin kurz anbraten und zugedeckt bei schwacher Hitze 10 Minuten braten. Ebenfalls herausnehmen und abkühlen lassen.
› Zuletzt 2 bis 3 Esslöffel Öl in der Pfanne heiß werden lassen. Den Spinat darin zugedeckt bei mittlerer Hitze ungefähr 5 Minuten erhitzen, bis er zusammenfällt. Auf ein Sieb geben und abtropfen lassen.
› Alle diese vorbereiteten Zutaten für die Füllung mit den Oliven in einer Schüssel mischen und kräftig mit Salz und Pfeffer würzen.
› Die Arbeitsfläche mit Mehl bestreuen, den Teig darauf noch einmal kräftig durchkneten und in 10 gleich große Portionen teilen. Teigkugeln daraus formen und mit dem Nudelholz zu flachen Scheiben (Durchmesser: etwa 20 Zentimeter) ausrollen.
› Jede Teigscheibe mit 1 knappen Esslöffel Öl bestreichen. Die eine Hälfte jeder Scheibe mit 3 bis 4 Esslöffel Füllung belegen. Dabei den Teigrand frei lassen. Scheiben zusammenklappen und die Ränder gut festdrücken.
› Die Teigtaschen auf zwei gefettete Backbleche legen und mit dem Rest des Olivenöls bestreichen. Erstes Blech in den kalten Backofen (mittlere Schiene) schieben. Calzone bei 220 °C (Umluft, 200 °C; Gas, Stufe 4) etwa 30 Minuten backen. Die Calzone auf dem zweiten Blech brauchen 20 Minuten.

Miguel Angel Servidios Gemüsetorte ist ein tolles Ding für kulinarische Hochstapler: Sie geht ganz einfach – trotz vier Teigschichten und saftiger Füllung. Aber sie schmeckt ganz wunderbar.

Gemüsetorte
Tarta de verdura

Aus Argentinien

Für 10 Portionen
Teig
300 g Mehl
70 g Butter
2 EL Öl
8 EL Wasser
Salz
Füllung
300 g Spinat
2 EL Semmelbrösel
4 Eier
100 g Hartkäse
7 EL Öl
Salz
Weißer Pfeffer
Mehl zum Ausrollen
Fett und Mehl für die Form
Außerdem
4 hart gekochte Eier
1 Ei
Dauert etwa 2 Stunden
Arbeiten müssen Sie etwa 1 Stunde

› Mehl auf die Arbeitsfläche sieben und eine Mulde hineindrücken. Butter in kleinen Stückchen, Öl, Wasser und Salz in die Mulde geben. Alles mit den Händen zu einem glatten Teig kneten. In 4 Portionen teilen und in Pergamentpapier gewickelt 30 Minuten kühlen.

› Spinat waschen, trockenschwenken und zerkleinern. Mit Semmelbrösel, Eiern, fein geriebenem Käse, 5 Esslöffel Öl, Salz und Pfeffer mischen.

› Die Arbeitsfläche dünn mit Mehl bestreuen. Die Teigportionen sehr dünn darauf ausrollen. Eine gefettete und mit Mehl bestäubte Pie- oder Springform mit einer Teigplatte auslegen. Die Teigplatte mit dem Rest des Öls bestreichen, die zweite Teigplatte darauf legen und die Füllung darauf verteilen. Die hart gekochten, ganzen Eier in die Füllung legen und mit den beiden verbliebenen Teigplatten bedecken. Teigränder fest zusammendrücken und die Gemüsetorte mit dem Ei bestreichen.

› In den noch kalten Backofen (untere Schiene) stellen und bei 180 °C (Umluft, 160 °C; Gas, Stufe 2) 50 bis 60 Minuten backen, bis sie leicht gebräunt ist.

Auch gut mit weniger Eiern

Selbst wer bei 9 Eiern um seinen Cholesterinspiegel fürchtet, braucht auf die Gemüsetorte nicht zu verzichten: Nehmen Sie nur 2 rohe Eier für die Gemüsefüllung. Die hart gekochten Eier werden durch je 2 Esslöffel gegarte Erbsen und Maiskörner ersetzt, das Ei zum Bestreichen durch 2 Esslöffel Milch.

GEMÜSE

In der bäuerlichen Alltagsküche gab es traditionell nur wenig Fleisch.

GEMÜSE, NUDELN, TOFU

VEGETARISCH ODER FLEISCHLOS?

Hinter der fleischlosen Küche des Westens steht ein neues Bewusstsein für die Gesundheit und für die Umwelt. Die vegetarische Küche des Ostens ist Teil einer Weltanschauung.

Zuerst war vegetarisch essen für mich ganz einfach: Man lässt Fleisch und Fisch weg, spart mit Eiern und Butter. Im Laufe der jahrelangen Beschäftigung mit dem Vegetarischen wurde mir klar, dass es so einfach nicht ist. Im Westen gibt es den Unterschied zwischen der traditionellen fleischlosen Küche und der modernen vegetarischen Küche.

Zur fleischlosen Tradition bei uns im Westen gehören Fastenspeisen, ein großer Teil der Bauernküche und die meisten Gerichte der Alltagsküche. Dieses Essen konnte sehr üppig sein: Strudel mit Sauerkrautfüllung z.B. oder süße Dampfnudeln mit Karamellkruste. Es konnte auch so dürftig sein wie Brotsuppe, Mehlbrei oder Klöße, die man in die Kochbrühe von Dörrobst tunkte. Die moderne vegetarische Küche ist noch im vergangenen Jahrhundert entstanden und hat weder mit Fasten noch mit Kargheit zu tun. Sie war die Ernährung einer bestimmten bürgerlichen Schicht (vorwiegend Künstler und Intellektuelle), die ein neues Bewusstsein für den eigenen Körper und die Natur als Ganzes entwickelte. Die frühen Vegetarier verstanden sich als Rebellen und Ökologen. Im Osten dagegen gibt es eine lange Tradition der vegetarischen Küche: »Bei uns misst man die Kochkunst daran, wie gut ein Mann oder eine Frau vegetarisch kochen kann«, sagte mir Arun Das Gupta über sein Heimatland. Die großartige vegetarische Küche des indischen Subkontinents ist bekannt. Und es scheint mir nach all meinen Gesprächen mit Menschen aus etwa 40 Ländern auch die einzige auf der Erde zu sein, die so selbstverständlich zum Leben gehört wie Essen selbst. Millionen von Indern brauchen keinen Anlass, vegetarisch zu essen – sie tun es im Alltag und bei Festen, sie tun es, wenn sie fasten und wenn sie genießen, wenn sie sparen müssen oder wenn sie schlemmen können.

Christliche Mönche fasten strenger als Kleriker oder Laien.

In anderen Ländern Asiens hat man genau wie im Westen einen Grund, vegetarisch zu essen: »Bei uns gibt es die buddhistischen Gläubigen, die zweimal im Monat ganz streng vegetarisch essen«, sagte mir Phung Hoang und zog eine Parallele zum fleischlosen Freitag der Katholiken. Ich konzentrierte mich bei meiner Suche nach der vegetarischen Küche Asiens nun auf die buddhistischen Klöster – findet man doch auch im Westen die interessantesten Fastenspeisen in der klösterlichen Küche. Doch die Japanologin Regine

Ein neues Bewusstsein für Gesundheit macht Gemüse zum Renner in Europa und anderswo.

Nicht alle buddhistischen Mönche leben vegetarisch. Doch jedem gläubigen Buddhisten ist es verboten, ein Tier zu töten oder Tiere zu essen, die seinetwegen geschlachtet worden sind.

Glei warnte vor Verallgemeinerung: »Es wird nicht in allen buddhistischen Klöstern nur vegetarisch gegessen.« Phung Hoang machte mich auf eine andere Selbstverständlichkeit östlichen Kochens und Essens aufmerksam: »Fleischlose Küche ist genau wie in Europa eine sparsamere Küche. Doch kaum einer denkt darüber nach, ob er nun Fleisch, Fisch oder Gemüse isst.«

Das Zwanglose zeigt sich an der Speisenfolge in fast allen asiatischen Ländern: Fleisch, Fisch, Gemüse, Nudeln, Tofu, Geflügel und natürlich Reis kommen gemeinsam auf den Tisch, jeder nimmt, was ihm schmeckt. Doch die Strenge der Definition hörte ich gleich zu Beginn meiner Arbeit an diesem Buch: »Wir essen nicht vegetarisch«, sagten mir die Vertreterinnen Vietnams, Japans, Chinas, Koreas, Indonesiens und der Philippinen, als ich um authentische Rezepte bat. Genau wie in Indien bedeutet auch in diesen Ländern das Vegetarische weder Ersatz noch Verzicht. Man isst so aus ethischen oder religiösen Gründen. Man komponiert bewusst eine ganze Speisenfolge aus Gemüse, Soja, Nudeln. Wer sich aber gemischt ernährt und beim Essen meist Gemüse nimmt, wer sich Fleisch kaum leisten kann oder statt Fleisch nur Tofu isst, gilt in Asien deshalb noch nicht als Vegetarier. Xiaoyan Zhang erklärte mir: »Vegetarisch essen heißt bei uns nicht, dass wir Tofu essen. Es gibt sehr viele Arten von Gemüse oder Pilzen mit verschiedenen Saucen, es gibt gebratene Nudeln oder gebratenen Reis – ganz ohne Tofu. Dass chinesische Vegetarier nur Tofu essen, ist ein westliches Missverständnis.«

Herbstspinat mit kräftigeren Blättern als hellgrüner Frühlingsspinat schmeckt roh und gegart.

Winterspinat erkennen Sie an den groben, gewellten Blättern. Er eignet sich gut zum Braten und Schmoren.

Spinat mit grünen Chilis

Aus Pakistan

Für 2 Portionen

1 kg Spinat
2 Knoblauchzehen
1 Stück frischer Ingwer (2 cm lang)
2 Zwiebeln
4 grüne Chilischoten
1 1/2 EL Öl
150 ml Wasser
1/2 TL Currypulver
Salz

Dauert etwa 45 Minuten

› Spinat verlesen und waschen. Knoblauch und geschälten Ingwer hacken, Chilis entkernen und fein hacken.
› Zwiebeln in feine Ringe schneiden und im heißen Öl bei mittlerer Hitze braun braten.
› Knoblauch, Ingwer und Chilis zugeben und anbraten.
› Wasser mit Curry und Salz zugeben; aufkochen. Den Spinat unterrühren und alles bei starker Hitze schmoren, bis das Wasser verkocht ist.

Spinatgemüse
Sigumche Namui

Aus Korea

Für 2 Portionen

750 g Herbst- oder Winterspinat
4 l Wasser, Salz
3 Lauchzwiebeln
2 Knoblauchzehen
3 EL Sesamöl
2 EL helle Sojasauce
1 EL dunkle Sojasauce
1 TL Zucker
Schwarzer Pfeffer

Dauert etwa 20 Minuten

› Gewaschenen Spinat in 4 Liter leicht gesalzenem Wasser sprudelnd kochen, bis er ganz grün ist. In ein Sieb gießen, kurz in eiskaltes Wasser tauchen und abtropfen lassen.
› Lauchzwiebeln in Ringe schneiden. Knoblauch zerdrücken. Zwiebelringe im heißen Öl anbraten. Den Spinat und den Knoblauch kurz mitbraten.
› Mit Sojasauce, Zucker und Pfeffer würzen. Bei schwacher Hitze 5 Minuten garen, dabei ab und zu umrühren.

Gebratener Eisbergsalat mit Austernsauce
Haoyou Shengcai

Aus China

Austernsauce hat in einem vegetarischen Kochbuch eigentlich nichts zu suchen: In Asien aber, wo man ohnehin viel mehr Gemüse als im fleischreichen Europa isst, sind nur sehr strenge Vegetarier auch bei salzigen Würzsaucen so genau. »Sie können helle Sojasauce statt Austernsauce nehmen«, empfiehlt Xiaoyan Zhang für ihr ungewöhnliches Gericht aus Kanton.

Für 2 Portionen

1 Kopf Eisbergsalat
2 Knoblauchzehen
1 TL Salz
2 EL Öl
1 EL Austernsauce

Dauert etwa 15 Minuten

› Salat in mundgerechte Stücke teilen. Knoblauch mit Salz zerdrücken.
› Das Öl im Wok erhitzen. Knoblauch darin anbraten, bis er duftet. Den Eisbergsalat zugeben und unter Rühren so lange braten, bis er glasig ist.
› Sofort von der Kochstelle nehmen, mit Salz und Austernsauce würzen und anrichten.

Spinat mit Ingwersauce
Jiangzhi Bocai

Aus China

Zum Spinat serviert Xiaoyan Zhang gebackene Pfannkuchen (Rezept auf Seite 166: »Wir essen nie nur eine Gemüseplatte, sondern dazu mindestens ein warmes und ein kaltes Gericht.«

Für 2 Portionen
300 g Spinat
1 Stück Ingwerwurzel (etwa 2 cm lang)
Sauce
2 EL helle Sojasauce
3 EL Essig
1 TL Sesamöl
1/2 TL Salz
1 EL Zucker
2 EL Öl zum Braten

Dauert etwa 30 Minuten

› Spinat verlesen, mehrmals waschen, trockenschwenken und eventuell harte Stiele entfernen. Die Ingwerwurzel schälen und fein hacken. Die Zutaten für die Sauce in einer Tasse verrühren.

› Reichlich Wasser in einem großen Topf aufkochen. Spinat darin ein paar Sekunden sprudelnd kochen lassen, bis er intensiv grün ist. Auf ein Sieb abgießen, mit dem Sieb kurz in eiskaltes Wasser tauchen, abtropfen lassen und mit den Händen ausdrücken. Spinat auf einer Platte anrichten.

› Das Öl im Wok erhitzen und den Ingwer darin kurz anbraten, bis er zu duften beginnt. Die Sauce zum Ingwer geben und mischen. Sofort über den Spinat gießen und servieren.

Tip: Bei frischem Spinat sparen Sie viel Zubereitungszeit, wenn Sie ihn vorab verlesen, waschen und fest verschlossen im Kühlschrank aufbewahren.

Ein Gemüsegericht mit wenigen, aber sehr ausdrucksstarken Gewürzen: Ingwer sorgt für milde Schärfe im Spinat, Sojasauce für Salz, Essig für die säuerliche Note, und das Öl steuert feines Nussaroma bei.

Heilendes Essen

Die traditionelle chinesische Küche achtet streng auf die Wirkung der Speisen im Körper. Dahinter steht die Überzeugung, dass die beiden Urkräfte Yin und Yang das Universum, folglich auch unser Leben bestimmen.
Es kommt deshalb darauf an, die Zutaten im einzelnen Gericht und die Speisen im Menü so zu kombinieren, dass dunkles, kühles Yin und helles, heißes Yang einander die Waage halten.
Auf dieser Skala von kalt bis heiß sind alle Lebensmittel und Kochtechniken angeordnet: Die an sich »kühle« vegetarische Ernährung bedarf der Ergänzung durch »warme« Gewürze wie Ingwer, auf das »kühle« Blanchieren und Abschrecken des Spinats sollte die »heiße« Kochtechnik, das kurze Braten im Wok, folgen.
»In China weiß die ältere Generation noch viel über diese Zusammenhänge und das heilende Essen: In meiner Kindheit bekam ich Ingwer, wenn ich erkältet war. Doch langsam geht dieses Wissen verloren«, sagte mir Xiaoyan Zhang.

Reisblätter

Reisblätter aus Vietnam sind dünner als thailändische und deshalb schnell weich genug zum Rollen. Phung Hoang rät, sie nur unter ein nasses Tuch zu legen: »Wenn Sie die Blätter in kaltem Wasser einweichen, werden die Frühlingsrollen zu feucht, und das Fett spritzt beim Braten. Deshalb verarbeite ich auch die Glasnudeln trocken: So feine Nudeln müssen Sie nicht einweichen; sie werden in der feuchten Füllung weich.«
Wer die Rollen nicht aus der Hand, sondern lieber mit Stäbchen isst, füllt Reisblätter von zehn Zentimeter Durchmesser – Geübte können sogar noch kleinere Blätter wickeln.

Die vegetarischen Frühlingsrollen mit Reisnudeln und Salat sind mein Lieblingsessen bei Phung Hoang.

Frühlingsrollen mit Reisnudeln und Salat

Bun cha gio chay

Aus Vietnam

Für 4 Portionen

Sauce

1/8 l flüssige Speisewürze
1/8 l kaltes Wasser
3 EL Zitronensaft
2 EL Zucker
1 rote Chilischote

Frühlingsrollen

4 Mu-Err-Pilze
20 g Glasnudeln
50 g Tofu
2 mittelgroße Möhren
60 g Weißkohl
50 g Sojasprossen
Salz
Schwarzer Pfeffer
1/2 TL Zucker
16 Reisblätter von 15 cm Durchmesser

Salat

1 kleiner Romana- oder Batavia-Salat
300 g Salatgurke
200 g Sojasprossen
1 Hand voll Minze und Koriandergrün (gemischt)

Außerdem

Öl zum Frittieren
200 g dünne Reisnudeln

Dauert etwa 1 1/2 Stunden

› Für die Sauce die Speisewürze mit Wasser, Zitronensaft und Zucker verrühren, bis der Zucker sich aufgelöst hat. Chilischote waschen und in feine Ringe schneiden. In die Sauce geben.

› Für die Frühlingsrollen die Pilze 20 Minuten in reichlich heißem Wasser ziehen lassen. Abgießen, mit den Händen ausdrücken und fein hacken. Die trockenen Glasnudeln mit der Küchenschere in kleine Stücke schneiden.

› Tofu zerbröckeln, geschälte Möhren in feine Stifte, Weißkohl in hauchfeine Streifen schneiden. Sojasprossen kalt abspülen und abtropfen lassen.

› Diese Zutaten mit Pilzen, Salz, Pfeffer und Zucker in einer Schüssel mischen. Glasnudeln zugeben und alles mit den Händen durchkneten, bis die Mischung etwas zusammenhält.

› Grünen Salat waschen, putzen und in mundgerechte Stücke teilen. Geschälte Gurke in 2 Zentimeter lange Stifte schneiden. Sojasprossen waschen und trockentupfen. Kräuter grob zerkleinern. Alles auf einer Platte anrichten.

› Zwei Küchentücher unter fließendes kaltes Wasser halten und gut auswringen. Das eine Tuch auf der Arbeitsfläche ausbreiten, 1 Reisblatt darauf legen und mit dem zweiten Tuch bedecken. Ruhen lassen, bis das Blatt weich genug zum Rollen ist.

› Je eine Portion der Tofumischung als etwa fingerlangen Streifen in die Mitte des Blattes geben. Das Reisblatt zuerst an den beiden Schmalseiten des Streifens nach innen schlagen. Nun die Längsseite, die Ihrem Körper am nächsten liegt, über die Füllung legen und das Reisblatt vorsichtig, aber möglichst stramm aufrollen. Die anderen Blätter ebenso verarbeiten.

› Das Öl im Wok, in einem hohen Topf oder einer Fritteuse erhitzen. Die Reisblattrollen portionsweise 5 Minuten darin backen. Auf Küchenpapier kurz abtropfen lassen und zum Salat auf die Platte geben.

› Reisnudeln mit kochendem Wasser übergießen, knapp 3 Minuten ziehen lassen, abgießen, kalt abschrecken und neben den Frühlingsrollen anrichten. Dazu die Sauce servieren.

Das Reisblatt auf beiden Seiten nach innen schlagen und vorsichtig, aber stramm aufrollen.

Gegrillte Auberginen

Von den Philippinen

»Bei uns auf den Philippinen ist immer Sommer«, begann Zenaida Panganiban ihre Schilderung paradiesischer Zustände – bei uns in Deutschland war gerade nasskaltes Frühjahr, als wir über ihre Heimat sprachen. »Deshalb leben und kochen wir im Freien: Es liegt immer etwas auf dem Holzkohlengrill, und die Auberginen sind mit Reis oder Brot ein normales Essen.«

Für 2 Portionen
4 philippinische Auberginen
Salz, Pfeffer
1 EL helle oder dunkle Sojasauce
200 ml Pflanzenöl zum Frittieren
2 Eier
Dauert etwa 1 Stunde

› Backofengrill vorheizen. Die Auberginen waschen und abtrocknen. Unter dem heißen Grill 4 bis 5 Minuten grillen. Die gegrillten Auberginen sollten auf Druck leicht nachgeben.

› Herausnehmen, kurz abkühlen lassen und die Schalen abziehen. Mit Salz, Pfeffer und Sojasauce würzen und etwa 5 Minuten ziehen lassen.

› Das Öl in einem hohen Topf oder der Fritteuse erhitzen. Die Eier verquirlen und die Auberginen darin wenden. Im heißen Öl etwa 2 Minuten frittieren, bis sie goldbraun sind. Auf Küchenpapier abtropfen lassen und heiß servieren.

Phung Hoang

»Die vietnamesische Küche ist recht einheitlich: Traditionell essen wir weißen Reis, Reisnudeln und Reisblätter. Naturreis war früher auf dem Land üblich. Klebreis nehmen wir für festliche Gerichte: Zu Neujahr wird er mit Fleisch und Mungobohnen gefüllt, wie eine Wurst geformt und in Bananenblätter gewickelt zwölf Stunden gegart. Nudeln aus anderem Getreide gehören nicht zur vietnamesischen Küche, und Brot ist erst mit den Europäern gekommen. Besonderheiten gibt es beim Würzen: Im Norden isst man salzig, im mittleren Teil Vietnams chilischarf, im Süden süßsauer und mild durch Kokosmilch. Frisches ist ein wichtiger Bestandteil unseres Essens: Kräuter wie Koriander, Minze, Basilikum, grüne Salatblätter, Sprossen, dazu Knoblauch und Frühlingszwiebeln. Außerdem gehören noch frische Erdnüsse dazu: Sie werden gebraten oder geröstet und dann gemahlen über Salat und vegetarische Gerichte gestreut. Zur europäischen Küche gibt es drei wesentliche Unterschiede: Wir essen überhaupt keine Milchprodukte – weder Käse noch Joghurt. Außerdem verwenden wir sehr wenig Fett, würzen aber viel stärker.«

Die Nuss für Lampen

Kemirinüsse sind so fett, dass man ihr Öl früher für Lampen verwendet hat – das englische Wort »candlenut« und der alte deutsche Name »Lichtnuss« erinnern noch daran.
Die Kerne der etwa walnussgroßen Nüsse sind fest mit der extrem harten Schale verbunden. Beim maschinellen Aufbrechen zerbrechen die Nüsse deshalb oft.
Die Angaben in den Rezepten beziehen sich immer auf den ganzen Nusskern – gegebenenfalls müssen Sie die Stückchen zusammenklauben.
Roh sind Kemirinüsse schwach giftig, gegart harmlos und ein feines Gewürz.
Als Ersatz nimmt man Macadamianüsse oder Mandeln.

Gemüse mit Kokosflocken
Urap

Aus Indonesien

Für 4 Portionen
250 g frischer Spinat
100 g Spargelbohnen (oder Stangenbohnen)
250 g Sojasprossen
3 Zitronenblätter
2 Zwiebeln
3 Knoblauchzehen
2–3 rote Chilischoten
1 Stück frischer Ingwer (etwa 2 cm)
1 Stück Kentjoer (etwa 2 cm; ersatzweise großer Galgant)
6 Kemirinüsse (siehe links)
1/4 TL Salz
1 TL Zucker
4 EL Öl
200 g frisch geraspelte Kokosflocken (ersatzweise getrocknete)
1 TL Zitronensaft
150 ml Wasser

Dauert etwa 1 Stunde

› Spinat verlesen und waschen. Die Bohnen waschen und putzen, Sojasprossen kalt abspülen. Die Zitronenblätter in feine Streifen schneiden.
› Für die Gewürzmischung Zwiebeln und Knoblauch abziehen, Chilischoten waschen und halbieren, die Kerne und Scheidewände entfernen, Ingwer und Kentjoer schälen. Alle diese Zutaten grob zerkleinern. Mit Kemirinüssen, Salz und Zucker in einen Mörser geben und zu einer feinen Paste zerreiben.
› Öl in einer großen Pfanne oder im Wok erhitzen. Die Gewürzpaste darin bei mittlerer bis schwacher Hitze etwa 5 Minuten braten. Die Kokosraspel, Zitronenblätter, Zitronensaft und das Wasser zufügen. Alles bei mittlerer Hitze 15 Minuten unter Rühren garen, bis die Kokosraspel das Wasser aufgesogen haben. Zugedeckt warm halten.
› Bohnen in reichlich kochendem Wasser etwa 10 Minuten sprudelnd kochen, bis sie gerade eben weich sind. Mit dem Schaumlöffel herausnehmen und auf einem Sieb abtropfen lassen. Spinat und Sojasprossen einige Sekunden im Bohnenwasser blanchieren. Abgießen und abtropfen lassen.
› Gemüse und Kokoswürzpaste heiß mischen und sofort servieren.

Austernpilze in Kokoscreme
Hed Tomkha

Aus Thailand

Janja Rieser versucht immer, Zitronenblätter für die Pilze zu bekommen: »Nur sie geben der Sauce den charakteristisch herb-säuerlichen Geschmack. Zitronensaft oder Zitronenmelisse sind kein richtiger Ersatz.«

Für 2 Portionen
500 g Austernpilze
3 asiatische Schalotten
1/4 l Kokosmilch (Dose)
1/8 l Wasser
1 TL Salz
10 dünne Galgantscheiben
5 Zitronenblätter
1 EL Zitronensaft
2 EL helle Sojasauce

Dauert etwa 20 Minuten

› Pilzhüte von den Stielen schneiden, sehr große Hüte grob zerkleinern. Die Schalotten abziehen und halbieren.
› Die Kokosmilch in einem Topf mit dem Wasser verrühren. Salz zufügen und kurz aufkochen.
› Pilze, Schalotten, Galgantscheiben und Zitronenblätter zugeben und alles etwa 5 Minuten kochen. Mit Zitronensaft und Sojasauce abschmecken.

Die Gemüsesorten wählt Xiaoyan Zhang nach Angebot. Man muss nur darauf achten, dass alles in Farbe und Geschmack zusammenpasst.

Viererlei gebratenes Gemüse

Sushijin

Aus China

Die Sauce im bunten Wokgemüse kann auch klar bleiben. Doch die Bindung mit Speisestärke ist typisch für die chinesische Küche: »Die Sauce bleibt gut am Reis haften, und das Gemüse schmeckt besser«, sagte Xiaoyan Zhang zu ihrem Rezept.

Für 2 Portionen
10 g Mu-Err-Pilze
400 g Brokkoli
2 Bambusspitzen
2 mittelgroße Möhren
2 Frühlingszwiebeln
1 Stück frischer Ingwer (1 cm lang)
4 EL Öl
1/8 l Gemüsebrühe
2 EL helle Sojasauce
Salz
1 TL Speisestärke

Dauert etwa 45 Minuten

› Die Mu-Err-Pilze mit kochendem Wasser übergießen und 30 Minuten einweichen. Abgießen, Pilzhüte von den Stielen schneiden und waschen.

› Den Brokkoli waschen, putzen und in Röschen teilen. Bambusspitzen in Scheiben schneiden und kalt abspülen. Möhren schälen und in Scheiben, gewaschene Frühlingszwiebeln schräg in Ringe schneiden. Den Ingwer schälen und in feine Stifte schneiden.

› Das Öl im Wok oder in einer großen Pfanne erhitzen. Ingwer und Frühlingszwiebeln darin bei starker Hitze kurz anbraten, bis sie zu duften beginnen. Brokkoli, Möhren und Bambusspitzen zugeben und unter Rühren etwa 2 Minuten braten.

› Mu-Err-Pilze und Brühe zugeben und knapp 2 Minuten dünsten. Mit der Sojasauce und Salz abschmecken.

› Die Speisestärke mit dem Wasser glatt rühren, Gemüse damit binden und sofort servieren.

Tip: Damit Brokkoli und Möhren gerade eben weich sind, soll das Gemüse höchstens 5 Minuten dünsten.

Das grosse Gras

Der mächtige Bambus stammt aus der Familie der Gräser. Seine Schösslinge werden wie Spargel gestochen, wenn sie etwa 30 Zentimeter lang sind. Falls Sie frische Spitzen bekommen, greifen Sie zu: Sie sind viel zarter und schmecken besser als Bambussprossen aus der Dose. Bambus darf man nicht roh essen: Manche Arten enthalten giftige Blausäure, die erst beim Kochen, Dünsten oder Schmoren unschädlich wird.

Ramata Ebersbach-Dabiré

»Wenn Sie nach Symbolen für die traditionelle Küche Afrikas suchen, nenne ich Ihnen zwei: Das Mahlen von Getreide, das Stampfen von grünen Blättern und Gewürzen. Dazu werden Sie die Ruhe empfinden, die Frauen beim Kochen ausstrahlen: Eine Frau, die schnell was auf den Tisch bringt, gilt als schlechte Köchin. Kochen ist Frauensache ...« »Nein, denken Sie jetzt nicht europäisch«, warf Ramata ein, als sie meine Abwehr spürte. »Bei uns hat das nichts mit den drei Ks – Kinder, Küche, Kirche – zu tun, was Frauen zu Recht bekämpfen. Es hat mit dem Leben zu tun: Frauen sind diejenigen, die Leben schenken und erhalten. Natürlich verändern sich diese Strukturen, die Städte wachsen, die Frauen sind berufstätig. Ich verbringe nur wenig Zeit mit Kochen, ich esse sehr einfach. Doch jedes Jahr, wenn ich nach Hause komme, habe ich Lust auf unsere typischen Gerichte: Kürbis mit Gewürzen und Erdnüssen oder Hirsebuletten mit gewürzter Butter.« Dieses Lieblingsessen, auch von Ramatas Mann Dietrich, finden Sie auf der Seite 48 beschrieben.

Gebratene Süßkartoffeln

Aus Burkina Faso

»Süßkartoffeln dürfen Sie nicht zu dünn schneiden, sonst werden sie trocken«, rät Ramata Ebersbach-Dabiré. »Außerdem brauchen sie etwas mehr Öl als normale Kartoffeln. Richtig gebraten sind sie innen mehlig und außen knusprig.«

Für 4 Portionen
1 kg Süßkartoffeln
1/2 l Pflanzenöl
Sauce
500 g Zwiebeln
500 g Tomaten
2 EL Pflanzenöl
Knapp 1/2 l Wasser
1 EL Gemüsebrühe (instant)
1 EL getrocknete Kräuter der Provence
Salz, Pfeffer
Cayennepfeffer

Dauert etwa 1 Stunde

› Die Süßkartoffeln schälen und quer in 1 Zentimeter dicke Scheiben schneiden. Das Öl erhitzen und darin die Kartoffelscheiben portionsweise bei mittlerer bis schwacher Hitze in ungefähr 20 Minuten rundum weich und goldbraun braten. Mit einem Schaumlöffel herausnehmen, auf Küchenpapier abtropfen lassen und warm stellen.

› Für die Sauce abgezogene Zwiebeln und Tomaten in Scheiben schneiden. Das Öl erhitzen und die Zwiebelringe darin goldgelb braten. Tomaten zugeben und zugedeckt bei schwacher Hitze 10 Minuten dünsten.

› Wasser, Gemüsebrühe und Kräuter zugeben und etwa 15 Minuten garen. Die Sauce mit Salz, Pfeffer und einer Prise Cayennepfeffer abschmecken.

Ramata mag Süßkartoffeln mit rosa Fruchtfleisch am liebsten. Typische Variante dazu ist die Yamswurzel.

Gemüse in Erdnusssauce

Tigèdigè Nan

Aus Burkina Faso

Das Originalrezept wird mit Geflügel und Fleisch gekocht. Doch Ramata mag die vegetarische Variante lieber. Zum Gemüse mit dicker Sauce gibt es Reis.

Für 8 Portionen
750 g Zwiebeln
6 Knoblauchzehen
2 kg Tomaten
1 kleiner Kopf Weißkohl
200 g Okraschoten
4 EL Erdnussöl
1 l Wasser
4 EL Gemüsebrühe (instant)
Salz
Pfeffer
Cayennepfeffer
6 Lorbeerblätter
500 g ungesüßte Erdnusscreme

Dauert etwa 1 1/2 Stunden

› Zwiebeln und Knoblauch abziehen und fein hacken. Tomaten waschen, pürieren und durch ein Sieb streichen. Kohl achteln, waschen und grob zerkleinern. Die Okraschoten waschen, wie Bohnen am Stielansatz und an der Spitze kürzen und in Stücke schneiden.

› Öl in einem großen Topf erhitzen, Zwiebeln und Knoblauch darin bei schwacher Hitze glasig braten. Tomaten zufügen und 10 Minuten bei mittlerer Hitze schmoren.

› Etwa 3/4 des Wassers zum Tomatenpüree gießen und aufkochen. Kohl und Brühe unterrühren. Mit Salz, Pfeffer, Cayennepfeffer und Lorbeer würzen.

› Die Erdnusscreme mit dem restlichen warmen Wasser glatt rühren. Mit den Okras in die Sauce mischen, aufkochen und zugedeckt bei schwacher Hitze ungefähr 30 Minuten garen; dabei häufig umrühren, sonst brennt die Sauce an.

› In einer heißen Schüssel anrichten.

Zu Afrikas Küche gehören Gemüseblätter und Früchte. Das Stampfen von Blättern und Gewürzen in großen Mörsern können Sie überall beobachten – nicht nur auf den Dörfern, sondern auch in den Städten.

»Ein Mädchen fängt bei uns schon mit vier, fünf Jahren an zu lernen, wie gekocht wird. Die Mutter holt sie dazu: ›Komm, tu mal das stampfen.‹ Und da fängt sie an mit dem Stampfen von Gewürzen. Mit zwölf Jahren kann jedes Mädchen dann phantastisch kochen.«

RAMATA EBERSBACH-DABIRÉ

Polenta-Tips

Maria Fecondo kocht Polenta aus Instantmaisgrieß: »Das schmeckt genauso gut und geht viel schneller.« Die fertige Polenta schneidet sie mit einem dicken Faden auf: »Am Messer bleibt sie kleben, doch mit dem Faden kann man sie ganz glatt aufteilen.« Den Faden zieht man unter der abgekühlten Polentaplatte durch – als ob Sie ein Paket verschnüren wollten – und teilt dann die darauf liegende Polenta in Stücke.

Das Gemüse mit Polenta ist eine italienisch-deutsche Koproduktion: Maria Fecondo zeigte mir, wie sie Polenta zubereitet. Und ich schmorte statt des üblicher Fleischragouts viel buntes Sommergemüse dazu.

Geschmortes Gemüse mit Polentaschnitten

Aus Deutschland und Italien

Für 4 Portionen
Polentaschnitten
2 l Wasser
Salz
1 Paktet Instantpolenta (Maisgrieß; 500 g)
Gemüse
4 mittelgroße Kartoffeln (fest kochende Sorte)
2 schlanke Auberginen
4 kleine Zucchini
2 Bund Lauchzwiebeln
4 Tomaten
2 Knoblauchzehen
6 EL Olivenöl
3 EL Gemüsebrühe
2 Stängel Rosmarin
Salz
Schwarzer Pfeffer
100 g Parmesan
2 Stängel Petersilie

Dauert etwa 1 1/4 Stunden

› Wasser und Salz in einem großen Topf aufkochen. Instantpolenta einrühren, erneut aufkochen und zugedeckt bei schwächster Hitze etwa 5 Minuten garen. Dabei einige Male umrühren.

› Den fertigen Maisbrei auf ein kalt abgespültes Brett stürzen, etwa 3 Zentimeter dick als Rechteck verstreichen und, mit einem Küchentuch bedeckt, abkühlen lassen, bis alle anderen Zutaten vorbereitet sind.

› Geschälte Kartoffeln in dicke Scheiben, Auberginen und Zucchini in große Würfel schneiden. Die Lauchzwiebeln putzen und waschen, Tomaten abziehen und vierteln, Knoblauch hacken.

› 3 Esslöffel Öl in einem Topf erhitzen. Kartoffeln, Gemüse und Knoblauch darin anbraten. Gemüsebrühe, grob zerkleinerten Rosmarin, Salz und Pfeffer zugeben. Gemüse zugedeckt bei mittlerer Hitze etwa 30 Minuten garen, bis die Kartoffeln weich sind.

› Die Polenta mit einem Faden in ca. 6 Quadratzentimeter große Teile schneiden, und diese im restlichen Öl bei mittlerer Hitze 4 Minuten pro Seite braten, bis sie eine Kruste haben. Mit dem Gemüse auf heißen Tellern anrichten.

› Parmesan reiben. Einen Teil davon über Polenta und Gemüse streuen, den Rest dazu servieren. Petersilie hacken und das Gemüse damit bestreuen.

Kartoffelstrudel
Erdäpfelstrudel

Aus Österreich

Für 4 Portionen

Teig
250 g Mehl
1 Ei
1 EL Öl
1 Prise Salz
8 EL Wasser
Füllung
1 kg Kartoffeln (mehlige Sorte)
1 Zwiebel
Salz, Pfeffer
Geriebene Muskatnuss
6 EL Öl oder flüssige Butter
Dauert etwa 2 Stunden
Arbeiten müssen Sie etwa 1 1/4 Stunden

› Für den Teig alle Zutaten verkneten. Der Teig soll glatt sein, beim Eindrücken mit dem Finger elastisch nachgeben und nicht kleben. Zu einem Kloß formen, in Pergamentpapier wickeln und in einen Topf legen, den Sie zuvor mit heißem Wasser ausgespült haben. Teig zugedeckt ruhen lassen, bis die Füllung zubereitet ist.

› Geschälte Kartoffeln waschen, reiben, in ein Sieb geben und ausdrücken. Mit der fein gehackten Zwiebel mischen, mit Salz, Pfeffer und Muskatnuss kräftig würzen.

› Ein großes Tuch auf der Arbeitsfläche ausbreiten und mit Mehl bestreuen. Teig in 2 Stücke schneiden. Jedes Stück auf wenig Mehl ausrollen, hochheben und über die Handrücken legen. Nun die Teigplatte über die leicht gewölbten Hände vorsichtig und gleichmäßig dehnen.

› Teigplatte auf dem Tuch ausbreiten und mit etwas Fett bestreichen. Die Hälfte der Kartoffeln darauf verteilen und mit Fett beträufeln.

› Teigplatte an den Schmalseiten über der Füllung nach innen falten. Tuch am unteren Rand anheben, Strudel aufrollen, mit dem Tuch anheben und auf ein gefettetes Backblech geben. Die zweite Teigportion ebenso verarbeiten und neben den ersten Strudel legen.

› Mit dem Fett bestreichen, in den kalten Backofen (untere Schiene) schieben und bei 190 °C (Umluft, 175 °C; Gas, Stufe 2) etwa 45 Minuten backen.

Gemüse mit Linsen

Aus Marokko

Für 4 Portionen

1 große Zwiebel
1 rote Chilischote
2 EL Olivenöl
100 g grüne Linsen
1 TL gemahlener Kreuzkümmel
1 EL Paprikaflocken
Salz
1/4 l Wasser
600 g Tomaten
500 g gelber Gartenkürbis oder Zucchini
300 g Spinat
1 EL gehackte Pfefferminze
Dauert etwa 1 1/4 Stunden

› Zwiebel hacken, Chilischote putzen und in feine Streifen schneiden. Beide Zutaten mit den Linsen im heißen Öl bei mittlerer Hitze anbraten.

› Kreuzkümmel, Paprikaflocken, Salz und Wasser zugeben und aufkochen. Linsen zugedeckt etwa 45 Minuten garen, bis sie fast weich sind.

› Tomaten abziehen und grob zerkleinern. Kürbis schälen, von großen Kernen befreien und würfeln. Spinat waschen und grob zerkleinern.

› Tomaten und Kürbis zu den Linsen geben, mit Salz würzen, aufkochen und zugedeckt 15 Minuten garen.

› Spinat untermischen und kräftig aufkochen. Gemüse, mit der Pfefferminze bestreut, sofort servieren.

»Gurkensalat und grüner Salat schmecken zu meinem Erdäpfelstrudel am besten. Und zu trinken gibt es Apfelwein.«

Josefine Helm

Gute Auberginen

Für Gerichte mit Auberginen wurden mir möglichst kleine Eierfrüchte empfohlen: Jutta Kogel nimmt für ihr vegetarisches »Wellington« lieber zwei kleine als eine große. Ramola Parbhoo bereitet ihr Curry mit einer 200-Gramm-Aubergine zu, die Sie bei uns entweder im Naturkost- oder im türkischen Lebensmittelladen bekommen. Zenaida Panganiban kauft im China- oder Philippinen-Laden Auberginen aus ihrer Heimat: »Sie sind klein, schmecken sehr intensiv und sind nicht so wässrig wie große Früchte.«

Aubergine »Wellington«

Aus den USA

Arthur Wellesley, Herzog von Wellington, schlug im Jahre 1815 die Schlacht von Waterloo: Mit der Armee aus britischen, holländischen und hannoverschen Soldaten besiegte er Kaiser Napoleon I. Nach dem Herzog wurde das berühmte Rinderfilet mit Pilzpaste im Blätterteigmantel benannt. Jutta Kogel hat eine Version mit Auberginen erfunden, die mir viel besser schmeckt als das klassische Original.

Für 5 Portionen
450 g tiefgefrorener Blätterteig
400 g Champignons
2 Schalotten
1 Knoblauchzehe
1 Bund Petersilie
2 mittelgroße Auberginen (ca. 500 g)
5 EL Öl
Salz
Weißer Pfeffer
1 EL Butter
1 TL getrockneter Thymian
3 EL Madeira oder Weinbrand
125 g süße Sahne
Mehl zum Ausrollen
1 Ei zum Bestreichen
Dauert etwa 2 Stunden
Arbeiten müssen Sie etwa 1 1/4 Stunden

› Blätterteigplatten auftauen lassen.
› Geputzte Champignons, Schalotten, Knoblauch und Petersilie portionsweise im Blitzhacker fein zerkleinern.
› Auberginen waschen, abtrocknen und der Länge nach halbieren. Blütenansätze dabei abschneiden.
› Die Auberginenhälften im heißen Öl bei schwacher bis mittlerer Hitze rundherum in jeweils etwa 5 Minuten braun anbraten. Herausnehmen, mit Salz und Pfeffer würzen.
› Die Butter in der Pfanne erhitzen. Pilzmischung und Thymian darin bei mittlerer Hitze unter Rühren schmoren, bis die Flüssigkeit, die sich bildet, wieder verdampft ist. Madeira untermischen.
› Sahne nach und nach zugießen und bei mittlerer bis starker Hitze einkochen, bis die Mischung dick und streichfähig ist. Mit Salz und Pfeffer würzen und abkühlen lassen.
› Den Backofen auf 200 °C (Umluft, 180 °C; Gas, Stufe 4) vorheizen.
› Blätterteigplatten als Rechteck auf die bemehlte Arbeitsfläche legen: Die Platten an den Rändern etwa 1/2 Zentimeter breit übereinander legen. Teig zu einem Rechteck von etwa 40 mal 35 Zentimeter ausrollen. Ränder rundherum glatt schneiden und diesen Teigrest für die Verzierung des Blätterteigmantels kühlen.
› Auf die große Blätterteigplatte etwas unterhalb der Mitte eine Schicht Pilze in Größe der Auberginenhälften streichen.
› Die Auberginenhälften darauf legen, an den Seiten und oben mit der restlichen Mischung bestreichen. Nun zuerst die schmalen Teigseiten über die Auberginen klappen, dann die Längsseite darüber falten, die Ihrem Körper am nächsten liegt.
› Das Ei trennen, den Teigrand an der zweiten Längsseite mit Eiweiß bepinseln und ebenfalls über die Auberginen legen. Das Päckchen vorsichtig anheben und so auf ein kalt abgespültes Backblech legen, dass der Teigrand der zweiten Längsseite auf der Unterseite des Päckchens liegt.
› Den Teigmantel mit verquirltem Eigelb bestreichen.
› Die gekühlten Teigreste ausrollen, zu beliebigen Formen ausstechen und mit Eiweiß auf das Päckchen kleben.
› Das Päckchen in den heißen Backofen (mittlere Schiene) schieben und in 35 bis 40 Minuten goldbraun backen.

Tip: Zur Aubergine »Wellington« passen Zuckerschoten, Brokkoligemüse, Spargel und eventuell gemischter Salat.

Zu dieser vegetarischen Idee hat ein Klassiker inspiriert: Leipziger Allerei. Die Krebsschwänze habe ich weggelassen, die Grießklößchen durch üppigere Butterklößchen ersetzt. Auch Gemüseesser sind Genussmenschen.

Gemüse mit Butterklößchen

Aus Deutschland

Für 4 Portionen

Klößchen

80 g weiche Butter
Salz
Schwarzer Pfeffer
Frisch geriebene Muskatnuss
4 Eier
120 g Mehl

Gemüse

500 g frische dicke Bohnen in den Schoten (oder 1/2 Paket tiefgefrorene)
200 g Spitzkohlblätter
200 g grüne Bohnen
200 g Brokkoli
250 g Flaschentomaten (oder runde Tomaten)
1 Gemüsezwiebel
2 Knoblauchzehen
1 Bund Rosmarin, Thymian, Salbei und Lorbeer (gemischt)
Salz, Pfeffer
6 EL Gemüsebrühe
1 Bund Schnittlauch

Dauert etwa 1 1/4 Stunden

› Butter mit Salz, Pfeffer und Muskatnuss schaumig rühren. Eier und Mehl unterrühren. Zugedeckt ruhen lassen, bis das Gemüse vorbereitet ist.

› Dicke Bohnen aus den Schoten lösen. Spitzkohl und grüne Bohnen mundgerecht zerkleinern. Brokkoli in Stiele und Röschen teilen, die Stiele schälen. Alle diese Gemüse waschen und tropfnaß in einen Topf geben.

› Die Tomaten abziehen und halbieren. Zwiebel in Stücke schneiden. Knoblauch schälen, frische Kräuter waschen, aber nicht trockenschwenken.

› Alles mit dem Gemüse mischen. Salz, Pfeffer und Gemüsebrühe zugeben. Zugedeckt aufkochen und bei mittlerer Hitze etwa 15 Minuten garen, bis die grünen Bohnen weich sind.

› Reichlich Wasser mit Salz aufkochen. Den Teig mit einem in kaltes Wasser getauchten Löffel als Klößchen abstechen. Zugedeckt bei schwacher Hitze ungefähr 5 Minuten kochen, bei schwächster Hitze 10 Minuten ziehen lassen.

› Gemüse auf eine vorgewärmte Platte geben. Butterklößchen darauf anrichten und alles mit dem fein zerkleinerten Schnittlauch bestreuen.

Spitzkohl

Die hellgrünen spitzen Köpfe, von denen die größten an gotische Hauben erinnern, gibt es nur im Frühsommer von Anfang Mai bis Ende Juni.

»Austernsauce gehört zur Küche meiner Heimat Kanton. In Nordchina oder Sichuan verwendet man sie nicht. Strenge Vegetarier lassen sie einfach weg, obwohl dadurch das typische Aroma des Gerichts verloren geht.«

XIAOYAN ZHANG

Zweierlei Pilze mit grünem Gemüse
Shuangse Xianggu

Aus China

Die Sauce dieses Gerichts soll dickflüssig sein. Xiaoyan Zhang lässt sie deshalb stark einkochen oder gibt zum Schluss noch einen Teelöffel Speisestärke, in kaltem Wasser angerührt, dazu.

Für 2 Portionen

- 12 getrocknete Xianggupilze (oder Tonggupilze)
- 500 g frische Champignons
- 8 junge Chinakohlblätter (oder Senfkohlblätter)
- 4 EL Öl
- 2 EL Wasser
- 1/8 l Gemüsebrühe
- 1 EL Sojasauce
- 2 TL Zucker
- 1/2 TL Salz
- 1 EL Austernsauce

Dauert etwa 45 Minuten

› Xianggupilze in kochendem Wasser 30 Minuten einweichen. Abgießen und waschen. Champignons putzen, Kohlblätter längs halbieren.

› 2 Esslöffel Öl im Wok erhitzen. Kohl darin unter Rühren 1 Minute anbraten. Wasser zugeben, Kohl zugedeckt 2 bis 3 Minuten bei mittlerer Hitze weich dünsten. Auf Küchenpapier abtropfen lassen, auf einer Platte warm stellen.

› Restliches Öl im Wok erhitzen und Xianggupilze darin bei starker Hitze kurz anbraten. Champignons zugeben und unter häufigem Rühren bei mittlerer Hitze 1 bis 2 Minuten braten.

› Für die Sauce die Gemüsebrühe mit Sojasauce, Zucker und Salz mischen, zugießen und etwa 3 Minuten bei starker Hitze kochen, bis die Flüssigkeit dick und die Pilze gar sind. Mit der Austernsauce abschmecken. Kohl mit der Pilzsauce übergießen und servieren.

Blumenkohl-Erbsen-Curry
Kopi dalna

Aus Indien

Die indische Art, Blumenkohl zu kochen, tut dem oft aromaschwachen Gemüse nur gut: Arun Das Gupta würzt sehr kräftig.

Für 4 Portionen

- 500 g Blumenkohl
- 2 mittelgroße Kartoffeln (fest kochende Sorte)
- 1 große Tomate
- 200 g tiefgefrorene Erbsen
- 180 ml Pflanzenöl
- 1 TL gemahlener Kreuzkümmel
- 1 TL gemahlener Koriander
- 1 gehäufter TL gemahlene Gelbwurz
- 1/4 TL Chilipulver
- 1 TL Zitronensaft
- 1 1/2 TL Salz
- 1 TL Zucker
- 1/4 l Wasser
- 75 g Naturjoghurt

Dauert etwa 45 Minuten

› Blumenkohl in 5 Zentimeter lange Röschen, geschälte Kartoffeln in etwa 4 Zentimeter große Würfel, Tomate in Scheiben schneiden. Erbsen auf einem Sieb auftauen lassen.

› Öl in einem großen Topf erhitzen und die Kartoffeln darin unter Rühren 5 Minuten braten, aber nicht bräunen. Blumenkohl kurz mitbraten.

› Kreuzkümmel, Koriander, Gelbwurz und Chilipulver gleichmäßig über das Gemüse streuen. Tomate, Zitronensaft, Salz, Zucker, Wasser zugeben und alles zugedeckt bei mittlerer Hitze 15 Minuten garen.

› Naturjoghurt mit dem Schneebesen cremig rühren und langsam untermischen. Das Gemüse in weiteren 5 Minuten weich garen. Von der Kochstelle nehmen, Erbsen unterrühren und zugedeckt noch 2 bis 3 Minuten erhitzen.

Die schöne rote Farbe der Papayas kommt von Annato, einem Zierstrauch der Tropen. Der Farbstoff seiner Samen wurde einst zur Kriegsbemalung verwendet. Heute färbt man Lebensmittel und Ostereier damit.

Papaya in Kokosmilch

Von den Philippinen

Zenaida Panganiban lässt die Peperoni wirklich nur kurz im Gemüse ziehen: »Sonst wird es sehr scharf«, warnt sie.

Für 4 Portionen
1 TL Annato (siehe Bild oben)
3–4 EL Wasser
3 feste grüne Papayas
2 cm frischer Ingwer
1 kleine Zwiebel
2 Knoblauchzehen
1 EL Öl
Salz
Weißer Pfeffer
2 EL helle oder dunkle Sojasauce
400 ml Kokosmilch (Dose)
1 Peperoni
Dauert etwa 1 Stunde

› Annato mit Wasser in einem Schälchen 30 Minuten ziehen lassen. Durch ein feines Sieb gießen und dabei mit einem Teelöffel ausdrücken.

› Papayas schälen und halbieren, Kerne mit einem Löffel herauskratzen. Hälften längs halbieren und quer in Streifen schneiden. Ingwer schälen und in feine Streifen schneiden. Zwiebel hacken, Knoblauch zerdrücken.

› Öl im Wok erhitzen. Knoblauch und Ingwer darin bei mittlerer Hitze braten. Zwiebel zugeben und glasig braten.

› Die Papayas darin anbraten. Mit den Gewürzen abschmecken und zugedeckt 2 Minuten dünsten. Auf eine Platte geben.

› Die Hälfte der Kokosmilch im Wok unter Rühren aufkochen. Annato zugeben und alles 2 Minuten bei schwacher Hitze garen. Papayas und die restliche Kokosmilch zugeben und aufkochen.

› Peperoni halbieren, von den Kernen und Scheidewänden befreien und kurz im Gemüse ziehen lassen.

Tip: Statt der Papayas kann man Kohlrabi oder Chayoten (Seite 142) nehmen.

Gemüse und Obst

Papayas gibt es das ganze Jahr über zu kaufen – reif als Obst, grün als Gemüse. Die Frucht stammt vermutlich aus Mittelamerika und Mexiko und wird heute in tropischen Ländern aller Kontinente angebaut. Papayas sind sehr gesund: Sie enthalten reichlich Kalzium, Vitamin C und Karotin, fördern die Verdauung und lindern Darmstörungen. Ihre lackschwarzen Kerne werden übrigens zum verbotenen Strecken von schwarzem Pfeffer verwendet. Denn getrocknet sind sie so schrumpelig und dunkel wie Pfefferkörner.

Kartoffeln der ersten Ernte

Schweden sind große Kartoffelesser: Jeder, der die Möglichkeit dazu hat, baut die Knollen selber an. Die zarten, pflaumengroßen Frühjahrskartoffeln kocht man mit reichlich Dillkraut und Dillblüten. Dazu gibt es saure Sahne und viel Schnittlauch.

Originale Kroppkakor füllt man mit Speck- oder Schinkenwürfeln. Ewa Schimmer mag die Gemüsemischung lieber. Wenn die Bällchen richtig satt machen sollen, ergänzt sie mit Knoblauch und gewürfeltem Käse.

Kartoffelbällchen
Kroppkakor

Aus Schweden

Zu schwedischen Kartoffelbällchen isst man braune Butter, Preiselbeerkompott und grünen Salat.

Für 4 Portionen
800 g Kartoffeln (mehlige Sorte)
1 Zwiebel
1 Stange Porree
1 EL Butter
2–3 EL tiefgefrorene Kräuter (gemischt)
1 Ei
2–3 EL Mehl
1 TL Salz

Dauert etwa 2 Stunden

› Kartoffeln ungeschält in wenig Wasser weich kochen.

› Abgießen, kalt abschrecken, schälen, durch die Kartoffelpresse drücken und abkühlen lassen.

› Für die Füllung den Porree putzen, waschen und fein zerkleinern. Mit der fein geschnittenen Zwiebel in 1 Esslöffel Butter bei schwacher Hitze 5 Minuten dünsten. Kräuter untermischen.

› Kartoffeln, Ei, Mehl und Salz mit den Händen zu einem weichen Teig verarbeiten, der sich gut formen lässt und nicht an den Händen klebt. Teig in 12 Stücke teilen, flache Bällchen formen und dabei mit Porreemischung füllen.

› Reichlich Salzwasser zum Kochen bringen. Kartoffelbällchen darin einmal aufkochen und bei schwacher Hitze 12 Minuten ziehen lassen. Dabei den Deckel nur halb auf den Topf legen.

› Die Kartoffelbällchen mit einem Schaumlöffel herausnehmen und auf vorgewärmten Tellern anrichten.

Tip: Für Kartoffelfrikadellen das Mehl weglassen und ein zweites Ei unter den Teig mischen. Mit angefeuchteten Händen oder einem Esslöffel Frikadellen formen und in Butterschmalz auf beiden Seiten goldbraun braten.

Kartoffeln mit Birnen
Schnitz und Härdöpfel

Aus der Schweiz

Das kräftige Essen von Margaret Eicher hat man früher noch viel kräftiger gekocht: »Im Originalrezept meiner Mutter steht noch ein Stück Räucherspeck, das man mitgart. Diese Variante heißt Birnbraten und ist eine Spezialität aus Solothurn an der Aare, der vielleicht ältesten Schweizer Stadt.«

Für 4 Portionen
5–6 Birnen (Williams oder Gute Luise)
600 g Kartoffeln (vorwiegend fest kochende Sorte)
2 EL Zucker
200 ml Wasser
Salz
Weißer Pfeffer
250 g süße Sahne

Dauert etwa 45 Minuten

› Die Birnen schälen, achteln und vom Kerngehäuse befreien. Die Kartoffeln schälen, waschen und würfeln.
› Zucker in einer Pfanne erhitzen und leicht karamellisieren. Die Birnen und Kartoffeln zugeben, mit dem Wasser aufgießen, mit Salz und Pfeffer würzen. Sahne unterrühren.
› Alles einmal aufkochen und zugedeckt bei mittlerer bis schwacher Hitze in etwa 15 Minuten weich kochen.

Kartoffeldolken mit Sauerkraut
Zemiakové dolky s kyslou kapustou

Aus der Slowakei

Kartoffeldolken isst man eigentlich als Vorspeise oder als Beilage zu Schweine- oder Entenbraten. Renata Sako-Hoess serviert sie mit Salat als Hauptgericht.

Für 6 Portionen
1 mittelgroße Zwiebel
1 Knoblauchzehe
1 EL Öl
300 g Sauerkraut
1,2 kg Kartoffeln
200 g Instantmehl
1 Ei
100 ml Milch
Salz
Pfeffer
Öl zum Braten

Dauert etwa 1 Stunde

› Zwiebel und Knoblauch hacken und in 1 Esslöffel Öl glasig braten. Sauerkraut fein zerkleinern. Geschälte Kartoffeln fein reiben. Alles mischen. Mehl, Ei, Milch, Salz und Pfeffer zugeben und zu einem Teig verarbeiten.
› In einer kleinen Pfanne Öl erhitzen. Pro Kartoffeldolke 2 bis 3 Esslöffel Teig darin glatt streichen und bei schwacher bis mittlerer Hitze auf der Unterseite etwa 5 Minuten braten.
› Wenn der Teig sich leicht vom Pfannenboden löst, wenden und in etwa 4 Minuten fertig braten. Gebratene Kartoffeldolken im Backofen warm halten. Zum Servieren wie eine Tortilla in Viertel schneiden.

Nur in der Dolkenpfanne bekommen die Küchlein das richtige Format: etwa sieben Zentimeter Durchmesser und fünf bis acht Millimeter Dicke.

Auch gut als üppiges Dessert

Für süße Dolken mischen Sie den Teig nur mit Kartoffeln, Mehl, Eigelb, Milch und einer kleinen Prise Salz. Nach dem Backen werden die Dolken auf einer Seite mit Pflaumenmus bestrichen, zusammengeklappt, mit Mohn und Zucker bestreut. Als Garnierung schmeckt noch süßer Quark oder ein Häubchen aus Schlagsahne.

Okras

Die Schoten, grün wie Bohnen und geformt wie Pfefferschoten, gehören zu ganz unterschiedlichen Küchen:
Gombo Kreole, eine Hühnersuppe mit Reis und Okras, ist typisch für den Süden der USA. In Ägypten bereitet man Auflauf damit zu, in der Türkei mischt man die Schoten ins Pilaw, in Westafrika kocht man sie in Gemüseeintöpfen mit oder ohne Fleisch.
Beim Garen geben Okras eine Flüssigkeit ab, die Saucen ähnlich wie Speisestärke bindet. Wer das nicht mag, blanchiert die unzerkleinerten Schoten in kochendem Wasser (mit einem kräftigen Schuss Essig) und spült sie danach kalt ab.
Frische Okraschoten bekommen Sie bei uns fast das ganze Jahr über bei gut sortierten Gemüsehändlern und in ausländischen Lebensmittelgeschäften.
Dort gibt es sie auch in Dosen, tiefgefroren und getrocknet.

Süden in der Küche: Okras gehören zur Küche des Mittelmeers und der Kreolen – nach Afrika und Indien.

Okras mit Tomaten

Bámies laderés

Aus Griechenland

Das »Delphi« ist Griechen und Deutschen im Münchner Westen ein Begriff. Auf der Suche nach dem Vegetarischen aller Länder habe ich dort diesen Gemüsetopf gegessen und auch das Rezept bekommen.

Für 4 Portionen
500 g frische Okraschoten (siehe links)
Salz
1/8 l Essig
500 g Zwiebeln
4 Knoblauchzehen
3 Tomaten
1/2 Bund Petersilie
7 EL Öl
Pfeffer
1 Prise Zucker
4 EL Zitronensaft
3 EL Wasser

Dauert etwa 1 Stunde

› Die Okraschoten waschen, in einer Schüssel mit 2 Esslöffel Salz bestreuen, mit dem Essig begießen und zugedeckt 1 Stunde ziehen lassen.

› Zwiebeln in dünne Scheiben schneiden, Knoblauch hacken. Tomaten abziehen und in Scheiben schneiden. Die gewaschene Petersilie grob hacken. Die Okras auf ein Sieb abgießen, kalt abspülen und trockentupfen.

› Das Öl in einer Pfanne erhitzen. Die Okras darin bei starker bis mittlerer Hitze etwa 2 Minuten braten. In einen hohen Topf geben.

› Zwiebeln und Knoblauch im Öl bei mittlerer Hitze weich braten und dabei leicht bräunen. Auf den Okras verteilen. Mit Salz, Pfeffer und dem Zucker würzen; Zitronensaft, Wasser und die Petersilie darüber verteilen. Mit den Tomatenscheiben belegen, einmal aufkochen und zugedeckt bei schwacher Hitze etwa 30 Minuten garen.

Tip: Das Gemüse isst man heiß mit Reis oder lauwarm mit Weißbrot.

Reis-Zucchini-Auflauf

Suprême de riz et de courgettes

Aus Frankreich

Es ist ein wunderbarer, leichter Auflauf, den Joëlle Ribas für einen schönen Abend nach einem heißen Sommertag empfiehlt. »Er vereint so mediterrane Lebensmittel wie junge Zucchini, Olivenöl und Reis.«

Für 4–5 Portionen
1 1/2 kg Zucchini
3–4 EL Öl
200 g Langkornreis
400 ml Wasser
Salz
2 Eier
1/4 l Milch
Weißer Pfeffer
Geriebene Muskatnuss
100 g Emmentaler
Dauert etwa 1 1/2 Stunden
Arbeiten müssen Sie etwa 1 Stunde

› Zucchini waschen oder schälen und in etwa 3 Millimeter dicke Scheiben schneiden. Im heißen Öl portionsweise bei mittlerer Hitze goldbraun braten.

› Mit dem Reis in einen Schmortopf geben und bei schwacher Hitze unter Rühren 2 bis 3 Minuten braten. Mit Wasser aufgießen, Salz zugeben, zum Kochen bringen und zugedeckt bei schwacher Hitze 15 Minuten garen. Topf von der Kochstelle nehmen.

› Eier mit der Milch verquirlen, mit Salz, Pfeffer und Muskatnuss würzen. Den fein Käse reiben. 50 Gramm davon mit der Eiermilch verrühren. Zucchini-Reis untermischen.

› Auflauf in eine ofenfeste Form füllen und mit dem restlichen Käse bestreuen.

› In den kalten Backofen (mittlere Schiene) stellen und bei 200 °C (Umluft, 180 °C; Gas, Stufe 3) etwa 30 Minuten backen.

Kartoffelpuffer mit Zwiebeln

Lattkes

Aus der jüdischen Küche

In Öl Gebackenes wie Lattkes oder Sufganiot – Krapfen – gehört zu Chanukka, dem jüdischen Lichterfest. Zu Lattkes isst man Süßes: Bilha Widmann serviert dazu Apfelmus dazu.

Für 4 Portionen
2 EL Mehl
1 TL Salz
1 Messerspitze Pfeffer
2 Eier
2 EL Wasser
2 EL Öl
1 mittelgroße Zwiebel
500 g Kartoffeln (mehlige Sorte)
1 EL gehackte Petersilie
Öl zum Braten
Dauert etwa 1 Stunde

› Mehl, Salz und Pfeffer in einer Schüssel mischen. Eier, Wasser und Öl dazu geben und alles zu einem glatten Teig verarbeiten.

› Zwiebel abziehen und fein hacken. Kartoffeln schälen, waschen und fein reiben. In ein Sieb geben und mit einem Holzlöffel leicht ausdrücken.

› Kartoffeln, Zwiebel und Petersilie unter den Teig mischen.

› Öl in einer Pfanne erhitzen und darin pro Kartoffelpuffer 2 Esslöffel Teig zugedeckt bei schwacher Hitze etwa 10 Minuten backen, bis sie sich leicht vom Pfannenboden lösen lassen. Kartoffelpuffer wenden und weitere 5 Minuten backen. Den Rest des Teiges ebenso backen. Lattkes im Backofen bei 50 °C warm halten, bis alle fertig sind.

Tip: Mir schmecken die Lattkes auch mit festem Gemüse wie Zucchini, Kürbis oder Porree und Salat als Beilage.

Lattkes zum Fest

Das Lichter- oder Weihefest erinnert an einen wichtigen Sieg der Juden im Jahr 164 v. Chr. Bilha Widmann schrieb mir dazu die Stelle im Talmud auf: »Als die Syrer in den Tempel eingedrungen waren, machten sie alles Öl unrein, das im Tempel war. Als die Herrschaft der Hasmonäer erstarkte und jene besiegte, suchten sie nach und fanden nichts als ein Krüglein mit Öl, das mit dem Siegel des Hohepriesters versehen war, und nur noch so viel war darin, um einen Tag zu brennen.
Da geschah ein Wunder und sie brannten davon acht Tage.«
Die Syrer gehörten damals zum Seleukidenreich, das sich nach Osten über die heutigen Staaten Irak, Iran und Afghanistan bis Pakistan erstreckte.
Benannt nach Seleukos I., einem der »Erben« Alexanders des Großen, war es 150 Jahre nach Alexanders Tod zum größten Teil zerfallen. Palästina ging 164 v. Chr. verloren:
Die Seleukiden hatten den Jerusalemer Tempel zur Kultstätte für Zeus erklärt.
Unter Führung der Makkabäerfamilie befreiten sich die Juden schließlich von dieser kulturellen und religiösen Unterdrückung und weihten ihren Tempel neu ein.

»Das Currygemüse ist appetitanregend, leicht verdaulich und nur mild scharf – ein Gegensatz also zu unseren anderen Speisen mit viel Chilischärfe.«

SUN HEE JUN-SAILER

Der Knoblauchstand auf dem Chagalchi-Markt in Pusan zeigt noch ein Gemüse, das sehr typisch für Ostasien ist:

Currygemüse
Curry Yachae

Aus Korea

Dieses Gemüse ist ein sommerliches Essen in Korea. Die sanfte Schärfe unterstreicht Sun Hee Jun-Sailer durch europäische Crème fraîche. Dazu serviert sie frisch gekochten Langkornreis.

Für 4 Portionen

4 mittelgroße Kartoffeln (fest kochende Sorte)
2 mittelgroße Möhren
1 mittelgroße Zucchini
2 Stangen Sellerie
1 gelbe Paprikaschote
1 große Zwiebel
2 Knoblauchzehen
3 EL Pflanzenöl
2 EL mildes Currypulver
1 EL scharfes Currypulver
4 EL Wasser
1/2 l Gemüsebrühe
2 EL Speisestärke
1 EL Crème fraîche
Salz
Schwarzer Pfeffer

Dauert etwa 45 Minuten

den großen gelben Kürbis. Sun Hee Jun-Sailer hat mir von dem Kürbisgemüse ihrer Mutter vorgeschwärmt.

› Kartoffeln und Möhren schälen, Zucchini, Sellerie und Paprikaschote waschen und putzen.
› Alles in mundgerechte Würfel oder Stücke schneiden. Zwiebel und Knoblauch hacken.
› Das Öl in einem großen Topf erhitzen. Die Kartoffeln darin bei starker bis mittlerer Hitze 2 bis 3 Minuten anbraten, bis sie leicht gebräunt sind.
› Restliches Gemüse, Zwiebel und Knoblauch zugeben und unter ständigem Rühren 5 Minuten braten.
› Beide Currypulver mit 2 Esslöffel kaltem Wasser verrühren und unter das Gemüse mischen.
› Gemüsebrühe zugießen, Gemüse zugedeckt bei mittlerer bis schwacher Hitze 15 Minuten garen. Zwischendurch einige Male umrühren.
› Speisestärke im restlichen kalten Wasser glatt rühren, zum Gemüse geben und unter Rühren kurz aufkochen.
› Crème fraîche untermischen, das Curry mit Salz und Pfeffer abschmecken.

Welches Gemüse Sie nehmen, spielt keine Rolle: Sun Hee richtet sich nach dem Angebot der Saison. In den Sommermonaten verwendet sie z. B. Auberginen, im Winter Chinakohl und Pastinaken.

Currypulver kaufen

Bei industriell gefertigtem Currypulver können Sie zwei Variationen wählen – benannt nach den indischen Regionen, die durch ihr Spezial-»Kari« berühmt geworden sind: scharfen oder mildaromatischen Madras-Curry und würzig-scharfen Bombay-Curry.

Der Kürbis aus den Tropen

Die Chayote, auch Choux-Choux genannt, Mitglied der Kürbisfamilie, gibt es fast das ganze Jahr über, vor allem aber von November bis April, bei uns zu kaufen. Sie stammt aus Mittelamerika und Brasilien, und vermutlich haben die Azteken sie bereits als Gemüse gegessen: Junge Triebe kann man wie Spargel, die Blätter wie Spinat zubereiten. Die Kletterpflanze mit den dekorativen Früchten wird in den Tropen auch als Zierde angebaut: »Bei uns hat sie die ganze Garage überwuchert«, erzählte mir Iris. In Brasilien gibt es ein typisches Gericht – Shrimps mit Choux-Choux – das selbst die berühmte Sängerin Carmen Miranda besungen hat.

Tip zur Vorbereitung

Beim Schälen von rohen Chayoten tritt ein klebriger Saft aus. Deshalb am besten unter fließendem Wasser arbeiten.

Chayotengratin mit Käsesauce

Choux Choux Casserole

Aus Mauritius

Zum Gratin von Ramola Parbhoo gibt es Bohnen- oder Okragemüse und Baguette.

Für 5 Portionen
6 Chayoten
1 Knoblauchzehe
Salz
2 EL Butter
1 EL Mehl
1/4 l Milch
120 g alter Gouda
Weißer Pfeffer
240 g Semmelbrösel
2 EL gehackte Petersilie

Dauert etwa 1 Stunde

› Chayoten wie Pellkartoffeln unter fließendem Wasser abbürsten, in einen Topf mit wenig Wasser geben und in 20 Minuten weich kochen. Längs halbieren, Kern herausschneiden, das Fruchtfleisch herauskratzen und in einer Schüssel zu Püree zerdrücken.

› Den Backofen auf 220 °C (Umluft, 200 °C; Gas, Stufe 4) vorheizen.

› Für die Sauce den Knoblauch mit Salz zerdrücken. Die Butter schmelzen, mit Knoblauch und Mehl zu einer Paste verrühren und in einem kleinen Topf erhitzen. Unter Rühren nach und nach die Milch zugeben. Sauce 5 Minuten bei schwacher Hitze kochen. Die Hälfte des geriebenen Käses unterrühren, mit Salz und Pfeffer abschmecken.

› Chayotenpüree in einer gefetteten ofenfesten Form glatt streichen. Mit der Käsesauce begießen. Den restlichen Käse mit den Semmelbröseln vermischen. und darüber streuen. Gratin im heißen Backofen in etwa 10 Minuten goldgelb überbacken. Mit gehackter Petersilie bestreuen und sofort servieren.

Gemüse mit Cashewnüssen

Padpag Seituahimapal

Aus Thailand

Sombat Kaewchum-Rozmus nimmt ungebleichten Stangensellerie für Gemüse und Salat: »Er lässt dem anderen Gemüse und den Gewürzen ihr Aroma.«

Für 2 Portionen
4 getrocknete Shiitakepilze
1/8 Wasser
2 mittelgroße Möhren
1 mittelgroße grüne Paprikaschote
1 Stange Sellerie
1 kleine weiße Zwiebel
2 Frühlingszwiebeln
2 EL Sonnenblumenöl
100 g Cashewnusskerne
1 EL Sojasauce
1 TL Salz
Schwarzer Pfeffer
1 TL Zucker

Dauert etwa 30 Minuten

› Pilze im heißen Wasser 30 Minuten einweichen, herausnehmen, kalt abspülen und in Streifen schneiden. Wasser für das Gemüse beiseite stellen.

› Geschälte Möhren in dünne Stifte, Paprikaschote in feine Streifen, Sellerie in dünne Stücke schneiden. Die weiße Zwiebel und die Frühlingszwiebeln mit dem Grün in dünne Ringe schneiden.

› Öl in einer großen Pfanne oder im Wok erhitzen. Nüsse darin bei mittlerer Hitze goldbraun braten. Möhren und Pilze zugeben und bei starker Hitze unter Rühren etwa 1 Minute braten. Paprikaschote, Sellerie und Zwiebeln zugeben und alles nochmals kurz braten.

› Pilzwasser, Sojasauce, Salz, Pfeffer und Zucker zugeben und unter Rühren einmal kräftig aufkochen. Von der Kochstelle nehmen und auf einer vorgewärmten Platte anrichten.

Gefüllte Paprikaschoten im Eimantel

Chiles Rellenos

Aus Mexiko

Für 4 Portionen

4 gleich große spitze Paprikaschoten
Füllung
50 g weicher Schafkäse (Feta)
3 bis 4 mittelgroße Champignons
1 mittelgroße Zwiebel
4 EL geriebener Gouda
2 EL gehackte Petersilie
Pfeffer
Eimantel
1 Ei
50 g Mehl
6 EL Öl
Salz
Sauce
1 reife Tomate
1/4 l Salsa Mexicana (fertig gekauft oder selbst gemacht)
2 EL saure Sahne

Dauert etwa 50 Minuten

› Die Paprikaschoten waschen, gut abtrocknen, backen und abziehen (siehe rechts). Schoten vorsichtig entkernen. Dabei das Fruchtfleisch möglichst nicht verletzen, damit man sie füllen kann.

› Den Schafkäse mit einer Gabel zerdrücken. Die geputzten Champignons und die abgezogene Zwiebel fein zerkleinern. Alles mit den restlichen Zutaten für die Füllung mischen, in 4 Portionen teilen und mit einem Löffel in die Paprikaschoten geben.

› Das Ei trennen. Das Eiweiß steif schlagen und das Eigelb unterheben. Die Paprikaschoten zuerst im Mehl und dann im Eischaum wenden. Öl in einer Pfanne erhitzen, Paprikaschoten darin bei mittlerer Hitze goldgelb braten.

› Die Tomate abziehen und grob zerkleinern. Mit der Salsa Mexicana bei mittlerer Hitze etwa 5 Minuten garen, pürieren und warm halten.

› Die heiße Sauce über die gefüllten Paprikaschoten gießen und jeweils mit 1/2 Esslöffel saurer Sahne garnieren.

Dazu serviert Llermi Reis, Bohnenmus (Rezept auf Seite 223) und grünen Salat.

Die Paprikaschoten mit würziger Käsefüllung und einer Hülle aus leichtem Eierteig gehören sicher zu den bekanntesten Gerichten Mexikos.

Besser ohne Haut

Llermi Schröder zieht Paprikaschoten für Chiles Rellenos, das berühmte Gericht ihrer Heimat, immer ab:
Den Backofen auf 250 °C (Umluft, 220 °C; Gas, Stufe 5) vorheizen. Die Schoten mit dem Rost in den heißen Backofen schieben und backen, bis die Haut Blasen wirft. Herausnehmen, mit einem feuchten Tuch bedeckt etwas abkühlen lassen. Die Haut mit einem spitzen kleinen Messer vorsichtig abziehen.
Übrigens lassen sich reife Schoten viel besser abziehen. Nora Dubral macht es so: 3 Esslöffel Öl in einer Pfanne erhitzen und die gewaschenen, abgetrockneten Schoten darin rundum kurz anbraten, bis die Haut Blasen wirft. Herausnehmen, in eine Plastiktüte legen und etwas abkühlen lassen.

Kosmopolit unter den Kräutern

Koriander ist schon sehr lange bekannt. »Es steht fest«, so der römische Naturwissenschaftler Plinius (24–79), »dass der ägyptische der beste ist.« Merkwürdigerweise rechnete er ihn zu den Kulturpflanzen, obwohl Koriander im Süden wild wächst. Vielleicht wurde er im antiken Rom intensiv kultiviert; jedenfalls war er äußerst beliebt: Das Kochbuch des Apicius gibt für über 70 Rezepte Korianderkraut oder Korianderfrüchte, die Samen, an.
In der Moderne ist Koriander der Kosmopolit unter den Küchenkräutern geblieben: Das frische Grün gehört zu den Küchen Nordafrikas, Mexikos, Thailands und Vietnams, während Nord- und Mitteleuropäer eher die Früchte bevorzugen. Die Zyprioten essen beides sehr gerne – die weit gereiste, große englische Kochbuchautorin Elisabeth David berichtet von einer Spezialität Zyperns: Grüne Oliven werden zerkleinert und kräftig mit Korianderfrüchten gewürzt.

Kartoffeln isst man in den meisten Ländern der Erde als Gemüse.

Kartoffel-Auberginen-Curry

Vengan Batata ni Sakh

Aus Indien

Für das einfache indische Essen brauchen Sie gute Zutaten: Kartoffeln, Tomate und Aubergine sollen fest, nicht wässrig sein.

Für 4 Portionen
500 g Kartoffeln (fest kochende Sorte)
1 kleine Aubergine
1 mittelgroße Tomate
3 mittelgroße Zwiebeln
2 Knoblauchzehen
2 EL Kreuzkümmelkörner
1 Stück frischer Ingwer (etwa 2 cm lang)
1 TL Chilipulver
1 TL Kardamomkapseln
2 EL frische Korianderblätter
3 EL Speiseöl
1 TL schwarze Senfkörner
1 TL Salz
Dauert etwa 45 Minuten

› Kartoffeln schälen, die Aubergine waschen, die Tomate abziehen. Alle diese Zutaten in Würfel schneiden. Abgezogene Zwiebeln hacken, Knoblauch mit Salz zerdrücken. Kreuzkümmel im Mörser zermahlen. Ingwer schälen und auf der Rohkostreibe fein reiben oder durch die Knoblauchpresse drücken.

› Das vorbereitete Gemüse mit den Gewürzen und den Korianderblättern in einer Schüssel mischen.

› Das Öl in einer großen Pfanne sehr heiß werden lassen. Die Senfkörner darin etwa 10 Sekunden unter Rühren braten, bis sie aufplatzen.

› Das Gemüse in die Pfanne geben, einige Male umrühren und zugedeckt bei schwacher Hitze in etwa 35 Minuten weich dünsten. Mit Salz abschmecken.

Tip: Das Curry wird mit frisch gebackenen Puris, den ballonartigen indischen Fladenbroten (Rezept auf Seite 105) oder mit Reis serviert. Außerdem schmeckt dazu schaumig geschlagener Joghurt, der die Schärfe mildert.

Zucchinifrikadellen
Kolokithokeftédes

Aus Griechenland

Athanase Mariggis würzt den Teig meist mit Petersilie, weil dieses Küchenkraut in Deutschland am einfachsten zu bekommen ist. »Typisch bei uns ist aber Dill oder Pfefferminze.«

Für 4 Portionen
4–5 mittelgroße Zucchini (etwa 750 g)
Salz
1 mittelgroße Zwiebel oder 4 Lauchzwiebeln
Etwa 4 EL Mehl
3 Eier
3 EL fein gehackte Petersilie
Pfeffer
Öl zum Braten

Dauert etwa 1 Stunde

› Zucchini waschen, schälen und fein reiben. Mit etwas Salz bestreuen und etwa 10 Minuten stehen lassen. Zwiebel abziehen und fein hacken.

› Die geriebenen Zucchini in ein Tuch geben und mit den Händen so lange fest ausdrücken, bis kein Wasser mehr herausläuft. In einer Schüssel mit Zwiebel, Mehl, Eiern und Petersilie mischen. Mit Salz und Pfeffer abschmecken. Falls der Teig zu flüssig ist, noch teelöffelweise Mehl untermischen.

› Etwas Öl in einer großen Pfanne erhitzen. Den Teig mit einem Esslöffel als knapp handtellergroße Frikadellen ins heiße Öl geben.

› Die Frikadellen bei schwacher Hitze 4 bis 5 Minuten braten, bis sie sich leicht vom Pfannenboden ablösen lassen. Wenden und auf der zweiten Seite in etwa 4 Minuten goldgelb braten.

Tip: Zucchinifrikadellen schmecken – so wie alle griechischen Keftédes – knusprig und frisch aus der Pfanne am besten. Man isst Fladenbrot und Joghurtsauce (Rezept auf Seite 164) dazu.

Kürbisgemüse
Tökfozelek

Aus Ungarn

Kürbis ist den Ungarn besonders lieb: »Als einziges Gemüse wird er nur leicht mit Mehl gebunden und nicht in einer dicken Mehlschwitze angerichet«, sagte mir Ingeborg Burger-Balogh. In der Tat ist das Kürbisgemüse von Martha Lavallée wunderbar leicht, dillwürzig und fein sämig, so dass Pellkartoffeln oder Getreidefrikadellen ausgezeichnet dazu passen.

Für 4 Portionen
1,3 kg Gartenkürbis
1 kleine Zwiebel
1 Bund Dill
3 EL Öl
1 TL mildes oder scharfes Paprikapulver
Salz
1 EL Essig
Zucker
1 EL Mehl
150 ml saure Sahne

Dauert etwa 35 Minuten

› Kürbis längs halbieren, schälen und die Kerne mit einem Löffel heraus kratzen. Die Kürbishälften mit der groben Rohkostraffel in möglichst lange Streifen schneiden. Zwiebel und Dill getrennt fein hacken.

› Das Öl in einem Topf erhitzen und die Zwiebel darin bei schwacher Hitze glasig braten. Paprikapulver darüber streuen, Kürbis untermischen, mit Salz würzen. Zugedeckt bei schwacher Hitze in etwa 20 Minuten weich kochen.

› Dill untermischen, Gemüse mit Essig und einer Prise Zucker würzen. Das Mehl mit saurer Sahne vermischen, unterrühren und alles noch einmal kräftig aufkochen.

Auf diese Art zubereitet, schmecken auch im Gemüsebeet zu groß geratene Zucchini noch sehr gut.

Kürbis

Man isst ihn in vielen Ländern der Erde: Bei uns in Europa sind mächtige orangerote oder gelbe Riesenkürbisse typisches Gemüse für Spätherbst und Winter, in den USA ist Pumpkinpie die Spezialität zu Halloween am 31. Oktober. In Japan und Korea gehören bestimmte Sorten zur sommerlichen Küche; gebackene Kürbisschnitten sind auch Bestandteil von Tempura. Auf den Philippinen werden ausgebackene Kürbisplätzchen im Straßenimbiss verkauft und in Indien zählen die länglichen Moschus- und die Wachskürbisse zur bäuerlichen Küche.

Heilpilze

Shiitake oder Tonggu, wie sie in China heißen, sind gesünder als andere Pilze: Sie enthalten einige Vitamine, senken den Cholesterinspiegel, wirken gegen Viren und Tumore im Magen- und Dickdarmbereich. Gesundheit und Genuss lassen sich aber nicht ganz unter einen Hut bringen: Getrocknete Pilze schmecken besser, doch frische sind zweimal so heilsam.

Der chinesische Name bedeutet Ameisen auf den Bäumen. Die Pilze sind die Ameisen, die Glasnudeln die Bäume. Xiaoyan Zhang würzt dieses Gericht sehr scharf – man kann auch weniger Chilischoten nehmen.

Tongupilze mit Glasnudeln

Mayi Shangshu

Aus China

Für 4 Portionen
50 g getrocknete Tongupilze (Shiitakepilze)
3 eingelegte rote Chilischoten
1 Stück frischer Ingwer (etwa 1 cm lang)
1 l Speiseöl
100 g Glasnudeln
2 EL Sojasauce
1 EL Sherry
1 EL Zucker
300 ml Gemüsebrühe
2 EL Sesamöl
1 TL scharfe Bohnenpaste
1 TL Speisestärke
1 EL Wasser
Dauert etwa 1 Stunde

› Pilze mit kochendem Wasser übergießen und 30 Minuten einweichen. Auf ein Sieb abgießen und kalt abspülen. Die Pilzhüte von den zähen Stielen schneiden und fein zerkleinern.

› Chilischoten halbieren. Kerne und Scheidewände entfernen, kalt waschen und fein hacken. Ingwerwurzel schälen und ebenfalls fein hacken.

› Das Speiseöl im Wok erhitzen. Glasnudeln darin etwa 1 Minute bei mittlerer Hitze frittieren. Auf Küchenpapier abtropfen lassen und auf einer Platte anrichten. Das heiße Öl aus dem Wok in eine Schüssel gießen, abkühlen lassen und zum Wiederverwenden in ein Schraubglas füllen.

› Sojasauce, Sherry, Zucker und Gemüsebrühe für die Sauce mischen.

› Sesamöl im Wok erhitzen, Ingwer und Pilze unter Rühren kurz anbraten. Scharfe Bohnenpaste und Chilischoten zugeben.

› Bei starker Hitze braten, bis sie zu duften beginnen. Die Saucenmischung zugießen und bei schwacher Hitze etwa 5 Minuten kochen.

› Speisestärke mit kaltem Wasser glatt rühren, Pilze damit binden. Auf den Glasnudeln verteilen und servieren.

Auberginen mit Ei
Dim bagoon

Aus Indien

Ein leichtes und schnelles Gericht von Arun Das Gupta. Er serviert es als dritten Gang in einem vegetarischen Menü.

Für 4 Portionen
400 g Auberginen
1 mittelgroße Tomate
1 mittelgroße Zwiebel
150 ml Pflanzenöl
1 gehäufter TL gemahlener Kreuzkümmel
1 gehäufter TL gemahlene Gelbwurz
1/4 TL Chilipulver
1 EL Tomatenketchup
1 TL Salz
1 Ei

Dauert etwa 30 Minuten

› Auberginen in 1 Zentimeter große Würfel, Tomate in Scheiben schneiden. Zwiebel abziehen und fein hacken.
› In einer großen Pfanne das Öl bis auf 1 Esslöffel erhitzen. Auberginenwürfel portionsweise darin bei mittlerer bis schwacher Hitze weich braten. Herausnehmen und auf Küchenpapier sehr gut abtropfen lassen.
› Die Zwiebel im restlichen Öl hellbraun anbraten. Kreuzkümmel, Gelbwurz und Chilipulver zugeben und alles 1 bis 2 Minuten braten.
› Auberginen, Tomatenscheiben, Ketchup und Salz zugeben und alles 5 Minuten braten. Gemüse mit Gabel oder Kartoffelstampfer zerdrücken.
› Das Ei verquirlen, unterrühren und etwa 2 Minuten mitbraten, bis es gerade eben gestockt ist.

Gebratener Wasserspinat
Pad Pakbung

Aus Thailand

Janja Riesers Rezept hat mich erst ratlos gemacht: Die Hauptzutat »Morningori« war mir gänzlich unbekannt und auch in keinem Asienladen zu kriegen. Da half »Teubners Gemüsebuch«. Wir blätterten es gemeinsam durch, bis Janja das Bild gefunden hatte. Nun war mir das Wort klar: Neben dem unattraktiven »swamp cabbage« haben die Engländer noch einen poetischen Namen für das edle Gemüse gefunden: »Morning glory«.

Für 2 Personen
700 g Wasserspinat (Pakbung)
3 Knoblauchzehen
1 TL Zucker
3 EL Sojasauce
3 EL Pflanzenöl

Dauert etwa 15 Minuten

› Den Wasserspinat waschen und wie bei Spargel die holzigen Enden abschneiden. Das Gemüse in 5 Zentimeter lange Stücke schneiden und in eine Schüssel geben.
› Knoblauch abziehen und fein hacken. Mit Zucker und Sojasauce zum Spinat geben und alles mischen.
› Das Öl in einer Pfanne oder im Wok stark erhitzen. Das Gemüse darin unter Rühren 3 bis 5 Minuten braten und sofort z. B. mit Reis servieren.

Flüchtiges Gelb

Wenn Sie mit Gelbwurz (Kurkuma) Gewürztes essen, nehmen Sie am besten weiße Tischwäsche, und das nicht nur aus ästhetischen Gründen. Kurkumaflecken verschwinden beim Waschen nämlich nicht. Sie müssen Flecken in Tischdecke und Servietten erst mit Wasser befeuchten und zum Bleichen in die pralle Sonne legen: Kurkumin, der gelbe Farbstoff in der Kurkumaknolle, ist lichtempfindlich.
Doch dabei können farbige Stoffe ebenfalls helle Stellen bekommen.

Wasserspinat bekommen Sie in asiatischen Läden – oft nur auf Bestellung. Er ist ein feines, bei uns aber ziemlich teures Gemüse. Die zarten Stiele kann man roh oder gegart essen. Als Alternative nimmt Janja Rieser asiatischen Brokkoli.

Matze

Das ungesäuerte, flache Brot der Juden besteht nur aus Mehl und Wasser. Die Matzen für das Rezept bekommen Sie immer – auch in vielen Supermärkten. Die etwa doppelt so große Matze vor Pessach gibt es erst ungefähr einen Monat vor dem Fest in jüdischen Lebensmittelgeschäften.

Porreeauflauf

Aus der jüdischen Küche

Jüdische Kochtradition kommt aus zwei Erdteilen: Mittel- und Osteuropa haben die Küche der aschkenasischen Juden beeinflusst, Spanien, Portugal und der Nahe Osten die der sephardischen Juden. Porree stammt vermutlich aus dem Mittelmeerraum, und jüdische Gerichte mit diesem Gemüse – Lauchlatkes oder Lauchauflauf – ordnet man der sephardischen Küche zu.

Für 4 Portionen
1 große Stange Porree
40 g Butter
1/2 TL Salz
1/2 TL Pfeffer
2 Matzen (siehe links; je etwa 20 x 16 cm groß)
1/2 l heißes Wasser
5 Eier
200 ml süße Sahne
Fett für die Form
Dauert etwa 1 1/4 Stunden
Arbeiten müssen Sie etwa 20 Minuten

› Den Porree putzen, waschen und mit allen saftigen grünen Blättern in fingerbreite Scheiben schneiden. Die Butter in einer großen Pfanne erhitzen und die Scheiben darin unter Rühren etwa 5 Minuten bei schwacher Hitze dünsten. Mit Salz und Pfeffer würzen.

› Die Matzen in einen Gefrierbeutel geben und mit der Nudelrolle sehr fein zerkleinern. Mit dem heißen Wasser verrühren und etwa 5 Minuten stehen lassen. Eier mit Sahne verquirlen.

› Angerührte Matzenmasse mit 1/3 der Eier-Sahne-Mischung verrühren und in eine gefettete Auflaufform füllen. Porreescheiben darauf verteilen und mit der restlichen Eiersahne begießen.

› In den kalten Backofen (mittlere Schiene) schieben und bei 180 °C (Umluft, 160 °C; Gas, Stufe 2–3) etwa 50 Minuten backen.

Polentakuchen

Aus der Schweiz

»Polenta ist typisch für die Südschweiz«, hat mir Paula Eicher zu ihrem Rezept gesagt. »Im Tessin gibt es eine Polenta mit Buchweizengrieß, die Polenta negra«.

Für 6 Portionen
Polenta
Etwa 800 ml Wasser
200 g Maisgrieß
2–3 TL Gemüsebrühe (instant)
Fett für das Blech
Belag
4 Fleischtomaten
3 kleine Zucchini
8 eingelegte Peperoni (Glas)
2 mittelgroße Zwiebeln
100 g Champignons
Salz
Pfeffer
1 TL getrockneter Oregano
200 g Schweizer Emmentaler in dünnen Scheiben
Dauert etwa 1 Stunde

› Wasser aufkochen. Maisgrieß und Gemüsebrühe zugeben, erneut aufkochen. Bei schwacher Hitze unter gelegentlichem Rühren etwa 15 Minuten kochen, bis das Wasser aufgesogen ist. Ist der Brei zu fest, noch Wasser untermischen.

› Polenta etwas abkühlen lassen, auf ein gefettetes Backblech streichen und festdrücken. Ofen auf 200 °C (Umluft, 180 °C; Gas, Stufe 3) vorheizen.

› Für den Belag Tomaten, Zucchini und Zwiebeln in Scheiben schneiden. Peperoni abtropfen lassen. Champignons putzen und in Scheiben schneiden.

› Alle diese Zutaten auf der Polenta verteilen. Mit Salz und Pfeffer würzen, mit Oregano bestreuen und mit dem Käse belegen. Polenta in den heißen Backofen (mittlere Schiene) schieben und etwa 15 Minuten backen, bis der

Kartoffeleintopf mit Wirsing
Colcannon

Aus Irland

Meine Mitarbeiterin Natascha Afanassjew liebt Irland sehr. Von dort hat sie das Colcannon-Rezept mitgebracht.

Für 3 Portionen
450 g Kartoffeln (mehlige Sorte)
250 g Wirsing
75 g Butter
1 mittelgroße Zwiebel oder 1 kleiner Bund Lauchzwiebeln
150 ml Milch
Salz
Pfeffer
1/2 Bund Petersilie
Dauert etwa 45 Minuten

› Die Kartoffeln schälen, waschen und würfeln. Mit wenig Wasser weich garen. Abgießen und mit dem Kartoffelstampfer zu Püree zerdrücken.

› Während die Kartoffeln kochen, den Wirsing putzen und waschen. In reichlich sprudelnd kochendem Wasser aufkochen und bei mittlerer Hitze in etwa 5 Minuten bissfest garen. Mit einem Schaumlöffel herausnehmen, abtropfen und etwas abkühlen lassen. Die dicken Rippen herausschneiden, Blätter fein hacken. Etwa 2/3 der Butter schmelzen, den gehackten Wirsing untermischen.

› Zwiebel fein hacken, mit Milch aufkochen und bei schwacher Hitze etwa 5 Minuten kochen. Von der Kochstelle nehmen und das heiße Kartoffelpüree kräftig unterrühren, bis eine cremige Masse entsteht. Wirsing untermischen.

› Den Eintopf mit Salz und Pfeffer abschmecken und in eine große, gut vorgewärmte Schüssel füllen. Mit einem Löffel eine Mulde in die Mitte drücken und den Rest der Butter in Flöckchen hineingeben. Mit der fein gehackten Petersilie bestreuen und sofort servieren.

Manchmal bekommt man bei uns kultivierten Meerkohl: bleiche Sprossen mit krausen, kleinen Blättchen.

Der gälische Topf

Colcannon ist ein irisches Fastengericht zu Halloween (31. Oktober). An diesem Tag wurde in Irland traditionell kein Fleisch gegessen. Der Name stammt aus dem Gälischen: »cal ceann fhionn« bedeutet weißer Kohlkopf. Früher hat man Meerkohl (sea kale) für den Eintopf gesammelt: Der große, helle Kohl wächst wild an den Küsten Nord- und Westeuropas. Er bildet keine Köpfe; seine Blätter einnern an riesige Kohlrabiblätter. Inzwischen kochen die Iren Colcannon oft mit Weißkohl oder Wirsing.

Irische Bauern brauchten die Kartoffel zum Überleben. Als im 19. Jahrhundert eine Pilzkrankheit die Kartoffelpflanzen befiel, kam es zu einer schrecklichen Hungersnot.

»In Indonesien nehmen wir etwa zehn Chilischoten: Damit werden die Kartoffeln schön scharf und bekommen eine kräftig rote Farbe.«

TUTTY WILPERNIG

Scharfe Kartoffeln
Sambal kering kentang

Aus Indonesien

Die chilischarfen Kartoffeln serviert man kalt als Beilage zu Gemüse und Reis oder einfach so zum Knabbern.

Für 3–5 Portionen
1 kg Kartoffeln
1 l Öl zum Frittieren
3–5 rote Chilischoten
4 Knoblauchzehen
2 Zwiebeln
10 Kemirinüsse oder Walnusskerne
1/4 TL Salz
2 EL Zucker
3 EL Öl
1 TL Essig
3 EL geröstete Zwiebeln (fertig gekauft)

Dauert etwa 45 Minuten

› Kartoffeln schälen und grob raspeln oder in streichholzdünne Stifte hobeln. 15 Minuten in reichlich kaltes Wasser legen, damit sie nicht braun werden. Abtropfen lassen und abtrocknen.

› Frittieröl in einem hohen Topf oder in der Fritteuse erhitzen. Kartoffeln darin portionsweise hellbraun braten. Mit dem Schaumlöffel herausnehmen und auf Küchenpapier abtropfen lassen.

› Chilischoten halbieren, Kerne und Scheidewände entfernen. Knoblauch und Zwiebeln abziehen. Diese Zutaten grob hacken. Mit Nüssen, Salz und Zucker in einen Mörser geben und fein, am besten zu einer Paste, zerkleinern.

› Öl in einer Pfanne erhitzen, Paste bei schwacher Hitze etwa 7 Minuten braten. Essig unterrühren und einkochen lassen. Geröstete Zwiebeln und Kartoffelstifte untermischen.

Die Kartoffeln gehören in Indonesien zum Vorrat: Kühl, trocken und fest verschlossenen, lassen sie sich ohne weiteres einen Monat aufheben.

Zucchinicurry
Chichinge torkari

Aus Indien

Arun Das Gupta gibt die Gewürzmengen für das Gemüsecurry exakt an. Er kommt aus Kalkutta, und bengalische Köche sind für ihre Kunst des Würzens berühmt: »Nehmen Sie von Kreuzkümmel, Gelbwurz, Koriander, Salz und Zucker jeweils einen gestrichenen Teelöffel voll. Beim Chilipulver können Sie selbst wählen, ob Sie das Curry lieber eine Spur schärfer oder milder mögen. In meiner Heimat würzt man übrigens viel milder als in anderen Regionen Indiens.«

Für 4 Portionen
500 g kleine Zucchini
1 große Tomate
1 große Zwiebel
1 mittelgroße Paprikaschote
75 ml Pflanzenöl
1 TL gemahlener Kreuzkümmel
1 TL gemahlener Koriander
1 TL gemahlene Gelbwurz
1/4 TL Chilipulver
1 TL Salz
1 TL Zucker

Dauert etwa 40 Minuten

› Gewaschene Zucchini und Tomate in knapp 1 Zentimeter dicke Scheiben, geschälte Zwiebel in feine Ringe, geputzte Paprikaschote in 2 Zentimeter breite Streifen schneiden.

› Öl bei mittlerer Hitze heiß werden lassen und die Zwiebel darin goldbraun anbraten.

› Kreuzkümmel, Koriander, Gelbwurz und Chilipulver darüber streuen. Unter Rühren 1 bis 2 Minuten mitbraten.

› Zucchini, Tomate, Salz und Zucker zufügen. Unter weiterem Rühren etwa 5 Minuten mitbraten. Gemüse zugedeckt bei schwacher Hitze 10 Minuten garen. Zuletzt Paprikastreifen zugeben und noch 5 Minuten mitgaren.

Eierschnitten haben eine lange Tradition: Die erste Nachricht davon stammt aus dem 16. Jahrhundert.

Spinatgemüse mit Eierschnitten

Aus Österreich

Feines aus der Gemüseküche von Josefine Helm: Wenn es schnell gehen muss, nimmt sie drei Pakete tief gefrorenen Blattspinat, sonst frischen Herbst- oder Winterspinat – möglichst aus alternativem Anbau.

Für 4 Portionen
1,5 kg Spinat
4 Eier
8 große Scheiben altbackenes Weißbrot (vom Vortag)
1/4 l Speiseöl zum Ausbacken
1 Zwiebel
1 EL Olivenöl
Salz, Pfeffer
Geriebene Muskatnuss
Dauert etwa 1 Stunde

› Spinat verlesen, gründlich waschen und abtropfen lassen. Reichlich Wasser in einem großen Topf aufkochen. Den Spinat darin einige Sekunden kräftig sprudelnd kochen lassen, bis er intensiv dunkelgrün ist. Auf ein Sieb abgießen und abtropfen lassen.

› Eier in einer flachen Schüssel leicht verquirlen. Die Weißbrotscheiben darin wenden, etwas abtropfen lassen und im heißen Öl pro Seite etwa 2 Minuten backen, bis sie goldbraun und knusprig sind. Auf einer dicken Lage Küchenpapier abtropfen lassen.

› Während das Brot backt, die Zwiebel abziehen, fein hacken und bei schwacher Hitze im heißen Olivenöl glasig braten. Den Spinat darin erhitzen, mit Salz, Pfeffer und Muskat abschmecken.

› Das Gemüse schmeckt auch mit Mangold, und die Eierschnitten werden mit Vollkornbrot besonders kräftig.

Der Spinat und das Nitrat

Spinat speichert Nitrat, das sich bei bestimmten Temperaturen in Nitrit umwandelt. Doch die Mengen bleiben gering und unschädlich, wenn Sie bei Spinat folgendes beachten:

- Aus alternativem Anbau kaufen, denn da sind die Böden weniger nitratbelastet
- Nur aus dem Freilandanbau kaufen, denn Sonne und Wärme reduzieren den Nitratgehalt
- Nicht warm halten, denn bei Zimmertemperatur entsteht besonders viel Nitrit
- Zum Aufwärmen ebenfalls schnell heiß werden lassen
- Immer blanchieren (siehe Rezept links) und das Kochwasser nicht verwenden

Aus Portugal

Tempura haben vermutlich Missionare und Händler aus Portugal im 16. Jahrhundert nach Ostasien gebracht. Es heißt, der Name des Gerichts komme vom portugiesischen »temporas«, der Fastenzeit vor Ostern. Deshalb enthält originales Tempura kein Fleisch, sondern Gemüse, Fisch und Meeresgetier. Das Tempura von Sun Hee Jun-Sailer ist nur mit Gemüse zubereitet. Für Gäste serviert sie es als Vorspeise oder Zwischengang, in der Familie auch als Hauptgericht. Dann nimmt Sun Hee noch Süßkartoffeln und Porree. »Grundsätzlich können Sie Tempura mit jedem Gemüse backen, das nicht zuviel Wasser enthält«, sagt sie. »Shiitake und Zucchini schmecken gut, Gurken, Rettich und Tomaten eignen sich nicht.«

Gebackenes Gemüse
Tempura

Aus Korea und Japan

Für 6 Portionen

Sauce
2–3 TL Seetangbrühe (instant; ersatzweise Gemüsebrühe)
1/2 l Wasser
2 EL Zucker
5 EL Sojasauce
1 Prise Glutamat
100 g weißer Rettich
Gemüse
2 Kartoffeln
1 Aubergine
1 Paprikaschote
2 Möhren
1 mittelgroßer Strunk Brokkoli
Teig
150 ml kaltes Wasser
3–5 gehäufte EL Mehl (50–75 g)
2 Eiswürfel
1 l Pflanzenöl zum Frittieren

Dauert etwa 1 1/2 Stunden

› Für die Sauce die Brühe ins Wasser rühren und langsam erwärmen. Zucker, Sojasauce und Glutamat zugeben. Rettich schälen, reiben und kurz vor dem Servieren untermischen. Die Sauce in Portionsschälchen füllen.
› Gemüse (außer Brokkoli) in dünne Streifen oder Scheiben schneiden. Den Brokkoli in Röschen teilen. Die Stiele schälen und in dünne Stifte schneiden.
› Für den Teig das Wasser in eine Schüssel geben. So viel Mehl nach und nach einrühren, dass ein dünnflüssiger Teig entsteht. Eiswürfel zugeben, damit der Teig nicht klumpt.
› Das Öl in einem Topf oder Wok erhitzen. Jedes Gemüsestück einzeln in den Teig tauchen und portionsweise schwimmend im Öl ausbacken. Sobald es an die Oberfläche steigt, ist es gar. Heiß servieren. Zum Essen die Gemüsestückchen in die Sauce dippen.

Drei-Gemüse-Platte
Shanse Xianggu

Aus China

Xiaoyan Zhang nimmt zwei Zutaten, die Sie bei uns leider häufig durch ähnliche Zutaten ersetzen müssen: Xianggupilze sind chinesische Duftpilze; eine Alternative sind Shiitakepilze – nehmen Sie nur getrocknete, denn die sind aromatischer als frische. Für Senfkohl (Brassica juncea), leicht bittere kleine Kohlköpfe, die im Geschmack ein wenig an Senf erinnern, ist Paksoi oder fester kleiner Chinakohl der beste Ersatz.

Für 2 Portionen

10 getrocknete Xianggupilze (siehe oben)
500 g weißer Spargel
8 Stück Senfkohl (siehe oben)
2 EL Öl
300 ml Gemüsebrühe
1 TL Speisestärke
1 EL Wasser
1 TL Salz
Weißer Pfeffer

Dauert etwa 45 Minuten

› Pilze mit heißem Wasser übergießen und etwa 30 Minuten ziehen lassen. Abgießen und kalt abspülen.
› Spargelstangen schälen und eventuell holzige Enden abschneiden. Stangen waschen und in 6 Zentimeter lange Stücke schneiden. Senfkohl waschen, ebenfalls in 6 Zentimeter lange Stücke schneiden und jeweils halbieren.
› Das Öl im Wok erhitzen, die Pilze darin kurz anbraten. Brühe zugießen, einmal aufkochen, und die Pilze etwa 5 Minuten bei schwacher Hitze garen. Vorbereiteten Spargel und Senfkohl zugeben und alles 2 Minuten garen.
› Speisestärke mit dem kalten Wasser glatt rühren und das Gemüse damit binden. Mit Salz und Pfeffer abschmecken und auf einer vorgewärmten, tiefen Platte anrichten.

In Südafrika grillt man Sosaties im Freien über der Holzkohle. Sie gehören zum Braai, dem südafrikanischen Barbecue und werden als Vorspeise serviert. Ramola Parbhoo isst sie auch als Hauptgericht mit Reis und Salat.

Gegrillte Gemüsespießchen
Sosaties

Aus Südafrika

Für 4 Portionen

Spießchen
50 g getrocknete Birnen oder Aprikosen
100 g Brokkoli
100 g Blumenkohl
Je 1/2 rote und grüne Paprikaschote
1 kleine Ananas
100 g kleine feste Champignons
3 mittelgroße Zwiebeln
Marinade
3 Knoblauchzehen
2 TL Salz
4 EL geschmolzene Butter
1 TL frisch gemahlener Pfeffer
1/2 TL gemahlene Gelbwurz
2 EL brauner Zucker
60 ml Essig
2 TL Honig
2–3 EL Öl für das Blech

Dauert etwa 1 3/4 Stunden
Arbeiten müssen Sie etwa 45 Minuten

› Das getrocknete Obst in lauwarmem Wasser einweichen, bis die anderen Zutaten vorbereitet sind.

› Brokkoli und Blumenkohl in kleine Röschen teilen. Paprikaschoten grob würfeln. Ananas schälen und ebenfalls grob würfeln. Champignons putzen, Zwiebeln vierteln.

› Für die Marinade die Knoblauchzehen abziehen und mit dem Salz zerdrücken. Butter, Pfeffer, Gelbwurz, Zucker, Essig und Honig unterrühren.

› Das abgetropfte Obst und das vorbereitete Gemüse in die Marinade geben und 1 Stunde ziehen lassen.

› 16 Holzspießchen in Wasser einweichen, damit sie später beim Grillen nicht verbrennen. Den Backofen- oder Holzkohlengrill vorheizen.

› Abwechselnd Obst, Champignons, Brokkoli, Zwiebeln, Ananas, Blumenkohl und Paprikaschoten auf die Spießchen stecken.

› Spießchen auf das gefettete Grillblech oder auf den mit Alufolie bedeckten Grillrost legen und bei mittlerer Hitze 10 bis 12 Minuten grillen, dabei ein- bis zweimal wenden.

› Das Gemüse soll schön goldbraun, aber noch bissfest sein.

Regenbogenküche

»Die beeindruckende Vielfalt erwächst aus der Vielfalt der Kulturen«, schrieb mir Ramola Parbhoo über die Küche Südafrikas. »Xhosas, Zulus und Buschmänner, Portugiesen und Holländer, Malayen und Inder haben alle ihren Beitrag geleistet. Den Grundstock legten die Einheimischen mit den zahlreichen Gerichten aus Bohnen, Mais und grünen Kräutern.«

Das können Sie am traditionellen Essen »Samp und Mielies« (Rezept auf Seite 183) gut erkennen: Schwarzaugen-, Helm- und Pferdebohnen sind die - Bohnen der Alten Welt, und Mais gelangte vermutlich schon vor Kolumbus aus Zentral- und Südamerika in andere Erdteile.

»Die Malaysier – von den Portugiesen als Sklaven verschleppt – brachten exotische Gewürze und Früchte der pazifischen Welt mit. Die Buren, eingewandert aus Holland, schufen eine bodenständig bürgerliche Küche am Kap: Sie züchteten Gemüse, buken Brot, kochten Konfitüre aus Feigen, Aprikosen und Trauben.«

Das Pickle aus getrockneten Früchten (Rezept auf Seite 217) erinnert daran. »Viel später«, fuhr Ramola fort, »gelangten mit den Hugenotten auch die Kenntnis vom Weinbau und die französische Kochkunst zu uns. Ihnen verdanken wir sahnige Saucen, weinwürzige Desserts und die Patissierie.

Mit den Indern schließlich kamen im späten 19. Jahrhundert scharfe Currys.

Durch indischen Einfluß etablierte sich in Südafrika auch die feine vegetarische Küche.«

Reis, Getreide und Nudeln

Reisgarben lässt man trocknen und lagert sie ungedroschen über den Winter.

CHINA, JAPAN, BALI

DER REIS UND DIE GÖTTER

Die Geschichte vom Reis beginnt in China, denn dort ist er zuerst kultiviert worden. In allen feucht- warmen Regionen Asiens ist das Korn seit Jahrtausenden Nahrungsgrundlage.

Die Geschichten reichen sehr weit zurück und handeln zuerst von Göttern. Denn sie erzählen, wie der Reis vom Himmel auf die Erde gelangt ist. Manchmal geht es in diesen Mythen recht blutig zu, schließlich ist Blut »ein ganz besonderer Saft« – bei allen Völkern der Erde.

Auf Borneo heißt es, die Tochter des Schöpfergottes sei von ihrer Mutter getötet worden, um die hungernde Menschheit zu nähren: Die Mutter zerstückelte den Leichnam der Tochter und pflanzte die Teile am Fluss ein. Aus dem Kopf wuchs die Kokosnuss, aus den Armen das Zuckerrohr, aus den Knien Taro (eine stärkehaltige Knollenpflanze wie Maniok oder Kartoffeln) und aus dem Blut der Reis. Auf Sulawesi, dem früheren Celebes, kennt man eine andere Version: Die Frau des ersten Menschenpaares brachte ein Mädchen zur Welt, und aus den Blutstropfen, die sie bei der Geburt verlor, wuchs Reis. Als der Reis verzehrt war, tötete der Mann seine Frau, sprengte ihr Blut über die Erde, und daraus entstand der Reis als Nahrung für alle Menschen. Manchmal gaben die Götter freiwillig: Die Balinesen glauben an ein Götterpaar, das den Reis vom Himmel auf die Erde sinken ließ. Oder dass Brahma, Schöpfergott der Hindu, vier Tauben mit Reissamen auf die Erde schickte. Unterwegs verwandelten sich die Samen in Dewi Sri, Göttin der Fruchtbarkeit und Gefährtin von Vishnu, dem zweiten wichtigen Gott im hinduistischen Glauben. Dewi Sri blieb als Reisgöttin bei den Menschen, um sie die Kultivierung von Reis zu lehren. Auf Bali, der einzigen Insel Indonesiens mit vorwiegend hinduistischer Bevölkerung, hat sich bis heute ein Reisbaukult erhalten, in dessen Mittelpunkt Dewi Sri steht. Eine philippinische Reisgeschichte erinnert mich an europäische Märchen: Der Gott Soro verliebte sich in ein schönes Mädchen. Sie versuchte, seine Liebe zu testen, und schickte ihn fort, eine Nahrung zu suchen, die ihr besser schmeckt als alles, was sie bisher gegessen hat. Soro kehrte nicht zurück, das Mädchen starb aus Reue über ihren Hochmut – und auf ihrem Grab wuchs die erste Reispflanze.

Nassreisbau in Terrassen auf den Philippinen.

In Japan ist Inari für den Reis zuständig: Ursprünglich eine weibliche Nahrungsgottheit, wird Inari – das Wort bedeutet Reis-Mann – heute als bärtiger Mann dargestellt, der zwei Reisbündel trägt. Götterbote ist der Fuchs; deshalb schmücken den Zugang zu Inari-

Gedroschener Reis ist auf der philippinischen Insel Bohol zum Trocknen ausgebreitet.

Opferschrein im Reisfeld: Vor allem auf Bali gelten Reis und eine reiche Ernte noch als Geschenk der Götter.

Heiligtümern Füchse aus Holz oder Stein. Denn in Japan und China gilt der Fuchs nicht – wie in Europa – als Sinnbild der Hinterlist und Lüge, sondern als zauberkundiges, weises Tier, das auch menschliche Gestalt annehmen kann.

Der Gottheit Inari ist übrigens ein Sushi gewidmet: Aburaage, die dünnen frittierten Tofuscheibchen (siehe Seite 180), werden wie kleine Taschen geöffnet und mit Sushi-Reis gefüllt.

In Europa gibt es keine Geschichten vom Reis – um darüber in Mythos und Religion zu berichten, lernten die Europäer ihn zu spät kennen. Die Griechen erfuhren davon durch den Indienzug Alexanders des Großen: In Mesopotamien und in Persien wurde im 3. Jahrhundert v. Chr. bereits Reisbau betrieben. Man untersuchte nun dieses exotische Getreide als neues Nahrungsmittel. Der Wissenschaftler und Philosoph Theophrast – wie auch der Herrscher und Krieger Alexander war er Schüler des Aristoteles – beschrieb als erster Europäer die Pflanze und ihre Verwendung. Der Anbau von Reis im Mittelmeerraum begann erst sehr viel später: Im 7. Jahrhundert kultivierten ihn die Araber im Nildelta und am Kaspischen Meer.

Etwa um die Jahrtausendwende begann man den Anbau in Spanien und Portugal – damals das maurische Kalifat von Córdoba. Noch heute isst man Reis vorwiegend dort, wo der arabische Einfluss bis ins 13. Jahrhundert bedeutend war: In der Levante, den Provinzen Murcia, Alicante und Valencia. Dabei mochten die Araber ihn gar nicht so gerne: Reis wurde vor allem süß oder als Beilage zu Fisch gegessen, galt überdies offenbar als Armeleutegericht. Von Spanien aus kam der Reis in den Rest der Alten und schließlich in die Neue Welt. Im heute so wichtigen Anbauland Kalifornien gibt es bedeutende Ernten erst seit knapp 100 Jahren.

Sumach

Der etwa drei Meter hohe Sumach- oder Färberbaum stammt aus dem Mittelmeerraum und Vorderasien; dort wächst er noch überall wild. Im Iran und in der Türkei wird er für Eigenverbrauch und Export kultiviert. Aus den kleinen gelblichen Rispen entwickeln sich dekorative Ähren mit leuchtend roten Beeren.

Sumach kaufen

Die getrockneten Beeren und das Pulver bekommen Sie in türkischen Lebensmittelgeschäften, das Pulver auch in speziellen Gewürzläden und in der Apotheke. Häufig enthält es etwa 10 Prozent Kochsalz, deshalb beim Würzen vorsichtig sein und das Pulver verschlossen und trocken in einem Schraubglas aufbewahren.

Mit Sumach würzen

Aus den getrockneten Beeren und dem Pulver kann man einen sauren Sud zubereiten, den man zum Würzen von Suppen, Salatsaucen und Gemüse nimmt, ähnlich wie Tamarindenwasser in Südostasien:
1 Esslöffel getrocknete Beeren mit 1 Tasse heißem Wasser übergießen. Oder 1 gehäuften Teelöffel Sumachpulver in einen Teefilterbeutel geben und in 1/2 Tasse heißem Wasser ziehen lassen, bis der Sud wieder abgekühlt ist.

Die »Türme des Schweigens« in der iranischen Hochebene sind Wahrzeichen des Zarathustra-Glaubens, neben der jüdischen Religion der älteste Monotheismus der Welt.

Reis
Jelou

Aus dem Iran

Der Reis passt gut zu gebratenem oder gegrilltem Gemüse mit Joghurtsauce.

Für 4 Portionen
400 g Langkornreis
1 1/4 l Wasser
2 TL Salz
1 mittelgroße Kartoffel
75 g Butter
Sumach zum Bestreuen (siehe links)
Dauert etwa 2 Stunden
Arbeiten müssen Sie etwa 30 Minuten

› Reis mit Wasser und Salz aufkochen und bei starker Hitze 5 Minuten sprudelnd kochen, bis die Körner bissfest, aber ohne harten, mehligen Kern sind.
› Kartoffel schälen, waschen, abtrocknen und in dünne Scheiben wie für Kartoffelchips schneiden.
› Reis auf einem Sieb abgießen, kalt abspülen und abtropfen lassen. Topf auswischen, damit er trocken ist und die Butter beim Erhitzen nicht spritzt.
› Die Hälfte der Butter im Topf zerlassen. Kartoffelscheiben nebeneinander in die Butter legen. Reis auf die Kartoffeln häufen. Mit einem Kochlöffel zu einer Pyramide formen, die den Topfboden bedeckt und sich nach oben verjüngt. Rest der Butter in Flöckchen teilen und auf den Reis legen.
› Topfdeckel mit einem Küchentuch umwickeln, fest auf den Topf drücken und beschweren, damit der Topf dicht schließt und der Reis im Dampf gart.
› Reis bei schwächster Hitze in etwa 1 1/2 Stunden garen. Die Temperatur ist richtig, wenn es während der gesamten Garzeit im Topf leise knistert.
› Zum Anrichten den Topfboden kurz in kaltes Wasser tauchen, damit sich auch die Kartoffelschicht ablöst. Reis mit einer Gabel aus dem Topf holen, auf vorgewärmte Teller häufen und mit Sumach bestreuen.

Reis
Gohan

Aus Japan

Michiko Yoshihara-Fink hat mir in ihrer Küche demonstriert, wie man Reis auf die japanische Art kocht. »Drei Dinge sind wichtig«, erklärte sie mir dabei. »Erstens müssen Sie den Reis dreimal waschen. Zweitens müssen Sie ihn ganz ohne Salz kochen. In Europa wird das oft falsch gemacht. Doch gesalzener Reis verliert an Aroma. Drittens dürfen Sie den Topfdeckel während des Kochens und Ruhens nicht abnehmen.« Übrigens misst Michiko immer mit Tassen ab.

Für 4 Portionen
4 Tassen Langkornreis
5 Tassen Wasser

Dauert etwa 40 Minuten

› Eine große Schüssel mit reichlich kaltem Wasser füllen. Den abgemessenen Reis hineingeben, mit einer Hand ins Wasser fassen und den Reis so waschen, als würden Sie die Körner kneten. Dabei reiben sie kräftig aneinander, so dass die Stärke abgewaschen wird.

› So viel Wasser wie möglich vorsichtig abgießen, den Reis mit frischem Wasser aufgießen und erneut »kneten«. Diesen Vorgang noch einmal wiederholen. Den Reis dann auf ein Sieb abgießen und sehr gut abtropfen lassen.

› Reis mit dem abgemessenen Wasser in einen Topf geben und bei stärkster Hitze rasch so stark aufkochen, dass er fast überkocht.

› Die Temperatur nun sofort reduzieren und den Reis im fest geschlossenen Topf bei schwächster Hitze 20 Minuten garen. Weitere 10 Minuten auf der abgeschalteten Kochstelle ruhen lassen.

Tip: Auf diese Art gekocht, passt Reis zu warmen Gerichten und zu Salaten aus China, Japan und Korea.

Pilau-Reis
Polau

Aus Indien

Pilau-Reis gehört in Indien zu Festessen. »Sie brauchen Zutaten, die man sich nicht jeden Tag leistet: feinen Basmatireis, reichlich Sultaninen und Mandeln – ich nehme auch Zucker, weil ich Pilau-Reis gerne ein bisschen süß mag«, sagte mir Arun Das Gupta. »Teurer Safran ist nicht unbedingt nötig, denn Kurkuma färbt den Reis ebenfalls sehr intensiv. Dieses festliche Gelb steht für Gold als Farbe der Götter und Könige.«

Für 4 Portionen
350 g Basmatireis
1 kleine Zwiebel
3 EL Pflanzenöl
6 EL Butter
3 Lorbeerblätter
1 gestrichener TL gemahlene Gelbwurz
50 g Mandelstifte
50 g Rosinen
4 gehäufte TL Zucker
1/2 TL Salz
850 ml Wasser

Dauert etwa 30 Minuten

› Reis mehrmals waschen und auf einem Sieb abtropfen lassen. Zwiebel abziehen und in dünne Ringe schneiden.

› Das Öl und die Hälfte der Butter erhitzen und die Zwiebelringe darin bei schwacher Hitze goldgelb anbraten. Lorbeerblätter und Gelbwurz darunter mischen und unter Rühren ebenfalls leicht anbraten.

› Reis, Mandeln, Rosinen, Zucker und Salz zugeben und 2 bis 3 Minuten mitbraten. Das Wasser zugießen, den Reis einmal aufkochen und zugedeckt bei schwacher Hitze etwa 20 Minuten garen, bis er weich ist und alle Flüssigkeit aufgesogen hat. Lorbeer entfernen.

› Die restliche Butter mit einer Gabel unter den Reis ziehen.

Basmati

Der indische Duftreis wächst in Nordindien und in Pakistan und ist die Langkornsorte mit den längsten Körnern. Beim Kochen beginnt er intensiv zu duften, und seine Körner nehmen noch an Länge zu – alle anderen Reiskörner werden beim Kochen nicht schlanker, sondern dicker.

Die Reistafel

Das angeblich indonesische Festessen beruht auf einem Missverständnis, dem die Holländer aufgesessen sind: Wie in vielen Agrarländern stand auch in Indonesien das Essen den ganzen Tag über bereit. Die Frauen hatten es schon frühmorgens gekocht, damit sie die Feldarbeit nicht unterbrechen mussten. Aus dieser bäuerlichen Art, einmal für alle zu kochen, entwickelte sich auch die festliche Tafel mit einem großen Angebot vieler verschiedener Gerichte – wie es in den meisten asiatischen Ländern üblich ist. Daraus haben die Holländer dann ihren Sonntagslunch und ein kalt-warmes Buffet, eben die Reistafel kreiert. Dabei wurden dann ganz unterschiedliche Speisen kombiniert: gebratener Reis, Nasi goreng, der eigentlich chinesisch ist; gelber Reis, der zum Selamatan, dem festlichen gemeinsamen Essen bei einem besonderen Anlass gehört; oder Saté, Fleischspießchen mit Erdnusssauce, die nur für den Straßenimbiss auf Java typisch sind.

Weltweit gibt es etwa 80 Reissorten, am begehrtesten ist Basmati für Herzhaftes und Klebreis für Süßes.

Curryreis
Nasi kuning

Aus Indonesien

Den schönen gelben Reis kocht Tutty Wilpernig zu großen festlichen Essen. Man serviert ihn traditionell auf einem großen runden Tablett aus geflochtenem Bambus, dem Tampah. Typische Beilagen sind Gemüse mit Kokosflocken (Rezept auf Seite 126), Omelettstreifen oder hart gekochte Eier und scharfe Saucen.

Für 8–10 Portionen
1 1/2 kg Langkornreis (thailändischer Duftreis)
3 Stängel Zitronengras
4 Zitronenblätter
4 asiatische oder europäische Lorbeerblätter
3 TL Currypulver
1/2 TL Salz
225 ml Kokosmilch (Dose)
2 TL Zitronensaft
Dauert etwa 2 Stunden
Arbeiten müssen Sie etwa 1 Stunde

› Eine große Schüssel mit kaltem Wasser füllen. Den Reis darin waschen und wieder abgießen. Den Vorgang so oft wiederholen, bis das Wasser klar bleibt. Den Reis auf ein Sieb schütten.

› Reichlich Wasser aufkochen und den Reis darin 25 Minuten bei schwacher Hitze garen. Erneut auf das Sieb abgießen und abtropfen lassen.

› Zitronengras waschen und auf der Arbeitsfläche mit der Nudelrolle flach klopfen. Die Stängel wie Bindfäden verknoten. Mit Zitronenblättern, Lorbeerblättern, Currypulver, Salz und Kokosmilch in einen großen Topf geben und unter Rühren aufkochen.

› Den Reis nach und nach in diese sprudelnd kochende Flüssigkeit rühren und so lange bei mittlerer bis schwacher Hitze kochen lassen, bis er die gesamte Flüssigkeit aufgenommen hat. Mit dem Zitronensaft würzen.

› Den Topfdeckel mit einem Küchentuch umwickeln und fest auf den Topf drücken. Den Reis so zugedeckt bei schwächster Hitze 1 Stunde dämpfen.

Gebratener Reis
Chinese Fried Rice

Aus Mauritius

Für 6 Portionen
600 g Basmati- oder Patnareis
1 1/2 l Wasser
Salz
2 große Möhren
Je 1 mittelgroße rote und grüne Paprikaschote
100 g Champignons
100 g tiefgefrorene Erbsen
2 Frühlingszwiebeln
100 g Bambussprossen (Dose)
80 ml Sesamöl
80 ml Sojasauce

Dauert etwa 1 1/4 Stunden

› Reis in Salzwasser in etwa 15 Minuten bissfest garen. Abgießen, kalt abspülen und abtropfen lassen.
› Möhren schälen, waschen und in dünne Stifte schneiden. Paprikaschoten waschen, entkernen und fein würfeln. Champignons putzen und in Scheiben schneiden. Die Erbsen in wenig Wasser etwa 5 Minuten garen. Frühlingszwiebeln mit allen saftigen grünen Blättern in feine Ringe schneiden. Die Bambussprossen gut abtropfen lassen.
› In einem Wok oder einer großen Pfanne 1 Esslöffel Sesamöl stark erhitzen. Möhrenstifte darin 2 bis 3 Minuten bei starker Hitze braten und dabei immer wieder kräftig durchmischen. Mit Sojasauce abschmecken und in einer zweiten Pfanne warm halten. Das restliche Gemüse nacheinander ebenso braten, würzen und warm stellen.
› Das restliche Öl im Wok stark erhitzen und den Reis darin unter ständigem Rühren braten. Mit dem Rest der Sojasauce würzen. Gemüse untermischen und weitere 8 Minuten bei starker bis mittlerer Hitze braten. Dabei immer wieder kräftig durchmischen.
› Den Reis mit den Frühlingszwiebeln bestreuen und sofort servieren.

Gemüsereis
Kayaku-Gohan

Aus Japan

Zuerst hat mir Michiko Yoshihara-Fink gezeigt, wie man in Japan Reis kocht. Dann hat sie mir das Rezept für diesen wunderbar würzigen Eintopf gegeben.

Für 4 Portionen
3 getrocknete Shiitakepilze
1 l lauwarmes Wasser, Zucker
1 Stück Kombu (etwa 2x5 cm)
1/2 Möhre
1 Aburaage
1/3 Konnyaku (siehe rechts)
1 Stück dünne Schwarzwurzel (15 cm lang)
4 EL Sojasauce
1 EL Sake
1 Prise Zucker
600 g Langkornreis
2 Frühlingszwiebeln

Dauert etwa 1 1/4 Stunden

› Pilze im Zuckerwasser 30 Minuten quellen lassen. Abgießen und das Wasser auffangen. 3/4 Liter davon abmessen und mit dem eingeschnittenen Kombu (Seite 191) in einen Topf geben.
› Pilze, geschälte Möhre, Aburaage, Konnyaku und geschälte Schwarzwurzel sehr fein würfeln. In einer Schüssel mit Sojasauce und Sake übergießen, etwas Zucker darüber streuen und etwa 10 Minuten ziehen lassen.
› Kombu mit dem Wasser erhitzen und knapp vor dem Aufkochen entfernen.
› Reis waschen (Seite 159) und in einen Topf geben. Pilzmischung und Kombubrühe zugeben. Alles mit einer Gabel mischen, aufkochen lassen und die Temperatur sofort reduzieren. Den Gemüsereis zugedeckt bei schwächster Hitze 20 Minuten garen und neben der Kochstelle 10 Minuten ziehen lassen.
› Frühlingszwiebeln mit allen saftigen grünen Blättern in feine Ringe schneiden und unter den Reis mischen.

Michiko Yoshihara-Fink

In Japan gibt es ein paar Lebensmittel, die sich geradezu ideal für die vegetarische Küche eignen: Aburaage (Seite 180), Wakame (Seite 26) und Kombu (Seite 191) bringen Abwechslung und Würze ins Gemüse. Am wenigsten konnte ich mir unter Konnyaku vorstellen, obwohl ich wusste, wie es aussieht und alle Japankenner, mit denen ich sprach, davon schwärmten. Michiko erklärte mir das Produkt: »Für die Konnyakupflanze gibt es keinen deutschen Namen: Es ist wie Kartoffel oder Maniok eine Knolle, die Stärke liefert. Pflanzenstärke können Sie gut formen: Tapiokaperlen sind ein Beispiel dafür. Konnyaku wird bei uns zu Quadern wie Tofu oder zu Nudeln geformt – eine typische Zutat für Sukiyaki. Außerdem bekommen Sie graues Naturkonnyaku und gereinigtes weißes. Wie Tofu oder Tapioka ist auch Konnyaku neutral im Geschmack; wegen seiner Festigkeit nimmt es den Geschmack von Brühe oder Gewürzen aber langsamer auf. Deshalb wird es oft nicht geschnitten, sondern in kleine Stücke gerissen. Dann können die Aromen durch die unebene Oberfläche besser eindringen.«

Reisnudeln

Türkische Reisnudeln werden aus Nudelteig gemacht und genau wie Nudeln getrocknet. Sie sehen aus wie schlanke, lange Reiskörner.

Reis abmessen

Am einfachsten geht es mit Tassen, und so macht man es auch in allen Reisländern. Denn bei italienischem Risotto und türkischem Pilaw, Kabab-Reis aus dem Iran und Pilau aus Indien kommt es ja nur auf das Verhältnis vom Reis und Flüssigkeit an. Wichtig ist natürlich, dass Sie für alle Zutaten dieselbe Tasse nehmen.

Risotto mit verschiedenen Pilzen

Risotto con funghi

Aus Italien

In den glücklichen und längst vergangenen Zeiten, da man Pilze einfach aus dem Wald holen konnte, hat Maria Fecondo ihren Risotto mit frischen Wildpilzen zubereitet. Heute nimmt sie Trockenpilze und ergänzt noch mit ein paar Austernpilzen oder Champignons.

Für 4 Portionen
2 Päckchen getrocknete Steinpilze oder Mischpilze (ca. 40 g)
1 Tasse lauwarmes Wasser
1 Zwiebel
3 Knoblauchzehen
4 große Austernpilze
3 El Olivenöl
1 TL getrockneter Thymian
2 Tassen Rundkornreis
6 Tassen Gemüsebrühe
50 g Butter
75 g geriebener Parmesan
Salz
Weißer Pfeffer

Dauert etwa 1 Stunde

› Pilze im Wasser etwa 15 Minuten einweichen. Zwiebel und Knoblauchzehen abziehen und fein hacken. Die zähen Stiele der Austernpilze entfernen, die Hüte in Streifen schneiden.

› Öl erhitzen, Austernpilze darin bei starker Hitze etwa 2 Minuten kräftig rösten. Herausnehmen und auf einem Teller beiseite stellen.

› Zwiebel, Knoblauch und Thymian im heißen Öl bei schwacher Hitze glasig braten. Den Reis unterrühren.

› Die eingeweichten Pilze mit dem Einweichwasser und etwa 1/3 der Gemüsebrühe zugießen. Den Risotto langsam zum Kochen bringen und zugedeckt bei schwacher Hitze 10 Minuten garen.

› Deckel abnehmen und den Risotto im offenen Topf bei mittlerer bis schwacher Hitze in 20 bis 30 Minuten fertig garen. Dabei die restliche Gemüsebrühe nach und nach zugießen.

› Butter, Parmesan, Salz und Pfeffer aus der Mühle untermischen.

Reis mit gebratenen Reisnudeln

Sariyili Pilav

Aus der Türkei

Zu diesem einfachen Hauptgericht serviert Çoskun Büyükgüçlü nur Zaziki.

Für 4 Portionen
2 Tassen Langkornreis
5 Tassen heißes Wasser
2 EL Butterschmalz
2–3 EL Sariyi (türkische Reisnudeln)
4 Tassen kaltes Wasser
1–2 TL Salz
1/2 TL schwarzer Pfeffer

Dauert etwa 1 Stunde und 10 Minuten
Arbeiten müssen Sie etwa 15 Minuten

› Reis mit dem heißem Wasser übergießen und 20 bis 30 Minuten quellen lassen. Abgießen und abtropfen lassen.

› Das Butterschmalz erhitzen und die Reisnudeln darin bei mittlerer Hitze unter Rühren braun anbraten. (Achtung: Das geht sehr schnell!) Das kalte Wasser zugießen, Salz zufügen und die Reisnudeln aufkochen. Den Reis mit einer Gabel vorsichtig unterrühren.

› Reis und Reisnudeln zugedeckt bei schwacher Hitze in 10 bis 15 Minuten garen.

› Ist der Reis gar, den Topf von der Kochstelle nehmen, ein doppelt gefaltetes Küchentuch zwischen Topf und Deckel legen und alles noch 20 Minuten zugedeckt ziehen lassen. Mit Pfeffer abschmecken.

Der einfachste Bratreis – nur mit etwas Gemüse und Ei.

Gebratener Reis

Von den Philippinen

Gebratener Reis ist Frühstück auf den Philippinen. Zenaida Panganiban mischt oft noch Erbsen oder Möhren darunter.

Für 2 Portionen
1 Ei
Salz, Pfeffer
3 EL Öl
3 Frühlings- oder Lauchzwiebeln
1 Knoblauchzehe
1/2 TL Gemüsebrühe (instant)
500 g gekochter, abgekühlter Basmatireis
2 TL helle oder dunkle Sojasauce
Schnittlauch zum Garnieren

Dauert etwa 40 Minuten

› Das Ei verquirlen, leicht salzen und pfeffern. In 1 Esslöffel Öl als Rührei braten. Aus der Pfanne nehmen, abkühlen lassen und in Stücke schneiden.
› Frühlingszwiebeln mit dem zarten Grün in feine Ringe schneiden. Knoblauch abziehen und fein hacken.
› Das restliche Öl erhitzen, Knoblauch darin hellbraun braten. Gemüsebrühe und Frühlingszwiebeln zugeben und kurz mitbraten. Reis mit Rührei mischen und braten, bis er heiß ist.
› Reis mit Salz, Pfeffer und Sojasauce abschmecken und mit Schnittlauchröllchen bestreut sofort servieren.

Reis in Kokosmilch
Arroz à Bahíana

Aus Brasilien

Für 3 Portionen
200 g Langkornreis
400 ml Kokosmilch (Dose)
1 TL Salz

Dauert etwa 30 Minuten

› Den Reis viermal in reichlich kaltem Wasser waschen und abtropfen lassen.
› Mit Kokosmilch und Salz aufkochen. Zugedeckt bei schwacher Hitze in etwa 20 Minuten körnig ausquellen lassen.

Reis aus Bahia

Einen wichtigen Teil der brasilianischen Küche haben Afrikaner geprägt, die einst als schwarze Sklaven verschleppt wurden. Reis mit Kokosmilch, benannt nach der Küstenstadt Bahía, gehört zu diesen afrobrasilianischen Gerichten. Man isst ihn vor allem zu Fisch. Ich habe den Kokosreis von Arnoldo da Silva-Pereira einmal mit geschmorten Zuckerschoten, Pilzen und Porree, ein anderes Mal mit Gemüsefrikadellen und Salat serviert.

Bulgur

Bulgur ist Weizen und wird im Vorderen Orient sowohl im Haushalt als auch industriell hergestellt: Zuerst weicht man die Körner in heißem Wasser ein, damit sie quellen und etwa 45 Prozent Feuchtigkeit aufnehmen. Nach dem Kochen werden sie getrocknet, von der Außenschicht befreit und grob zerkleinert. Bulgur als Beilage lässt man genauso ausquellen wie Reis, als Hauptgericht wird er wie Pilaw geschmort.

Türkischer Joghurt

Türkischer Joghurt – sahnig, fest und wunderbar aromatisch – ist hier leider (noch) nicht zu bekommen, weil die Türkei nicht zur EU gehört. Ersatz sind nach türkischer Art hergestellter oder griechischer Joghurt.

Bulgur-Grünkern-Pilaw

Firikli Bulgur Pilav

Aus der Türkei

Der Grünkern im Pilaw von Çoskun Büyükgüçlü ist schön bissfest. Wer ihn lieber weicher mag, lässt ihn auch vor dem Kochen noch eine Stunde quellen.

Für 3 Portionen
Joghurtsauce
2 kleinere Gärtnergurken (ersatzweise 1 große Salatgurke)
500 g türkischer Joghurt (3,5 % Fett)
100 ml Wasser
1 TL Olivenöl
1–2 Knoblauchzehen
1 TL Salz
1 TL getrocknete Pfefferminze
Pfeffer
Pilaw
2 mittelgroße Zwiebeln
100 ml Olivenöl
700 ml lauwarmes Wasser
50 g Tomatenmark
1 TL Paprikaflocken
1 gehäufter TL Salz
1 TL Pfeffer
200 g Grünkernkörner
100 g Bulgur
1 Bund Petersilie
Dauert etwa 1 1/2 Stunden
Arbeiten müssen Sie etwa 45 Minuten

› Gurken schälen, grob reiben und im Sieb 10 Minuten abtropfen lassen.
› Joghurt, Wasser und Olivenöl verrühren. Knoblauch mit Salz zerdrücken und zugeben. Gurken und Pfefferminze unterrühren, Sauce mit Pfeffer abschmecken und bis zum Servieren zugedeckt in den Kühlschrank stellen.
› Zwiebeln abziehen und grob hacken. Das Olivenöl in einem Topf erhitzen und die Zwiebeln darin bei mittlerer bis schwacher Hitze anbraten. Wasser, Tomatenmark, Paprikaflocken, Salz und Pfeffer zugeben und aufkochen.
› Grünkern und Bulgur zufügen und zugedeckt bei schwacher Hitze in etwa 30 Minuten ausquellen lassen. Der Grünkern soll bissfest sein, der Bulgur aber weich.
› Petersilie fein hacken und über den Pilaw streuen. Die Joghurtsauce eventuell mit 2 bis 3 Eiswürfeln mischen.

Paprikaschoten-Pilaw

Pilaw de ardei

Aus Rumänien

Dieser Pilaw schmeckt am besten lauwarm. Elena Lupas serviert ihn auch auf einem kalten Buffet oder beim Picknick.

Für 4 Portionen
Je 2 rote, grüne und gelbe mittelgroße Paprikaschoten
2 große Möhren
2 mittelgroße Zwiebeln
10 EL Sonnenblumenöl
300 g Naturlangkornreis
1 große Dose Tomatenmark (140 g)
800 ml Wasser
Salz, Pfeffer
1 Bund Petersilie
Dauert etwa 45 Minuten

› Paprikaschoten putzen, waschen und grob würfeln. Geschälte Möhren fein reiben, Zwiebeln fein hacken.
› Öl in einem Topf erhitzen und die Möhren darin bei schwacher Hitze anbraten. Zwiebeln etwa 1 Minute mitbraten, bis sie glasig sind. Paprikawürfel zugeben und 1 bis 2 Minuten mitbraten. Zuletzt den Reis unterrühren.
› Tomatenmark mit dem Wasser verrühren und zugießen. Mit Salz und Pfeffer würzen. Alles aufkochen und zugedeckt bei schwacher Hitze etwa 20 Minuten garen, bis die Flüssigkeit aufgesogen und der Reis weich ist. Mit der gehackten Petersilie mischen.

Ganz falscher Hase

Aus Deutschland

Für 4–6 Personen
200 g Grünkern
Knapp 1/2 l Wasser
200 g Hirse
1 1/2 altbackene Vollkornbrötchen
1 große Zwiebel
1 Knoblauchzehe
Je 1 Bund Petersilie und Majoran
2 Essiggurken
50 g Emmentaler
200 g Magerquark
1/2 unbehandelte Zitrone
3 Eier
Salz
Cayennepfeffer
1/2 TL gemahlener Koriander
1–2 EL Mehl
50 g Butter
400 ml Gemüsebrühe (instant)
100 ml süße Sahne
1 TL edelsüßes Paprikapulver

Dauert etwa 3 1/2 Stunden

Arbeiten müssen Sie etwa 1 Stunde

› Grünkern mit Wasser aufkochen. Zugedeckt bei schwacher Hitze 30 Minuten kochen. Die Hirse zugeben, erneut aufkochen und beides 30 Minuten garen. Neben der Kochstelle zugedeckt 1 Stunde quellen lassen.

› Die Brötchen einweichen und wieder ausdrücken. Zwiebel, Knoblauch und Kräuter fein hacken. Essiggurken in kleine Würfel schneiden, Käse reiben.

› Alle diese Zutaten mit dem Getreide, Magerquark, Zitronensaft, der abgeriebenen Zitronenschale, Eiern, Salz, Cayennepfeffer und Koriander mischen. So viel Mehl unterrühren, dass der Teig wie Frikadellenteig bindet.

› Butter schmelzen und in eine flache, ofenfeste Form gießen. Teig in der Form wie einen falschen Hasen formen. Mit Brühe umgießen, in den kalten Backofen (untere Schiene) schieben und bei 200 °C (Umluft, 180 °C; Gas, Stufe 4) etwa 40 Minuten backen, dabei immer wieder mit Butter und Gemüsebrühe in der Form beschöpfen.

› Sahne mit Paprikapulver verrühren und um den »Braten« gießen. Den »Braten« weitere 10 Minuten schmoren.

Falsche Hackbraten können Sie mit Getreide (wie hier), mit Brot, Tofu oder mit allen diesen Zutaten formen. Wichtig sind Eier für die Bindung und würzige Zutaten wie Käse, eingelegte Gurken, Kapern und Kräuter.

Getreidehasen

Falsch ist ein Hasenbraten bekanntlich, wenn er aus Hackfleisch besteht. Solche Braten gibt es schon sehr lange: Im Mittelalter wurden sie auf dem Rost oder sogar am Spieß gegart. Ganz falsch, denn rein vegetarisch, ist dieser »Hase« hier. Und er ist keine Erfindung der modernen Vollwertküche, sondern eine Fastenspeise mit langer Tradition. Köche in großen Häusern formten die Masse, die auch Fisch enthalten konnte, so kunstfertig, dass selbst während der fleischlosen Zeit die beliebten Hasen, Rehe und Spanferkel auf den Tischen prangten – zum Schein.

Çoskun Büyükgüçlü

Die Theke in seinem Feinkostladen ist jeden Mittag gefüllt mit Vorspeisen und Häppchen, die er selbst zubereitet hat. Çoskun Büyükgüçlü versteht es meisterhaft, die Kochkunst der Türkei mit traditionellen Gerichten seiner Region und einer bewusst vegetarischen Lebensweise zu verbinden: Börek sind nur mit Pilzen und Rucola gefüllt (Rezept auf Seite 36), Schwarzaugenbohnen – die Traditionsbohnen der Alten Welt – mit Spinat mariniert (Rezept auf Seite 48). Die Teigtaschen rechts stammen ursprünglich aus Kaysen in Mittelanatolien. »Dort sind die Manti etwas kleiner, werden mit Hackfleisch gefüllt und mit kaltem Knoblauchjoghurt oder mit Tomatensauce serviert«, sagte mir Çoskun. »An der türkisch-syrischen Grenze, wo ich aufgewachsen bin, formt man sie etwa so groß wie italienische Tortellini und füllt sie ebenfalls mit Hackfleisch. Ich nehme nur ein paar frische Pfefferminzblätter: Die Teigtäschchen sind so ganz leicht und passen hervorragend zur Joghurtsauce. Die Sauce muss allerdings lauwarm sein, denn heißer Joghurt verursacht nicht selten Bauchschmerzen.«

Teigtaschen mit Joghurtsauce

Sicak yogurtlu Manti

Aus der Türkei

Für 3 Portionen
Teigtäschchen
200 g Mehl
1 Ei
1 TL Salz
100 ml Wasser
1 Bund frische Pfefferminze
Mehl zum Ausrollen
Sauce
3 mittelgroße Zwiebeln
1–2 Knoblauchzehen
1 gehäufter EL Butterschmalz
300 ml Wasser
500 g türkischer Joghurt (3,5 % Fett)
1 Ei
1 TL Salz
1 TL Paprikaflocken
1 TL getrocknete Pfefferminze
Dauert etwa 2 Stunden
Dazu kommt die Zeit (2 1/2 Stunden) fürs Ruhen und Trocknen

› Mehl mit Ei, Salz und Wasser zu einem glatten, geschmeidigen Teig kneten, der nicht an den Fingern klebt. In Folie wickeln und 30 Minuten ruhen lassen. Pfefferminzblätter abzupfen.

› Teig in 6 Stücke teilen und jeweils auf wenig Mehl etwa 2 Millimeter dick ausrollen. Teigstücke in 3 bis 4 Zentimeter große Quadrate schneiden, jeweils mit 2 bis 3 Pfefferminzblättern belegen, zu Dreiecken falten und die Ränder festdrücken. Dreiecke über dem Zeigefinger wie italienische Tortellini zum Ring formen und an den Enden fest zusammendrücken. Die Täschchen 2 Stunden trocknen lassen.

› Für die Sauce Zwiebeln und Knoblauch fein hacken und in Butterschmalz bei mittlerer Hitze anbraten. Wasser zugießen und aufkochen.

› Joghurt in einen zweiten Topf geben, Ei unterrühren. Auf die Kochstelle setzen, nach und nach Wasser mit Zwiebeln unterrühren und aufkochen. Von der Kochstelle nehmen, mit Salz und Paprikaflocken würzen.

› Reichlich Salzwasser aufkochen. Teigtaschen zugeben und im halb geschlossenen Topf bei schwacher Hitze in 15 bis 20 Minuten gar ziehen lassen. Abgießen, abschrecken, abtropfen lassen und mit der Joghurtsauce vermischen. Mit getrockneter Pfefferminze abschmecken und lauwarm servieren.

Gebackene Pfannkuchen

Congjou Bing

Aus China

Für 4 Portionen
400 g Roggenvollkornmehl
150 g Weizenmehl
300 ml Wasser
Mehl zum Ausrollen
100 ml Öl
1/2 TL Salz
Pfeffer
1 Lauchzwiebel
Dauert etwa 1 Stunde

› Die Mehlsorten mischen, mit dem Wasser zu einem glatten Teig kneten und zu einer Kugel formen. Auf Mehl zu einer Scheibe (etwa 5 Millimeter dick) ausrollen. Mit 2 Esslöffel Öl bestreichen. Salz, Pfeffer und die gehackte Lauchzwiebel darauf verteilen.

› Teig aufrollen und von beiden Enden wie eine Schnur gegeneinander verdrehen. In 4 gleich große Stücke teilen und etwa 30 Minuten ruhen lassen.

› Teigstücke auf Mehl zu Pfannkuchen von etwa 20 Zentimeter Durchmesser ausrollen und im restlichen Öl auf jeder Seite etwa 3 Minuten backen, bis sie goldbraun sind.

Getreide aus drei Erdteilen nimmt Lina Neudecker für die Puffer: Reis gehört zu ihrer Heimat Java, Weizen zum Norden Asiens, und den Mais haben die Portugiesen aus der Neuen Welt nach Indonesien gebracht.

Maispuffer
Perkedel jagung

Aus Indonesien

Lina Neudecker serviert die Maispuffer heiß als Hauptgericht: »Wir essen aber in Indonesien keinen Salat dazu, wie man es in Deutschland tun würde. Die typischen Beilagen sind gebratenes Tempeh, geschmortes Gemüse und scharfes Sambal.«

Für 2 Portionen

- 1 Stück frischer Großer Galgant (etwa 1 cm lang)
- 1 Stück frischer Echter Galgant (etwa 1 cm lang)
- 1 mittelgroße Zwiebel
- 1 Stange Sellerie
- 50 g Weizenmehl
- 50 g Reismehl
- 1/4 TL Backpulver
- 1/2 TL gemahlener Kümmel
- 1 TL gemahlener Koriander
- 1 TL Salz
- 80 ml Wasser
- Saft von 1 Limette
- 1 Ei
- 375 g frische oder tiefgefrorene Maiskörner
- 1/4 l Pflanzenöl zum Backen

Dauert etwa 1 Stunde

› Beide Galgantstücke wie Ingwer schälen und im Mörser fein zerreiben. Abgezogene Zwiebel und den Sellerie ganz fein zerkleinern.

› Weizenmehl, Reismehl, Backpulver, Kümmel, Koriander und Salz in einer Schüssel mischen. Wasser, Limettensaft, Ei, Galgantpaste, die Zwiebel und den Sellerie unterrühren. Mais zugeben und alles gut vermischen.

› Öl nach und nach in einer Pfanne erhitzen. Mit einem Esslöffel den Teig als Puffer ins Öl geben und bei mittlerer bis schwacher Hitze pro Seite in etwa 3 Minuten goldbraun backen.

Tip: Ein Tempeh-Rezept finden Sie auf Seite 183, Rezepte für Sambals auf den Seiten 224 und 225.

Frikadellenkunde

Perkedel sind in Indonesien das, was die Berliner Buletten, die Rheinländer Püfferchen, die Bayern Pflanzerl und alle Menschen, die Hochdeutsch sprechen, Frikadellen nennen. Damit ist auch das indonesische Wort verwandt: Es kommt vom holländischen »frikadel«. Doch weil die indonesische Sprache kein »F« kennt, wurde der Anfangsbuchstabe zum ähnlich gesprochenen »P«.

»Der Tscholent ist das Sabbatmahl der Juden – sowohl der orientalischen als auch der osteuropäischen. Früher waren die Tscholent-Töpfe mit Namen versehen, denn jede Familie brachte ihren Tscholent zum Gemeinschaftsbackofen und holte ihn fertig gegart am Samstagmittag, dem Sabbat, wieder ab.«

BILHA WIDMANN

Das abendliche Sabbatmahl: Die ganze Familie versammelt sich und genießt die Speisen, die am Vortag zubereitet wurden

Sabbatgericht
Tscholent oder Hamín

Aus der jüdischen Küche

Für 6 Portionen

150 g Kichererbsen
6 große Kartoffeln
3 mittelgroße Zwiebeln
50 g Margarine
150 g Weizenkörner
2 EL Gemüsebrühe (instant)
2 TL Rosenpaprikapulver
2 TL Salz
1 TL Pfeffer
4–5 Eier

Dauert etwa 16 Stunden
Arbeiten müssen Sie etwa 1 Stunde

› Die Kichererbsen 8 Stunden, in reichlich Wasser, zugedeckt einweichen.
› Danach auf ein Sieb abgießen und abtropfen lassen.
› Die Kartoffeln schälen, waschen und halbieren. Die Zwiebeln abziehen und grob hacken.
› Die Margarine in einem großen Topf erhitzen und die Zwiebeln darin glasig braten.

Sabbat

Das jüdische Sabbatgericht trägt drei Namen – zwei davon sind Hinweis auf die Art des Garens : »Tscholent« kommt vom französischen »Chaudlent« und bedeutet so viel wie sanfte Wärme. »Hamín« ist vom hebräischen Wort für »warm« abgeleitet. Die dritte Bezeichnung »Schul-Ende« sagt, wann das Gericht gegessen wird: »Schul« ist das jiddische Wort für Synagoge, und Tscholent kommt auf den Tisch, wenn die Familie aus dem Gottesdienst in der Synagoge nach Hause zurückgekehrt ist.

› Die Kichererbsen, Weizenkörner und Kartoffeln dazugeben und alles gut mischen.

› Mit Gemüsebrühe, Paprikapulver, Salz und Pfeffer abschmecken.

› Die Eier einzeln in einer Tasse aufschlagen und langsam über die Gemüsemischung geben.

› Kaltes Wasser zugießen, so dass die Mischung gerade bedeckt ist.

› Das Gericht im offenen Topf kurz aufkochen. Zugedeckt ca. 8 bis 10 Stunden bei schwacher Hitze auf der Kochstelle oder im Backofen bei 90 °C (Umluft, 70 °C; Gas, Stufe 1) ziehen lassen.

› In regelmäßigen Abständen die Wassermenge kontrollieren und eventuell nachfüllen. Das Wasser sollte das Gericht immer gerade bedecken. Den Tscholent heiß servieren.

Der Sabbat beginnt am Freitagabend mit Einbruch der Dunkelheit und endet am Samstagabend. An diesem letzten Tag der siebentägigen Woche dürfen gläubige Juden nicht arbeiten. Auch die Verbote von Kochen und Backen sind in der Bibel erwähnt. Das Essen für den Sabbat – Tscholent und Challoth, der typische Hefezopf – muß also bereits am Vortag zubereitet werden.

Llermi Schröder

Damit Sie von den vielen Tortillas auf mexikanischen Speisekarten nicht mehr verwirrt werden, hat Llermi Schröder ein Tortillalexikon erstellt: »Die meisten mexikanischen Tortillas werden mit Maismehl, nordmexikanische und amerikanische auch mit Weizenmehl gebacken. Tortillas nennt man sie, wenn sie – noch pur und ohne Beilage – den Grundstock einer mexikanischen Mahlzeit bilden. Kalt sind sie zwar weich, aber spröde, doch heiß kann man sie falten oder rollen: Gefüllt und gerollt heißen sie Tacos. Empanadas sind gefüllte, frittierte Taschen aus Tortillateig, Enchiladas weiche Tortillas, die man in eine Sauce taucht und wie Lasagne backt. Quesadillas sind mit Käse gefüllte und gratinierte Tortillas, Burritos mit weißem Queso fresco gefüllte Weizenmehltortillas. Tostadas sind knusprig frittierte Tortillas, die man wie Brötchen belegt – z. B. mit Avocado- und Käsescheiben. Tacoshells aus der Tex-Mex-Küche sind ebenfalls Tostadas, aber so geformt, dass man sie besser essen kann. Knusprige Tacochips – Nachos – stippt man in Guacamole oder Salsa.«

Gefüllte Tortillas

Quesadillas Mixtas

Aus Mexiko

Für 4 Portionen
Kartoffelfüllung
150 g Kartoffeln (mehlige Sorte)
1 mittelgroße grüne Paprikaschote
1 kleine Zwiebel
1 TL Öl
1 TL gehackte Petersilie
Salz, Pfeffer
Champignonfüllung
250 g Champignons
1 TL Öl
3–4 EL Salsa Mexicana
Zucchinifüllung
2 kleine Zucchini
1 große Knoblauchzehe
1 TL getrockneter Oregano
1 TL Öl
Salz, Pfeffer
Außerdem
250 g Edamer
15 mexikanische Tortillas

Dauert etwa 1 1/4 Stunden

› Kartoffeln ungeschält weich kochen, schälen und mit einer Gabel fein zerdrücken. Die Paprikaschote in Streifen schneiden, Zwiebel hacken. Beide Zutaten etwa 8 Minuten in 1 Teelöffel Öl dünsten. Mit Kartoffeln, Petersilie, Salz und Pfeffer mischen.

› Champignons in Scheiben schneiden und 5 Minuten in 1 Teelöffel Öl dünsten. Salsa Mexicana unterrühren.

› Zucchini würfeln, den Knoblauch fein hacken. Alles mit dem Oregano in 1 Teelöffel Öl 5 Minuten dünsten. Mit Salz und Pfeffer abschmecken.

› Backofen auf etwa 220 °C (Umluft, 200 °C; Gas, Stufe 4) vorheizen. Käse reiben, 4 Esslöffel davon unter jede der abgekühlten Füllungen mischen.

› Tortillas in einer heißen Pfanne zugedeckt etwa 2 Minuten erhitzen, damit sie beim Füllen nicht brechen.

› Warme Tortillas mit den Füllungen belegen, zusammenklappen und dachziegelartig mit der Öffnung nach oben in eine flache feuerfeste Form geben. Mit dem restlichen Käse bestreuen und etwa 12 Minuten backen.

Enchiladas mit Zucchinisahne

Enchiladas Verdes

Aus Mexiko

Für 4 Portionen
2 kleine Zucchini
1/4 l Salsa verde
200 ml süße Sahne
Salz, Pfeffer
1 große grüne Paprikaschote
3 EL Öl
400 g Gouda
8–10 mexikanische Tortillas

Dauert etwa 50 Minuten

› Zucchini würfeln und 8 Minuten bei mittlerer Hitze kochen. Abkühlen lassen. Mit Salsa verde und Sahne zu einer dickflüssigen Sauce pürieren. Mit Salz und Pfeffer würzen.

› Den Backofen auf 200 °C (Umluft, 180 °C; Gas, Stufe 3) vorheizen.

› Paprikaschote in Streifen schneiden. Im heißen Öl bei mittlerer bis schwacher Hitze 5 Minuten dünsten. Salzen und pfeffern. Den Käse reiben.

› Etwas Zucchinisahnesauce in eine ofenfeste Form gießen. 2 bis 3 Tortillas darauf legen und mit Sauce begießen. Darüber einen Teil von Paprikastreifen und Käse verteilen. Auf diese Weise drei weitere Schichten einfüllen. Obenauf den restlichen Käse streuen.

› Enchiladas in den vorgeheizten Backofen schieben und bei 200 °C (Umluft, 180 °C; Gas, Stufe 3) in 15 bis 20 Minuten goldbraun überbacken.

Tortillas backt man nicht wie europäische Pfannkuchen in der eigenen Küche. Das Grundprodukt mexikanischen Kochens und Essens wird in eigenen Fabriken am Fließband produziert.

Echtes aus der Tortilleria

Tortillas essen die Mexikaner wie Brötchen. Und so wie wir unser tägliches Brot beim Bäcker holen, kaufen die Mexikanerinnen die pfannkuchendünnen Fladen aus Mehl, Wasser und Salz, oft auch mit Fett und Zucker, fast immer in der Tortilleria. »Bei den Mengen, die wir essen, wäre eine Frau ständig mit Tortillabacken beschäftigt«, sagte mir Llermi Schröder. »Außerdem gelingen sie nur richtig mit Tortillamehl und nicht mal mit ganz feinem Maismehl. Die Rezepte, die man in Büchern findet, stimmen deshalb alle nicht so genau.« Wo Sie auch bei uns richtige Tortillas kaufen können, steht auf Seite 257.

Teigtaschen sind so international wie die Nudel. Ursprünglich eher Resteverwertung, sind italienische Ravioli, russische Pelmini und schwäbische Maultaschen nun feine Zwischengerichte.

Pelmeni, Manti, Ravioli

Die internationale Nudel

Die simple Idee, Mehl oder Stärke mit Wasser zu verkneten und zu formen, hat einen kulinarischen Renner geschaffen – Leibspeise von Kindern und Gourmets in aller Welt.

Keiner erhebt mehr den Anspruch, sie erfunden zu haben, aber alle essen sie – sei es aus Tradition, sei es, weil andere sie mitgebracht haben. Und bei so vielen Ländern ist es selbstverständlich, dass die Nudeln sich voneinander unterscheiden.

Besonders faszinierend fand ich Japans Nudeln: Außer Mehl für die Sorten Somen und Udon nimmt man noch Pflanzenstärke für Shirataki, die Nudeln aus Konnyaku (siehe Seite 161) – so, als würden wir aus Kartoffelstärke Nudeln herstellen. Dünne Buchweizennudeln, Soba, isst man im Sommer kalt; sie werden gekocht, in Eiswasser abgekühlt und mit hauchfeinen Streifen von geröstetem Meeresgemüse, Nori, angerichtet. Dazu serviert man eine Sauce aus süßem Reiswein, Brühe und Sojasauce, außerdem Wasabi und Zwiebelringe. Auch Nudeln zu essen ist anders in Japan: Man schlürft sie vernehmlich, weil sie dann besser schmecken. Die Chinesen kennen Nudeln seit dem 1. Jahrhundert v. Chr. Erst damals, so der Sinologe Wolfgang Bauer, kamen sich das chinesische und das römische Reich geografisch nahe genug, dass die Chinesen die römische Erfindung der Kornmühlen übernehmen und Mehl in großen Mengen mahlen konnten. Nudeln sind typisch für den Norden Chinas – der Süden ist das Gebiet für Reis. Es gibt dicke und dünne, schmale und breite Nudeln aus Weizen, Reis und Buchweizen oder Glasnudeln aus Mungobohnenstärke. Doch Eiernudeln isst man nicht – die sind für den Export bestimmt, sagte mir Xiaoyan Zhang.

Spaghetti, die längsten Nudeln Europas.

Das Geheimnis der ellenlangen Nudeln, die chinesische Köche aus einem Teigklumpen formen, liegt im Kleber: Durch Ziehen, Kneten und Schlagen werden die beiden Eiweißstoffe Gliadin und Glutenin im Weizenmehl aktiviert, und dieser Kleber macht den Teig so elastisch. Xiaoyan lenkte mein Augenmerk weg vom Ergebnis auf die Grundlage: »Der Koch, der das Geschick für einen solchen Teig besitzt, kann daraus ganz leicht Nudeln ziehen.«

Nudeln in Vietnam sind aus Reismehl und werden häufig wie eine Beilage angerichtet. Bei Phung Hoang habe ich eines meiner Lieblingsgerichte Vietnams kennen gelernt (Rezept auf Seite 124): Auf der Platte liegen vegetarische oder andere Frühlingsrollen, dazu Streifen von Salatblättern, frische Kräuter und eine Reihe Nudeln, dick bestreut mit Erdnüssen. Dazu gibt es noch Sojabohnen-

Vor einer chinesischen Nudelfabrik: Die Nudeln hängen über Bambusstangen zum Trocknen.

Nudeln aus Ost und West: Asiatische Glasnudeln (rechts) macht man ohne Mehl aus der Stärke von Mungobohnen, Tagliatelle aus speziellem Hartweizengrieß.

sprossen, Gurkenstifte und eine Sauce. International wie die Nudel selbst sind auch die Gerichte aus Nudelteig: chinesische Teigtaschen, russische Pelmeni, türkische Manti und italienische Ravioli. Zur Entstehungsgeschichte habe ich zwei interessante Theorien gefunden: Wolfgang Bauer sagt, dass die Chinesen beim Kochen und Essen zwischen zwei Grundprodukten unterscheiden. Alles Kohlenhydratreiche, das den Hunger stillt – Reis, Getreide, Brot und Nudeln –, ist immer dabei; es bildet den »Grundton der Speisenfolge«. Beim anderen wird abgewechselt; Gemüse, Fisch, Geflügel, Eier und Fleisch bilden die »Melodie« des Essens und dienen dem Genießen. Die Teigtaschen vereinen beides, denn der sättigende Mantel aus Mehl umhüllt das Gustostückl, wie die Österreicher etwas Feines so plastisch benennen.

Die Ravioli Italiens aber, heißt es bei Anne Willan, seien einst keine edlen Täschchen, sondern Resteverwertung gewesen: »Rabiole« bedeutet Reste.

Dafür waren die wohl berühmtesten Nudeln Itäliens zur Zeit ihrer schriftlichen Aufzeichnung innovativ, trendy und komponiert für Gourmets, die sich anderen um eine kulinarische Nasenlänge voraus fühlten. Das erste bekannte Rezept für Pasta con sugo di pomodori (Nudeln mit Tomatensauce) soll vom italienischen Küchenchef Leonardi um 1760 bereits aufgeschrieben worden sein.

Knapp 20 Jahre davor hatten Wissenschaftler die Genießbarkeit der Frucht aus der Neuen Welt bestätigt, und es sollte noch mal 20 Jahre dauern, bis Tomaten auch außerhalb Italiens als mögliche Nahrungspflanzen akzeptiert wurden.

Parmesan

Parmesan für feine Nudelgerichte kauft man am besten frisch. Denn abgepackt in Tütchen, muss Parmesan nicht der lange gereifte Originalkäse aus Italien sein; erlaubt sind preiswerte parmesanähnliche Hartkäse, die viel weniger Aroma haben und überall produziert werden können. Deshalb schmeckt Parmesan frisch gerieben vom Stück am besten. Übrigens müssen Sie nicht selbst reiben. In italienischen Feinkostgeschäften können Sie ihn so auch kaufen. Das ist besonders praktisch, wenn man größere Mengen braucht, z. B. für ein Nudelessen mit vielen Leuten.

Zu den Nudeln serviert Maria Fecondo natürlich frisch geriebenen Käse: Parmigiano Reggiano und Pecorino Romano schmecken am besten.

Nudeln mit Tomatensauce

Pasta con sugo di pomodori

Aus Italien

Die würzige Sauce zu Maria Fecondos Nudeln gelingt nur mit Sommertomaten.

Für 4 Portionen
1 kg reife Tomaten
3 mittelgroße Möhren
2 Stangen Sellerie
2 mittelgroße Zwiebeln
2 Knoblauchzehen
7 EL natives Olivenöl
Salz
500 g lange Röhrennudeln (Bugatini, Perciatelle oder Makkaroni)
1/2 Bund Oregano
Je 2 EL frisch geriebener Parmesan und Pecorino

Dauert etwa 45 Minuten

› Tomaten abziehen, Möhren schälen, Sellerie waschen, Zwiebeln und Knoblauch abziehen.

› Alle diese Zutaten fein zerkleinern, mit Salz in einen Topf geben, einmal kräftig aufkochen und im offenen Topf bei schwacher Hitze etwa 30 Minuten kochen. Hin und wieder umrühren.

› 6 Esslöffel Olivenöl zugeben und die Sauce bei mittlerer Hitze 15 Minuten kochen. Dabei immer wieder umrühren.

› Während die Sauce gart, die Nudeln in reichlich sprudelnd kochendem Salzwasser al dente kochen.

› Oregano waschen, fein hacken und unter die Sauce rühren. Sauce weitere 5 Minuten kochen. Von der Kochstelle nehmen, zuerst den geriebenen Parmesan, dann den Pecorino und schließlich das restliche Öl darunter rühren. Sauce mit Salz abschmecken und mit den abgetropften Nudeln mischen.

Tip: Als Würze für die Sauce schmecken auch junger Knollensellerie oder Fenchel, frischer Thymian oder Rosmarin.

Nudelauflauf
Lazania

Aus der jüdischen Küche

Bilha Widmann serviert zum einfachen Nudelauflauf grünen Salat.

Für 6 Portionen
200 g breite Nudeln
Salz
2 Knoblauchzehen
2 kleine Dosen Tomatenmark
100 ml Wasser
1 TL Oregano
Schwarzer Pfeffer
400 g Hüttenkäse
2 Eier
1/2 Bund Petersilie
200 g Emmentaler oder mittelalter Gouda in dünnen Scheiben
Dauert etwa 1 Stunde
Arbeiten müssen Sie etwa 30 Minuten

› Die Nudeln in reichlich sprudelnd kochendem Salzwasser knapp bissfest garen. Auf ein Sieb abgießen, kurz kalt abschrecken und abtropfen lassen.
› Für die Sauce die Knoblauchzehen abziehen und mit Salz zerdrücken. Das Tomatenmark mit dem Wasser glatt rühren. Oregano, Salz und eine kräftige Prise Pfeffer darunter mischen.
› Für die Käsemischung Hüttenkäse und Eier verrühren. Petersilie sehr fein hacken und darunter mischen. Alles mit Salz und Pfeffer abschmecken.
› Schichtweise zuerst die Nudeln, die Käsemischung, die Sauce und die Käsescheiben in eine Auflaufform (20 mal 25 Zentimeter) geben. Fortfahren, bis alle Zutaten verbraucht sind. Die restlichen Käsescheiben obenauf legen.
› Auflauf in den kalten Backofen (mittlere Schiene) stellen und bei 200 °C (Umluft, 180 °C; Gas, Stufe 3) ungefähr 30 Minuten backen. Aus dem Ofen nehmen, etwa 10 Minuten in der Form ruhen lassen und servieren.

Almnudeln
Aelpler-Magronen

Aus der Schweiz

Nudeln und Kartoffeln in einem Essen finden Sie in der einfachen, bäuerlichen Küche sehr häufig. Früher mussten viele Frauen vor allem die Lebensmittel kombinieren, die richtig satt machen. Als Würze nahmen sie Gemüse und Käse – manchmal auch frische Kräuter. Zu solch einer delikaten Hausmannskost gehören die Käsenudeln aus der Familie meines Schweizer Schwagers: Seine Mutter servierte Apfelmus oder grünen Salat dazu.

Für 6 Portionen:
500 g Kartoffeln (fest kochende Sorte)
Salz
400 g Makkaroni oder grobe Hörnchennudeln
1 große Zwiebel
150 g Emmentaler oder Sbrinz
1 EL Öl
300 ml fettarme süße Sahne (Kaffeesahne mit 10 % Fett)
Schwarzer Pfeffer
Geriebene Muskatnuss
Dauert etwa 45 Minuten

› Die Kartoffeln schälen, waschen und in kleine Würfel schneiden. Reichlich Salzwasser in einem großen Topf aufkochen. Kartoffeln und Nudeln darin aufkochen und zugedeckt bei mittlerer Hitze in etwa 12 Minuten weich garen.
› Inzwischen Zwiebel abziehen und fein hacken. Den Käse grob reiben. Das Öl in einer großen Pfanne erhitzen und die Zwiebel darin bei schwacher Hitze unter Rühren glasig braten.
› Sahne zugießen, Käse hinzufügen und unter Rühren bis knapp unter den Siedepunkt erhitzen. Mit je einer kräftigen Prise Pfeffer und Muskat würzen.
› Die Kartoffeln und Nudeln abgießen und nur kurz abtropfen lassen. Mit der Zwiebel-Käse-Sahne mischen und sofort ganz heiß servieren.

Kritisch denken

Viele Menschen, die auf Fleisch und Fisch verzichten, tun das bewusst, um Tieren das Leiden und Sterben zu ersparen. Bei dieser vegetarischen Lebensform aus Verantwortung für alle Kreaturen muß man allerdings auch die Lebensmittel kritisch betrachten, die von lebenden Tieren stammen, wie Eier und Käse, Milch und Joghurt, Sahne und Butter. Am besten ist es gewiss, möglichst oft Produkte von artgerecht gehaltenen Tieren zu kaufen. In den Übersichtstabellen auf den Seiten 254 bis 259 finden Sie deshalb viele Hinweise auf Naturkostläden und Reformhäuser.

Sombat Kaewchum-Rozmus

»Zur Küche Thailands gehören vor allem rote Zwiebeln und Knoblauch, Zitronengras und Zitronenblätter, der Saft von Limetten oder Zitronen, Korianderkraut mit Wurzeln, Zucker und Fischsauce – bei der vegetarischen Küche ersetzt man diese durch Sojasauce, obwohl sich dadurch das Aroma verändert«, sagte mir Sombat. »Chilischoten spielen eine wesentliche Rolle: wegen der Schärfe und der Optik – die rote oder grüne Farbe der Schoten muss zum Essen passen.« Wie präzise die thailändische Küche ist, wurde mir klar, als ich Sombat beim Kochen zusah: Sie stimmte die Gewürze genau aufeinander ab. »Rezepte allein helfen da nicht; viel wichtiger ist die Erfahrung beim Kochen, und die kommt«, so beruhigte sie mich, »durch Üben. Unsere Küche läßt Raum zum Experimentieren, schließlich gibt es vier Kochstile, die Sie am besten in Restaurants kennen lernen: die traditionelle Thaiküche, die der Moslems, der Thai-Vietnamesen und der Thai-Chinesen. Die höfische Küche ist kein eigener Stil; sie unterscheidet sich von der normalen nur durch die aufwendigere Dekoration und durch die Anzahl der Gänge.«

Gebratene Nudeln

Pad Thai

Aus Thailand

Alle unbekannten Zutaten finden Sie im Special zur Würze auf Seite 52 erklärt.

Für 2 Portionen
250 g Reisnudeln
200 g Tofu
150 g asiatischer Schnittlauch
3 Schalotten
2 Knoblauchzehen
4 EL Öl
3 EL grob gehackter, salziger Rettich
2 TL Zucker
2 EL Sojasauce
1 TL getrocknete, gemahlene Chilischoten
3 EL Tamarindensaft
3 Eier
150 g Sojabohnensprossen
3 EL grob gemahlene Erdnusskerne

Dauert etwa 45 Minuten

› Reisnudeln mit lauwarmem Wasser übergießen und 30 Minuten einweichen. Tofu in schmale Streifen, Schnittlauch in 4 Zentimeter lange Stücke schneiden, Schalotten und Knoblauch fein hacken.

› 2 Esslöffel Öl in einer großen, beschichteten Pfanne oder im Wok erhitzen. Tofu darin bei mittlerer Hitze unter Rühren goldbraun anbraten und heraus nehmen. Schalotten und Knoblauch anbraten. Abgetropfte Nudeln zugeben und unter Rühren mitbraten.

› Tofu, Rettich, Zucker, Sojasauce, Chilischoten und Tamarindensaft zu den Nudeln geben, alles vermischen und an den Rand der Pfanne schieben.

› Das restliche Öl in die Pfannenmitte geben. Eier darin wie Spiegeleier bei mittlerer Hitze braten, bis nur das Eiweiß zu stocken beginnt. Schnittlauch, Sojabohnensprossen und Erdnüsse auf die Eier geben, durchmischen.

Thainudeln auf chinesische Art

Lad Nah

Aus Thailand

In Thailand gibt es die authentische und die chinesisch beeinflusste Küche. Janja Rieser zeigt es an zwei Nudelgerichten.

Für 2 Portionen
250 g breite Reisnudeln (etwa 1/2 cm breit)
150 g asiatischer Brokkoli
150 g Blumenkohl
2 Knoblauchzehen
4 EL Öl
1 EL dunkle Sojasauce
2 EL Mehl
1/4 l Wasser
2 TL Zucker
1 EL eingelegte Sojabohnen (Taojeaw)
2 EL helle Sojasauce
Pfeffer

Dauert etwa 45 Minuten

› Reisnudeln etwa 30 Minuten in lauwarmem Wasser einweichen. Brokkoli in 4 Zentimeter lange Stücke schneiden. Den Blumenkohl in Röschen und Strunk teilen und in Scheiben schneiden. Knoblauch fein hacken.

› 2 Esslöffel Öl in einer Pfanne oder im Wok erhitzen. Nudeln darin bei mittlerer Hitze anbraten. Mit dunkler Sojasauce verrühren, bis sie gleichmäßig braun sind, und aus der Pfanne nehmen.

› Mehl in 1/8 Liter Wasser glatt rühren. Restliches Öl erhitzen. Den Knoblauch darin bei mittlerer Hitze anbraten. Das Gemüse, Zucker, Sojabohnen und die helle Sojasauce unterrühren.

› Rest des Wassers zufügen, Gemüse darin 2 Minuten dünsten. Nach und nach die Wasser-Mehl-Mischung unterrühren, bis die Sauce dickflüssig ist. Noch einmal kurz aufkochen. Auf vorgewärmten Tellern verteilen, Gemüse darüber geben und mit Pfeffer würzen.

Weizen ist Luxus, und die feinsten Nudeln in China bestehen aus schneeweißem Weizenmehl.

Gebratene Nudeln mit Ingwer

Jiangsi Chaoman

Aus China

Es sind fast die einfachsten Nudeln, die ich jemals zubereitet habe, und vermutlich die besten, die ich je gegessen habe. Wichtig sind ganz frischer Ingwer, feine Gemüsestifte und nicht zu dünne Chinanudeln. Für die Sauce nimmt man möglichst milden Reisessig aus China.

Für 3 Portionen
1 Stück frischer Ingwer (etwa 2 cm lang)
3 Frühlingszwiebeln
2 mittelgroße Möhren
300 g chinesische Nudeln
6 EL Öl
Sauce
1 TL Salz
1 TL Zucker
2 EL Essig
3 EL helle Sojasauce
Dauert etwa 45 Minuten

› Die Ingwerwurzel schälen und zuerst in dünne Scheiben, dann in ganz feine Streifen schneiden. Frühlingszwiebeln putzen und waschen. Mit dem zarten Zwiebelgrün in 5 Zentimeter lange Stücke schneiden, längs halbieren und ebenfalls in feine Streifen schneiden. Die Möhren schälen und in möglichst streichholzdünne Stifte schneiden.

› Die Nudeln nach Packungsaufschrift garen. Auf ein Sieb abgießen, kurz mit kaltem Wasser abspülen und sehr gut abtropfen lassen. In einer Schüssel mit 2 Esslöffel Öl mischen.

› Für die Sauce Salz, Zucker, Essig und Sojasauce in einer Tasse mischen.

› Die restlichen 4 Esslöffel Öl in einer großen Pfanne oder einem Wok erhitzen. Den Ingwer und die Frühlingszwiebeln darin bei starker Hitze kurz anbraten. Möhren zugeben und alles unter Rühren bei mittlerer Hitze 2 bis 3 Minuten braten.

› Die Nudeln und die Sauce zugeben und alles mischen.

› Die gebratenen Nudeln auf einer gut vorgewärmten Platte anrichten und heiß servieren.

Ingwer

Frischen Ingwer gibt es beim Gemüsehändler, in Asienläden, Feinkostläden und manchen Supermärkten. Die Knollen müssen gleichmäßig weißlich oder gelbbraun und prall sein. Das Alter der Knolle erkennen Sie nur beim Aufschneiden: Junger Ingwer ist fruchtig, zart und saftig, älterer scharf und faserig. Dann wird er besser nicht gehackt, sondern durch die Knoblauchpresse gedrückt. So würzt der Saft, ohne dass die groben Fasern stören. Zum Aufbewahren wickelt man frischen Ingwer zuerst in Küchenpapier, dann fest in einen Folienbeutel und legt das Ganze ins Gemüsefach des Kühlschranks.

Hülsenfrüchte und Tofu

Weichen Tofu bewahrt man in Wasser auf.

Milch, Quark, Käse aus Soja

Die Geschichte vom Tofu

Tofu ist eines der vielseitigsten Lebensmittel, die der Mensch erfunden hat. Das Prinzip ist ganz einfach und entspricht der Herstellung von weichem Quark und schnittfestem Käse.

Tofu besteht aus Sojabohnen: Die eingeweichten Bohnen werden mit Wasser püriert und durch ein Tuch gepresst. Aus der milchigen Flüssigkeit, die dabei ausläuft, macht man Tofu: Man mischt sie mit einem Gerinnungsmittel – Zitronensaft, Essig oder einem bestimmten Salz. Dabei klumpt das Eiweiß wie in normaler Milch. Beim Abtropfen in einem Sieb wird es weich oder krümelig wie Quark oder Hüttenkäse, anschließend formt man es durch Pressen in einer Tofupresse zu schnittfesten Blocks. Die ausgepressten, zerkleinerten Sojabohnen wirft man nicht etwa weg: Im Westen unter der japanischen Bezeichnung »Okara« bekannt, nimmt man sie als ballaststoffreichen Brotzusatz, reichert Suppen damit an oder brät sie mit Gemüse im Wok. Aus Tofu macht man andere wichtige Lebensmittel: Aburaage z. B. – von »age«, dem japanischen Wort für frittierten Tofu – sind ganz dünne frittierte Tofuscheiben. Man kann sie wie normalen Tofu verwenden (siehe Rezept auf Seite 161) oder füllen: Ein berühmtes Sushi wird damit zubereitet (siehe Seite 157). Der Anbau von Sojabohnen reicht in China mehr als 2000 Jahre zurück. In China ist Tofu auch erfunden worden. Dafür gibt es gleich zwei Theorien: Nach der ersten hat der taoistische Philosoph, Alchimist und Politiker Huai-nan-tzu (Liu An) um das Jahr 164 v. Chr. mit Sojabohnen experimentiert, das dicke Sojabohnenpüree mit Natursalz vermischt und dabei zufällig die Gerinnung entdeckt. Dieser Tofu war körnig, weil er noch die zerkleinerten Sojabohnen enthielt. Im Laufe der Zeit wurde die Produktion verfeinert, man filterte die Sojamilch und bekam glatten weißen Tofu. Da Liu An zum Zeitpunkt seiner bahnbrechenden Entdeckung erst 15 Jahre alt gewesen sein kann, neige ich eher zur zweiten Theorie: Danach haben die Chinesen das Prinzip der Eiweißgerinnung von ihren Nachbarn gelernt. Mongolen und Inder betrieben Milchwirtschaft, wussten, wie man Quark und Käse macht. Die Chinesen, die Vieh nur zum Schlachten hielten, wandten dieses Verfahren auf die pflanzliche Sojamilch an und produzierten eben »Sojakäse« – übrigens eine veraltete westliche Bezeichnung für Tofu. Gegen Ende des 12. Jahrhunderts wanderten die Kenntnisse der Tofuherstellung über Nordchina und Korea nach Japan – gleichzeitig mit der Ausbreitung des Zen-Buddhismus. Damals etablierte sich dort auch das vegeta-

Fuzhu (siehe Seite 72) und Räuchertofu.

Getrocknete Tofublätter werden in erster Linie für Suppen verwendet.

In der mit einem Tuch ausgekleideten Tofupresse bekommt die weiche Masse aus Sojabohneneiweiß die gewünschte Festigkeit. Von der Dauer der Pressung hängt auch der Geschmack des Tofus ab.

rische Essen in den Zen-Klöstern. Die zunächst vermutlich recht eintönige Küche erhielt einen kreativen Schub, und jeder, der fernöstliche Klosterküchen kennt, spricht begeistert davon: Mit Tofu kann man höchst anspruchsvolle Gerichte zaubern – was Chinesen und Japaner aus Tofu machen, wirkt auf mich tatsächlich wie Zauberei (siehe Seite 72).

Im 18. Jahrhundert war die Tofuherstellung schon über ganz Japan verbreitet; das wirkt übrigens heute noch nach, denn die meisten Europäer verbinden Tofu vor allem mit Japan. 1782 entstand dort das erste Tofukochbuch. Der Verfasser blieb anonym, sein Werk wurde ein Bestseller. Die 300 Rezepte darin sind in sechs Kategorien unterteilt: von Standard- über Gourmetrezepte bis zum höchsten kulinarischen Niveau. Yu-Dofu (Rezept auf Seite 191) ist in diesem Buch der Spitzenkategorie zugeordnet. »Es zeigt die kulturelle Tendenz der Japaner, das Einfachste als das Beste zu betrachten«, stellte der Ethnologe Professor Isao Kumakura fest. »Denn je weniger man ein qualitativ hochwertiges Lebensmittel bei der Zubereitung verändert, desto mehr kann sich sein natürlicher Geschmack entfalten.« Tofu war immer als Ersatz für Fleisch und Milchprodukte gedacht – sei es aus ethischen Gründen, sei es, weil Fleisch nicht zur Verfügung stand. Sun Hee Jun-Sailer erzählte, dass sie mit Sojamilch aufgewachsen ist: »Ich habe Sojamilch getrunken wie Kinder im Westen Milch, Tofu gegessen wie später in Deutschland Quark oder Käse.«

An unseren Rotschmierekäse erinnert fühlte ich mich, als die Sinologin Barbara Spielmann mir den mit Salz, rotem Reis und Reiswein fermentierten Tofu beschrieb, eine Spezialität Chinas: »Ich dachte zuerst, es sei gebratener Tofu, doch es roch unheimlich stark, und als ich mich überwunden hatte, schmeckte er mit der starken würzigen Sauce darüber einfach göttlich.«

Tofupulver

Tofupulver ist praktisch, wenn Sie Tofu selber machen wollen – etwa für weichen oder mit Gewürzen aromatisierten Tofu. Das Pulver kommt aus Japan und macht die Eigenproduktion von Tofu schnell und einfach.

Fürs feine Pfefferaroma brauchen Sie weiße Körner und am besten den Mörser zum Mahlen.

Gebratener Tofu nach Art des Hauses

Jiachang Tofu

Aus China

Xiaoyan Zhang bestreut den Tofu ganz zum Schluss mit Pfeffer, mischt aber nicht mehr, um das würzige Aroma zu erhalten.

Für 2 Portionen

- 10 g Mu-Err-Pilze
- 400 g Tofu
- 3 Frühlingszwiebeln
- 3 Knoblauchzehen
- 1/2 TL Salz
- 1 Stück frischer Ingwer (etwa 1 cm lang)
- 1/8 l Gemüsebrühe
- 2 EL Sojasauce
- 1 TL Zucker
- 3 EL Öl
- 2 TL Chilipaste
- Weißer Pfeffer

Dauert etwa 45 Minuten

› Die Mu-Err-Pilze mit kochendem Wasser übergießen und etwa 30 Minuten einweichen. Auf ein Sieb abgießen, kalt abspülen und fein zerkleinern.

› Den Tofu in etwa 2 Zentimeter große Würfel schneiden. Frühlingszwiebeln putzen, waschen und mit den saftigen grünen Blättern schräg in dünne Scheiben schneiden. Den Knoblauch abziehen und mit etwas Salz zerdrücken, den Ingwer schälen und fein hacken.

› Für die Sauce die Gemüsebrühe mit Sojasauce, Salz und Zucker verrühren, bis sich der Zucker aufgelöst hat.

› Das Öl im Wok erhitzen, Ingwer und Chilipaste darin bei mittlerer Hitze anbraten, bis sie zu duften beginnen.

› Die Tofuwürfel zugeben und unter Rühren einige Sekunden mitbraten. Die zerkleinerten Pilze und die Sauce zugeben und alles bei schwacher Hitze etwa 3 Minuten dünsten.

› Zuletzt die Frühlingszwiebeln und den Knoblauch untermischen und noch 1 bis 2 Minuten mitdünsten. Mit etwas Pfeffer aus der Mühle bestreuen.

Bohnen-Mais-Gericht
Samp and Mielies

Aus Südafrika

Für 10 Portionen
500 g getrocknete Maiskörner
250 g schwarze Bohnen
100 g Butter
2 TL Salz
100 g gehackte Erdnusskerne
1/2 Bund Petersilie
Dauert etwa 2 Stunden
Dazu kommt die Zeit (etwa 8 Stunden) fürs Einweichen
Arbeiten müssen Sie etwa 15 Minuten

› Mais und Bohnen mit reichlich Wasser übergießen und zugedeckt im Kühlschrank etwa 8 Stunden quellen lassen.
› Einweichwasser abgießen, Mais und Bohnen in einen hohen Topf geben. Mit so viel heißem Wasser auffüllen, dass Bohnen und Mais gut davon bedeckt sind. 1 Teelöffel Butter zugeben.
› Alles aufkochen und zugedeckt bei schwacher Hitze in 1 bis 1 1/2 Stunden weich garen.
› Mit Salz abschmecken. Die Erdnüsse zugeben und weitere 15 Minuten bei schwacher Hitze kochen. Zum Schluss die restliche Butter unterrühren. Mit gehackter Petersilie bestreut servieren.

Mais gehört zur Küche des Schwarzen Kontinents: hier ein Imbissstand in Tansania.

Tempeh und Tofu in Kokosmilch
Opor tahu tempe

Aus Indonesien

Tempeh, in Indonesien wichtiges Lebensmittel, besteht aus gekeimten Sojabohnen oder Getreidekörnern, die durch Gären sehr aromatisch werden – ähnlich wie Sojasauce. Tempeh schmeckt nussartig und enthält viel Eiweiß, ist also ideal für Vegetarier. Tutty Wilpernig verwendet Sojatempeh, weil es als das beste gilt.

Für 5 Portionen
500 g Tofu
250 g Tempeh
1 Zwiebel
3 Knoblauchzehen
2 TL gemahlene Korianderkörner
1/2 TL Kreuzkümmelkörner
4 Kemirinüsse
1/4 TL Salz
1 TL Zucker
2 europäische oder asiatische Lorbeerblätter
450 ml Kokosmilch (Dose)
Dauert etwa 45 Minuten

› Tofu und Tempeh zuerst in etwa fingerdicke Scheiben, dann in 4 Zentimeter große Stücke schneiden.
› Zwiebel und Knoblauch abziehen und grob zerkleinern. Mit Koriander, Kreuzkümmel, Kemirinüssen, etwas Salz und Zucker in den Mörser geben und zu einer feinen Paste zerreiben.
› Tofu und Tempeh, die Gewürzpaste, Lorbeerblätter und die Kokosmilch in einen Topf geben und erhitzen.
› Die Kokosmilch bei mittlerer Hitze ohne Deckel auf 1/3 einkochen lassen, dabei mehrmals umrühren.

Tip: Zu diesem Tempeh schmecken Maisfrikadellen (Rezept auf Seite 167), Reis und Sambal Tomat oder Sambal Kemiri (Rezepte auf Seite 224 und 225).

Tradition in Afrika

Samp and Mielies gehören zu den Spezialitäten der schwarzen Südafrikaner. Es ist ein Essen für den Winter – es macht satt und warm. Zum Eintopf aus Bohnen und Mais gibt es möglichst selbst gebackenes Brot und grünes Gemüse: »Entweder kocht man es mit den in Südafrika typischen Winterkräutern wie Minze, Petersilie, Lauchzwiebelgrün und Schalotten«, schrieb Ramola Parbhoo zu ihrem Rezept, »oder man serviert es mit Imifino, das ist gedämpftes Amarantkraut.«

Amarant

Amarant ist in vielen Ländern Asiens, Afrikas und Lateinamerikas ein Blattgemüse wie bei uns Spinat. Hier bekommt man es kaum, weil es nur im Gewächshaus gedeiht. Doch die Samen der Pflanze können Sie in Naturkostläden und Reformhäusern kaufen: Eiweißreiche Amarantkörner schmecken ein wenig nach Roten Beten und werden in der vegetarischen Küche als Beilage wie Reis, geschmort mit Gemüse oder wie Brot als Fladen zubereitet.

Gemüse aus dem Wald

Sie sehen aus wie die Schnecke einer Violine und schmecken wie Spargel: Junge, noch eingerollte Blätter verschiedener Farnarten isst man vor allem in Kanada, Korea, Japan und Indonesien – gedünstet in Butter, in leichter Brühe gegart, als Tempura-Gemüse frittiert oder in Kokosmilch gekocht.

Kokosmilch ist eine der wichtigsten Zutaten der indonesischen Küche.

Sojabohnensprossen in Kokoscreme

Taoge gurih

Aus Indonesien

Als ich Tutty Wilpernig um ein Rezept für Gemüse in Kokosmilch bat, wollten wir eigentlich – typisch indonesisch – junge Farnsprossen nehmen. Doch leider gibt es das zarte Gemüse bei uns kaum zu kaufen.

Für 4 Portionen
350 g frische Sojabohnensprossen
1 Stängel Zitronengras
1 rote Chilischote
1 Stück frischer Ingwer (2 cm lang)
1 Stück frische Gelbwurz (2 cm lang)
1 Zwiebel
2 Knoblauchzehen
Salz
2 Eier
1/4 l Kokosmilch (Dose)
2 asiatische oder europäische Lorbeerblätter

Dauert etwa 20 Minuten

› Sojabohnensprossen auf ein Sieb geben, unter fließendem kaltem Wasser abspülen und sehr gut abtropfen lassen. Das Zitronengras auf der Arbeitsfläche mit der Nudelrolle leicht klopfen und wie einen Bindfaden verknoten.

› Chilischote halbieren, Kerne und Scheidewände entfernen. Ingwer und Gelbwurz schälen, Zwiebel und Knoblauch abziehen und grob zerkleinern. Chili, Ingwer, Gelbwurz, Zwiebel, Knoblauch und Salz im Mörser fein zerreiben. Die Eier verquirlen.

› Die zerriebene Gewürzmischung in einen Topf geben, Zitronengras, Kokosmilch und Lorbeerblätter zufügen und unter Rühren aufkochen.

› Sojabohnensprossen und Eier zugeben, unterrühren und 3 Minuten bei mittlerer bis schwacher Hitze garen. Sofort servieren.

Sojabohnensprossen in Kokosmilch gehören zu den ganz normalen indonesischen Gerichten, die man mit Reis und einem scharfen Sambal isst.

Frittierter Tofu
Agedashi-Dofu

Aus Japan

Agedashi-Dofu ist ein Gericht für den Winter, das sehr heiß auf den Tisch kommen sollte. Michiko Yoshinara-Fink serviert dazu frisch gekochten Reis.

Für 4 Portionen
1 Frühlingszwiebel
1 Stück frischer Ingwer (etwa 2 cm lang)
500 g Tofu
1 EL Mehl
Öl zum Frittieren
400 ml Seetangbrühe (instant)
3 EL Sojasauce
1 EL Zucker
Dauert etwa 1 Stunde

› Frühlingszwiebel putzen, waschen und mit etwas zartem Grün in feine Ringe schneiden. Ingwer schälen und fein reiben. Tofustücke quer halbieren und auf die Arbeitsfläche legen. Mehl in ein feines Sieb geben und den Tofu damit von allen Seiten bestreuen.

› Das Öl zum Frittieren erhitzen, die Tofustücke darin portionsweise goldgelb ausbacken. Herausnehmen und auf Küchenpapier abtropfen lassen.

› Seetangbrühe mit Sojasauce und dem Zucker bei starker Hitze unter Rühren kurz aufkochen. Tofu zugeben und die Kochstelle abschalten. Den Tofu höchstens 1 Minute heiß werden lassen.

› Je ein Stück Tofu auf einem vorgewärmten Teller anrichten, mit Frühlingszwiebelringen und Ingwer belegen und mit der Sauce umgießen.

Rote Linsen
Masoor Dal

Aus Indien

»Die Linsen sollen dick wie eine kräftige Suppe sein«, erklärte Arun Das Gupta. »Als Beilage essen wir Fladenbrot oder Gemüsecurry – Reis schmeckt zu Hülsenfrüchten nicht besonders.«

Für 4 Portionen
150 g rote Linsen
3/4 l Wasser
1 mittelgroße Zwiebel
1 große Tomate
1 große Kartoffel
4 EL Pflanzenöl
1 gehäufter TL gemahlene Gelbwurz
1/4 TL mildes Chilipulver
3/4 TL Salz
1 TL Zucker
1/2 TL Garam Masala
Dauert etwa 30 Minuten

› Linsen kalt abspülen und in einem Topf mit dem Wasser zum Kochen bringen. Den Schaum, der sich gebildet hat, abschöpfen. Linsen bei mittlerer Hitze ohne Deckel in etwa 15 Minuten weich garen. Von der Kochstelle nehmen.

› Zwiebel abziehen und fein hacken, Tomate in Scheiben, geschälte Kartoffel in 1 Zentimeter große Würfel teilen.

› Das Öl bei mittlerer Hitze nicht zu heiß werden lassen. Zwiebel darin hellbraun anbraten. Gelbwurz und Chilipulver darüber streuen und 1 bis 2 Minuten braten. Kartoffel und Tomate zugeben, unter Rühren etwa 3 Minuten mitbraten. Salzen und zuckern.

› Linsen hinzufügen, Gemüse erneut aufkochen und zugedeckt bei schwacher Hitze 10 bis 15 Minuten garen, bis die Kartoffelwürfel weich sind. Mit Garam Masala abschmecken.

Orangerote Linsen sind in Nordindien beliebt. Beim Kochen zerfallen sie zu Püree.

Arun Das Gupta

Garam Masala ist eine der drei typischen Würzmischungen des indischen Subkontinents: »Es gehört zur nordindischen Küche wie Panch Phoron zur bengalischen Küche des Ostens und wie Kari, von dem das europäische Currypulver abstammt, in den Süden Indiens«, sagte mir Arun Das Gupta. »Übersetzt heißt Garam masala heiße Gewürze; die Mischung aus 8 bis 13 aromatischen Gewürzen wärmt den Körper von innen und wird deshalb im Herbst und Winter verwendet. In unserer traditionsbewussten Küche bereitet man Garam Masala frisch zu. Die Gewürze werden etwa zehn Minuten sanft geröstet, bis sie duften, und nach dem Abkühlen im Mörser oder in einer Gewürzmühle fein zerrieben. Heute jedoch kaufen auch die meisten Inderinnen Garam Masala fertig gemixt: Sie wählen die Gewürze auf dem Markt oder beim Straßenhändler aus und lassen sie gleich mit einer Rolle auf einem Stein mahlen.«

Zweimal Galgant

Galgant würzt mit ausgewogener Schärfe und duftet zart nach Rosen. Es gibt zwei Arten: Großer Galgant (siehe Foto) ist milder als Echter oder Kleiner Galgant. Wer besonders intensiv würzen will, nimmt – so hat mir Lina Neudecker gesagt – die langen »Finger« des Kleinen Galgant. Sanfter würzt der »Kopf«, das knollige Ende der »Finger«. Beide Galgantarten werden wie Ingwer geschält und zerkleinert – notfalls auch durch frischen Ingwer ersetzt.

Viele Namen

Wenn Sie gezielt einkaufen wollen, müssen Sie das Foto zeigen oder den Galgant beim Namen nennen:

- Echter Galgant (Alpina officinarium) heißt in
  Indonesien: Buah Kunci
  Thailand: Kachai.
- Großer Galgant (Alpina galanga) heißt in
  China: Liang-tiang
  Indonesien: Kencur
  Malaysia: Lengkuas
  Thailand: Galangal, Kha.

Tofufrikadellen mit Spinatdip

Tofu-Burgers with Spinach-Dip

Aus den USA

»Meine Veggie-Burgers sind der absolute Hit bei den Kindern«, schrieb Jutta Kogel zu ihrem Rezept. Als Beilage gibt es meist bayerischen Kartoffel-Gurken-Salat – ein Andenken an die Heimat.

Für 4 Portionen
Dip
150 g tiefgefrorener Spinat
150 ml saure Sahne
150 g Magerquark
150 g Salatmayonnaise (Glas)
1 Bund Dill
4 Lauchzwiebeln
Frikadellen
3 altbackene Weizenbrötchen
1 große Zwiebel
500 g Champignons
250 g Tofu
1 Bund Dill
1 Ei
Salz
Weißer Pfeffer
Öl zum Braten

Dauert etwa 1 Stunde

› Spinat auf ein Sieb geben, auftauen und dabei abtropfen lassen.

› Saure Sahne, Quark und Mayonnaise mit dem Spinat verrühren. Dill und Lauchzwiebeln fein hacken. Dabei das zarte Zwiebelgrün mit verwenden. Beide Zutaten unter den Dip mischen.

› Für die Frikadellen die Brötchen mit lauwarmem Wasser übergießen und quellen lassen, bis sie weich sind. Abgießen und gut ausdrücken.

› Die Zwiebel abziehen, Champignons putzen und eventuell waschen.

› Beide Zutaten mit dem Tofu im Blitzhacker fein zerkleinern.

› Mit gehacktem Dill, Ei, Salz und einer kräftigen Prise Pfeffer mischen. Alles mit den Händen so lange durchkneten, bis der Tofuteig glatt ist und gut bindet. Mit angefeuchteten Händen 8 bis 12 Frikadellen formen.

› Die Frikadellen im heißen Öl bei mittlerer bis schwacher Hitze pro Seite etwa 5 Minuten braten.

Tempehfrikadellen

Perkedel tempe

Aus Indonesien

Noch ein feines Tempehgericht von Tutty Wilpernig. Sie serviert Reis, Gemüse und Kokosrapseln (Rezept auf Seite 126) dazu.

Für 3 Portionen
300 g Tempeh
4 Zitronenblätter
1 cm Großer Galgant (siehe links)
3 Knoblauchzehen
1 Zwiebel
2 rote Chilischoten
1/4 TL Salz
2 EL Öl zum Braten

Dauert etwa 1 Stunde

› Einen hohen Topf etwa 2 Finger hoch mit Wasser füllen. Einen Teller umgedreht hineinlegen. Darauf einen Bambuskorb oder Siebeinsatz stellen. Tempeh darin zugedeckt 20 Minuten dämpfen. Im Mixer pürieren.

› Die Zitronenblätter in feine Streifen schneiden. Geschälten Galgant, Knoblauch und Zwiebel fein hacken. Chilis von allen Kernen und Scheidewänden befreien und fein zerkleinern.

› Alle diese Zutaten mit dem Tempeh mischen und mit Salz würzen. Mit angefeuchteten Händen etwa daumendicke Frikadellen formen und portionsweise im heißen Öl etwa 4 Minuten pro Seite braten, bis sie goldgelb sind.

Linsenfrikadellen
Merkimeklim

Aus der Türkei

Die saftigen Frikadellen mit Linsen, Gemüse und Getreide gehören zum festen Repertoire in Erdogan Yarars Imbiss.

Für 4 Portionen
250 g Linsen
3/4 l Wasser
125 g Bulgur
1 kleine Möhre
1 dünne Stange Porree
1 Bund Petersilie
2 Zweige frischer Thymian
1 Knoblauchzehe
1 Eigelb
Salz, Pfeffer
Öl zum Braten
Dauert etwa 2 Stunden
Arbeiten müssen Sie etwa 1 Stunde

› Die Linsen auf einem Sieb kalt abspülen, mit dem Wasser aufkochen und zugedeckt bei mittlerer bis schwacher Hitze 45 Minuten kochen.

› Bulgur zugeben und alles auf der abgeschalteten Kochstelle zugedeckt noch 15 Minuten ziehen lassen. Den Topf von der Kochstelle nehmen, Linsen und Bulgur ohne Deckel abkühlen lassen.

› Inzwischen die Möhre schälen und fein reiben. Porree putzen, waschen und mit einem Teil der saftigen grünen Blätter fein zerkleinern. Kräuter und abgezogenen Knoblauch fein hacken.

› Diese Zutaten mit Eigelb, Salz und Pfeffer zur Linsen-Bulgur-Masse geben und gut durchkneten. Mit angefeuchteten Händen flache Frikadellen formen.

› Öl in einer großen Pfanne erhitzen. Die Frikadellen darin portionsweise bei mittlerer Hitze etwa 4 Minuten braten, bis sie sich leicht vom Pfannenboden lösen. Wenden und auf der zweiten Seite weitere 3 bis 4 Minuten braten.

»Merkimeklim schmecken im vegetarischen Hamburger: ein aufgeschnittenes Fladenbrot mit Salatblättern, Zwiebelringen, Tomatenscheiben und gebratenen Frikadellen füllen. Das Ganze wird mit einem Klecks Zaziki garniert.«

ERDOGAN YARAR

Linsen waren – zusammen mit Erbsen – die wichtigsten Lebensmittel in der Frühzeit der Menschen. Sie stammen vermutlich aus Ägypten, wurden bald im gesamten Mittelmeerraum angebaut und sind wesentlicher Bestandteil auch der Küche Indiens.

Sichuan-Pfeffer

Er stammt von einem Baum mit dornigen Zweigen und fiederigen Blättern – ähnlich wie die des Vogelbeerbaums. Aus den winzigen Blüten an kleinen verzweigten Stielen entwickeln sich die Früchte – rote Beeren mit schwarzen Samen. Deshalb sind in den Tüten mit getrocknetem Sichuan-Pfeffer immer kleine rötliche, aufgesprungene Kapseln, schwarze Körner und dünne Stielchen. Man kann alles nehmen – Fruchtkapseln, Körner und Stielchen.

Nicht täglich

In größeren Mengen kann Sichuan-Pfeffer gesundheitsschädlich sein. Sie dürfen ihn also nicht in die Pfeffermühle füllen oder so verschwenderisch wie echten Pfeffer verwenden.

Pfefferscharfer Tofu

Mapo Tofu

Aus China

Das Beste an Sichuan- oder Anispfeffer sind die roten Fruchtkapseln: Sie enthalten die pfeffrige Schärfe und ein Öl, das ihren Geruch und Geschmack nach Mandarinenschalen bestimmt. »Rösten ohne Fett verstärkt das Aroma der Pfefferschalen«, erklärte mir Xiaoyan Zhang.

Für 5 Portionen
10 g Mu-Err-Pilze
400 g Tofu
3 Frühlingszwiebeln
1 Stück frischer Ingwer (etwa 2 cm lang)
3 eingelegte rote Chilischoten
3 Knoblauchzehen
Salz
2 EL Sojasauce
2 TL Zucker
3 EL Öl zum Braten
15 Sichuan-Pfefferschalen (siehe links)
2 TL scharfe Bohnenpaste
Außerdem
20 Sichuan-Pfefferschalen
Dauert etwa 45 Minuten

› Pilze mit kochendem Wasser übergießen und 30 Minuten einweichen.

› Den Tofu in etwa 1 1/2 Zentimeter große Würfel schneiden. Frühlingszwiebeln waschen und quer in feine Scheiben schneiden. Ingwer schälen und fein hacken. Chilischoten längs halbieren, die Kerne und Scheidewände entfernen. Die Hälften kalt abspülen und in feine Streifen schneiden. Knoblauchzehen mit etwas Salz zerdrücken.

› Die Pilze abgießen, von den Stielen schneiden und abspülen. Sojasauce mit 1/2 Teelöffel Salz und dem Zucker in einer Tasse verrühren.

› Das Öl im Wok erhitzen. Ingwer, Pfefferschalen, Chilis und Bohnenpaste etwa 10 Sekunden darin anbraten. Sojasauce zugeben und aufkochen.

› Tofu und Pilze zugeben, bei schwacher Hitze 3 Minuten dünsten. Frühlingszwiebeln und Knoblauch untermischen und 1 bis 2 Minuten dünsten.

› Die Pfefferschalen 1 bis 2 Minuten bei schwacher Hitze rösten, im Mörser mahlen und über den Tofu streuen.

Gebratener Tofu

Tubu Bakum

Aus Korea

Als typisch koreanisches Essen serviert Sun Hee Jun-Sailer gebratenen Tofu, Seetangsuppe, Spinatgemüse, Gurkensalat und Reis – alle Rezepte finden Sie in diesem Buch. Über Kimchi, die wichtigste Beilage koreanischen Essens, berichtet Sun Hee auf Seite 80.

Für 4 Portionen
500 g Tofu
2 Frühlings- oder Lauchzwiebeln
1 Knoblauchzehe
3 EL Sesamöl
1 TL Speisestärke
1 EL Wasser
100 ml Gemüsebrühe
Salz, Pfeffer
2 EL helle Sojasauce
1 EL dunkle Sojasauce
Dauert etwa 25 Minuten

› Tofu in mundgerechte Stücke schneiden. Frühlingszwiebeln in feine Ringe schneiden. Knoblauch zerdrücken.

› Öl in einer Pfanne erhitzen und die Frühlingszwiebeln darin bei schwacher Hitze leicht braun anbraten.

› Tofu und Knoblauch zugeben und rundum anbraten, bis der Tofu goldbraun ist.

› Speisestärke mit Wasser verrühren, mit der Gemüsebrühe zum Tofu geben und einmal aufkochen. Mit Salz, Pfeffer und Sojasauce kräftig würzen.

Hülsenfrüchte in Höchstform – schön bunt, sehr fein und dazu noch richtig gesund.

Linseneierkuchen mit Gemüse

Lentil Pancakes with Veggies

Aus den USA

Für 4 Portionen
Eierkuchen
200 g rote Linsen
1 grüne Pfefferschote
100 g Weizenvollkornmehl
Salz
500 g Buttermilch
3 Eier
Öl oder Pflanzenfett zum Backen
Gemüse
1 Bund Lauchzwiebeln
1 kleine Dose rote oder schwarze Bohnen
1 kleine Dose Zuckermais
2 EL Maiskeimöl
1 kleine Dose Tomatenfleisch in Stücken
Salz
Harissa oder Sambal oelek nach Geschmack
1 Hand voll Koriandergrün oder Petersilienblättchen
Dauert etwa 1 1/2 Stunden

› Linsen im Blitzhacker so fein wie Mehl zerkleinern. Pfefferschote halbieren, Kerne entfernen, Schotenhälften waschen und fein hacken. Beide Zutaten mit Mehl, Salz und Buttermilch verrühren. Zugedeckt bei Zimmertemperatur 6 Stunden stehen lassen.

› Die Eier unter den Teig rühren. Das Fett in einer großen Pfanne erhitzen. Jeweils 1 Schöpfkelle Teig in die Pfanne geben und zugedeckt etwa 3 Minuten backen, bis sich der Eierkuchen leicht vom Pfannenboden lösen lässt. Wenden und etwa 2 Minuten backen. 7 weitere Eierkuchen backen und bei 50 °C im Backofen warm halten.

› Für das Gemüse die Lauchzwiebeln mit allen saftigen grünen Blättern fein zerkleinern. Bohnen und Mais abgießen und kurz kalt abspülen.

› Öl in einem Topf erhitzen. Lauchzwiebeln darin bei schwacher Hitze glasig braten. Bohnen, Mais und Tomatenstücke zugeben und bei starker bis mittlerer Hitze unter Rühren 5 Minuten schmoren. Mit Salz und Harissa oder Sambal oelek scharf würzen.

› Koriander oder Petersilie fein schneiden und über das Gemüse streuen.

Vegetarisch international

Mit dem feinen vegetarischen Essen waren die Amerikaner den Europäern um einige Jahre voraus. Vermutlich, weil sich in den USA alle Küchen unserer Erde mischen.

Das Gericht von Jutta Kogel zeigt eine dieser interessanten Kombinationen: Die scharfen Eierkuchen sind von indischen Linsenfladen beeinflusst, das Gemüse dazu wirkt lateinamerikanisch mit nordafrikanischem Würzeinschlag.

Pakistans Küche

Kulinarisch sind die Unterschiede zwischen Indien und Pakistan nicht besonders groß: Bei Fleisch gibt es die Trennung durch religiöse Gebote, denn Pakistanis sind überwiegend Moslems, Inder Hindus. Deshalb gibt es in Indien auch mehr und interessantere vegetarische Gerichte. Die Schärfe spielt ebenfalls eine Rolle. Grob gesagt: Je nördlicher das Land, desto milder das Essen. Südindien würzt mit brennend scharfem Kari, Pakistan mit sanfterem Garam Masala und Panch Phoron. Joghurt und andere Milchprodukte – einst aus der arabischen und persischen Küche übernommen – tragen auch zur aromatischen Milde vieler pakistanischen Speisen bei.

Von ihren Jahren in Pakistan hat Tutty Wilpernig einige Rezepte mitgebracht. Die auf indische Art scharf gewürzten roten Bohnen serviert sie mit Fladenbrot. Wer mag, gibt noch geschlagenen Joghurt dazu.

Scharfe rote Bohnen
Rajma

Aus Pakistan

Für 4 Portionen

250 g rote Kidneybohnen
1 1/2 l Wasser
3 Zwiebeln
2 Knoblauchzehen
Ingwerwurzel (2,5 cm lang)
1 grüne Chilischote
1 große Tomate
3 EL Öl
1 TL Kreuzkümmel
1 1/2 TL Salz
1/2 TL Currypulver
1/2 TL Chilipulver
1 TL gemahlener Koriander
1 TL gehackte Korianderblätter

Dauert etwa 2 1/2 Stunden
Dazu kommt die Quellzeit (8 Stunden)
Arbeiten müssen Sie etwa 45 Minuten

› Bohnen auf einem Sieb waschen. Mit Wasser übergießen und zugedeckt im Kühlschrank 8 Stunden einweichen.
› Das Einweichwasser abgießen. Die Bohnen mit 1 1/2 Liter frischem Wasser aufkochen. Zugedeckt bei schwacher Hitze in etwa 1 1/2 Stunden weich kochen. Abgießen und abtropfen lassen.
› Zwiebeln, Knoblauch und Ingwer schälen und fein hacken. Chilischote entkernen und fein schneiden. Tomate abziehen und fein hacken.
› Öl erhitzen und den Kreuzkümmel kurz darin anbraten. Salz, Curry-, Chili- und Korianderpulver zugeben, unter Rühren braten, bis die Gewürze nicht mehr auf dem Öl schwimmen, sondern sich damit verbunden haben.
› Tomate und Bohnen dazugeben und alles in etwa 30 Minuten zu einer dicklichen Sauce einkochen.
› Falls die Sauce zu trocken wird, 50 bis 100 Milliliter Wasser zugießen. Mit Korianderblättern bestreuen.

Heißer Tofu mit Sauce
Yu-Dofu

Aus Japan

Wie Agedashi-Dofu (Rezept auf Seite 185) gibt es auch diesen Tofu mit Sauce meist im Winter. »Wir essen frisch gekochten Reis und eingelegten Rettich oder Gurken dazu; dieses saure Gemüse können Sie fertig kaufen«, sagte Michiko Yoshihara-Fink bezüglich ihres Rezeptes.

Für 4 Portionen
1 Bund Frühlingszwiebeln
1 Stück frischer Ingwer (etwa 3 cm lang)
2 EL geschälte weiße Sesamsamen
Tsukejoyu-Sauce
70 ml Mirin
1 Stück Kombu (ca. 3 x 5 cm; siehe rechts)
140 ml Sojasauce
70 ml Wasser
Außerdem
500 g Tofu
1 Stück Kombu (ca. 3 x 5 cm lang)

Dauert etwa 30 Minuten

› Frühlingszwiebeln mit dem saftigen Grün in feine Ringe schneiden. Ingwer schälen und fein reiben. Sesamkörner ohne Fettzugabe rösten. Alle Zutaten getrennt in Schälchen geben.
› Für die Sauce Mirin in einen Topf geben und aufkochen. Kombu, Sojasauce und Wasser zugeben und erhitzen, aber nicht aufkochen. Die Sauce heiß halten, bis alle Zutaten angerichtet sind.
› Den Tofu in 2 1/2 Zentimeter große Würfel schneiden. Kombu in ein feuchtes Küchentuch wickeln, ausdrücken und mit dem Tuch leicht abreiben. Quer zur Faser versetzt einschneiden.
› Einen großen flachen Topf mit dem Kombu auslegen, den Tofu hineingeben und mit kaltem Wasser bedecken. Aufkochen und den Tofu bei mittlerer Hitze 1 bis 2 Minuten garen.
› Abtropfen lassen, auf einer heißen, tiefen Platte oder Gratinform anrichten.
› Kombu aus der Sauce nehmen, die Sauce in ein Schälchen gießen und alle Schälchen zum Tofu stellen.
› Zum Essen jeweils 1 Stück Tofu in Essschälchen oder Teller geben, mit der heißen Sauce beträufeln und mit den anderen Zutaten bestreuen.

Scharfes Tempeh
Sambal kering tempe

Aus Indonesien

Tempeh kann man wie Pommes frites goldbraun frittieren. Tutty Wilpernig serviert Reis und eines ihrer Sambals dazu.

Für 4 Portionen
300 g Tempeh
6 rote Chilischoten
5 Knoblauchzehen
3 EL Öl
3–4 EL Wasser
1 TL Essig
1 EL Zucker
50 g brauner Zucker
Salz
Öl zum Frittieren
100 g geröstete Zwiebeln (fertig gekauft)

Dauert etwa 30 Minuten

› Tempeh in 1 Zentimeter große Würfel schneiden. Chilischoten halbieren, Kerne und Scheidewände enfernen; Chilischoten fein zerkleinern.
› Knoblauch fein hacken und im heißen Öl bei mittlerer Hitze hellbraun braten. Wasser, Essig, Zucker und Salz zugeben und bei schwacher Hitze unter Rühren dick einkochen.
› Öl zum Frittieren erhitzen, Tempeh darin in 10 Minuten goldbraun backen. Herausnehmen und auf Küchenpapier abtropfen lassen.
› Mit den Chilischoten und den gerösteten Zwiebeln unter die leicht kochende Sauce rühren.

Meeresgemüse

Kombu, Konbu oder Kelp ist Meeresgemüse wie Wakame (siehe Seite 26). Die jod- und kalziumreichen Algen nimmt man in Ostasien zum Kochen von Brühen – meist zusammen mit Bonito, einer Thunfischart, die es getrocknet als Flocken oder Pulver zu kaufen gibt.
Doch die rein vegetarische Kombubrühe – so haben mir Michiko und Michiyo gesagt – gilt in Japan als die feinste.
Die besten Kombublätter sind dick, dunkelgrün und ganz flach – ein Zeichen, dass sie richtig getrocknet wurden.
Man kauft sie quasi am Meter; die mächtigen Blätter sind etwa 20 Zentimeter breit und einige Meter lang. Deshalb finden Sie in Rezepten immer die Maße angegeben.
Vor der Verwendung werden sie nicht gewaschen, denn der helle, pudrige Belag ist Aromaträger. Das Kombustück schneidet man ein (siehe Foto), setzt es mit kaltem oder handwarmem Wasser auf und erhitzt das Ganze. Achten Sie darauf, dass Sie den Kombu vor dem Aufkochen entfernen, sonst – so Michiko – »riecht die Brühe unangenehm«.

»Meine Mutter brät die Zwiebel mit Knoblauch, Gewürzen und rotem Paprikapulver im Olivenöl glasig. Das mischt sie mit dem Erbsenpüree und kocht alles noch einmal auf.«

VICKY KRUG

Erbsenpüree mit Zitrone und Öl

Fawa

Aus Griechenland

Heiß ist das Erbsenpüree Hauptgericht, kalt ein leichtes Abendessen – ähnlich wie die kalten Sommersuppen. Dazu gibt es Fladenbrot, Tomaten und Oliven.

Für 8 Portionen
1 kg gespaltene Trockenerbsen (grün oder gelb)
1/2 EL Soda
3 l Wasser
1 Zwiebel
200 ml Olivenöl
1/2 Lorbeerblatt
1 EL Essig
Salz
2 Knoblauchzehen
Schwarzer Pfeffer
1 große Zitrone
1 TL getrockneter Majoran
Dauert etwa 2 Stunden
Dazu kommt die Zeit (etwa 8 Stunden) fürs Einweichen
Arbeiten müssen Sie etwa 30 Minuten

› Erbsen in kaltem Sodawasser zugedeckt etwa 8 Stunden einweichen.

› Mit dem Einweichwasser aufkochen, bei mittlerer Hitze 5 Minuten kochen und wieder abgießen. Mit frischem heißem Wasser aufgießen, bis sie ganz davon bedeckt sind.

› Zwiebel abziehen und hacken. Im heißen Öl bei mittlerer Hitze hellbraun braten. Erbsen mit Wasser, Lorbeerblatt, Essig und Salz zugeben. Zugedeckt in etwa 2 Stunden bei schwacher Hitze zu einem dicken Brei einkochen.

› Knoblauch abziehen und mit etwas Salz zerdrücken. Zitrone auspressen. Erbsen mit Knoblauch und Zitronensaft vermischen, mit Salz und Pfeffer abschmecken und auf einem Teller anrichten. Den Majoran darüber streuen.

Fastenkoteletts

Aus Deutschland

Küchlein aus Bohnenpüree oder Getreidebrei wurden im 19. Jahrhundert wie Koteletts geformt und Fastenkarbonaden genannt. Grünkernfrikadellen gibt es noch heute in vielen Familien am Gründonnerstag.

Für 4 Portionen
Koteletts
2 Dosen weiße Riesenbohnen (Füllmenge je 400 g)
1 Bund Suppengrün
1 Bund Petersilie
50 g Nusskerne
1 Zwiebel
1 Knoblauchzehe
1 Ei
Salz
Cayennepfeffer
4 EL Öl
Sauce
200 g Crème fraîche
200 g Magerjoghurt
3 Tomaten
1 Bund gemischte Kräuter
Salz, Pfeffer
Dauert etwa 1 Stunde

› Bohnen auf einem Sieb abtropfen lassen. Suppengrün und Petersilie grob zerkleinern. Mit Bohnen und Nüssen im Blitzhacker pürieren.

› Zwiebel und Knoblauchzehe schälen und fein hacken. Beide Zutaten mit Ei, Salz und Cayennepfeffer unter das Bohnenpüree mischen. Teig durchkneten, bis er wie Frikadellenteig bindet.

› Entweder acht »Koteletts« oder zwölf Frikadellen formen und portionsweise im heißen Öl bei mittlerer Hitze pro Seite etwa vier Minuten braten.

› Crème fraîche mit dem Magerjoghurt verrühren. Tomaten klein würfeln, Kräuter fein hacken und untermischen. Mit Salz und Pfeffer abschmecken.

Alemannische Fasnet im Schwarzwald. Die Narren tragen verfremdete Zunftgewänder, denn einst war Fastnacht, Fasching oder Karneval auch ein Fest der Handwerker und markierte das Ende des Geschäftsjahres.

Fasten

Fasten gehört für uns zum Frühjahr. Was wir für modern und vernünftig halten, hat seine Wurzeln in Vorstellungen, Wünschen und Sehnsüchten, denen Zeit und Raum nicht viel anhaben konnten.
Früher glaubten die Menschen, beim Essen und Trinken seien Dämonen am Werk.
Das machte sich die Kirche zunutze und rationierte knappe Lebensmittelvorräte durch regelmäßige Fastenzeiten.

Käse und Eier

Erste Wahl für gesundheitsbewusste Ernährung und artgerechte Tierhaltung: Eier von frei laufenden Hühnern.

Hart, weich oder gefärbt

Das Ei und seine Geschichte

Eier gelten uns so viel wie kaum ein anderes Lebensmittel: Wir schätzen sie als Nährstofflieferanten, lieben sie als Frühstücksluxus, fürchten sie als Cholesterinbomben – und lassen sie vom Ursprung der Welt erzählen.

Nach einem japanischen Mythos hingen Himmel und Erde ursprünglich zusammen und bildeten die Form eines Eies, in dessen Mitte der Keim für alles Leben lag. Anders in Indonesien; dort glaubte man, das höchste Wesen habe als Vogel auf die Urgewässer ein Ei gelegt, aus dem dann die Welt entstand. Im alten Ägypten waren Ei und Vogel in einem Bild miteinander verbunden: Die Sonne ruhte im Ei eines Wasservogels wie in einer Wiege. Wasser, Vogel und Ei symbolisieren das Weibliche, die Sonne das Männliche. Zusammen sind sie Urquell des Lebens. Die altbabylonische Göttin Ischtar schlüpfte aus einem Ei, das vom Himmel in den Euphrat gefallen war. Fische brachten es ans Ufer und Tauben brüteten es aus.

Frische Eier sind beim Backen unentbehrlich.

Ein Schöpfungsmythos aus Südchina erzählt vom Gott P'an Ku: Zuerst war das Chaos, doch geformt wie ein Ei und umschlossen von einer mächtigen Eierschale. Im Chaos schwamm P'an Ku, der göttliche Embryo. Er durchbrach die Eierschale mit einem Meißel und schuf die Erde. Aus dem Ei entstanden Dynastien: Eine vietnamesische Sage erzählt, daß die Gemahlin von König Lae-Long ihrem Mann keine Kinder gebar, sondern hundert Eier legte. Aus jedem kam ein Kind hervor. Der Sohn aus dem ersten Ei begründete eine Dynastie von 18 Königen, die insgesamt 2500 Jahre regierten. Im Christentum gelten Eier als Sinnbild der Auferstehung: Christus habe das Grab gesprengt wie das Küken die Eierschale. Oder: Die Schale des Eies bedeute den Leib, das Eiweiß die Seele und der Dotter die göttliche Natur des auferstandenen Heilands.

Tatsächlich demonstriert die Natur am Ei die Entstehung des Lebens wie in einem Dokumentarfilm. Wer einmal ein Küken beim Schlüpfen beobachten konnte, begreift, dass die Henne das Ei nicht für unseren Frühstückstisch, sondern für ihre Fortpflanzung legt – ein guter Grund für viele Vegetarier, ganz auf Eier zu verzichten.

Daß bei uns in Europa Eier und Ostern zusammengehören, hat übrigens nichts mit heidnischen Bräuchen, sondern mit praktischen Erwägungen zu tun. Eier galten als Fleisch in flüssiger Form und waren deshalb während der Fastenzeit verboten. Vor Ostern hatte sich also eine ganze Menge davon angesammelt, die man verbrauchen musste. Früher bezahlten Bauern ihrem Grundeigentümer

Nicht die bunte Farbe, sondern die Weihe macht ein Ei im Nest erst zum Osterei.

Traditionell ist der Verkauf von Milchprodukten und Eiern ab Hof die Domäne der Bäuerinnen.

die Pacht nicht mit Geld, sondern mit Lebensmitteln, z. B. eben mit Eiern. Bäuerinnen, die Eier und Milchprodukte in der Stadt verkaufen wollten, entrichteten vor Ostern eine »Eiermaut« und konnten diese Waren dann das ganze Jahr über zollfrei zum Markt transportieren. Traditionell war der Erlös aus dem Eierverkauf das Taschengeld der Bäuerin.

Nicht nur Eier nahm man vor Ostern als Zahlungsmittel, sondern auch Gebäck mit Eiern – deshalb ist auch der goldgelbe Hefeteigfladen zum typischen Osterbrot geworden. Die Eigentümer von Grund und Boden – kleine und große Adlige, Klöster, Kirchenfürsten –, die auf diese Weise Pacht, Zoll und Spenden einnahmen, haben die Eier wiederum als Zahlungsmittel verwendet: Mit Eiern und Fladen entlohnte man Personal, unterstützte man Bedürftige. Allerdings waren das keine einfachen Eier mehr, sondern eben Ostereier – gefärbt, geweiht und deshalb besonders geschätzt. Als Eier im Laufe von Jahrhunderten ihre Kaufkraft einbüßten, wandelten sie sich zum schönen Geschenk – mal unendlich kunstvoll und kostbar wie die berühmten Juweleneier von Fabergé im zaristischen Russland, mal bunt und süß wie die Schokoladeneier im Osternest für Kinder.

Die Geschichte des Ostereies ist also eher christlich denn heidnisch: Erstens kennen ausgerechnet die Nordeuropäer, deren Vorfahren eigentlich schon immer herhalten mussten, wenn es um heidnische Riten ging, Eier zu Ostern erst seit etwa 1900 – ein bisschen zu spät für vorchristlichen Fruchtbarkeitszauber! Zweitens wird ein Ei erst dann zum Osterei, wenn der Priester es geweiht hat. Diese Weihe, die andere wichtige Lebensmittel wie Fleisch, Brot, Salz, Milch und Butter einschließt, war vermutlich schon vor der Jahrtausendwende üblich – als Karl der Große und seine Nachfolger bereits dafür gesorgt hatten, dass über Europa das Banner der christlichen Kirche wehte. Drittens stammt der erste sichere Beweis für ein geweihtes Osterei aus einem Gedicht des Jahres 1553. Damals war Europa tatsächlich wieder einmal richtig mit den »Heiden« beschäftigt – allerdings in Übersee!

Aus Spanien

Obwohl die Azteken alle Arten von Geflügel hielten – der Truthahn stammt ja aus der Neuen Welt –, haben erst die Spanier Hühner mitgebracht, und die vielen herzhaften Eiergerichte sind eigentlich europäischen Ursprungs.

Früher waren die Eier mit Käse und mexikanischer Sauce das zweite Frühstück wohlhabender Bauern.

Spiegeleier aus Yucatán

Huevos Motuleños

Aus Mexiko

Original sind die üppigen Frühstückseier von der Halbinsel Yucatán überhaupt nicht vegetarisch: Zwischen Bohnenmus und Käse liegt noch eine dicke Scheibe Schinken. Doch Llermi Schröder ist das zu mächtig, und sie lässt den Schinken einfach weg. Zu den Eiern isst man Reis.

Für 4 Portionen
1/4 l Salsa Mexicana
4 EL Bohnenmus
10 EL Öl
4 mexikanische Tortillas
4 dünne Scheiben Hartkäse (Emmentaler oder mittelalter Gouda)
4 Eier

Dauert etwa 15 Minuten

› Den Backofen auf ca. 100 °C (Umluft, 70 °C; Gas, Stufe 1/2) schalten, um die Tortillas warm zu halten.

› Die Salsa Mexicana und das Bohnenmus getrennt im Wasserbad oder in der Mikrowelle erwärmen.

› In einer Pfanne Öl erhitzen und die Tortillas nacheinander einige Sekunden darin anbraten. Sie dürfen dabei nicht hart werden.

› Gebratene Tortillas auf flache Teller legen, mit etwas Bohnenmus bestreichen, jeweils mit einer Scheibe Käse bedecken und im Backofen warm stellen.

› Eier im restlichen Öl als Spiegeleier braten, salzen und auf den geschmolzenen Käse legen. Mit der heißen Salsa Mexicana begießen und servieren.

Tip: Als einfache Variante die gebratenen Eier auf die heißen Tortillas legen. Mit Salsa Mexicana übergießen und mit geriebenem Käse bestreuen.

Käsekroketten
Croquetas de queso

Aus Spanien

Eigentlich gehören Croquetas zu den beliebtesten Tapas, den Kleinigkeiten, die man in Spanien zum Sherry isst. In der Familie von María Díaz gehörten sie sogar zu den Erziehungsmaßnahmen: »Das Formen der Croquetas ist sehr viel Arbeit, und manchmal setzte meine Mutter es als Strafe ein, wenn wir Kinder uns schlecht benommen hatten. So schlimm fand das aber keiner, denn wir freuten uns auf das köstliche Croquetas-Abendessen mit Salat.«

Für etwa 30 Stück

2 EL Öl
40 g Butter
4 EL Mehl
3/4 l Milch
150–200 g geriebener Käse
100 g Semmelbrösel
2 Eier
Öl zum Frittieren

Dauert etwa 1 1/2 Stunden
Dazu kommt die Zeit (2 Stunden) fürs Ruhen

› Öl und Butter in einem Topf erhitzen, Mehl zugeben und unter ständigem Rühren hellgelb braten. Milch unter Rühren zugießen und zu einer dickflüssigen Béchamelsauce einkochen. Topf von der Kochstelle ziehen, Sauce mit 150 Gramm Käse verrühren und mindestens 2 Stunden abkühlen lassen.
› Die Semmelbrösel auf einen tiefen Teller geben. Die Eier auf einem zweiten Teller verquirlen. Das Öl zum Frittieren erhitzen.
› Vom Teig mit zwei in kaltes Wasser getauchten Esslöffeln etwa 30 Kroketten (Croquetas) abstechen. Falls der Teig nicht fest genug ist, den restlichen Käse untermischen und den Teig noch etwa 10 Minuten ruhen lassen.
› Die Kroketten in Semmelbrösel, Ei und zuletzt noch einmal in Semmelbrösel wenden. Portionsweise im heißen Öl in etwa 3 Minuten knusprig braun braten, dabei einmal wenden.
› Im Backofen bei 50 °C warm halten, bis alle Kroketten fertig gebacken sind. Heiß servieren.

Gebackener Käse
Mont d'or chaud

Aus Frankreich

»Wenn der Käse gebacken ist, stellt man ihn auf den Tisch und löffelt ihn über frisch gekochten Pellkartoffeln. Dazu gibt es viel Salat«, erklärte mir Lyne Manuel ihr Rezept. Und obwohl ich keine große Käseesserin bin, lief mir bei dieser Beschreibung das Wasser im Mund zusammen – genau wie in meiner Kindheit, als ich von Alp-Öhis Raclette las, die er seiner Enkelin Heidi zubereitete.

Für 4 Portionen

1 Mont-d'or-Käse (etwa 15 cm Durchmesser)
1–2 Knoblauchzehen
Schwarzer Pfeffer
40 ml trockener Weißwein

Dauert etwa 50 Minuten
Arbeiten müssen Sie etwa 20 Minuten

› Den Käse in der Originalverpackung lassen und die Spanschachtel mit Alufolie umwickeln, damit sie beim Backen nicht verbrennt und der Käse nicht auslaufen kann.
› Ein Loch in den Käse schneiden (siehe Foto) und die zerdrückten Knoblauchzehen, Pfeffer aus der Mühle und den Weißwein hineingeben.
› Käse in den kalten Backofen (untere Schiene) stellen und bei 200 °C (Umluft, 180 °C; Gas, Stufe 3) etwa 30 Minuten backen, bis er ganz weich ist.

Ein Loch in den Käse schneiden und ein Glas trockenen Weißwein – möglichst aus dem Jura – hineingießen.

Lyne pellt Kartoffeln zum Käse.

»Mit Weißbrot schmeckt unsere Chässuppa fein, mit Schwarzbrot ist sie bedeutend herzhafter.«

ROSEMARIE KRAUS

Bergbauernhof im Wallis.

Luzerner Käsetopf
Luzärner Chässuppa

Aus der Schweiz

Viele Rezepte dieses Buches sind mit Erinnerungen an die Kindheit verknüpft. So verloren sie für mich die Sachlichkeit der bloßen Kochanleitung und wurden zu persönlichen Geschichten. »Chässuppa macht schön warm, weil sie so üppig ist. Meine Mutter hat sie oft gekocht, wenn der Vater im Winter ganz durchgefroren vom Holzfällen aus den Bergen zurückkam«, erzählte mir Rosemarie Kraus.

Für 6 Portionen

300 g altbackenes Brot (Weißbrot oder dunkles Mischbrot)

450 g Hartkäse (Schweizer Emmentaler oder Greyerzer)

Salz

Schwarzer Pfeffer

Geriebene Muskatnuss

1 l Milch

2 große Zwiebeln

2 EL Butterschmalz

Dauert etwa 45 Minuten

Dazu kommt die Zeit (etwa 12 Stunden) fürs Ruhen

Käseessen mit Tradition: Raclette.

› Brot und Käse in Scheibchen schneiden und in eine feuerfeste Form schichten. Mit Salz, Pfeffer, Muskat würzen. Milch aufkochen und darüber gießen. Alles zugedeckt über Nacht kalt stellen.
› Die Zwiebeln abziehen und in feine Scheiben schneiden. Im heißen Butterschmalz bei schwacher bis mittlerer Hitze weich und hellbraun braten.
› Die Form mit Brot und Käse auf die Kochstelle setzen und bei starker Hitze zweimal rasch aufkochen. Dabei nur wenig rühren, damit kein Brei entsteht.
› Zwiebeln mit dem Butterschmalz über dem Käsetopf verteilen.

Raclette

Aus dem Südschweizer Kanton Wallis stammt das wohl berühmteste Gericht der Eidgenossen.

»Große und kleine Pasteten sind typisch für Brasilien – vor allem da, wo der afrobrasilianische Einfluss stark ist: Moqueca, eine sehr bekannte Käsepastete mit Shrimps, kommt aus Bahía. Ursprünglich ein Gericht der Indianer, wurde sie von der afrikanischen Küche übernommen.«

ARNOLDO DA SILVA-PEREIRA

Käsepasteten
Empada de Queijo

Aus Brasilien

»Jede Region hat ihre eigenen Pasteten, mal mit einem Stückchen Huhn drin, mal mit Krabben, Gemüse, Mais oder Käse. Pasteten bekommt man immer, und im Karneval werden noch mehr Pastetenstände aufgebaut«, erzählte mir Arnoldo da Silva-Pereira.

Für 20 Pasteten
Teig
3 EL geschmolzene Butter
450 g Mehl
3 Eigelb
Salz
Füllung
300 g Hartkäse (Emmentaler oder Gouda)
1 EL weiche Butter
300 ml Milch
3 Eier
20 Pastetenförmchen (Durchmesser: etwa 10 cm)
Dauert etwa 2 1/2 Stunden
Arbeiten müssen Sie etwa 30 Minuten

› Mehl in eine Schüssel geben. Mit der geschmolzenen Butter, dem Eigelb und etwas Salz zu einem glatten Teig verkneten. In Pergamentpapier gewickelt im Kühlschrank 1 Stunde ruhen lassen.
› Den Backofen auf 220 °C (Umluft, 200 °C; Gas, Stufe 4) vorheizen.
› Käse fein reiben, mit der Butter verrühren, Milch und Eier untermischen.
› Die Pastetenförmchen so mit Teig auskleiden, dass noch genügend Platz für die Füllung bleibt. Jeweils 1 bis 2 Esslöffel Käsefüllung in die Pasteten geben und mit etwas Teig verschließen.
› Die Pasteten in den heißen Backofen (mittlere Schiene) schieben und in etwa 25 Minuten goldgelb backen.

Tip: Kleine Förmchen für die Pasteten bekommt man hier in Asienläden.

Käsepflänzchen
Kaspressknödel

Aus Österreich

Helga Pucker formt den Teig aus Brot, Kartoffeln und Käse entweder so groß wie Frikadellen und serviert sie mit buntem Salat als Hauptgericht. »Oder ich rolle kleine Knöderl und gebe sie in heißer Brühe als Suppeneinlage zu Tisch.«

Für 5 Portionen
6 altbackene Weizenbrötchen vom Vortag (etwa 180 g)
1/4 l Milch
2–3 gekochte Kartoffeln (mehlige Sorte)
2–3 Eier
300 g würziger Käse (Appenzeller oder Bergkäse)
1/2 Bund Petersilie
4 EL Mehl
Salz
Etwa 100 ml Sonnenblumenöl zum Braten
Dauert etwa 1 Stunde

› Brötchen in kleine Würfel schneiden und in eine Schüssel geben. Lauwarme Milch darüber gießen. Brötchen zugedeckt etwa 20 Minuten ziehen lassen, bis die Milch aufgesogen ist.
› Inzwischen die Kartoffeln schälen und durch die Kartoffelpresse drücken. Die Eier verquirlen, den Käse in kleine Würfel schneiden. Petersilie waschen, trockenschwenken und fein hacken.
› Kartoffelpüree, Eier, Käse, Petersilie, Mehl und Salz zu den Brötchen geben und alles mit den Händen verkneten, bis der Teig gut zusammenhält und nicht mehr bröckelt.
› Mit angefeuchteten Händen flache Frikadellen aus dem Teig formen. Jeweils etwa 6 Frikadellen, im heißen Öl schwimmend, goldgelb backen.

Tip: Nehmen Sie Sonnenblumenöl aus dem Supermarkt. Natives oder kaltgepresstes Öl wird beim Frittieren zu heiß.

Zum Coucou isst man Reis oder Fladenbrot.

Omelett mit Gemüse und Kräutern

Coucou sabzi

Aus dem Iran

Iranisches Coucou ist eine Art Omelett, das mit verschiedenem Gemüse und/oder gemischten Kräutern zubereitet wird.

Für 2 Portionen
100 g frischer Spinat
2 kleine gekochte Kartoffeln
2 Lauchzwiebeln
1 Bund Petersilie
1 Bund Dill
1/2 Bund Minze
4 Eier
Salz
Weißer Pfeffer
4 EL Öl

Dauert etwa 30 Minuten

› Den Spinat verlesen, waschen und tropfnass in einen kleinen Topf geben. Zugedeckt bei starker Hitze heiß werden und zusammenfallen lassen. Das dauert etwa 3 Minuten.

› Herausnehmen, abkühlen lassen, mit den Händen ausdrücken und fein zerkleinern.

› Kartoffeln schälen und mit einer Gabel fein zerdrücken. Die saftigen, grünen Blätter der Lauchzwiebeln und die Kräuter fein zerkleinern.

› Spinat, Kartoffeln, Zwiebelgrün und Kräuter mit den verquirlten Eiern, Salz und Pfeffer mischen.

› Öl in einer großen Pfanne erhitzen. Die Eiermischung hineingießen und bei schwacher Hitze auf der Unterseite etwa 5 Minuten braten, bis sie sich leicht vom Pfannenboden löst.

› Mit dem Pfannenmesser wie eine Torte in vier Stücke schneiden, die Stücke wenden und auf der Unterseite noch mal 3 bis 4 Minuten braten.

Die Kräuter fürs Omelett

Spinat, Zwiebelgrün, Petersilie, Dill und Minze nimmt man in Persien zum Coucou.
Die Kräuter müssen nicht frisch sein – iranische Hausfrauen haben gewöhnlich eine reiche Auswahl an getrockneten Kräutern.

Die Sauce zum Omelett

Das Weiße der Lauchzwiebeln fein hacken, eine Knoblauchzehe zerdrücken. Alles mit 300 g Joghurt verrühren, mit Salz und Pfeffer würzen und zum Coucou servieren.

Variante

Den Teig in der Pfanne mit Petersilie bestreuen, mit Tomatenscheiben belegen und das Ganze in den Ofen schieben. In Schweden brät man oft Speckwürfel dazu.

Dieser Backofen-Pfannkuchen ist Ewa Schimmers elegante fleischlose Variante zu einem deftigen schwedischen Klassiker: Ugnspannkaka med fläsk, was Backofen-Pfannkuchen mit Speck bedeutet.

Backofen-Pfannkuchen mit Spinat und Käse

Ugnspannkaka med penat och ost

Aus Schweden

Bei den Schimmers gibt's zum herzhaften Pfannkuchen Salat, Brot und Butter.

Für 4 Portionen
1 Packung tiefgefrorener Blattspinat (300 g)
125 g Mehl
600 ml Milch
3 EL Butter
100 g würziger Hartkäse (Emmentaler oder Appenzeller)
1 kleine Zwiebel
1 Knoblauchzehe
Salz, Pfeffer
4 Eier
Dauert etwa 1 Stunde
Arbeiten müssen Sie etwa 30 Minuten

› Spinat im Sieb auftauen, abtropfen lassen und sehr gut ausdrücken.

› Mehl mit der Hälfte der Milch glatt rühren und den Teig quellen lassen, bis die anderen Zutaten vorbereitet sind.

› 2 Esslöffel Butter in einer ofenfesten Form schmelzen. Käse reiben.

› Die Zwiebel und die Knoblauchzehe hacken und in der restlichen Butter bei schwacher Hitze glasig braten. Unter den Spinat mischen, Spinat in der Form verteilen, leicht salzen und pfeffern.

› Eier unter den Teig rühren. Restliche Milch und Käse untermischen, Teig mit Salz und Pfeffer würzen und auf dem Spinat verteilen.

› Form in den kalten Backofen (mittlere Schiene) schieben. Backofen-Pfannkuchen bei 225 °C (Umluft, 200 °C; Gas, Stufe 5) etwa 30 Minuten backen, bis er schön gebräunt ist.

Tip: Statt Hartkäse nimmt Ewa Schimmer manchmal Gorgonzola, den sie fein zerkrümelt unter den Teig mischt.

Liptauer Kartoffelnockerln
Bryndzové halusky

Aus der Slowakei

»Auf einem Fragebogen würde der slowakische Präsident vermutlich Kartoffelnockerln als sein Lieblingsessen angeben«, sagte mir Renata Sako-Hoess zu diesem Nationalgericht der Slowaken. Zu den Nockerln mit einem Belag aus gerösteten Zwiebeln serviert Renata die typischen Beilagen Dickmilch und Salat.

Für 6 Portionen
800 g Kartoffeln (mehlige Sorte)
2 Eier
150 g Mehl (Type 405)
150 g griffiges Mehl (siehe rechts)
Salz
300 g Schaffrischkäse (Liptauer oder Brynsen)
2 Zwiebeln
2–3 EL Öl
Dauert etwa 1 1/4 Stunden

› Die Kartoffeln schälen, waschen, abtrocknen und fein reiben. Die Eier, die beiden Mehlsorten und etwas Salz dazugeben und alles mit einem Kochlöffel zu einem zähflüssigen Teig rühren.

› In einem großen Topf reichlich Salzwasser zum Kochen bringen. Nockerlteig wie schwäbische Spätzle portionsweise von einem Brett in das sprudelnd kochende Wasser schaben: Dafür ein nasses Holzbrett etwa zu einem Viertel dünn mit Teig bestreichen. Das Brett mit der bestrichenen Seite über den Kochtopf halten. Für jedes Kartoffelnockerl einen knapp daumendicken Teigstreifen mit einem breiten Messer abschneiden und rasch vom Brett ins sprudelnd kochende Wasser schaben. Dabei hin und wieder umrühren.

› Sobald die Nockerln an die Oberfläche steigen, noch etwa 3 Minuten garen. Mit einem Schaumlöffel herausnehmen und in eine Schüssel geben. Sofort mit dem zerkrümelten Käse mischen und im Backofen bei 50 °C warm halten.

› Zwiebeln abziehen, in feine Ringe schneiden und im heißen Öl goldbraun rösten. Die heißen Nockerln mit den Zwiebeln belegen und sofort servieren.

Überbackenes Kartoffelpüree mit Käse
Purée gratinée

Aus Frankreich

Lyne Manuel nimmt am liebsten Comté, den Käse ihrer Heimat. »Doch Schweizer Greyerzer oder ein wirklich gut gereifter Bergkäse schmecken ebenfalls fein. Zum Gratin gibt es nur gemischten Blattsalat.«

Für 4 Portionen
1 kg Kartoffeln (mehlige Sorte)
2 Knoblauchzehen
Salz
1/8 l Wasser
1/4 l lauwarme Milch
180 g Comté (ersatzweise Greyerzer oder Bergkäse)
Pfeffer
Dauert etwa 1 Stunde
Arbeiten müssen Sie etwa 30 Minuten

› Die Kartoffeln schälen, waschen und würfeln. Mit den abgezogenen ganzen Knoblauchzehen, Salz und dem Wasser in etwa 20 Minuten sehr weich garen.

› Mit dem Kartoffelstampfer fein zerdrücken und mit der Milch verrühren. Püree mit etwa 150 Gramm geriebenem Käse mischen, mit Salz und Pfeffer würzen und in eine Gratinform geben.

› Mit dem restlichen Käse bestreuen, in den kalten Backofen (mittlere Schiene) schieben und bei 220 °C (Umluft, 200 °C; Gas, Stufe 4) in etwa 30 Minuten goldbraun überbacken.

Mehl für die Nockerln

Griffiges Mehl besteht aus feinsten Körnchen, weil es nicht so glatt gemahlen ist wie Mehl der Type 405. Die feinen Mehlkörnchen binden die Feuchtigkeit im Teig – aus Eiern, Wasser oder Milch – langsamer, der Teig bekommt mehr Stabilität und lässt sich besser verarbeiten.

In Deutschland bekommt man griffiges Mehl vorwiegend unter der Bezeichnung »Wiener doppelgriffiges Mehl« oder »Doppelgrießler«.

»Ich glaube, die Eskimos haben zwanzig Wörter, um den Schnee zu beschreiben. In Peru gibt es mindestens zehn Wörter, um Mais zu beschreiben. Und mehr als vierzig verschiedene Maissorten.«

CARMEN RAMIREZ-KÖNIGSBAUER

Ein edles Soufflee – mal nicht aus Frankreich, sondern aus Brasilien.

Maissoufflee
Soufflé de Milho verde

Aus Brasilien

Milho verde ist frischer, weicher Mais, keine getrockneten, harten Maiskörner. Iris Bichelmaier-Zalszupin gießt das Püree durch ein Sieb: »Ohne die Schalen der Maiskörner schmeckt es delikater.«

Für 6 Portionen
2 Dosen Zuckermais
Etwa 800 ml Milch
1 EL Gemüsebrühe (instant)
5 EL Mehl
1 mittelgroße Zwiebel
2 Knoblauchzehen
2 EL Öl
150 g Parmesan
6 Eier
Weißer Pfeffer
Margarine und Semmelbrösel für die Form

Dauert etwa 1 Stunde und 20 Minuten
Arbeiten müssen Sie etwa 30 Minuten

› Maiskörner abgießen und kurz kalt abspülen. Mit 1/8 Liter Milch und der Gemüsebrühe im Mixer sehr fein pürieren. Durch ein Sieb gießen. Mehl in der restlichen Milch glatt rühren.

› Zwiebel und Knoblauch abziehen, ganz fein hacken, im heißen Öl glasig braten und abkühlen lassen. Parmesan fein reiben. Eier trennen, Eigelbe verquirlen, Eiweiß steif schlagen.

› Maispüree mit Zwiebel, Knoblauch, Eigelb, Milchmischung und Parmesan verrühren. Mit Pfeffer würzen. Zuletzt den Eischnee unterheben.

› Eine ofenfeste Form mit hohem Rand fetten und mit Semmelbrösel ausstreuen. Den Maisteig hineingießen und in den kalten Backofen (mittlere Schiene) stellen. Maissoufflee bei 180 °C (Umluft, 160 °C; Gas, Stufe 2) etwa 50 Minuten backen, bis es hoch aufgegangen, an der Oberfläche leicht eingerissen und goldbraun ist.

Tip: Die Körner kann man auch von frischen Zuckermaiskolben abschneiden.

Tomatenpfanne mit Eiern

Matischa ma chlii

Aus Marokko

Tomaten sind das A und O in Marokko, und das Rezept für die Tomatenpfanne hat Sonja Samouh von ihrer Schwiegermutter bekommen: »Mit Weißbrot ist es ein schnelles, leichtes Sommeressen.«

Für 4 Portionen
5 mittelgroße Tomaten
1 rote Paprikaschote
2 mittelgroße grüne Chilischoten
1/2 Bund Petersilie
Salz
3 Eier
3 EL Öl

Dauert etwa 30 Minuten

› Tomaten abziehen und fein würfeln. Paprika- und Chilischoten halbieren, Kerne und Scheidewände entfernen, Schoten waschen und in kleine Stücke schneiden. Petersilie fein hacken.

› Alles mischen, mit Salz kräftig würzen, verquirlte Eier unterrühren.

› Das Öl in einer Pfanne erhitzen. Die Tomatenmischung darin bei schwacher Hitze etwa 10 Minuten dünsten, bis die Eier gestockt und cremig wie Rühreier sind. Sofort servieren.

Maispfannkuchen mit Käse

Torrejaz de maíz con queso

Aus Peru

Carmen Ramirez-Königsbauer nimmt für die Maispfannkuchen nicht unbedingt teuren Zuckermais: »Wenn ich einen Bauern bei seinem Feld mit Futtermais sehe, bitte ich ihn um ein paar junge Kolben.«

Für 4 Portionen
2 mittelgroße, frische Maiskolben
Eventuell 2 EL Milch
2 Zwiebeln
1 rote Paprikaschote
2 Eier
50 g Mehl
Salz, Pfeffer
100 g geriebener Käse (Emmentaler oder mittelalter Gouda)
Öl zum Braten

Dauert etwa 1 Stunde

› Hüllblätter der Maiskolben abziehen. Körner mit einem Messer von den Kolben schneiden. Maiskörner pürieren, dabei bei älteren, trockenen Körnern die Milch zufügen. Zwiebeln und die Paprikaschote fein zerkleinern

› Eier trennen, Eiweiß steif schlagen. Eigelbe nacheinander unterrühren. Zuerst das Maispüree, dann Mehl – mit Salz und Pfeffer gemischt – unterrühren. Zuletzt Zwiebeln, Paprikaschote und den Käse unterrühren.

› Das Öl in einer Pfanne erhitzen. Pro Maispfannkuchen 2 Esslöffel Teig in die Pfanne geben und auf jeder Seite etwa 3 Minuten goldgelb backen.

Mais ist ein kerngesunder und nährstoffreicher Sattmacher.

Mais vom Imbiss

Nicht die Indios haben so viel Mais gegessen, sondern die Portugiesen. Noch heute sind Maiskolben schneller Imbiss in Brasilien: Wie in München die Maroniverkäufer stehen in Brasilien vor allem am Strand kleine Wägelchen mit einem Topf heißem Wasser, frischen Maiskolben und Salz.

In Peru isst man frisch gekochte Maiskolben mit Salz und einem Stückchen Käse als Vorspeise.

Gelegenheit zum Räuchern

Geräuchertes gilt als ziemlich ungesund. Das wissen auch die Dänen, und deshalb essen sie diesen köstlichen Käse nicht jeden Tag, sondern vor allem zur besonderen Gelegenheit des Mittsommerpicknicks.
In Dänemark verwendet man zum Räuchern einen eisernen Eimer. Diese Eimer gibt es meines Wissens bei uns nicht mehr zu kaufen, und bei anderen Metalleimern könnten schädliche Dämpfe entstehen. Verwenden Sie deshalb zum Räuchern den entsprechenden Ofen (im Fachhandel erhältlich) oder den gusseisernen Holzkohlengrill. Das Heu sollte leicht feucht sein, damit sich beim Räuchern genügend Rauch entwickeln kann.
Heu gibt es frühestens im Mai, spätestens im Juni beim Bauern. Oder nach dem Rasenmähen bei Freunden mit Garten.

Räucherkäse

Rygeost

Aus Dänemark

Räucherkäse stammt von der Insel Fünen und wird dort den ganzen Sommer über hergestellt; er gehört zum dänischen Mittsommerpicknick am 21. Juni. Sonja Rye Mortensen hat das Rezept für Rygeost von ihrer Großmutter bekommen.

Für 4–6 Portionen
3 l Vollmilch
1/2 l Buttermilch
4–5 Tropfen Käselab
Etwa 1/2 TL Salz
Kümmelkörner nach Belieben
Zum Räuchern
3 Hand voll Heu (siehe links)
6 Brennnesselzweige
Dauert etwa 2 Tage
Arbeiten müssen Sie etwa 2 Stunden

› Vollmilch, Buttermilch, Käselab und Salz in einem hochwandigen Gefäß aus Glas, Porzellan, Steingut oder Keramik mischen. Mit einem Küchentuch bedeckt etwa 24 Stunden in einem warmen Raum stehen lassen, bis eine Dickmilch entstanden ist.
› In einem Topf Wasser auf 40 °C bis 50 °C erhitzen. Die Temperatur mit einem Bratenthermometer kontrollieren, denn das Wasser darf nicht zu heiß werden. Das Gefäß mit der Dickmilch in das Wasser stellen und darin so lange warm halten, bis sich die Molke als klare Flüssigkeit abgesetzt hat und die festen Milchbestandteile eine schnittfeste Masse gebildet haben.
› Ein großes Sieb mit einem Mulltuch auslegen und über eine tiefe Schüssel legen. Dickmilch einschließlich Molke salzen und langsam in das Sieb gießen.
› Das Tuch zusammenbinden und etwa 12 Stunden über einer Schüssel aufhängen, damit die Molke abtropft und der Käse fest wird.
› Den festen Käse aus dem Tuch auf den Holzkohlenrost stürzen.
› Heu und zerkleinerte Brennnesseln im gusseisernen Holzkohlengrill mischen, anzünden und warten, bis es glimmt.
› Käse auf dem Rost darüber legen und in 10 bis 12 Minuten auf der unteren Seite goldbraun räuchern. Mit dieser geräucherten Seite nach oben auf einen Teller stürzen und nach Wunsch mit Kümmel bestreuen.

Rührei

Äggröra

Aus Schweden

Schwedisches Rührei, rät Ewa Schimmer, muss man sehr kräftig und ausdauernd rühren, damit die Masse cremig wird.

Für 4 Portionen
1 kleine Zwiebel
2 Tomaten
3 EL Butter
4 Scheiben Toast
8 Eier
1/2 TL Salz
4 EL Sahne
Dauert etwa 30 Minuten

› Die abgezogene Zwiebel und die gewaschenen Tomaten in dünne Scheiben schneiden. 2 Esslöffel Butter in einer Pfanne zerlassen. Toastscheiben darin auf beiden Seiten goldgelb rösten.
› Eier, Salz und Sahne in einer Schüssel mit der Gabel kurz verrühren.
› Die restliche Butter in der Pfanne schmelzen und die Eimasse dazugeben.
› Bei schwacher Hitze mit einem Holzlöffel unter kräftigem Rühren zu einer glatten, dicken Creme verarbeiten und so lange braten, bis die Rühreier nur noch leicht feucht sind.
› Auf den Broten verteilen und diese, mit Tomatenscheiben und Zwiebelringen belegt, sofort servieren.

Kreideklippen auf der dänischen Insel Mön.

Juni in Dänemark

Zum typisch dänischen Mittsommerpicknick trifft man sich im Garten, im Park oder überall dort, wo man ein schönes grünes Fleckchen findet, wie die Dänen es nennen. Es gibt marinierte Heringe mit Crème fraîche und gehackten roten Zwiebeln, neue dänische Kartoffeln (Samsö) als Beilage, Rygeost auf frisch gebackenem Roggenbrot (Seite 110) und jede Menge gut gekühltes Bier und eiskalten Aquavit.

»Statt der Eier oder als Ergänzung gare ich auch frittierten Tofu oder gebackenes Tempeh in der Kokossauce.«

LINA NEUDECKER

Zum indonesischen Menü gehören mindestens drei Gerichte, eines davon mit Sauce. Diese Schmorgerichte heißen Gulai, nach dem europäischen Gulasch. Eier in Currysauce schmecken besonders gut mit Duftreis.

Eier in Currysauce
Gulai Telur

Aus Indonesien

Als mir Lina Neudecker ihr Rezept gab, fragte ich sie, weshalb die Eier frittiert werden. »So zerfallen sie in der Sauce nicht«, erklärte mir Lina.

Für 3 Portionen
6 Eier
Öl zum Frittieren
1 rote Chilischote
2 Schalotten
1 Knoblauchzehe
Je 2 cm frische Gelbwurz, Ingwer und Galgant
3 Kemirinüsse
1 Stängel Zitronengras
1 EL Öl
1/4 l Kokosmilch (Dose)
1 TL Salz
4 Zitronenblätter

Dauert etwa 45 Minuten

› Eier hart kochen, kalt abschrecken, schälen und im heißen Öl 5 Minuten frittieren, bis sie goldbraun sind. Mit einem Schaumlöffel herausnehmen und auf Küchenpapier abtropfen lassen.

› Chilischote halbieren, Kerne und die Scheidewände entfernen, waschen. Schalotten und Knoblauchzehe abziehen. Gelbwurz und Ingwer schälen. Alle diese Zutaten mit den Kemirinüssen im Mörser fein zerreiben. Ungeschälten Galgant und das Zitronengras mit der Nudelrolle flach klopfen. Zitronengras wie einen Bindfaden verknoten.

› Öl in einem Topf erhitzen und die Chilimischung darin anbraten. Kokosmilch unterrühren. Galgant, Zitronengras, Salz und Zitronenblätter zugeben, alles mischen und einmal aufkochen.

› Die Eier in die Sauce legen und bei schwacher Hitze garen, bis sich das in der Kokosmilch enthaltene Öl oben absetzt. Galgant und Zitronengras entfernen, die Eier auf einer tiefen Platte anrichten und sofort servieren.

Käse mit Erbsen
Mattar Paneer

Aus Indien

Paneer ist ein selbst gemachter Weichkäse, ähnlich wie fester Quark, der aus dem Punjab in Nordindien stammt. Er paßt zu vielen indischen Speisen und ergänzt ein vegetarisches Gericht mit viel Eiweiß.

Für 4-6 Portionen
Käse
2 l Vollmilch
1/2 TL Salz
5 EL Zitronensaft
Sauce
2 mittelgroße Zwiebeln
3 Knoblauchzehen
Salz
3 große Tomaten
2 TL Kreuzkümmelkörner
2 EL Ghee (ersatzweise Butterschmalz)
1 TL Chilipulver
1/2 TL Kurkuma
1 TL Zucker
250 g tiefgefrorene Erbsen
3-4 frische Korianderblätter zum Garnieren
Dauert etwa 3 1/2 Stunden
Arbeiten müssen Sie etwa 1 1/2 Stunden

Vielseitiges Bambuskörbchen: Es ist geeignet zum Dämpfen und zum Pressen von Käse und Tofu.

› Für den Käse die Milch in einen großen Topf gießen, das Salz zugeben und die Milch zum Kochen bringen. Den Zitronensaft unterrühren und alles bei schwacher Hitze unter ständigem Rühren kochen, bis die Milch geronnen ist und dick wird.

› Ein Sieb über eine große Schüssel hängen und mit einem Mulltuch oder einem feinen Küchentuch aus Baumwolle auslegen. Die geronnene Milch hineinfüllen, mit einem Holzlöffel festdrücken und die herauslaufende Molke in der Schüssel auffangen. Die feste Masse mit den überhängenden Enden des Tuchs bedecken. Auf das Ganze einen mit Wasser gefüllten Topf stellen. Die Dickmilch so beschwert ungefähr 2 Stunden stehen lassen, bis sie zu einem festen Käse geworden ist.

› Das Tuch vom fertigen Käse lösen und den Käse in Würfel schneiden.

› Zwiebeln hacken, Knoblauchzehen mit etwas Salz zerdrücken. Tomaten waschen und in Würfel schneiden. Kreuzkümmel im Mörser zerreiben.

› Ghee oder Butterschmalz in einer Pfanne erhitzen. Zwiebeln und Knoblauch darin bei mittlerer Hitze unter Rühren goldbraun braten. Mit Chilipulver, Kreuzkümmel, Kurkuma, Salz und Zucker würzen.

› Die gewürfelten Tomaten zugeben und bei schwacher Hitze 10 Minuten dünsten, bis die meiste Flüssigkeit verdampft ist. Die Erbsen zugeben und zugedeckt 15 Minuten garen.

› Die Käsewürfel in die Sauce legen und mit den frischen Korianderblättern garnieren. Noch etwa 8 Minuten erhitzen und ziehen lassen, aber nicht mehr kochen. Heiß servieren.

Tip: Statt des Siebs kann man eine Tofupresse oder ein chinesisches Bambuskörbchen verwenden, wie man es zum Dämpfen von heißen Snacks nimmt (siehe Foto links). Der Käse bekommt dadurch eine schöne Form und lässt sich gut in Würfel schneiden.

Ohne Lab

Käse aus dem Westen wird in Indien nicht so häufig gegessen, weil er gewöhnlich Kälberlab als Gerinnungsmittel enthält. Paneer, den festen indischen Käse, und Chenna, der weich und krümelig wie Hüttenkäse ist, stellt man mit frisch gepresstem Zitronensaft, wie in Ramola Parbhoos Rezept links, mit Obstessig oder mit Naturjoghurt her.

Saucen und Mariniertes

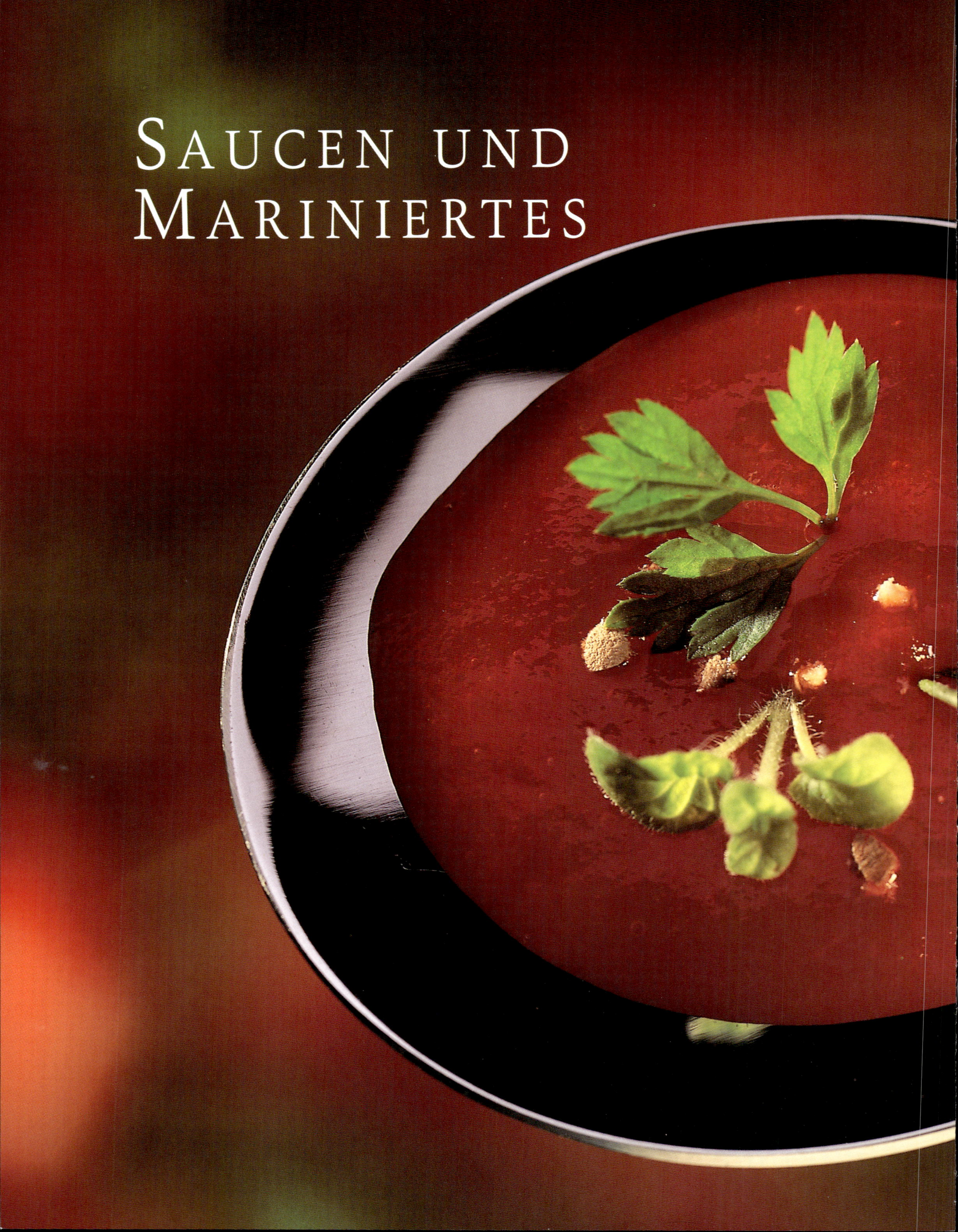

Unreife, grüne Pfefferbeeren isst man frisch.

PFEFFER, CHILIS, HARISSA

FEURIG WÜRZEN UND MARINIEREN

Im Sommer und auf Urlaubsreisen in heißen Ländern sind scharf gewürzte Speisen ideal. Chili kurbelt den Kreislauf an, macht Hitze erträglicher und wirkt gegen Darminfektionen.

Chilischoten oder auch Chilis, Peperoni und Gewürzpaprika gehören zur selben Familie, Pfefferkörner zu einer anderen. Schließlich gibt es noch das, was scharf schmeckt, doch weder mit den Schoten noch mit den Körnern verwandt ist. Eines davon finden Sie auf Seite 188 beschrieben: Sichuan-Pfeffer. Die Schärfe von Pfefferkörnern ist vertraut und leicht zu dosieren: Je feiner gemahlen, desto schärfer ist er. Ob Sie aber nun schwarzen oder weißen Pfeffer verwenden, das hängt ganz von Ihrem eigenen Geschmack ab. Ich habe bei meinen Recherchen keine Regeln dafür entdeckt – weder geografisch noch kulinarisch. Schwarzer Pfeffer schmeckt kräftig und scharf, weißer etwas feiner, seine Schärfe »beißt« nicht so.

Säcke mit Paprikapulver in Ungarn.

Chilis sind in Lateinamerika, Spanien, Indien, Thailand, Indonesien und vielen anderen asiatischen Ländern das wichtigste Gewürz für kalte und warme Gerichte, für Würzpasten, für eingelegtes Gemüse und Pickles. Durch Auslese und Kreuzung gibt es diese Schoten in höchst unterschiedlichen Größen, Formen und Farben: Sie können zwischen 2 und 15 Zentimeter lang, kegelförmig, rund oder lang, weiß, rot, grün, gelb oder orange sein. Form und Farbe der Schoten sagen nichts über den Schärfegrad aus, der von mild bis unerträglich scharf reicht. Doch gibt es eine Faustregel: orangefarbene Chilis schmecken milde. Rote, reife Schoten sind schärfer als unreife, grüne. Je kleiner die Schote, desto brennender auf der Zunge. Ganz verlassen kann man sich auch darauf nicht.

Bei Peperoni, ebenfalls mit Chilis und Paprika verwandt, habe ich keine schlüssige Abgrenzung zu Chilischoten gefunden: Oft werden die langen, schlanken und milderen Schoten als Peperoni, die scharfen kleinen, rundlichen oder spitzen als Chilis bezeichnet. Manchmal heißen auch nur die europäischen Kapsikumgewächse Peperoni – etwa die langen, scharfen, grünen Schoten aus der Türkei, die Sie frisch bekommen, oder die schlanken, grünen Schoten aus Italien, die es vorwiegend sauer eingelegt gibt. Trotzdem: Peperoni müssen nicht milder sein, und Probieren vor dem Würzen oder dem Belegen der Pizza ist ratsam. Das Pulver und die Flocken von Paprika werden aus dem Gewürzpaprika hergestellt, der ebenfalls zur Chilifamilie gehört – allerdings mit etwa 20-mal weniger scharfem Kapsaizin als Chilischoten ausgestattet. Die Ersten, die das

In Ungarn hat man zuerst begonnen, scharfe Chilischoten mit Gemüsepaprika zu kreuzen.

Die getrockneten Schoten werden bis zum Mahlen kühl gelagert.

Pulver produzierten, waren Spanier und Ungarn. Auf der spanischen Hochebene und im ungarischen Tiefland ist das Klima ideal. In den heißen Sommern können die Schoten voll ausreifen und nach der Ernte rasch trocknen. Die ungarischen Bauern züchteten durch Kreuzung mit Gemüsepaprika auch scharfen und milden Gewürzpaprika. Heute reicht die Würzpalette von feurig scharfem Rosenpaprika über süß-milden Delikatesspaprika zu den aromatischen Paprikaflocken.

Bei Chilischoten ist es sehr wichtig, dass Sie die Schärfe so gut wie möglich dosieren. Auch dazu gibt es ein paar Regeln, weil sich das scharfe Kapsaizin in den weißen Trennwänden mit den Samen daran konzentriert. Die Menge der Samen und Dauer der Garzeit spielen deshalb eine Rolle für die Schärfe Ihres Essens: Milder schmeckt das Gericht, wenn Sie aus den frischen oder getrockneten Schoten alle weißen Scheidewände und Kerne entfernen und die Schoten vor dem Servieren wieder herausfischen. Kurz gebratene Chilischoten - etwa im Wok - würzen relativ zahm. Mittelscharf wird das Essen mit den zerkleinerten Schoten ohne Scheidewände und Kerne. Sehr scharf schmeckt das Essen, wenn Sie die Schoten mitsamt Scheidewänden und Kernen verwenden und lange garen. Es spielt kaum eine Rolle, ob Sie frische oder getrocknete Schoten verwenden, vorausgesetzt, Sie können aus den getrockneten die Samen herausbröseln.

Ich habe übrigens das Dosieren der Schärfe mit anderen Chiliprodukten geübt: zuerst mit Cayennepfeffer aus getrockneten, gemahlenen roten Chilischoten und mit Chiliöl - Erdnuss- oder Sesamöl, das mit getrockneten Chilischoten erhitzt und so geschärft wird. Außerdem mit roter Bohnenpaste aus dicken Bohnen oder Sojabohnen, Chilis und Salz. Das vierte Würzmittel, dessen Schärfe sich gut abschätzen lässt, ist Harissa, typisch für Nordafrika, Israel und die arabischen Länder. Die Paste besteht aus getrockneten roten Chilis, Knoblauch, Kreuzkümmel, Koriandersamen und Salz, manchmal auch Zitrone oder Minze.

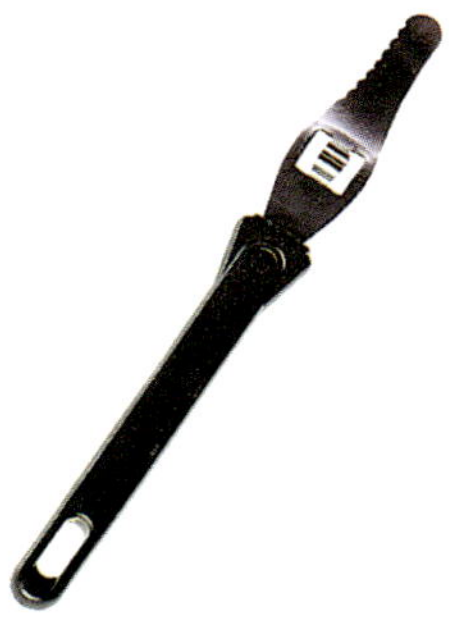

Das Messer bekommt man in gut sortierten Haushaltwarengeschäften. Sonst nimmt man den Zestenreißer.

Das Muster möglichst symmetrisch einschneiden, denn die Orangen werden nach dem Kochen in acht Stücke geteilt und kandiert.

Orangenmarmelade
Varen'e

Aus Russland

Orangenkonfitüre nennt Nora Dubral ihre wunderbare Leckerei, die süß und schwer ist wie kandierte Orangen. »In Russland gibt es sie als Dessert oder zum Tee statt Gebäck«, erzählte mir Nora.

Für 12 Portionen

6 große unbehandelte Orangen (mit möglichst dicken Schalen)

Sirup

1/4 l Wasser

800 g Zucker

Dauert etwa 4 Stunden

Dazu kommt die Zeit (4 Tage) fürs Wässern

Arbeiten müssen Sie etwa 2 1/2 Stunden

› Die Orangen gründlich waschen und abtrocknen. Mit einem Spezialmesser oder dem Zestenreißer ein Muster einschneiden (siehe Fotos links). Orangen in einer großen Schüssel mit kaltem Wasser bedecken und 4 Tage ziehen lassen. Wasser alle 24 Stunden wechseln.
› Am vierten Tag die Orangen in den eingeschnittenen Kerben einige Male mit einem Zahnstocher einstechen.
› Reichlich Wasser in einem großen Topf zum Kochen bringen. Orangen hineinlegen und 15 bis 30 Minuten bei schwacher bis mittlerer Hitze kochen, bis man die dicke Orangenschale ganz leicht mit dem Zahnstocher einstechen kann. Orangen vorsichtig auf ein Sieb abgießen und darin erkalten lassen.
› Die Orangen genau an den Kerben in Viertel schneiden. Die Viertel jeweils an der quer eingeschnittenen Kerbe teilen. Die Kerne mit einem scharfen Messer entfernen.
› Für den Sirup Wasser und Zucker verrühren, aufkochen, Orangenachtel zugeben und etwa 1 Stunde bei kleiner bis mittlerer Hitze kochen lassen.
› Dabei immer wieder vorsichtig umrühren und die Orangenstücke mit zwei Gabeln wenden. Bei sehr großen Orangen muss man während des Garens eventuell noch ein paar Esslöffel Wasser zugeben.
› Orangen im Sirup erkalten lassen.

Maronenkonfitüre
Confiture de marrons

Aus Frankreich

Joëlle Ribas serviert kleine Portionen der Konfitüre zu Schlagsahne, Crème fraîche oder Quark. »Sie schmeckt auch zu hellen, hauchdünnen Crêpes aus Weizenmehl.«

Für 4–6 Gläser

2 kg Maronen

300 ml kaltes Wasser

1 Vanilleschote

1,3 kg Zucker

Dauert etwa 1 1/2 Stunden

› Die Maronen an der gewölbten Seite kreuzweise einschneiden. Ungeschält in reichlich kochendes Wasser geben, aufkochen und zugedeckt bei mittlerer bis schwacher Hitze 20 Minuten garen.
› Abgießen, kalt abschrecken und schälen, solange sie noch heiß sind. Die Maronen mit dem Wasser im Mixer oder Blitzhacker portionsweise zu einer cremigen Masse pürieren.
› Mit der fein zerkleinerten Vanilleschote und Zucker mischen. Langsam zum Kochen bringen und unter ständigem Rühren bei schwächster Hitze 25 bis 30 Minuten kochen. Die Konfitüre kochend heiß in saubere, mit heißem Wasser gut ausgespülte Twist-off-Gläser füllen und sofort verschließen.

Tip: Die Konfitüre hält sich etwa sechs Monate. Zum längeren Aufbewahren muss man die Gläser sterilisieren.

Eingelegte Früchte

Sweet Fruit Pickles

Aus Südafrika

Für 8–10 Portionen

500 g gemischte getrocknete Früchte (Birnen, Äpfel, Pflaumen, Aprikosen)
1 TL Senfpulver
1–1/2 TL Chilipulver
3 EL Branntweinessig
3 Knoblauchzehen
4 EL Honig
1 TL Salz
2 EL brauner Zucker
1 TL schwarze Pfefferkörner
4 Zimtstangen (jeweils 5 cm lang)
6 Gewürznelken

Dauert etwa 20 Minuten

Dazu kommt die Zeit (etwa 12 Stunden) fürs Marinieren

› Die getrockneten Früchte auf einem Sieb heiß abspülen und mit einem Tuch trockenreiben. Grob hacken und in eine Schüssel geben. Senf- und Chilipulver mit dem Branntweinessig verrühren und über die Früchte gießen.

› Knoblauch abziehen und mit etwas Salz zerdrücken. Mit allen restlichen Zutaten zu den Früchten geben und gründlich mischen, bis der Honig und die Gewürze die Früchte bedecken.

› Die eingelegten Früchte ungefähr 12 Stunden zugedeckt im Kühlschrank ziehen lassen und etwa 1 Stunde vor dem Servieren herausnehmen, damit sich das Aroma entwickeln kann.

Tip: Ramola Parbhoo empfiehlt diese süßsauren Früchte genau wie Chutney zu indischen Currygerichten oder gebratenem Gemüse. Mir schmecken die Pickles am besten so aufgeteilt: 1/2 Menge Pflaumen, 1/4 Menge Äpfel sowie jeweils 1/8 Aprikosen und Birnen.

Pickles und Chutneys sind typisch für alle Regionen, die von der indischen Kochkunst profitiert haben. In Südafrika ist das vor allem die Gegend um Durban.

Trockenobst

Es wird aus reifen Früchten – Äpfeln, Bananen, Birnen, Pflaumen, Aprikosen, Pfirsichen, Weintrauben – hergestellt: Man sortiert und reinigt das Obst und trocknet es an der Luft oder mit Wärmezufuhr. Trockenpflaumen und -Feigen enthalten noch relativ viel Wasser und dürfen mit dem Konservierungsstoff Sorbinsäure behandelt werden. Schädlingsbefall und Verfärbung verhindert man durch Schwefeldioxid. Beide Zusatzstoffe müssen auf der Verpackung angegeben sein. Manche Menschen vertragen Schwefeldioxid nicht und sollten daher Trockenobst mit dem Vermerk »ungeschwefelt« nehmen.
Übrigens sind nicht alle Trockenfrüchte süß: Aprikosen und manche Äpfel würzen fein säuerlich.

Die Milch in der Nuss

Nur frische Kokosnüsse enthalten die milchige Flüssigkeit, die Sie fürs Chutney brauchen. Beim Kauf stellen Sie die Frische so fest: Es muß in der Nuss richtig gluckern, wenn man sie kräftig schüttelt. Hört man nichts, ist die Nuss schon länger gelagert und das Kokoswasser darin durch die poröse Schale verdunstet.

Kokosnüsse sind in allen Anbauländern wichtige Exportartikel und Lebensmittel. Ramola Parbhoos Chutney passt gut zu scharf gewürztem indischem Essen: Kokos mildert Chilischärfe und bewahrt das Aroma.

Kokosnusschutney

Coconut Chutney

Aus Mauritius

Für 10 Portionen

- 1 Kokosnuss
- 8 Knoblauchzehen
- 2 TL Salz
- 1 Stück frischer Ingwer (etwa 4 cm lang)
- 1–2 grüne Chilischoten
- 2 Bund frische Pfefferminze (ersatzweise Korianderblätter)
- 100 g gehackte Erdnusskerne
- 4 EL Zitronensaft
- Wasser
- Eventuell 1 Zitronenscheibe zum Garnieren

Dauert etwa 1 Stunde

› Den Backofen auf 200 °C (Umluft, 180 °C; Gas, Stufe 3) vorheizen.

› Um die Kokosnuss zu öffnen, mit Hammer und Nagel einige Löcher in die drei Vertiefungen auf der Schale schlagen.

› Die Milch auffangen und mit kaltem Wasser auf 1/4 Liter auffüllen.

› Kokosnuss 10 Minuten in den heißen Backofen legen, damit sich die harte Schale mit der braunen Haut leicht vom weißen Fruchtfleisch löst.

› Nuss auf einen festen Untergrund legen und die Schale mit dem Hammer zerschlagen. Eventuell in der Schale haftendes Fruchtfleisch mit dem Messer herausholen. Die Hälfte des Fruchtfleisches in feine Stücke schneiden.

› Knoblauchzehen abziehen und mit Salz zerdrücken. Ingwer schälen und grob zerkleinern. Chilischoten halbieren und alle oder nur einen Teil der scharfen Kerne und Scheidewände entfernen. Pfefferminzblätter abzupfen, einige zum Garnieren beiseite legen.

› Den Rest der Pfefferminzblätter mit Kokosfleisch, Knoblauch, Ingwer, Chilischoten, Erdnüssen, Zitronensaft und Wasser mischen und pürieren, bis eine cremige Masse entsteht. Dann mit Salz abschmecken. Mit Pfefferminzblättern oder der Zitronenscheibe garnieren.

Kreolische Rougaille
Rougaille Creole

Aus Mauritius

In Ramola Parbhoos drittem Rezept für würzige Beilagen zu Vegetarischem ist der französische Einfluss klar: Rougailles, die scharfen Saucen mit rotem Chili (rouge) und Knoblauch (l'ail), stammen aus der kolonialen Küche, die sich im Süden der späteren USA und auf den Inseln des Pazifiks entwickelt hat. Ramola mischt ihre Rougaille mit Brunnenkresse und serviert sie heiß: »Besonders fein schmeckt sie zu gebratenen Kartoffelscheiben und Kokosnusschutney.«

Für 4 Portionen
300 g Zwiebeln
2 Knoblauchzehen
Salz
750 g reife Tomaten
50 g Brunnenkresse
1/2 grüne oder rote Chilischote
4 EL Öl
1 TL Zucker
Dauert etwa 45 Minuten

› Zwiebeln abziehen und sehr fein hacken. Knoblauchzehen abziehen und mit etwas Salz zerdrücken. Tomaten abziehen und würfeln. Brunnenkresse waschen und trockentupfen.

Rougaille, die scharfe rote Sauce mit Tomaten.

› Die Blätter abzupfen und grob, die fleischigen Stiele fein hacken. Alle oder einen Teil der Kerne und Scheidewände der Chilischote entfernen, Schote waschen und fein zerkleinern.

› Zwiebeln mit Knoblauch und Chili im heißen Öl glasig braten. Tomaten zugeben und bei schwacher Hitze etwa 15 Minuten schmoren; dabei hin und wieder umrühren.

› Die Brunnenkresse auf der Rougaille verteilen und alles zugedeckt noch einmal etwa 7 Minuten schmoren. Mit Salz und Zucker abschmecken.

Hausgemachter Kvas
Kvas domašnij

Aus Russland

Kvas ist das Nationalgetränk der Russen, Grundlage für Okroška (Rezept auf Seite 88) und der beste Durstlöscher.

Für 10–12 Portionen
400 g altbackenes Roggenbrot
3 l abgekochtes kaltes Wasser
1 Hand voll Rosinen
200 g Zucker
1/2 Päckchen frische Hefe (etwa 20 g)
Dauert etwa 30 Minuten
Dazu kommt die Zeit (2 Tage) fürs Ruhen

› Brot in kleine Stücke schneiden und im Backofen bei 100 °C (Umluft, 80 °C; Gas, Stufe 1/2) etwa 10 Minuten trocknen. Die Stücke in eine Schüssel geben. Etwa 1/4 Liter Wasser zugießen und kurz mischen.

› Rosinen, Zucker und in etwas Wasser aufgelöste Hefe hinzufügen. Alles mit dem restlichen Wasser begießen und gut durchrühren.

› Kvas, mit einem Tuch bedeckt, 2 Tage bei Zimmertemperatur stehen lassen. Danach filtern und kühl stellen.

»Kvas wird eigentlich nicht in Flaschen verkauft. Original sind große Fässer mit einem Hahn. Daneben sitzt die Babuschka und zapft den Kvas ins mitgebrachte Gefäß – das kann ein Krug oder eine Dose sein.«

MARINA SCHLICHTER

Olivenöl

Olivenöl gibt es in unterschiedlichen Qualitäten: Die beste heißt Natives Olivenöl extra (Huile d'olive vierge extra oder olio di oliva vergine extra) und wird ohne chemische Zusätze durch Kaltpressung aus den frisch geernteten Oliven gewonnen. Man isst dieses Öl am besten roh: in Salaten, auf frisch geröstetem Weißbrot, als Würze in kräftigen Suppen. Die zweite Qualität, Natives Olivenöl, stammt ebenfalls aus der ersten Pressung. Es enthält etwas mehr freie Fettsäuren, schmeckt deshalb nicht ganz so fein, aber immer noch so delikat und charakteristisch, dass Sie – wie beim Wein – verschiedene Lagen unterscheiden können. Dieses Öl eignet sich zum Braten bei sanfter Hitze, Schmoren und Marinieren. Öle, die nur Olivenöl heißen, sind eine Mischung aus nativen und raffinierten Ölen. Man nimmt sie zum kräftigen Braten und Frittieren.

Die eingelegten Paprikaschoten von Vicky Krug gehören zu den echten griechischen Vorspeisen.

Eingelegte Paprikaschoten

Piperies Tursi

Aus Griechenland

Sommergemüse, in (Oliven-)Öl und Essig eingelegt, gehört überall in Europa zum Wintervorrat: »Es waren die Konserven in unserer Familie«, erzählte Vicky Krug. »Auch im Süden gibt es ja während der kalten Jahreszeit kaum frisches Gemüse, und das Eingelegte sorgt für Vitamine.«

Für 10 Portionen

1 kg grüne Paprikaschoten
1 kg rote Paprikaschoten
1 EL Salz
800 ml Weißweinessig
100 ml Olivenöl

Dauert etwa 1 Stunde
Dazu kommt die Zeit (etwa 3 Wochen) fürs Marinieren

› Die Paprikaschoten halbieren, von den Kernen und Scheidewänden befreien und waschen. Die grünen Schoten in etwa 1/2 Zentimeter breite Streifen, die roten in kleine Stücke schneiden.

› Alle Schoten in einer großenSchüssel mit dem Salz vermischen und zugedeckt 24 Stunden stehen lassen.

› Paprikaschoten auf ein großes Sieb geben, gut abtropfen lassen und in verschließbare Gläser schichten. Den Essig mit dem Öl vermischen und über die Paprikaschoten gießen.

› Gläser schließen, die Paprikaschoten darin etwa 3 Wochen an einem kühlen, dunklen Ort stehen lassen.

› Währenddessen die Gläser immer wieder mal vorsichtig kippen, damit die Schoten gleichmäßig mariniert werden. Dabei aber nicht schütteln.

Tip: Das Rezept von Vicky Krug habe ich mit blanchierten kleinen Zwiebeln und mit schwarzen Oliven ausprobiert. Beide Varianten schmecken gut.

Eingelegter Weißkohl
Lahano Tursi

Aus Griechenland

Vicky Krugs Weißkohl ist die Beilage zu Bohnen-, Linsen- und Kichererbsensuppe.

Für insgesamt 3 kg
4 kg Weißkohl
400 g Salz

Dauert etwa 1 Stunde

Dazu kommt die Zeit (etwa 3 Wochen) fürs Marinieren

› Kohl putzen, vierteln, waschen und den Strunk herausschneiden. Die Kohlviertel in grobe Stücke schneiden und in einen großen, verschließbaren Topf aus Steingut oder Keramik schichten. Jede Schicht mit Salz bestreuen.

› So viel Wasser zugießen, dass der Kohl gerade bedeckt ist. Den Topf schließen und den Weißkohl bei Zimmertemperatur (etwa 18 bis 20 °C) 48 Stunden stehen lassen.

› In den folgenden 3 Wochen täglich das Wasser umschütten, damit die Gase entweichen können. Dafür das Wasser in eine Schüssel gießen und dann wieder zugießen, bis der Kohl gerade eben bedeckt ist.

Weißkohl enthält viel Vitamin C.

Dillgurken
Kovaszos uborka

Aus Ungarn

Ingeborg Burger-Balogh und Tibor Balogh schwärmten bei unserem Gespräch sehr von den wunderbaren Gurkengerichten Ungarns. Als Tibor bei den Dillgurken angelangt war, lief ihm so das Wasser im Mund zusammen, dass seine Erzählung stockte. Was mich natürlich vom Nutzen eines weiteren Gurkenrezeptes überzeugte. So bat ich Martha Lavallée um ihres.

Für 1 Glas von 3 l
1,5 kg mittelgroße Gärtnergurken
1 Bund Dill
2 Knoblauchzehen
Etwa 2 l Wasser
1 TL Salz
1 Scheibe Mischbrot

Dauert etwa 30 Minuten

Dazu kommt die Zeit (etwa 6 Tage) fürs Gären

› Gurken waschen, Stiel- und Blütenansatz abschneiden. In jede Gurke der Länge nach 4 etwa 1/2 Zentimeter tiefe Schnitte machen. Gurken mit dem gewaschenen Dill und dem abgezogenen Knoblauch in ein hohes Glas schichten.

› Salzwasser lauwarm erhitzen und über die Gurken gießen. Das Brot toasten, in ein Stück Mulltuch wickeln und auf die Gurken legen. Eventuell so viel Wasser nachgießen, dass das Brot davon bedeckt ist. Die Gurken mit einem kleinen Teller abdecken.

› 3 bis 4 Tage an einem warmen, sonnigen Platz stehen lassen, bis das Wasser trüb ist und sich Bläschen bilden.

› Sobald vom Brot nur noch die Rinde übrig ist, sind die Gurken fertig.

› Rinde entfernen und Gurken 2 Tage kühlen.

› Wasser abgießen, die Gurken in ein frisches Glas umfüllen und kühl aufbewahren. Sie halten sich etwa 3 Tage.

»Das Wasser der fertigen Dillgurken schmeckt sehr erfrischend und ist wegen der Milchsäuregärung so gesund wie Sauerkraut.«

MARTHA LAVALLÉE

Grüne Tomate

Sie ist keine unreife Tomate und nicht mal mit den normalen roten Tomaten verwandt: Tomatl, Tomatillo oder mexikanische Tomate gehört zur selben Familie wie Physalis, die uns vor allem als Dekoration auf exquisiten Desserts vertraut ist. Wie diese Kapstachelbeere trägt auch die Tomatillo ein papierdünnes Häutchen – allerdings nicht so ballonartig aufgeplustert, sondern um die hellgrüne Frucht anliegend. Tomatillos braucht man für die berühmte Salsa verde (Rezept rechts), Chilis und andere mexikanische Eintöpfe. Frisch bekommt man sie bei uns kaum, in Dosen gibt es sie in lateinamerikanischen Geschäften, manchen Reformhäusern und Naturkostläden.

Die grüne Sauce Mexikos kann man zu allem essen, unbedingt gehört sie zu Enchiladas verdes (Seite 170).

Scharfe grüne Sauce

Salsa verde

Aus Mexiko

»Salsa verde ist bei uns so wichtig wie Salsa Mexicana«, sagte mir Llermi Schröder zu ihrem Rezept. »Sie steht nicht nur als Würze auf dem Tisch, sondern wird auch zum Kochen genommen.«

Für 1/2 l
150 g Zwiebeln
3 Knoblauchzehen
5 grüne Peperoni
3 EL frisches Koriandergrün
4 EL gehackte Petersilie
1 Dose grüne Tomaten (Füllmenge 380 g; siehe links)
Salz, Pfeffer

Dauert etwa 20 Minuten

› Zwiebeln und Knoblauch abziehen und grob hacken. Peperoni halbieren, ganz oder teilweise entkernen, waschen und in Streifen schneiden.

› Alle diese Zutaten mit den gehackten Kräutern und dem Saft der grünen Tomaten unter häufigem Rühren bei mittlerer Hitze 5 Minuten kochen.

› Die grünen Tomaten hinzufügen und die Salsa pürieren. Noch einmal kurz aufkochen. Kochend heiß in saubere, heiß ausgespülte Twist-off-Gläser füllen und sofort verschließen.

› Salsa verde nach dem Abkühlen im Kühlschrank aufbewahren.

Tip: Man kann die Salsa verde statt mit grünen Tomaten auch mit 200 Gramm unreifen Kiwis zubereiten: Die Kiwis schälen, grob zerkleinern und mit den anderen Zutaten in 1/4 Liter Wasser ungefähr 5 Minuten kochen. Nach dem Pürieren 1 Esslöffel Zitronensaft zugeben und die Sauce in Gläser füllen.

Salsa de ocopa

Aus Peru

Mit dieser Sauce oder Salsa de huancaina füllt Carmen Ramirez-Königsbauer frisch gekochte, leicht ausgehöhlte Kartoffeln, richtet sie auf Salatblättern an und legt ein paar schwarze Oliven dazu.

Für 4 Portionen
1 Zwiebel
4 Knoblauchzehen
1 Peperoni
1 EL Öl
200 g Feta
250 g gesalzene oder ungesalzene Erdnusskerne
1/8 l Milch
Salz
Dauert etwa 30 Minuten

› Zwiebel und Knoblauch grob zerkleinern. Peperoni halbieren, von Kernen und Scheidewänden befreien und ebenfalls grob zerkleinern.
› Alle diese Zutaten im heißen Öl bei schwacher Hitze etwa 10 Minuten braten. Lauwarm abkühlen lassen.
› Mit Feta, den Erdnüssen und Milch pürieren. Mit Salz abschmecken.

Salsa huancaina

Aus Peru

Für 4 Portionen
2 Zwiebeln
1 scharfe Pfefferschote
1 rote Paprikaschote
1 EL Öl
1/8 l Milch
2 Weizenbrötchen
250 g Frischkäse
2 EL Olivenöl
Salz
Dauert etwa 30 Minuten

› Zwiebeln abziehen und hacken. Die Pfefferschote und die Paprikaschote waschen, von Kernen und Scheidewänden befreien und zerkleinern.
› Öl erhitzen, die Zwiebeln und die Schoten darin bei schwacher Hitze glasig und weich braten. Abkühlen lassen.
› Inzwischen die Milch in eine Schüssel geben, das Brot zerkrümeln und darin einweichen. Zwiebelmischung mit Frischkäse, Olivenöl, Brot und Milch pürieren. Mit Salz abschmecken.

Bohnenmus
Frijoles refritos

Aus Mexiko

Für 4 Portionen
250 g schwarze Bohnen
1 l Wasser
3 kleine Zwiebeln
1 Bund Petersilie
8 Knoblauchzehen
10 EL Öl
1/4 TL Oregano
Salz, Pfeffer
Dauert etwa 2 Stunden
Dazu kommt die Zeit (8 Stunden) fürs Einweichen

› Bohnen kalt abspülen und im Wasser zugedeckt etwa 8 Stunden einweichen.
› Bohnen im Einweichwasser mit grob gehackten Zwiebeln und Petersilie aufkochen.
› Zugedeckt bei schwacher Hitze in etwa 1 1/2 Stunden weich garen.
› Knoblauchzehen abziehen und fein hacken.
› Das Öl in einer Pfanne erhitzen. Die Bohnen nach und nach dazugeben und mit dem Kartoffelstampfer zu einem glatten Mus zerdrücken.
› Knoblauch zugeben, Bohnenmus mit Oregano, Salz und einer kräftigen Prise Pfeffer abschmecken.

»Salsa de ocopa und Salsa huancaina sind ideal für den Sommer – mit frisch gekochten neuen Kartoffeln.«

CARMEN RAMIREZ-KÖNIGSBAUER

»Bohnenmus gehört in Mexiko zu jedem Essen. Versuchen Sie als Imbiss mal Schafkäsestückchen, Tomaten und Tacos dazu.«

LLERMI SCHRÖDER

Sauce süsssauer

Zenaida Panganiban hat von ihrer Großmutter gelernt, wie man richtige süßsaure Sauce kocht: »Sie schmeckt so, wie es sich gehört – sauer, aber nicht nach Essig, süß, aber nicht fade. Der Zucker muss unbedingt leicht karamelisieren, denn das gibt den feinen Geschmack. Und ganz wichtig ist, die fertige Sauce durch ein Sieb zu drücken – sie muß glatt und gleichmäßig hellrot gefärbt sein. Statt Ananas können Sie Mango oder Orange nehmen.«

… und Europäisch

Zenaida verwendet immer milden Kokosnussessig und Palmzucker. Ich habe ihre Sauce mit gutem Himbeeressig und Zuckerrohrgranulat aus dem Naturkostladen ausprobiert und fand auch diese Variante – trotz des leicht veränderten Aromas – sehr gut.

Süßsaure Sauce

Von den Philippinen

Zenaida Panganibans süßsaure Sauce passt zu gebratenem Gemüse, zu Tofu oder Tempeh – entweder in Scheiben geschnitten und wie ein Schnitzel gebraten oder in Erdnussöl frittiert. Außerdem gibt es als Beilage frisch gekochten Reis.

Für 10 Portionen
1 kleine reife Tomate
1 kleine Zwiebel
1 TL Öl
40 g Palmzucker
60 ml Kokosnussessig
130 ml Wasser
90 ml Ananassaft (Dose)
1 EL Maisstärke
1 mittelgroße rote Paprikaschote
200 g Ananasstücke (Dose)
Salz
Schwarzer Pfeffer

Dauert etwa 45 Minuten

› Die Tomate waschen und würfeln, Zwiebel abziehen und hacken. Das Öl in einer Pfanne erhitzen, Tomate und Zwiebel darin anbraten. Den Palmzucker zugeben und unter Rühren bei mittlerer Hitze heiß werden lassen, bis er schmilzt und leicht bräunt.

› Topf von der Kochstelle nehmen und den Essig zur Zuckermischung geben, aber nicht umrühren. Topf wieder auf die Kochstelle setzen, die Sauce einmal aufkochen. Wasser und 2/3 des Ananassaftes unterrühren, erneut aufkochen.

› Sauce durch ein Sieb in einen Topf geben, dabei das Gemüse ausdrücken.

› Die Maisstärke mit dem restlichen Ananassaft glatt rühren, unter die Sauce mischen und Sauce aufkochen.

› Paprikaschote putzen, waschen und in feine Würfel schneiden. Mit den Ananasstücken in die Sauce mischen, mit Salz und Pfeffer abschmecken.

Scharfe Tomatenpaste
Sambal Tomat

Aus Indonesien

Tutty Wilpernig serviert ihren Sambal als Würze für Suppen, Reis, geschmortes Gemüse und gebratene Nudeln. »Er soll süßsauer und scharf sein. Und am besten schmeckt er, wenn er nicht zu flüssig ist.« Wie fast alle indonesischen Würzsaucen sind auch Tomatenpaste und Kemirinusspaste (Rezept auf Seite 225) sehr scharf. Wer das nicht mag, nimmt weniger Chilis.

Für 10–12 Esslöffel
3 Tomaten
1 Zwiebel
3 Zitronenblätter
10 rote Chilischoten
2 Knoblauchzehen
3 EL Öl
2 TL Zucker
1 Messerspitze Salz

Dauert etwa 30 Minuten

› Tomaten abziehen, Stielansätze und eventuell auch die Kerne entfernen. Zwiebel abziehen. Beide Zutaten fein zerkleinern. Zitronenblätter in feine Streifen schneiden.

› Die Chilischoten halbieren, von den Kernen und eventuell auch von den Scheidewänden befreien und grob zerkleinern. Mit den abgezogenen Knoblauchzehen in den Mörser geben und zu einer Paste zerreiben.

› Die Paste im heißen Öl unter Rühren etwa 10 Minuten braten, bis sie dickflüssig wird. Tomaten, Zwiebel, Zitronenblätter, Zucker und Salz zugeben und bei mittlerer bis schwacher Hitze in etwa 15 Minuten dick einkochen.

Tip: Sambal Tomat und Sambal Kemiri halten sich in einem verschlossenen Gefäß bei Zimmertemperatur ungefähr eine Woche. Im Kühlschrank kann man sie bis zu drei Wochen aufbewahren.

Salsa Mexicana von Llermi Schröder und Sambal Kemiri von Tutty Wilpernig – zweimal Würze für alles, was Sie gerne scharf essen: gebratenes Gemüse, einfachen Reis, weiche Tortillas, vegetarische Hamburger.

Scharfe rote Sauce
Salsa Mexicana

Aus Mexiko

Für 1/2 l Sauce

- 5 grüne Peperoni
- 200 g Zwiebeln
- 3 Knoblauchzehen
- 1 kleine Dose geschälte Tomaten
- 3 EL gehacktes Koriandergrün
- 4 EL gehackte Petersilie
- Salz
- Weißer Pfeffer

Dauert etwa 20 Minuten

› Peperoni, abgezogene Zwiebeln und Knoblauchzehen fein zerkleinern. Mit Tomaten (einschl. Saft) und allen anderen Zutaten unter Rühren aufkochen.

› Die Sauce in heiß ausgespülte Gläser füllen, verschließen und ganz abkühlen lassen. Vor dem Servieren mindestens 24 Stunden ziehen lassen. Im Kühlschrank aufbewahren.

Kemirinusspaste
Sambal Kemiri

Aus Indonesien

Für 12–15 Esslöffel

- 16 rote Chilischoten
- 2 Knoblauchzehen
- 6 Kemirinüsse
- 2 EL Öl
- 1 TL Zucker
- Salz
- 1 TL Zitronensaft
- 3 EL Wasser

Dauert etwa 30 Minuten

› Chilis halbieren, von Kernen und eventuell auch von den Scheidewänden befreien und grob zerkleinern. Knoblauch abziehen und mit den Kemirinüssen im heißen Öl braun anbraten.

› Chilis, Knoblauch, Nüsse, Zucker und wenig Salz im Mörser ganz fein zerreiben. Mit Zitronensaft und etwas Wasser zu einer Paste verrühren.

»Maggi« in Mexiko

Salsa Mexicana ist in Mexiko eine beliebte Universalwürze zu vielen Speisen und steht meist auf dem Tisch wie bei uns (früher) eine sehr bekannte Speisewürze, die der Schweizer Julius Maggi im 19. Jahrhundert entwickelt hat.

Die Schärfe der Salsa Mexicana können Sie steuern: Je mehr Peperonikerne man verwendet, desto schärfer wird sie.

Süsses

Zuckerrohr, das süße Gras.

Palmen, Rüben, Zuckerrohr

Die Lust am Süssen

Das Verlangen nach Süßem ist den Menschen wohl angeboren. Es läßt sich physiologisch begründen: Muttermilch schmeckt süß, und Zuckerhaltiges ist der schnellste Energielieferant.

Für Süßes gibt es viele Quellen, drei davon sind kulinarisch besonders wichtig: Palmen, Zuckerrohr und Rüben. Chronologisch stehen die Palmen vielleicht an erster Stelle; in Asien soll die Gewinnung von Zucker aus Palmen älter sein als die von Rohrzucker. Für Palmzucker schneidet man die noch geschlossenen Blüten von Zucker- oder Palmyrapalmen an, sobald der Saft in die Knospen der Blütenstände strömt, und klopft mit einem Holz dagegen. Das bewirkt Gewebeschäden, die den Saft noch reichlicher fließen lassen. Den aufgefangenen Saft kocht man in einer eisernen Pfanne zu dickem Sirup ein, bis das Wasser aus dem Palmensaft verdampft ist und der Zucker – die Saccharose – Kristalle bildet. Dann wird der Sirup in runde Formen abgegossen, wo er beim Abkühlen fest wird. Die runden, etwa daumendicken Scheiben lässt man über dem Feuer nachtrocknen und bringt sie als Jaggery oder Palmzucker in den Handel. Palmzucker hat aufgrund der vielen Geschmackskomponenten das feinste Aroma aller Zuckerarten. Die beste Qualität lässt sich leicht brechen. Palmzucker bekommen Sie auch bei uns, er ist aber sehr teuer; preiswertere Angebote können aus eingedicktem Zuckerrohr bestehen. Zuckerrohr ist die Zuckerquelle, die politisch, wirtschaftlich und sozial die meisten Umwälzungen bewirkt hat. Das süße Gras stammt aus Südostasien: Etwa 8000 v. Chr. soll es auf Neuguinea angebaut worden sein und 2000 Jahre später auf die Philippinen, nach Indien und nach Indonesien gelangt sein.

1500 Jahre alt: Die Verarbeitung von Zuckerrohr.

Bis aber Zucker in einem schriftlichen Dokument zum ersten Mal erwähnt wurde, verging noch sehr viel Zeit: Im Jahre 500 beschreibt ein Hindutext die Herstellung von Zucker aus Rohr. Die Europäer kannten Rohrzucker schon; im byzantinischen Reich galt er als Luxusgut aus Indien. Die Technologie der Zuckerproduktion brachten ihnen die Araber bei. Durch die arabische Expansion nach Westen und die Eroberung der iberischen Halbinsel verbreitete sich die Produktion im gesamten Mittelmeerraum. Zucker war besser verfügbar als Honig, weil man die Bienen nicht als Zwischenglied brauchte. Außerdem lässt er sich besser verarbeiten, was jeder weiß, der schon mit Honig gebacken hat. Man gewöhnte sich ans süße Glück, und das hatte weit reichende Folgen: Ein Teil der begehrten Anbaugebiete und Produktionszentren fiel den Europäern schon

Zuckerrohrernte in der Karibik.

durch die Kreuzzüge in die Hand – Jerusalem wurde 1099 erobert und war knapp 100 Jahre lang Kreuzfahrer-Königreich. Im 15. Jahrhundert etablierten Spanier und Portugiesen die Zuckerindustrie auf den Azoren, Madeira, den Kanarischen und Kapverdischen Inseln, legten Plantagen und Häfen an, brachten Lohnarbeiter und Sklaven mit als Arbeitskräfte. Deshalb kann man auf den Atlantikinseln heute nur noch die archäologischen Überreste der »Ureinwohner« ansehen – wie es in den Reiseführern heißt. Die Einheimischen der Atlantikinseln mussten dem Zuckerrohr weichen. Die Inseln dienten als Sprungbrett zur Neuen Welt; Kolumbus führte das Zuckerrohr 1493 auf Santo Domingo ein, und im Laufe der nächsten 200 Jahre veränderten Europäer das Gesicht eines Kontinents: Die einheimische Bevölkerung der karibischen Inseln, Mittel- und Südamerikas wurde »ersetzt« durch die Kolonisatoren und durch Menschen, die man als Sklaven aus ihrer Heimat Afrika verschleppte.

Süßwarenladen in Pakistan.

Es bildeten sich neue Handelswege, die für die Verbreitung vieler Produkte wie Kartoffeln, Tomaten, Bohnen, Maniok, Vanille und Tabak sorgten. Die europäischen Kaufleute wurden reich, und Europa rückte für ein paar Jahrhunderte ins Zentrum der Macht. Einer dieser Machtmenschen hat dann dafür gesorgt, dass Zucker so billig wurde, wie wir es heute gewöhnt sind. Mit der Blockade Napoleons I. gegen England war der Nachschub aus Übersee unterbrochen. Denn britische Schiffe brachten den Rohzucker nach England, wo er raffiniert und dann auf den Kontinent exportiert wurde – gegen Ende des 16. Jahrhunderts hatte sich London zum wichtigsten Raffineriezentrum Europas entwickelt. Am 21. November 1806 war das erst mal vorbei: Der französische Kaiser verhängte gegen England ein Handelsembargo, das auch den Import von Zucker untersagte. 20 Jahre zuvor war es jedoch schon gelungen, aus Rüben Zucker zu gewinnen und besonders zuckerreiche Rüben zu züchten: Zuckerrüben gehören zur selben Familie wie Rote Beten und Mangold.

Die Produktion von Rübenzucker war allerdings noch zu teuer, und als mit Napoleons Sturz 1813 die Blockade aufgehoben wurde, kauften die Leute erneut die Kolonialware Rohrzucker. Doch die Zuckerrübe lag dank Napoleons unfreiwilliger Unterstützung noch immer im Trend. Ausgerechnet in Frankreich wurden rentable Sorten gezüchtet und die Technologie so verbessert, dass Rübenzucker heute knapp 40 Prozent der weltweiten Zuckerproduktion ausmacht.

Obstkuchen international

»Gestürzte Kuchen« mit exotischen Früchten sind in der pazifischen Küche und in den USA beliebt. In Europa backen wir »versunkene Obstkuchen«. Das Prinzip ist dasselbe: Rührteig mit Obst. Doch bei der europäischen Variante sinkt das Obst beim Backen in den weichen Kuchenteig und wird mit Puderzucker bestreut. Upside-Down-Cakes haben eine sehr feuchte, saftige Oberfläche, weil die Sirupschicht beim Backen karamellisiert.

Zu Zenaida Panganibans philippinischem Ananaskuchen passt europäische Schlagsahne.

Gestürzter Ananaskuchen

Pineapple-Upside-Down-Cake

Von den Philippinen

Für 16 Stücke
2 TL Butter
60 g brauner Zucker
75 ml Ananassaft (Dose)
6 Scheiben Ananas (Dose)
110 g Butter
90 g Zucker
1 Prise Salz
1 Vanilleschote
3 Eier
150 g Mehl
1 TL Backpulver
75 g abgezogene, gemahlene Mandeln
Pergamentpapier für die Form
Dauert etwa 1 Stunde
Arbeiten müssen Sie etwa 25 Minuten

› Butter, braunen Zucker und Ananassaft in einem Topf aufkochen und bei mittlerer Hitze unter Rühren zu einem sehr dicken Sirup einkochen. Den Sirup ganz abkühlen lassen.

› Eine Springform von 26 Zentimeter Durchmesser mit Pergamentpapier auslegen. Ananasscheiben darin verteilen und mit dem Sirup begießen.

› Die Butter mit Zucker, Salz und dem ausgekratzten Mark der Vanilleschote so schaumig rühren, dass sie elfenbeinfarben ist. Nacheinander die Eier und zum Schluss das Mehl, mit Backpulver und Mandeln gemischt, unterrühren.

› Teig auf den Ananasscheiben glatt streichen. Kuchen in den kalten Backofen schieben und bei 180 °C (Umluft, 160 °C; Gas, Stufe 2–3) 30 bis 35 Minuten backen. Garprobe mit einem Holzstäbchen machen, den fertigen Kuchen herausnehmen und in der Form ungefähr 20 Minuten ruhen lassen. So auf ein Kuchengitter stürzen, dass die Ananas oben sind, und erkalten lassen.

Flan María

Aus Spanien

Als María Díaz mir dieses Rezept gab, dachte ich zuerst, der Flan sei ihr Lieblingsdessert, erfunden von ihrer Mutter. Aber keineswegs: »Runde spanische Butterkekse tragen die Aufschrift ›Galletas María‹. Nur deshalb heißt dieser Flan so«, erklärte mir María.
Sie schrieb ihrer Mutter nach Spanien, und postwendend schickte Señora Díaz uns ein Päckchen »Galletas María« – zum Kosten und fürs Foto.

Für 6 Portionen

200 g Butterkekse
1/2 l Milch
50 g Butter
150 g Zucker
3 Eier
Saft von 2 Orangen
Fett für die Form

Dauert etwa 1 Stunde
Arbeiten müssen Sie etwa 30 Minuten

› Den Backofen auf 180 °C (Umluft, 160 °C; Gas, Stufe 2) vorheizen.
› Die Kekse zerbröckeln und in der heißen Milch unter Rühren auflösen.
› Weiche Butter mit Zucker schaumig rühren.
› Eier nacheinander unterrühren.
› Zuerst die aufgelösten Kekse, dann den Orangensaft in die Eiercreme rühren.
› Die Creme in eine gefettete ofenfeste Form von 16 Zentimeter Durchmesser füllen.
› Die Form in ein Gefäß mit kochendem Wasser geben und in den heißen Backofen (mittlere Schiene) stellen.
› Flan ungefähr 30 Minuten garen, bis er fest ist.

Tip: Flan María isst man kalt, eventuell mit etwas süßer Sahne.

Apfelklöße

Aus Deutschland

Für 6 Portionen

3 Eier
1 Prise Salz
1 TL Vanillezucker
1 Prise geriebene Muskatnuss
60 g Zucker
1/8 l Milch
125 g Butter
2 EL gehackte Mandeln
400 g Mehl
500 g säuerliche Äpfel (Boskoop)
1 TL Zimtpulver

Dauert etwa 1 Stunde

› Eier mit Salz, Vanillezucker, Muskatnuss, 2 Esslöffel Zucker und Milch verquirlen. Die Hälfte der Butter schmelzen, aber nicht bräunen.
› Mit den Mandeln unter die Eiermilch rühren. Mehl nach und nach unterkneten.
› Geschälte Äpfel in kleine Stücke schneiden und unter den Teig mischen.
› Reichlich Salzwasser zum Kochen bringen.
› 2 Esslöffel in kaltes Wasser tauchen, den Teig damit als Klöße abstechen und ins sprudelnd kochende Wasser geben.
› Im offenen Topf bei schwacher Hitze in etwa 15 Minuten gar ziehen lassen. Herausnehmen und in eine vorgewärmte Schüssel geben.
› Restliche Butter schmelzen und leicht bräunen.
› Über die Klöße geben. Restlichen Zucker und Zimt mischen und die Klöße damit bestreuen.

Blühende Apfelbäume in Sachsen-Anhalt: Im Herbst tragen sie mürbe, säuerliche Äpfel – gerade recht für die Klöße.

Vanille

Am besten schmecken die ganzen Schoten und das Mark: Das typische, süßliche Aroma beruht auf Vanillin und noch anderen 35 Bestandteilen der Vanilleschote. Deshalb ist die Schote selbst noch aromareicher als das Mark. Und deshalb ist synthetisch hergestellter Vanillinzucker eine Notlösung, aber kein Ersatz für Vanille. Gut ist auch reines oder mit Zucker gemischtes Pulver, notfalls kann man Vanilleextrakt nehmen.
Die ganze Schote schneidet man mit einem kleinen, spitzen Messer längs auf und kratzt das Mark aus lauter winzigen, schwarzen Körnchen heraus. Die Schote können Sie einige Zeit in der Milch ziehen lassen, die Sie für die Sauce brauchen – natürlich auch in Fruchtsaft für Obstgrütze oder Sahne für Cremes.
Vanillearoma entfaltet sich am besten mit Zucker – egal ob weiß oder braun, von Palmen, Zuckerrohr oder Rüben.

Ramola Parbhoo richtet das Gratin wahlweise mit Vanillesauce oder mit Zimtsauce an.

Süßkartoffelgratin mit Vanillesauce

Baked Sweet Potatoes with Custard

Aus Südafrika

Für 6 Portionen

Gratin
- 2 Süßkartoffeln (etwa 600 g)
- Butter für die Form
- 100 g Butter
- 100 g Zucker
- 1/2 TL Zimtpulver
- 1 l Orangensaft
- 1 EL Speisestärke
- 2 EL Wasser
- Abgeriebene Schale von 1 unbehandelten Zitrone

Vanillesauce
- 2 EL Sahnepuddingpulver
- 1/2 l Milch
- 1 Vanillestange
- 2 EL Zucker

Dauert etwa 1 1/4 Stunden

› Süßkartoffeln schälen, waschen, in 1/2 Zentimeter dicke Scheiben schneiden und dachziegelförmig in eine gefettete ofenfeste Form legen.

› Butter schmelzen. Erst Zucker und Zimt, dann Orangensaft dazugeben und 10 Minuten bei schwacher Hitze kochen. Speisestärke mit Wasser und Zitronenschale glatt rühren und untermischen. Über die Kartoffeln gießen.

› Kartoffeln in den kalten Backofen stellen (mittlere Schiene). Bei 180 °C (Umluft, 160 °C; Gas, Stufe 2) in etwa 35 Minuten weich backen.

› Puddingpulver in etwas Milch glatt rühren. Restliche Milch mit dem ausgekratzten Mark der Vanilleschote und der Schote erhitzen. Puddingpulver zugeben und unter Rühren aufkochen. Zucker untermischen. Sauce von der Kochstelle nehmen. Schote entfernen.

› Die gebackenen Süßkartoffeln auf Portionstellern anrichten und jeweils mit 1 oder 2 Esslöffel ganz heißer oder gut gekühlter Vanillesauce überziehen. Den Rest der Sauce dazu servieren.

Zucchinikuchen
Kue zuchini

Aus Indonesien

Für 20 Stücke
400 g Zucchini
1/8 l Öl
3 Eier
300 g Rohrzucker oder brauner Zucker
1 TL Vanillezucker
50 g geriebene Haselnusskerne
300 g Mehl
1/2 Päckchen Backpulver
Fett und Semmelbrösel für die Form
Dauert etwa 2 Stunden
Arbeiten müssen Sie etwa 30 Minuten

› Zucchini waschen, fein reiben, in ein Sieb geben und abtropfen lassen.
› Öl, Eier, Zucker und Vanillezucker schaumig rühren. Zuerst Zucchini und Nüsse, dann Mehl und Backpulver gemischt nach und nach unterrühren.
› Kastenform von 30 Zentimeter Länge fetten, mit Semmelbrösel ausstreuen und den Teig darin glatt streichen.
› Den Kuchen in den kalten Backofen (untere Schiene) schieben. Bei 180 °C (Umluft, 160 °C; Gas, Stufe 2) 1 bis 1 1/2 Stunden backen.

Exotische Früchte auf dem Markt in Manila. Einige Sorten gehören zu Zenaidas Salat.

Salat mit junger Kokosnuss
Buco Salat

Von den Philippinen

Der Salat ist eine der ungewöhnlichsten Süßspeisen, die ich je gekostet habe. Ich wusste auch nicht, was drin war. Als ich zufrieden die Gabel weggelegt hatte, zählte Zenaida Panganiban die Zutaten auf. Am meisten verblüffte mich der Käse: In der harmonischen Kombination schmeckt man ihn nämlich nicht heraus. »Auf den Philippinen essen wir Käse sehr gern zu Süßem. Doch Europäer können sich das schlecht vorstellen. Deshalb erzähle ich meinen Gästen erst nach dem Essen, wie ich den Salat zubereite«, sagte Zenaida.

Für 4 Portionen
350 g junge Kokosnuss (siehe rechts)
150 g Ananas (Dose)
100 g Palmfrucht (Kaong aus der Dose; siehe rechts)
50 g Jackfrucht (Dose; siehe rechts)
50 g junger Gouda oder Butterkäse
100 ml Kokosmilch (Dose)
1 EL Crème fraîche
170 ml gezuckerte Kondensmilch (Dose)
30 g Rosinen
1 Hand voll Pfefferminzblätter
Dauert etwa 30 Minuten
Dazu kommt die Zeit (etwa 2 Stunden) fürs Kühlen

› Kokosnuss, Ananas, Kaong und Jackfrucht abgießen und abtropfen lassen. Ananas in Stücke, Käse in sehr kleine Würfel schneiden. Alles mit Kokosmilch, Crème fraîche, Kondensmilch und Rosinen in einer Schüssel mischen.
› Salat zugedeckt mindestens 2 Stunden kühlen. Mit den Pfefferminzblättern garniert servieren.

Tip: Nehmen Sie Ananas aus der Dose; frische Früchte werden im Salat bitter.

Aurea Galarpe-Helbig

Aurea ist Spezialistin für Lebensmittel aus dem pazifischen Raum. »Unsere Küche ist geprägt von fremden Einflüssen: Was vor der Ankunft der Europäer war, lässt sich kaum noch rekonstruieren«, sagte sie mir. »Doch das andere ist völlig integriert: Wir stellen eine Mahlzeit nicht nur aus spanischen, portugiesischen oder chinesischen Gerichten zusammen, sondern mischen alles. Trotzdem ist unsere Küche klar; wir kennen keine Eintöpfe, sparen mit Saucen und Fett. Frisches Gemüse und Obst spielen natürlich die Hauptrolle.
Wenig bekannt in Deutschland ist das weiche Fleisch von junger, unreifer Kokosnuss. Man kauft es in Dosen oder tiefgefroren, denn frisch gibt es nur die bekannten ausgewachsenen Nüsse mit bissfestem Fleisch.
Palmfrucht und Jackfrucht – die zu den größten Früchten überhaupt gehört – bekommt man hier ebenfalls in Dosen.«

Junge Früchte

Joëlle Ribas erzählte mir die Geschichte der Erdbeeren in Frankreich und Europa: »Noch im 16. Jahrhundert kannte man bei uns nur Walderdbeeren: Ludwig XIV. ließ sie in Versailles anbauen, weil er sie leidenschaftlich gerne aß. Der erste Setzling mit größeren Früchten wurde erst im 18. Jahrhundert eingeführt. Im Jahre 1713 brachte ein französischer Offizier – mit dem treffenden Namen ›Frézier‹, das im Französischen genauso klingt wie ›fraisier‹ (Erdbeerpflanze) – in seinem Gepäck eine aus Chile stammende Pflanzenart mit, aus der sich dann das Dutzend Varietäten von Erdbeeren entwickelte, die man heute überall in Europa anbaut.«

Fruchtgratins sind lange bekannt in der französischen Küche. Zu uns kamen sie mit der Nouvelle Cuisine.

Rote-Früchte-Gratin
Gratin de fruits rouges

Aus Frankreich

Mit vollreifen Früchten und ganz frischen Eiern ist Joëlles Gratin so köstlich wie ein schöner Sommertag. Sie serviert es nach einem leichten, festlichen Menü.

Für 5 Portionen
200 g Walderdbeeren
200 g Erdbeeren
200 g dunkle Kirschen
3 Eigelb
50 g Zucker
1 Päckchen Vanillezucker
100 ml Crème fraîche
1 EL Kirschwasser

Dauert etwa 30 Minuten

› Früchte verlesen, waschen und mit Küchenpapier trockentupfen. Kirschen entsteinen. Alle Früchte halbieren und in einer Schüssel vorsichtig mischen. In 5 ofenfeste Förmchen verteilen.

› Den Backofengrill auf der höchsten Schaltstufe vorheizen.

› Die Eigelbe mit Zucker und Vanillezucker schaumig schlagen. Die Crème fraîche unterrühren. Creme in einem Topf unter ständigem Rühren schwach erhitzen, aber nicht kochen. Sobald die Creme etwa wie geschlagener Joghurt leicht eindickt, den Topf sofort von der Kochstelle nehmen.

› Creme etwas abkühlen lassen, mit dem Kirschwasser verrühren und über die Früchte gießen.

› Unter den heißen Grill schieben und in ungefähr 1 Minute goldbraun gratinieren. Sofort servieren.

Pecanbrötchen
Pecan Buns

Aus den USA

Bei Kogels gibt's die Brötchen zum Sonntagsfrühstück. »Sie müssen wirklich frisch aus dem Ofen kommen«, schrieb Jutta. »Ich belege sie schon am Abend, lasse sie über Nacht gehen und muss sie morgens nur noch backen.«

Für 16 Stück
Teig
400 g Weizenvollkornmehl
1/2 Päckchen Trockenhefe
1 EL Zucker
1 Prise Salz
180 ml lauwarme Milch
150 g Butter oder Margarine
2 Eigelb
1 unbehandelte Zitrone
Belag
80 g Butter
300 g brauner Zucker
250 g gehackte Pecannusskerne
Mehl zum Bestreuen
Dauert etwa 1 1/2 Stunden
Arbeiten müssen Sie etwa 45 Minuten

› Mehl, Hefe, Zucker und Salz vermischen. Milch und Fett erwärmen, bis es geschmolzen ist. Eigelbe und abgeriebene Zitronenschale zugeben.

› Teig mit den Knethaken des Handrührgerätes etwa 5 Minuten durchrühren, bis er Blasen bildet. Zugedeckt bei Zimmertemperatur etwa 1 Stunde gehen lassen, bis sich das Volumen des Teiges etwa verdoppelt hat.

› Die Butter für den Belag schaumig rühren. Den Zucker unterrühren. Die Hälfte dieser Mischung auf ein kleines Backblech (etwa 32 mal 37 Zentimeter) streichen. Die Nüsse darauf streuen.

› Ein Küchentuch mit Mehl bestreuen, Teig darauf mit den Händen kräftig durchkneten. Mit den Handballen zu einer Platte auseinander drücken, mit wenig Mehl bestreuen und knapp fingerdick zu einem Rechteck ausrollen.

› Teig mit der restlichen Buttermischung bestreichen und mit Hilfe des Küchentuchs aufrollen. In daumendicke Scheiben schneiden und dicht an dicht auf die Nüsse legen. Zugedeckt weitere 15 Minuten gehen lassen.

› Blech in den kalten Backofen (mittlere Schiene) schieben und die Buns bei 190 °C (Umluft, 170 °C; Gas, Stufe 2) etwa 45 Minuten backen.

› Sofort vom Blech nehmen und mit der Nussseite nach oben zum Abkühlen auf ein Kuchengitter legen.

Stachelbeergrütze
Stikkelsbærgrød

Aus Dänemark

Die Dänen sind große Grützeesser: Von Ende Juni an sind Erdbeeren an der Reihe, danach kommen Himbeeren, und mit den Stachelbeeren ist der Hochsommer erreicht.

Für 5 Portionen
1 kg grüne Stachelbeeren
1/2 l Wasser
125 g Zucker
1 1/2–2 EL Speisestärke
Dauert etwa 30 Minuten
Dazu kommt die Zeit (etwa 4 Stunden) fürs Kühlen

› Die Stachelbeeren waschen, putzen und mit dem Wasser in einen Topf geben. Unter Rühren langsam zum Kochen bringen. Sobald die ersten Beeren platzen, 3/4 des Zuckers unterrühren.

› Speisestärke mit etwas kaltem Wasser glatt rühren, unter die Beeren mischen. Grütze unter Rühren erhitzen, bis sie dick wird. Mit dem restlichen Zucker bestreuen, abkühlen lassen und bis zum Servieren in den Kühlschrank stellen.

»Zwei Dinge braucht die Grütze: viel Zucker und viel kühle Sahne. Eine dicke Zuckerschicht auf der Grütze hat auch praktischen Nutzen – sie verhindert, dass sich beim Abkühlen eine Haut bildet.«

SONJA RYE MORTENSEN

Der Hut des Wesirs

Form und Name der Purim-Spezialität soll auf Haman, den Großwesir des persischen Königs Ahasveros, zurückgehen: Haman stachelte den König an, alle Juden im persischen Reich ermorden zu lassen. Doch Esther, die jüdische Frau des Königs, konnte das Unheil abwenden. Mehr noch: Der König gestattete den Juden, sich zu wehren und ihre Feinde zu vernichten.
Als Ersten traf es natürlich den bösen Haman. Er landete am Galgen, und sein dreieckiger Hut ging in Form von Hamantaschen in die jüdische Festtagsgeschichte ein.

Hamantaschen gehören zum Purim, dem weltlichen, fröhlichen Fest der Juden, das am 14. oder 15. Tag des Monats Adar (Februar/März) gefeiert wird. Man isst sie zum Festmahl oder schickt sie Freunden als Geschenk.

Gefüllte Teigtaschen
Ozne-Haman

Aus der jüdischen Küche

Hamantaschen werden traditionell mit Mohn gefüllt. Bilha Widmann hat wahlweise noch eine Nussfüllung mit Rosinen aufgeschrieben. Die Teigmenge reicht für eine der beiden Füllungen.

Für 30 Stück

Teig
30 g frische Hefe
1 EL Zucker
50 ml lauwarmes Wasser
600 g Mehl
200 g weiche Margarine
80 g Zucker
2 Eigelb
100 ml Milch
1 EL abgeriebene Schale von 1 unbehandelten Zitrone
Salz
1 Vanilleschote

Nussfüllung
80 g Zucker
100 ml Wasser
200 g gehackte Haselnusskerne
2 EL Zitronensaft
1 EL abgeriebene Schale von 1 unbehandelten Zitrone
80 g Rosinen

Mohnfüllung
80 g Zucker
1 TL Honig
50 ml Wasser
250 g gemahlener Mohn
2 EL Zitronensaft
1 EL abgeriebene Schale von 1 unbehandelten Zitrone
1/4 Tasse Rosinen

Außerdem
Mehl zum Ausrollen
Fett für die Bleche
1 Ei oder 2 EL süße Sahne zum Bestreichen

Dauert etwa 2 1/2 Stunden
Arbeiten müssen Sie etwa 1 1/2 Stunden

› Die Hefe, 1 Esslöffel Zucker und das Wasser verrühren und zugedeckt bei Zimmertemperatur 10 Minuten gehen lassen.

› Mehl, Margarine, Zucker, Eigelbe, Milch, Zitronenschale, Salz, das ausgekratzte Mark der Vanilleschote und zuletzt die aufgegangene Hefe in eine Schüssel geben. Zu einem glatten Teig verarbeiten und zugedeckt bei Zimmertemperatur nochmals etwa 1 Stunde gehen lassen, bis sich sein Volumen verdoppelt hat.

› Für die Nussfüllung den Zucker und das Wasser etwa 5 Minuten bei schwacher Hitze kochen, bis die Flüssigkeit zu einem Sirup eingedickt ist. Haselnüsse unterrühren. Zitronensaft, Zitronenschale und Rosinen zugeben und alles mischen. Die Füllung abkühlen lassen.

› Für die Mohnfüllung den Zucker, den Honig und das Wasser zum Kochen bringen. Bei schwacher Hitze kochen, bis sich der Zucker aufgelöst hat. Den Mohn zugeben und noch 1 Minute kochen. Die restlichen Zutaten untermischen und die Füllung abkühlen lassen.

› Teig auf Mehl dünn ausrollen und mit einer Tasse etwa 30 Scheiben ausstechen (Durchmesser: 10 Zentimeter). Jede Teigscheibe mit knapp 1 Esslöffel Füllung belegen. Rand so zur Mitte einschlagen (siehe unten), dass ein Dreieck entsteht. Den Teig gut andrücken, damit sich die Taschen beim Backen nicht öffnen.

› Die Teigtaschen auf zwei gefettete Bleche legen und mit verquirltem Ei oder süßer Sahne bestreichen.

› Das erste Blech in den kalten Backofen (mittlere Schiene) schieben. Teigtaschen bei 200 °C (Umluft, 180 °C; Gas, Stufe 3) 20 bis 25 Minuten backen. Die Taschen auf dem zweiten Blech brauchen etwa 15 Minuten.

Die Teigtaschen werden so gefaltet, dass sie wie flache dreieckige Hütchen aussehen – Erinnerung an den bösen Wesir aus Persien, der die Juden beim König verleumdete.

Tapioka in Kokosmilch
Xigu Jielu

Aus China

Die süße Suppe erinnert mich an unsere Obstgrützen, die oft auch mit Tapioka- oder Sagoperlen gebunden werden. »Sie ist in Kanton ein beliebtes Dessert«, erzählte mir Xiaoyan Zhang.

Für 4 Portionen
300 ml Wasser
50 g Tapiokaperlen
1 EL Zucker
200 ml abgekochtes Wasser
1 Honig- oder Netzmelone
400 ml Kokosmilch (Dose)

Dauert etwa 30 Minuten
Dazu kommt die Zeit (etwa 1 1/2 Stunden) fürs Abkühlen

› Wasser in einem Topf aufkochen. Die Tapiokaperlen zugeben und in ungefähr 3 Minuten bei schwacher Hitze glasig garen, dabei ab und zu umrühren. Auf ein Sieb abgießen und erkalten lassen.

› Den Zucker im abgekochten Wasser auflösen und kalt stellen.

› Melone schälen, alle Kerne herauskratzen, Fruchtfleisch klein würfeln. Mit Kokosmilch, Tapioka und Zuckerwasser mischen und kalt servieren.

Tapiokaperlen

Sie stammen von der Maniokwurzel (siehe Seite 36): Sie sind die Stärke, die in weißgraue Perlchen gepresst und wie Sago verwendet wird – zum Eindicken von süßen und herzhaften Gerichten. In der kantonesischen Küche verwendet manTapioka sehr häufig.

Tapiokamehl

Es heißt auch Maniokmehl und stammt ebenfalls aus der Maniokwurzel. In Brasilien ist es so wichtig wie Weizenmehl: Grobe Farinha, in Fett geröstet, nennt man Farofa. »Sie sieht ein bisschen aus wie Sägespäne«, erzählte mir Iris Bichelmaier-Zsalzsupin, »schmeckt aber toll als Beilage.« Ähnlich wie gebratenen Reis in Asien mischt man Farofa auch mit vielen Zutaten: Oliven, Mais, Schinken, Gemüse, Eiern. Man nimmt Tapiokamehl zum Panieren von Fleisch, streut es über Bohnen, kocht es in heißer Brühe zu Püree. Feines Tapiokamehl nimmt man wie Weizenmehl zum Backen. Außerdem gibt es Spezialitäten: Im kargen Inneren der Region Bahía isst man zum Frühstück dünne, gerollte Fladen aus Maniokmehl. Typisch für die indianisch beeinflusste Küche im Norden und Nordosten Brasiliens ist Brei. Maniok- oder Tapiokamehl bekommen Sie auch bei uns in 500-Gramm-Packungen zu kaufen.

Noahs Pudding

So wird Asure auch genannt. Denn mit dem Fest wird der Rettung Noahs gedacht. Als die Arche auf dem Berg Ararat – ganz im Osten der heutigen Türkei – »landete« und das Hochwasser sank, sollen die Frauen alle Lebensmittel gesammelt haben, die sie in der Arche nach den langen Wochen der Sintflut noch fanden. Und daraus kochten sie ein Festmahl.

Süßes Getreide
Asure

Aus der Türkei

Das süße Essen ist Teil eines Brauches. Erdogan Yarar beschrieb ihn mir so: »Zum Fest Asure am 10. Tag des 1. Monats im moslemischen Kalender wird Asure in vielen Familien gekocht. Dann teilt man es auf: Die Nachbarn bekommen ein Schälchen davon, die Freunde und Bekannten. Man gibt es, ohne etwas dafür zu erwarten. So soll Asure Zeichen der Solidarität unter den Menschen sein.«

Für 8 Portionen
300 g Weizenkörner
50 g getrocknete weiße Bohnen
50 g Kichererbsen
1 l Wasser
50 g Langkornreis
3 getrocknete Feigen
Schale von 1/2 unbehandelten Orange
50 g Rosinen
100 g Walnusskerne
100 g Haselnusskerne
250 g Zucker
1 TL Zimt
5 Tropfen Rosenwasser
1 Granatapfel
2 EL ungesalzene, gehackte Pistazienkerne
Dauert etwa 2 1/2 Stunden
Dazu kommt die Zeit (etwa 14 Stunden) fürs Einweichen und Abkühlen
Arbeiten müssen Sie etwa 1 Stunde

› Weizen, Bohnen, Kichererbsen mit dem Wasser übergießen und zugedeckt im Kühlschrank 8 Stunden einweichen.

› Alles aufkochen und etwa 1 Stunde garen, bis die weißen Bohnen fast weich sind. Den Reis zugeben und alles 20 Minuten kochen. Eventuell noch etwas Wasser nachgießen

› Feigen heiß abwaschen, trockentupfen und fein zerkleinern. Die Orange ebenfalls waschen und abtrocknen. Die Schale dünn abreiben.

› Diese Zutaten und die Rosinen zur Weizenmischung geben. Alles ungefähr 15 Minuten garen, bis Getreide und Hülsenfrüchte weich sind.

› Nüsse hacken, mit dem Zucker, dem Zimt und dem Rosenwasser darunter mischen. Asure in eine große Schüssel füllen und erkalten lassen.

› Granatapfel quer halbieren, die Kerne herauslösen und mit den Pistazien über das Asure streuen.

Birnen in Tequila
Peras en Tequila

Aus Mexiko

Llermi Schröders vom mexikanischen Nationalgetränk beschwipste Birnen.

Für 8 Portionen
4 feste Birnen
1/4 l Wasser
100 g brauner Rohrzucker
8 entsteinte Trockenpflaumen
2 Zimtstangen
4 Gewürznelken
Saft von 1 Limette
1 EL Speisestärke
60–80 ml Tequila
2 EL gehackte Mandeln
Dauert etwa 30 Minuten
Dazu kommt die Zeit (24 Stunden) fürs Ruhen

› Birnen halbieren und schälen. Mit Wasser, Zucker, Pflaumen, Zimt und Nelken aufkochen. Zugedeckt bei mittlerer Hitze 5 Minuten kochen.

› Limettensaft mit Speisestärke verrühren, zugeben und 1 Minute kochen. Von der Kochstelle nehmen, Tequila zugeben. Birnen zugedeckt 24 Stunden im Kühlschrank ziehen lassen.

› Zum Servieren Gewürznelken und Zimtstangen entfernen. Birnen mit gehackten Mandeln bestreuen.

Gedämpfter Kuchen aus Südostasien erinnert an europäischen Pudding aus dem Wasserbad. Man isst ihn morgens zum Frühstück oder nachmittags. Dazu gibt es Tee oder Kaffee.

Gedämpfter Kuchen
Kue Kuskus

Aus Taiwan

Tutty Wilpernig hat das Kuchenrezept aus Taiwan mitgebracht. Doch auch in ihrer Heimat Indonesien gibt es gedämpften Kuchen häufig: »Wenn es sehr heiß ist, kann man Backofenhitze nur schwer ertragen. Und da ist ein leichter Kuchen aus dem Dampf genau richtig.«

Für 6 Portionen
3 Eier
250 g Zucker
1 Päckchen Vanillezucker
250 g Mehl
1 Päckchen Backpulver
200 ml Milch
2 TL lieblicher Weißwein (ersatzweise Orangensaft)
2 EL Rosinen
Butter zum Dämpfen
Dauert etwa 1 1/4 Stunden
Arbeiten müssen Sie etwa 30 Minuten

› Die Eier, Zucker und Vanillezucker mit den Quirlen des Handrührgerätes zu einer dicken, schaumigen Creme aufschlagen. Das Mehl mit Backpulver mischen und unterrühren. Die Milch und den Weißwein untermischen und alles zu einem glatten Teig rühren. Zum Schluss Rosinen mit einem Kochlöffel darunter mischen.

› Den Dämpfkorb (siehe Seite 101) mit einem Bogen gebuttertem Pergamentpapier auskleiden. Papier mit weicher Butter bestreichen, Teig einfüllen und den Deckel auf den Dämpfkorb legen.

› In einem hohen Topf etwa 2 Finger hoch Wasser zum Kochen bringen. Einen Teller umgedreht in den Kochtopf legen. Dämpfkorb darauf setzen, den Topf ebenfalls zudecken. Kuchen 45 bis 60 Minuten dämpfen.

› Mit einem Holzstäbchen die Garprobe machen: Wenn beim Einstechen keine feuchten Teigreste mehr, sondern nur ein paar Krümel daran haften, ist der Kuchen gar.

› Kuchen aus dem Kochtopf nehmen, aber im Dämpfkorb abkühlen lassen.

Kochtechnik aus Ost und West

Kuchen und Brot aus dem Dampf sind Chinaversionen unserer süßen und herzhaften Puddings aus dem Wasserbad. Die Garmethode hatte zwei Vorteile: Erstens konnten auch diejenigen »Gebackenes« essen, die keinen Backofen hatten – und das waren früher eine ganze Menge Menschen in Ost und West. Zweitens gelingt empfindlicher Teig nur mit der richtigen Hitze. In den alten Backöfen konnte man die Temperatur nicht so gut regulieren. Dampf oder Wasserbad aber geben die sanfte Hitze, die zarter Teig braucht.

Rosenwasser

Rosenwasser gibt es in türkischen Läden und in der Apotheke zu kaufen. Achten Sie drauf, dass Sie wirklich das Wasser, nicht die Essenz bekommen. Rosenessenz ist zum Essen zu intensiv und wird nur für kosmetische Zwecke verwendet. Rosenwasser mit seinem edlen, zarten Aroma nimmt man für viele Süßspeisen aus dem östlichen Mittelmeerraum. Natürlich auch für Marzipan, denn das »Haremskonfekt«, wie Thomas Mann es nennt, stammt aus dem Orient und wurde vor etwa 1000 Jahren bei uns bekannt.

Milchkonfekt
Burfi

Aus Indien

»Zu indischen Festtagen gehört eine Vielzahl feiner Süßigkeiten«, schrieb Ramola Parbhoo. »Das Konfekt aus Milch, Sahne, Gewürzen und Mandeln ist berühmt – vielleicht, weil es unter allen Süßigkeiten eine Sonderstellung einnimmt: Es wurde nämlich traditionell mit echtem Gold oder Silber verziert – auf königliche Art.«

Für 48 Stücke

300 g Milchpulver
375 ml süße Sahne
180 ml Wasser
150 g Puderzucker
2 EL Ghee (ersatzweise Butterschmalz)
1 TL Kardamompulver
3 EL fein gehackte Mandeln
Öl für die Form
1 EL fein gehackte Pistazienkerne
8 Safranfäden

Dauert etwa 45 Minuten
Dazu kommt die Zeit (etwa 12 Stunden) fürs Kühlen

› Das Milchpulver in eine Schüssel geben. Die Sahne zugießen und alles mit den Fingerspitzen zu einer krümeligen Mischung verarbeiten.
› Das Wasser in einem Topf zum Kochen bringen. Den Puderzucker zugeben und 5 bis 7 Minuten bei schwacher Hitze kochen, bis ein Sirup entstanden ist; dabei nicht rühren.
› Die Milchpulver-Sahne-Mischung unter den Sirup rühren und alles bei schwacher Hitze 8 Minuten garen; dabei immer langsam umrühren.
› Das Ghee, Kardamom und 1 Esslöffel Mandeln dazugeben, alles mischen und 2 Minuten kochen.
› Eine quadratische Form von etwa 15 mal 16 Zentimeter mit Öl ausstreichen. Heiße Milchcreme hineingießen.
› Mit den restlichen Mandeln, Pistazienkernen und den Safranfäden garnieren und über Nacht zugedeckt im Kühlschrank fest werden lassen.
› Das Konfekt in kleine Würfel schneiden und zum Tee servieren.

Milchnudeln
Shimai Payesh

Aus Indien

Milchnudeln sind in Bengalen ein typisches Geburtstagessen wie Gugelhupf in Süddeutschland. Arun Das Guptas Mutter hat sie immer für ihren Sohn gekocht: »... auch als sie mich während meines Studiums in England und Deutschland besucht hat«.

Für 4 Portionen

1 l Milch (mindestens 3,5 % Fett)
50 g Rosinen
50 g Mandelstifte
2 EL Pflanzenöl
100 g feine Suppennudeln
50 g Zucker
2 Tropfen Rosenwasser

Dauert etwa 45 Minuten
Dazu kommt die Zeit (etwa 1 Stunde) fürs Abkühlen

› Milch aufkochen und bei schwacher Hitze etwa 30 Minuten im offenen Topf leicht kochen lassen. Rosinen und Mandelstifte zugeben und alles 5 bis 10 Minuten garen.
› In einem zweiten Topf das Öl heiß werden lassen. Die Suppennudeln darin bei mittlerer Hitze goldbraun braten. Mit einem Schaumlöffel herausheben, das Öl abtropfen lassen und die Nudeln in die Milch geben.
› Zucker zugeben und alles 5 bis 10 Minuten bei schwacher Hitze garen. Mit Rosenwasser würzen und zum Servieren abkühlen lassen.

Verknüpft mit dem indischen Brauchtum sind viele farbenfrohe Feste. Zu den unterschiedlichen lokalen Zeremonien werden vor allem zahlreiche süße Köstlichkeiten zubereitet.

Feste in Indien

Sie sind religiösen Ursprungs und bedeuten, dass sich die Gottheit den Menschen zeigt. Trotzdem gehören Vergnügungen dazu – in Nordindien heißen die Feste Mela, was oft mit »Jahrmarkt« übersetzt wird.

Iris Bichelmaier-Zalszupin

Iris ist eine exzellente Köchin, die aus dem Handgelenk 40 Personen bewirtet. Ich kann das beurteilen, denn ich war mit 39 anderen bereits ihr Gast. Sie kocht auf Bestellung – bei Kongressen und Privatfesten. »Ich will den kulinarischen Reichtum Brasiliens vermitteln. Die meisten Leute denken bei Brasilien nur an Karneval in Rio, Zuckerhut und tolle Frauen. Dass sich unser Land über einen halben Kontinent erstreckt, dass man von Norden nach Süden vier große, grundverschiedene Kochtraditionen findet, weiß kaum jemand. Im Norden und kargen Landesinneren ist die Indioküche mit Maniok und Chilischärfe präsent, an den Küsten wird mit Kokos und Palmöl afrobrasilianisch gekocht, Süden und Südosten wurden im 19. Jahrhundert von arabischen Einwanderern mit Couscous, Kichererbsen und Taboulet geprägt. Die Europäer in dieser Region haben Käse, Salate und Teigtaschen mitgebracht. Speziell von den Portugiesen stammen die vielen Desserts und Kuchen. Bei dieser Vielfalt und dem Überfluss an frischem Gemüse und Obst rund ums Jahr ist vegetarisch kochen sehr leicht.«

Limettencreme
Creme de limao

Aus Brasilien

Wie so viele Kreative in der Küche hält Iris Bichelmaier-Zalszupin von genauen Maßangaben oder Küchenwaagen gar nichts. »Nimm die Kondensmilchdose zum Abmessen von Limettensaft und Wasser«, riet sie mir, als ich sie nach Mengen fragte, »das ist am einfachsten.«

Für 4 Portionen
1 Dose gezuckerte Kondensmilch (340 ml)
3–4 kleine grüne Limetten
200 g Mascarpone
1–2 EL Zucker
2 Päckchen gemahlene weiße Gelatine
2 1/2 Milchdosen Wasser
4 Eiweiß
Speiseöl für die Form
Dauert etwa 30 Minuten
Dazu kommt die Zeit (etwa 12 Stunden) fürs Kühlen

› Die Kondensmilch in eine Schüssel geben. 2 bis 3 Limetten auspressen, die Milchdose zur Hälfte mit dem Saft füllen und zur Kondensmilch geben. Den Mascarpone und Zucker zugeben und alles mit den Quirlen des Handrührgerätes verrühren.

› Die Gelatine in eine Schüssel geben. Wasser erhitzen, zugießen und rühren, bis sich die Gelatine gelöst hat. Unter die Limettencreme rühren.

› Eiweiß steif schlagen und unterziehen. Die Creme in eine leicht geölte und mit kaltem Wasser ausgespülte Ringform geben und zugedeckt 12 Stunden kühlen.

› Auf eine große Platte stürzen. Die restliche Limette waschen und gut abtrocknen. Frucht entweder in Scheiben schneiden und die Creme damit garnieren. Oder die Schale mit einem Zestenreißer abschneiden und die Limettencreme damit bestreuen.

Joghurtkuchen
Yoghurt Cake

Aus England

Auch Engländer brauchen keine Küchenwaage. Roger E. Cope misst alle Zutaten für den saftigen Kuchen mit dem Joghurtbecher ab. Bei der Zuckermenge variiert er: »Zu kräftigem Assam-Tee mit Sahne darf der Kuchen ruhig süß sein. Sonst reicht ein Becher Zucker. Und wenn Sie nicht auf Ihren Cholesterinspiegel achten müssen, nehmen Sie vier Eier und lassen das Backpulver weg.«

Für 16 Stücke
1 Becher Joghurt (175 g; 3,5 % Fett)
3 Joghurtbecher Mehl
1–2 Joghurtbecher Zucker
1 Joghurtbecher Sonnenblumenöl
1 TL Backpulver
1 Päckchen Vanillezucker
Abgeriebene Schale von 1 unbehandelten Zitrone
3 Eier
Dauert etwa 1 1/2 Stunden
Arbeiten müssen Sie etwa 30 Minuten

› Den Joghurt in einer Schüssel glatt rühren. Joghurtbecher ausspülen und sehr gut trocknen. Zuerst Mehl und Zucker, dann das Öl damit abmessen. Mehl und Backpulver mischen.

› Nach und nach Öl, Zucker, Vanillezucker, Mehl, Zitronenschale und die Eier unter den Joghurt rühren.

› Den Teig in eine gefettete Kastenform von 30 Zentimeter Länge füllen und in den kalten Backofen (mittlere Schiene) schieben. Den Joghurtkuchen bei 150 °C (Umluft, 130 °C; Gas, Stufe 2) 50 bis 60 Minuten backen.

Tip: Der Kuchen ist eines der praktischen Gerichte Englands. Sie können ihn gut einfrieren und in der Mikrowelle auftauen. Man kann ihn auch mit Rosinen oder Nüssen abwandeln.

Eischneeklöße mit Vanillesauce

Schneenockerln mit Kanarimilch

Aus Österreich

»Können Sie sich vorstellen, wie diese Nachspeise auf den Tisch kommen muss?«, vergewisserte sich Helga Pucker, als sie mir ihr Rezept gab. »Schneeweiß und locker müssen die Nockerln sein, gelb wie ein Kanarienvogel – in Wien auch liebevoll Singerl genannt – die Sauce.«

Für 6 Portionen
6 Eiweiß
200 g Puderzucker
1/2 l Milch
1 Päckchen Vanillezucker
Öl für die Platte
4 Eigelb
100 g Zucker
Dauert etwa 1 1/4 Stunden

Dazu kommt die Zeit (etwa 1 Stunde) fürs Kühlen

› Eiweiß mit den Quirlen des Handrührgerätes sehr steif schlagen. Dabei den Puderzucker zugeben.

› Die Milch mit Vanillezucker in einem flachen, weiten Topf aufkochen. Topf von der Kochstelle nehmen.

› Aus dem Eischnee die Klöße formen und auf die Milch gleiten lassen. Die Klöße 2 Minuten ziehen lassen, mit 2 Löffeln vorsichtig wenden und 1 weitere Minute ziehen lassen. Heraus nehmen, nebeneinander auf eine leicht geölte Platte legen und kalt stellen.

› Eigelb und den Zucker mit einem Schneebesen sehr schaumig rühren. Die Milch noch einmal aufkochen. Unter ständigem Schlagen mit dem Schneebesen langsam zur Eiercreme gießen. Kräftig weiter schlagen, bis sich alles gut miteinander verbunden hat. Die Vanillemilch etwas abkühlen lassen.

› Die Klößchen auf tiefen Tellern anrichten, Vanillemilch darüber gießen.

Tip: Für die Klöße brauchen Sie wirklich frische Eier, damit Sie das Eiklar sauber vom Eigelb trennen können und der Eischnee gut gelingt.

Es scheint fast, als wäre der wichtigste Punkt in Österreichs Speisenfolge das Dessert. Mit Helga Puckers feinen Schneenockerln schließen Sie am besten ein leichtes Menü ab.

Klösse beim König

Eiweißklöße gibt es seit langer Zeit in vielen Ländern und in vielen Varianten: »Floating Islands« war eine der aufwendigsten; die Eischneeinsel auf einem See von Creme, verziert mit kandierten Früchten und Blüten, gehörte Ende des 18. Jahrhunderts in England zu den »Royal Recipes« in der Hofküche von Georges III. Der große Koch Antonin Carème nahm sie 1815 in sein Lehrbuch der Patisserie auf.
»Œufs à la neige« sollen ein Lieblingsdessert von Emile Zola gewesen sein. Und die Schokoladensuppe mit Schneeklößchen zählte bis zum Zweiten Weltkrieg zu den Süßspeisen, mit denen man artige Kinder erfreute: Noch heute erzählt meine Mutter gerne von dieser Köstlichkeit ihrer Kindheit.

»Im Spätsommer gehe ich immer Hagebutten sammeln – das bin ich seit meiner Kindheit gewöhnt. Bei uns in Schweden wachsen überall wilde Rosen, und die Suppe ist beliebte Zwischenmahlzeit oder Nachspeise.«

EWA SCHIMMER

Jämtland in Schweden.

Hagebuttensuppe
Nyponsoppa

Aus Schweden

Ewa sammelt mit einem Eimer und misst die Hagebutten deshalb in Millilitern. »Wie viel Gramm ich für die Suppe brauche, kann ich nicht sagen. Ich koche sie nach Gefühl; es soll eine recht dünne Fruchtsuppe werden.«

Für 4–6 Portionen

600–700 ml frische Hagebutten
1 3/4 l Wasser
100–150 g Zucker
1 EL Speisestärke
20 g gehackte Mandeln zum Bestreuen
100 ml süße Sahne

Dauert etwa 1 1/2 Stunden
Dazu kommt die Zeit (etwa 3 Stunden) fürs Abkühlen

› Die Stielansätze und die trockenen Blütenreste der Hagebutten entfernen. Hagebutten halbieren, entkernen und gründlich waschen.
› Wasser aufkochen. Hagebutten darin zugedeckt bei schwacher Hitze in etwa 30 Minuten zu einem Mus einkochen. Dabei ab und zu mit einem Kochlöffel

Ewa Schimmers herbstliche Hagebuttensuppen.

kräftig durchrühren, damit die Hagebutten schneller aufbrechen.

› Das heiße Hagebuttenmus durch ein Sieb passieren, in einen Messbecher geben und gegebenenfalls mit Wasser auf 1 1/4 Liter auffüllen.

› Mus mit Zucker und Speisestärke vermischen und in einem sauberen Topf unter Rühren aufkochen, bis die Suppe bindet. Von der Kochstelle nehmen und abkühlen lassen.

› Auf Suppentellern verteilen und mit gehackten Mandeln bestreuen. Sahne steif schlagen und als Kleckse auf die Hagebuttensuppe setzen. Suppe mit Mandelbiskuits servieren.

Kalte Obstgrützen

Kalte Obstgrützen und Fruchtsuppen gehören zum Norden Europas: Man findet sie in Skandinavien und Russland ebenso wie in England und Dänemark.

»In Indonesien ist Martabak ein Snack, den man – süß oder herzhaft gefüllt – beim Straßenimbiss kaufen kann. Er schmeckt frisch aus der Pfanne am besten.«

LINA NEUDECKER

Hefeeierkuchen mit Nüssen und Schokolade

Martabak

Aus Indonesien

Diesen wunderbaren Eierkuchen, in dem sich Süßes und Salziges harmonisch ergänzen, hat Lina Neudecker für mich an einem kalten Februarabend gebacken. Albrecht, Linas Mann, hatte Tee gekocht, und mir wurde mit dem großen Stück Martabak richtig warm und gemütlich.

Für 4 Portionen
Teig
300 g Mehl
5 g Trockenhefe
75 g Zucker
1/2 TL Backpulver
3 Eier
1/2 TL Salz
500 ml lauwarme Milch
Füllung
60 g Butter
125 g gesalzene Erdnusskerne
125 g Schokolade
1 1/2 EL gezuckerte Kondensmilch (Dose; siehe reche Seite außen)
Dauert etwa 1 1/4 Stunden
Dazu kommt die Zeit (2 Stunden) fürs Ruhen

› Alle Zutaten für den Teig in einer Schüssel mischen. Mit den Knethaken des Handrührgerätes etwa 3 Minuten durchrühren. Zugedeckt 2 Stunden bei Zimmertemperatur gehen lassen.

› Eine große, beschichtete Pfanne bei schwacher Hitze erwärmen und mit etwas Butter auspinseln. Pfanne etwa zu 1/3 mit dem Teig füllen und so schwenken, dass der Teig den Rand rundherum etwa fingerhoch benetzt.

› Eierkuchen zugedeckt bei schwacher bis mittlerer Hitze etwa 10 Minuten backen, bis sich auf der Teigoberfläche viele Löcher gebildet haben.

› Während der Teig backt, Erdnüsse hacken und Schokolade reiben.

› Auf dem Teig 1 knappen Esslöffel Butterflöckchen verteilen. Eierkuchen zugedeckt 3 bis 4 Minuten backen.

› Eine Platte mit 1/2 Esslöffel weicher Butter bestreichen. Den Eierkuchen mit einem Spatel so auf die Butter schieben, dass die gebackene Seite unten liegt. Mit 1/2 Esslöffel Kondensmilch bestreichen, mit je 1/3 der Nüsse und Schokolade bestreuen und zu einem Halbmond zusammenklappen.

› Den Eierkuchen mit dem Rest der weichen Butter bestreichen und in etwa 3 Zentimeter dicke Streifen schneiden.

› Aus dem restlichen Teig 3 weitere Eierkuchen backen und füllen.

Grießbrei mit Moosbeersaft

Mannaja kaša s kljukvoj

Aus Russland

Getreidebrei ist in Russland so wichtig wie Pasta in Italien – als Alltagskost genauso wie als Festessen. Natalia Schkunajevas Grießbrei gehört zu den Fastenspeisen und gelingt mit jedem Beerensaft; Moosbeeren gibt es in Deutschland leider nur selten zu kaufen.

Für 4 Portionen
700 ml Moosbeersaft
2 EL Zucker
60 g Hartweizengrieß
Dauert etwa 45 Minuten

› Den Moosbeerensaft mit dem Zucker zum Kochen bringen. Grieß unterrühren, kurz aufkochen und den Topf von der Kochstelle nehmen.

› Grießbrei unter häufigem Rühren quellen lassen, bis er abgekühlt ist.

Die Kekse von Miguel Angel Servidio wirken so vertraut europäisch. Doch der Teig besteht aus Maniok- und Maismehl, und gefüllt werden sie nicht mit Konfitüre, sondern mit dicker süßer Milch.

Maniokplätzchen mit Kokosraspeln

Alfajorcitos de Mandioca

Aus Argentinien

Für etwa 45 Stück

- 150 g weiche Butter
- 150 g Puderzucker
- 3 Eigelb
- 1 Eiweiß
- Abgeriebene Schale von 1 kleinen, unbehandelten Zitrone
- 1 EL Weinbrand (ersatzweise frisch gepresster Orangensaft)
- 400 g Maniokmehl
- 150 g Maismehl
- 1 EL Backpulver
- Mehl zum Ausrollen
- Fett für das Blech
- 1 Dose Dulce de leche (siehe rechts; ersatzweise Crème fraîche mit etwas Zucker)
- 3–4 EL geriebene Kokosnuss

Dauert etwa 1 1/2 Stunden

› Butter und Puderzucker schaumig rühren. Eigelb nach und nach zugeben. Eiweiß mit den Quirlen des Handrührgerätes halbfest schlagen.

› Mit Zitronenschale und Weinbrand unter die Creme rühren. Maniokmehl mit Maismehl und Backpulver vermischen und portionsweise unter den Teig rühren.

› Die Arbeitsfläche dünn mit Mehl bestreuen. Teig portionsweise darauf ungefähr 1/2 Zentimeter dick ausrollen. Mit einem Glas Kreise von 3 Zentimeter Durchmesser ausstechen und auf zwei gefettete Backbleche legen.

› Plätzchen auf dem ersten Blech in den kalten Backofen (mittlere Schiene) schieben, bei 180 °C (Umluft, 160 °C; Gas, Stufe 2) etwa 25 Minuten backen, bis sie leicht goldbraun sind. Die Plätzchen auf dem folgenden Blech brauchen nur noch 15 bis 20 Minuten. Vom Blech lösen und erkalten lassen.

› Je 2 Plätzchen mit Dulce de leche bestreichen und zusammensetzen. Ränder ebenfalls mit Dulce de leche bestreichen und in Kokosnussraspel wälzen.

Süsse Milch

Dulce de leche ist gezuckerte, stark eingekochte Kondensmilch, dick wie Karamell und sehr beliebt in Lateinamerika und auf den Philippinen – Ländern, die kulinarisch von Spanien beeinflusst sind. Diese dicke Milch in Dosen bekommen Sie in Spezialgeschäften: Man legt die ungeöffnete Dose 3 Stunden bei schwacher Hitze ins Wasserbad, lässt sie wieder abkühlen und öffnet sie. In Supermärkten gibt es auch dünne gezuckerte Kondensmilch zu kaufen, die man sofort verwenden kann.

Gute Eier

Noch immer stammen die meisten Eier aus Käfighaltung, die von vielen Menschen zu Recht als schlimme Quälerei bezeichnet wird. Die Tiere sind zu reinen Legemaschinen degradiert, die angeblich weder Leid noch Schmerz empfinden. Lässt die Legeleistung nach, kommen sie zum Schlachten. Eine artgerechte Haltung von Hühnern können nur wir Verbraucher erreichen. Wenn immer mehr Menschen keine Produkte aus Massentierhaltung und lieber die teuren Eier von frei laufenden Hühnern kaufen, müssen sich auch immer mehr Züchter zu artgerechten Haltungsmethoden entschließen – ganz einfach, weil sie sonst Probleme mit dem Absatz der Eier bekommen. Und die Entsorgung von liegen gebliebenen oder gar verdorbenen Eiern ist recht kostspielig.

Iris Bichelmaier-Zalszupins Erdnusstorte fand bei unserem Fototermin reißenden Absatz.

Erdnusstorte
Torta de Amendoim

Aus Brasilien

Erinnern Sie sich an den »Kalten Hund« der fünfziger Jahre? Es war die kalte Torte für Teenager, die damals noch Backfische hießen – leicht zu machen, billig und schön üppig. Brasilianische Erdnusstorte ist genauso kalt, leicht zu machen und preiswert. Aber viel feiner.

Für 8 Stücke
300 g ungesalzene Erdnüsse
3 frische Eier
100 g Butter
150 g Zucker
5 EL Mascarpone
1 EL Calvados
400 g Butterkekse
Fett für die Form
Dauert etwa 1 Stunde
Dazu kommt die Zeit (1–2 Stunden) fürs Kühlen

› Die Erdnüsse sehr fein hacken. Eier trennen, Eiweiß steif schlagen.

› Eigelb mit Butter und Zucker zu einer dicken, schaumigen Creme aufschlagen. Nacheinander Mascarpone, Calvados und Erdnüsse unter die Eigelbmischung rühren. Eischnee mit einem Kochlöffel mit Loch unterheben.

› Eine rechteckige Form oder ein Backblech (etwa 40 mal 30 Zentimeter) mit Fett bestreichen und mit Butterkeksen auslegen. Darüber abwechselnd Erdnusscreme und Kekse schichten. Mit Erdnusscreme abschließen.

› Erdnusstorte 1 bis 2 Stunden in den Kühlschrank stellen. Etwa 20 Minuten vor dem Servieren herausnehmen.

Tip: Die Torte schmeckt noch besser, wenn sie bei Zimmertemperatur durchzieht. Dann ist die Creme zwar etwas weicher, aber die Kekse werden besser durchtränkt. Wegen der rohen Eier darf man die Torte jedoch höchstens einen Tag aufbewahren. Im Sommer muss sie grundsätzlich im Kühlschrank ziehen.

Süßkartoffeln in Zuckersirup
Ubi Jalar Manis

Aus Taiwan

Als Getränk zu den Kartoffeln passt am besten ungesüßter schwarzer Tee.

Für 6 Portionen
1,2 kg Süßkartoffeln
300 ml Wasser
300 g Rohrzucker (ersatzweise brauner Zucker)
125 g Zucker
3 EL Öl

Dauert etwa 1 Stunde

› Die Süßkartoffeln schälen, waschen, abtrocknen und schräg in etwa 2 Zentimeter dicke Scheiben schneiden.
› Wasser, beide Zuckersorten und Öl in einem Topf aufkochen und bei mittlerer Hitze unter Rühren kochen, bis der Zucker sich aufgelöst hat.
› Kartoffeln zugeben und bei schwacher Hitze in etwa 20 Minuten gar kochen. Dabei mehrmals vorsichtig umrühren. Fertige Süßkartoffeln abkühlen lassen und kalt servieren.

Statt Süßkartoffeln nimmt Tutty Wilpernig auch normale, fest kochende Kartoffeln, feste Bananen oder frische Ananasscheiben.

Kastanienspaghetti
Vermicelli

Aus der Schweiz

Die Kastanienspaghetti gehören zu den ganz berühmten Schweizer Süßspeisen – sehr üppig und sehr raffiniert. Cecilie Messmer hat ein altes Familienrezept zu diesem Buch beigesteuert.

Für 8 Portionen
1 kg Maronen
100 ml Wasser
200 ml Milch
1 Prise Salz
1 Vanilleschote
50 g Butter
80 g Zucker
200 ml süße Sahne

Dauert etwa 1 1/2 Stunden

› Den Backofen auf 250 °C (Umluft, 220 °C; Gas, Stufe 5) vorheizen. Die Maronen an der gewölbten Seite kreuzweise einschneiden und auf dem Backblech im heißen Ofen etwa 15 Minuten rösten, bis die Schalen aufspringen.
› Die harte Schale und braune Haut entfernen. Die Maronen mit dem Wasser aufkochen und zugedeckt in ungefähr 45 Minuten weich garen.
› Milch, Salz und Mark der Vanilleschote zugeben. Unter Rühren bei mittlerer Hitze dick einkochen. Durch ein feines Sieb drücken. Butter und Zucker untermischen, Püree abkühlen lassen.
› Püree durch die Kartoffelpresse auf Portionsteller drücken. Die Kastanienspaghetti mit der steif geschlagenen Sahne garnieren.

Je kleiner die Banane, desto besser ist ihr Aroma.

Esskastanien

Esskastanien waren früher der karge Ersatz für Getreide: Man pflanzte sie dort für Brot und Kuchen an, wo Weizen, Roggen und Hafer schlecht gedeihten. Heute sind sie als Grundnahrungssmittel nicht mehr bedeutsam: In Bayern werden sie den ganzen Winter über in Fußgängerzonen geröstet und stückweise für teures Geld an Passanten verkauft. Schweizer, Franzosen und Italiener kennen wunderbare Süßspeisen aus Maronen. »Es ist amüsant«, sagte mir Joëlle Ribas, »dass die Kastanie, die im Bewusstsein der Menschen so eng mit Armut verbunden ist, erst den Namen und die Speisen wechseln musste, ehe sie auf die bürgerlichen Tische gelangte: Als kandierte Marone, als Konfitüre oder gegrillt wurde sie salonfähig.«

Natürlich färben

Pandanusblätter mit ihrem jasminähnlichen Duft und die geschmacksneutralen Sujiblätter bekommt man in Asienläden. Sie sehen aus wie die Blätter von Yuccapalmen und färben Süßspeisen grün. Hinweise zu Annatosamen für rote Farbe finden Sie auf Seite 135, die Blüten sind oben abgebildet.

Süße Reisklöße
Kelepon

Aus Taiwan und Indonesien

Die Klöße serviert man in Taiwan und Indonesien heiß zum Tee: »Sobald sie nicht mehr dampfen, steckt man sie auf einmal in den Mund, damit der heiße Zucker nicht ausläuft«, erklärte Tutty Wilpernig zu ihrem Rezept.

Für 6–8 Portionen
20 Sujiblätter (siehe links)
10 Pandanusblätter (siehe links)
1/4 l lauwarmes Wasser
250 g Klebreismehl
100 g roter asiatischer Würfelzucker oder brauner Würfelzucker
50 g frisch geraspelte Kokosnuss (ersatzweise trockene Kokosflocken)
1 Messerspitze Salz

Dauert etwa 1 Stunde

› Suji- und Pandanusblätter mit dem Wasser übergießen. 5 Minuten ziehen lassen, bis sich das Wasser leicht grün färbt. Gut ausdrücken, damit Farbe und Aroma ins Wasser übergehen. Die Blätter herausnehmen und wegwerfen.

› Wasser und Klebreismehl mit einer Gabel verrühren. Mit den Händen ungefähr 20 Minuten kneten, bis ein glatter Teig entstanden ist. Daraus walnussgroße Klöße formen und jeweils mit 1 Stück Würfelzucker füllen.

› Reichlich Wasser aufkochen. Klöße darin ziehen lassen, bis sie hochsteigen und knapp 2 Minuten garen. Herausnehmen und abtropfen lassen.

› Kokosraspel in einem Tuch in den Dämpfkorb geben. Etwa 2 Finger hoch Wasser in einem Topf aufkochen. Einen Teller umgedreht hineinlegen. Dämpfkorb darauf setzen, Topf zudecken.

› Die frischen Flocken etwa 5, die getrockneten etwa 10 Minuten dämpfen. Auf einen vorgewärmten Teller geben, leicht salzen, Klöße darin wälzen.

Grießschnitten
Halvas

Aus Griechenland

Zur Fastenzeit vor Ostern ist Halvas von Vicky Krug eine richtige Mahlzeit. Sonst isst man es als üppiges Dessert.

Für 8 Portionen
100 g ganze Mandeln
100 g Pinienkerne
200 g Butter
400 g Grieß
600 g Zucker
800 ml kaltes Wasser
2 Zimtstangen
3 Gewürznelken
Schale von 1 großen, unbehandelten Orange
200 g Puderzucker
1 EL Zimtpulver

Dauert etwa 1 Stunde

› Mandeln mit kochendem Wasser übergießen, kurz ziehen lassen, kalt abschrecken und aus der Haut drücken. Jede Mandel längs vierteln. Pinienkerne fein mahlen.

› Butter schmelzen. Zuerst den Grieß, dann Mandeln und Pinienkerne unterrühren und bei mittlerer Hitze so lange rühren, bis die Mischung goldbraun ist. Von der Kochstelle nehmen.

› Für den Sirup 400 Gramm Zucker mit Wasser, Zimtstangen, Gewürznelken und dünn abgeschnittener Orangenschale bei mittlerer Hitze 5 Minuten kochen lassen; dabei nicht umrühren, sonst gelingt der Sirup nicht.

› Heißen Sirup durch ein Sieb zum Grieß geben. Gewürze im Sieb wegwerfen. Grieß bei schwacher Hitze zu einem sämigen Brei rühren.

› Den restlichen Zucker zugeben und rühren, bis er sich aufgelöst hat. Grieß einige Minuten abkühlen lassen und auf eine dekorative Platte streichen. Nach dem Abkühlen mit Puderzucker und Zimtpulver besieben.

»Engelshaar isst man warm, so lange der Käse noch weich ist«, sagte Çoskun Büyükgüçlü zu seinem Rezept. Die hauchdünnen Teigfäden kann man nicht selber machen. Es gibt sie in türkischen und griechischen Läden.

Engelshaar mit Mozzarella

Künefe Peynirli Kadayif

Aus dem Nahen Osten

Für 6 Portionen
500 g Kadayif (Engelshaar-Teigfäden)
125 g Butter
450 g Mozzarella
1/2 unbehandelte Zitrone
500 ml Wasser
500 g Zucker
1 TL Zimtpulver
Dauert etwa 1 1/4 Stunden
Arbeiten müssen Sie etwa 45 Minuten

› Den Backofen auf 200 °C (Umluft, 180 °C; Gas, Stufe 3) vorheizen.

› Kadayif in einer runden, ofenfesten Form von etwa 35 Zentimeter Durchmesser verteilen. Butter bei schwacher Hitze schmelzen, darüber träufeln und etwas abkühlen lassen. Die Teigfäden in kleine Stücke reißen oder mit der Küchenschere auseinander schneiden.

› Die Hälfte der Fäden aus der Form nehmen und in einer Schüssel beiseite stellen. Teigfäden in der Form gleichmäßig festdrücken. Den abgetropften Mozzarella in Scheiben schneiden und darauf legen. Teigfäden aus der Schüssel darauf verteilen und festdrücken.

› Engelshaar in den heißen Backofen (mittlere Schiene) stellen. Bei 200 °C (Umluft, 180 °C; Gas, Stufe 4) 20 bis 25 Minuten backen, bis die Oberfläche goldbraun ist. Herausnehmen und abkühlen lassen, bis der Sirup fertig ist.

› Zitrone in 3 Stücke schneiden, mit Wasser und Zucker in einem Topf unter Rühren aufkochen. 30 Minuten bei schwacher Hitze unter gelegentlichem Rühren kochen, bis ein leicht gelber, dickflüssiger Sirup entstanden ist.

› Sirup heiß über das Engelshaar verteilen und mit Zimtpulver bestreuen. In Stücke schneiden und servieren.

› Dazu trinkt man kaltes Wasser.

Wie Zimtstangen entstehen

Wilde Zimtbäume wachsen bis zu zwölf Meter hoch, in Plantagen hält man sie als höchstens drei Meter hohe Sträucher, damit man sie besser nutzen kann. Für die Zimtproduktion schneidet man ein bis zwei Jahre alte, etwa eineinhalb Meter lange Triebe und trennt in Handarbeit die Rinde ab. Übrig bleibt die aromatische Innenrinde – hauchdünne Platten von 0,3 bis 1 Millimeter Dicke. Sie werden getrocknet – abwechselnd in Sonne und Schatten – und rollen sich dabei von beiden Seiten zu etwa ein Zentimeter dicken Stangen ein.
Daraus werden Zimtstangen geschnitten.

Zimtpulver

Zimtpulver kann, muß aber nicht von so guter Qualität wie die Stangen sein.
Für Zimtzucker, Cremes und Kuchenteig muß man mit Zimtpulver arbeiten.
Zimt entfaltet sein Aroma am besten in Begleitung von Süßem – auch bei herzhaften Gerichten. In der asiatischen Küche können das Würzsaucen oder Früchte, in der westlichen Küche Wein oder Bier sein.

Traditionelle Getreidebearbeitung in Indien: Die Frau wirft das geerntete Getreide durch ein Sieb und trennt damit die Körner von den Spelzen (Seite 252/253).

ANHANG

Welche Lebensmittel sind wo erhältlich?

LM-Abteilung = Lebensmittelabteilung von Kaufhäusern u. Ä.
J = Japanladen
G = Gewürzladen
A = Afrikaladen
B = Britishshop
R = Russlandladen
C = Gartencenter

Lebensmittel	Supermarkt	LM-Abteilung	Naturkostladen	Gemüsehändler	Mittelmeer-Feinkost	Asienladen	Lateinamerikaladen	Sonstige Läden
Aburaage								J
Ananas, klein		•		•	•	•		
Anissamen		•	•		•	•		G
Annato			•					A
Artischockenherzen, Dose	•	•						
Artischockenherzen, in Öl eingelegt		•			•			
Auberginen, philippinische, klein						•		
Austernpilze	•	•	•	•	•			
Austernsauce						•		
Balsamessig	•	•			•	•		
Bambusspitzen, Dose						•		
Bambussprossen, Dose	•	•				•		
Bananenblätter						•		
Basilikum	•	•	•	•	•	•		
Basilikum, getrocknet	•	•	•		•			G
Basmatireis	•	•				•		
Bataviasalat		•		•				
Blätter vom schwarzen Johannisbeerstrauch			•					
Boembae Nasi Goreng	•	•				•		
Bohnen, dicke, in den Schoten			•	•	•			
Bohnen, dicke, getrocknet			•			•	•	

Lebensmittel	Supermarkt	LM-Abteilung	Naturkostladen	Gemüsehändler	Mittelmeer-Feinkost	Asienladen	Lateinamerikaladen	Sonstige Läden
Bohnen, Kidneybohnen, Dose und getrocknet	•	•	•		•	•	•	
Bohnen, schwarze, getrocknet		•	•		•	•	•	
Bohnen, schwarze, Dose						•		
Bohnen, weiße, Dose und getrocknet	•	•	•		•		•	
Bohnen, Wachtelbohnen, getrocknet		•	•		•	•	•	
Bohnenkraut, frisch		•	•	•				
Bohnenkraut, getrocknet	•	•	•			•		
Bohnenmus			•				•	
Bohnenpaste, scharf		•					•	
Brennnesselzweige			•	•				
Brokkoli, asiatischer							•	
Brotgewürz			•					G
Brunnenkresse		•	•	•	•	•		
Buchweizengrütze (Kasha)		•	•		•	•		R
Bulgur		•	•		•			
Cashewnusskerne	•	•	•		•	•		
Chayoten				•		•	•	
Cheddar, einfach	•	•						
Cheddar, Farmhouse-		•						
Chiliöl			•		•	•	•	
Chilipaste		•	•		•	•	•	

Lebensmittel	Supermarkt	LM-Abteilung	Naturkostladen	Gemüsehändler	Mittelmeer-Feinkost	Asienladen	Lateinamerikaladen	Sonstige Läden
Chilipulver	•	•	•		•	•	•	G
Chilischoten, getrocknet und gemahlen		•			•	•	•	G
Chilischoten, grüne		•	•	•	•	•	•	
Chilischoten, grüne, mild, eingelegt	•	•	•		•	•		
Chilischoten, rote		•	•	•	•	•	•	
Chilischoten, rote, eingelegt		•	•		•	•	•	
Chinesische Eiernudeln						•		
Comté-Käse		•			•			
Crème double	•	•	•					
Curryblätter						•		
Currypulver, mild	•	•	•			•		
Currypulver, scharf		•	•			•		
Dill, getrocknet	•	•			•	•		G
Dillblüten				•	•			
Dulce de leche (gezuckerte Kondensmilch)	•	•				•	•	
Erdnussmus	•	•	•			•		
Erdnusscreme, ungesüßt		•	•			•		
Erdnüsse, roh						•		
Erdnüsse, ungesalzen	•	•	•		•	•		
Erdnussöl	•	•	•		•	•		
Estragon, frisch		•	•	•	•	•		
Estragon, getrocknet	•	•	•		•	•		G
Farfalle	•	•			•			
Feigen, getrocknet	•	•	•		•			
Feta	•	•	•		•			
Frischkäse, geschlagen (fromage battu)	•	•			•			
Früchte, kandierte	•	•						
Fuzhu						•		
Galgant, Großer						•		
Galgant, Kleiner						•		
Garam Masala		•				•		G
Gartenkürbis		•	•	•	•			
Gelbwurz, frisch						•		
Gelbwurz, gemahlen		•	•			•		G
Getreideschrot	•	•	•		•	•		
Gewürznelken	•	•	•		•	•	•	G
Glasnudeln	•	•	•			•		
Gouda, alt		•			•			
Granatapfel		•		•	•	•		
Graupen	•	•	•		•			
Greyerzer Käse		•			•			
Grüne Tomaten							•	
Grünkern		•	•					
Gurke, thailändische, Dose und frisch						•		
Hafermehl		•	•					B
Hagebutten, frisch			•	•				
Hagelzucker	•	•						
Harissa		•	•		•	•		
Hartweizengrieß	•	•	•		•			
Havarti-Käse		•						
Herbst- oder Winterspinat	•	•	•	•	•	•		

Lebensmittel	Supermarkt	LM-Abteilung	Naturkostladen	Gemüsehändler	Mittelmeer-Feinkost	Asienladen	Lateinamerikaladen	Sonstige Läden
Hirse	•	•	•		•	•		
Holunderbeeren			•	•				
Honigmelone	•	•	•	•	•	•		
Hüttenkäse	•	•	•					
Ingwer, eingelegt		•	•			•		B
Ingwer, frisch	•	•	•	•	•	•		
Ingwerpulver	•	•	•		•	•		B
Ingwersirup		•			•	•		B
Instantseetangbrühe (Dashi jira)			•			•		
Instantmehl	•	•						
Jackfrucht						•		
Joghurt, griechischer	•	•	•		•			
Kadayif, (Engelshaar-Teigfäden)					•			
Käselab			•					
Kaffeesurrogatextrakt	•	•	•					
Kaffirlime (Bai magrud)				•		•		
Kaong (Palmfrucht)						•		
Kapern	•	•	•		•			
Kardamomkapseln			•		•	•		
Kardamompulver	•	•	•		•	•		
Kefir	•	•	•		•			
Kemirinüsse						•		
Kentjoer (Gewürzlilie)						•		
Kerbel, frisch		•	•	•	•	•		
Kerbel, getrocknet	•	•	•		•	•		G
Kichererbsen, getrocknet		•	•		•	•		
Kokosmilch, Block und Dose	•	•				•		
Kokosnuss, frisch	•	•		•		•		
Kokosnuss, gerieben						•	•	
Kokosnuss, jung (Bulco)						•		
Kokosnussessig						•		
Kokosraspel	•	•	•			•		
Kombu		•				•		
Kondensmilch, gezuckert	•	•				•	•	
Konnyaku								J
Koriander, gemahlen	•	•	•		•	•		G
Koriandergrün				•	•	•	•	
Korianderkörner		•	•		•	•	•	G
Korianderwurzeln						•		
Kräuter der Provence, getrocknet	•	•	•		•			G
Kräuteressig	•	•	•		•			
Kreuzkümmel, gemahlen		•	•		•	•		G
Kreuzkümmelkörner			•		•	•		G
Kürbis, gelber Riesenkürbis			•	•	•			
Kürbis, Flaschenkürbis			•	•	•	•		
Kürbis, Gartenkürbis			•	•	•	•		
Kürbis, süßsauer, eingelegt im Glas oder in der Dose	•	•	•					
Kvas			•					R
Limette		•		•	•	•	•	
Linsen, grüne		•	•		•	•		
Linsen, rote		•	•		•	•		

Lebensmittel	Supermarkt	LM-Abteilung	Naturkostladen	Gemüsehändler	Mittelmeer-Feinkost	Asienladen	Lateinamerikaladen	Sonstige Läden
Lorbeerblätter, asiatische						•		
Maisbrot						•		A
Maisgrieß (Polenta)	•	•	•		•	•		
Maiskolben, frisch und klein		•		•	•	•		
Maiskolben, tiefgefroren	•					•		
Maiskörner, getrocknet		•	•		•	•	•	
Maiskörner, tiefgefroren		•					•	
Maismehl	•	•	•		•	•	•	
Maisstärke = Speisestärke	•	•				•		
Malagueta-Pfeffer						•	•	
Mangoldblätter		•	•	•	•	•		
Maniokmehl			•			•	•	A
Maniokwurzel				•		•	•	A
Maronen	•	•	•	•	•			
Mascarpone	•	•	•		•			
Matze		•	•		•			
Matzenmehl			•		•			
Meerrettichwurzel, frisch	•	•	•	•				
Melasse			•			•	•	
Milchpulver	•	•	•			•		
Minze, frisch				•	•	•		
Minze, getrocknet	•	•	•		•	•		G
Mirin			•			•		J
Mischpilze, getrocknet	•	•	•		•			
Miso			•			•		J
Mock Abalone						•		
Mohn, gemahlen	•	•	•		•	•		

Lebensmittel	Supermarkt	LM-Abteilung	Naturkostladen	Gemüsehändler	Mittelmeer-Feinkost	Asienladen	Lateinamerikaladen	Sonstige Läden
Mohnsamen			•		•	•		
Mont-d'or-Käse		•			•			
Moosbeersaft								R
Mu-Err-Pilze, getrocknet	•	•	•			•		
Muskatblüte		•	•			•		G
Nelken, gemahlen	•	•	•		•	•		G
Nestnudeln	•	•				•		
Netzmelone		•	•	•	•			
Okraschoten			•	•	•	•		
Oliven, schwarze	•	•	•		•	•		
Oliven, schwarze, entsteint	•	•	•		•	•		
Olivenöl, extra vergine		•	•		•			
Olivenöl, kaltgepreßt	•	•	•		•			
Orangeat, gehackt	•	•	•					
Orangenmarmelade, mit Schalen	•	•	•					B
Oregano, frisch		•	•	•	•			
Oregano, getrocknet	•	•	•		•			G
Palmherzen		•				•	•	
Palmzucker, gemahlen		•				•	•	
Palmzucker, ganz						•	•	
Pandanusblätter						•		
Papaya, frisch		•	•	•	•	•	•	
Paprikaflocken					•	•	•	G
Paprikapulver, mild	•	•	•		•	•	•	
Paprikapulver, scharf	•	•	•		•	•	•	
Paprikaschote, rote und hellgrüne, spitz		•		•	•	•		
Pastinakenwurzel			•	•	•			

Lebensmittel	Supermarkt	LM-Abteilung	Naturkostladen	Gemüsehändler	Mittelmeer-Feinkost	Asienladen	Lateinamerikaladen	Sonstige Läden
Patnareis	•	•	•		•	•		
Pecannusskerne		•	•					A
Pecorino		•	•		•			
Peperoni, grüne	•	•	•	•	•	•	•	
Peperoni, rote		•	•	•	•	•	•	
Pfefferminzblätter, frisch				•	•	•		
Pfefferblätter (Paprikaschoten)								C
Pfefferblätter (schwarzer Pfeffer)						•		
Pfefferminze, frisch				•	•	•	•	
Pfefferminze, getrocknet	•	•	•		•	•	•	G
Pfefferschoten, grüne, eingelegt		•	•		•	•	•	
Pimentkörner		•	•		•	•	•	G
Pinienkerne		•	•		•	•		
Polenta (Maisgrieß)	•	•	•		•	•	•	
Raclettekäse		•			•			
Reis, Kleb-						•		
Reis, Risottoreis		•			•			
Reis, thailändischer Duftreis		•				•		
Reisblätter						•		
Reisessig, chinesischer						•		
Reisessig, japanischer						•		
Reisessig, thailändischer						•		
Reishefepulver						•		
Reismehl, Kleb-						•		
Reisnudeln, türkische (Sariyi)		•			•			

Lebensmittel	Supermarkt	LM-Abteilung	Naturkostladen	Gemüsehändler	Mittelmeer-Feinkost	Asienladen	Lateinamerikaladen	Sonstige Läden
Reisnudeln, breit, dünn		•	•			•		
Rettich, salzig, grob gehackt						•		
Roggen, grob geschrotet		•	•					
Roggenmehl	•	•	•					
Rosenwasser		•			•	•		
Rosmarin, frisch		•	•	•	•			
Rosmarin, getrocknet	•	•	•		•			G
Rucola (Rauke)		•	•	•	•	•		
Rundkornreis	•	•	•		•	•		
Safran, Pulver und Fäden		•	•		•	•		
Sago	•	•	•		•	•		
Sake (japanischer Reiswein)		•				•		J
Salbeiblätter		•		•	•			
Salsa Mexicana		•					•	
Salsa Verde		•					•	
Sariyi (türkische Reisnudeln)		•			•			
Sauerampfer			•	•	•			
Sauerteig	•	•	•					
Schaffrischkäse (Liptauer)		•						
Schafkäse, türkischer		•			•			
Schalotten, asiatische						•		
Schichtkäse	•	•	•		•			
Schnittlauch, asiatischer (Schnittknoblauch)				•		•		
Schwarzaugenbohnen, getrocknet			•		•	•		A

Lebensmittel	Supermarkt	LM-Abteilung	Naturkostladen	Gemüsehändler	Mittelmeer-Feinkost	Asienladen	Lateinamerikaladen	Sonstige Läden
Seetang, getrocknet (Miok)			•			•		J
Seetangbrühepulver			•			•		J
Senfkohl			•	•	•	•		
Senfpulver		•	•		•	•		B
Sesamöl		•	•		•	•		
Sesamsamen, geschält, weiß		•	•		•	•		
Sesamsamen, ungeschält, braun	•	•	•		•	•		
Shiitakepilze, frisch		•	•	•	•	•		
Shiitakepilze, getrocknet	•	•	•		•	•		
Sichuan-Pfefferschalen						•		G
Sodapulver		•						B
Sojabohnen, eingelegt						•		
Sojabohnenkeime	•	•	•	•	•	•		
Sojaöl	•	•	•		•	•		
Sojasauce, dunkel	•	•	•		•	•		
Sojasauce, hell		•				•		
Steinpilze, getrocknet	•	•	•		•			
Sujiblätter						•		
Tabascosauce	•	•	•		•			
Tahin (Sesampaste)		•	•		•	•		
Tamarinde			•			•		
Tapioka			•			•	•	A
Tempe			•			•		
Thymian, frisch		•	•	•	•			
Thymian, getrocknet	•	•	•		•			G
Tofu		•	•			•		

Lebensmittel	Supermarkt	LM-Abteilung	Naturkostladen	Gemüsehändler	Mittelmeer-Feinkost	Asienladen	Lateinamerikaladen	Sonstige Läden
Tongupilze (= Shiitakepilze)		•	•	•	•	•		
Topinamburknollen			•	•		•		
Tortillas, mexikan., weich							•	
Tortillas, amerikan., weich							•	
Trockenobst	•	•	•		•			
Vanille, gemahlen	•	•	•		•	•	•	
Vanilleschote	•	•	•		•	•	•	
Vollkorn-Couscous			•		•	•		
Wakame, getrocknet			•			•		J
Walderdbeeren		•	•					
Wasserspinat						•		
Weizengrütze		•	•		•	•		
Weizenkörner	•	•	•					
Xianggupilze, getrocknet						•		
Yufka, dreieckig vorgeschnitten					•			
Zitronellagras						•		
Zitronenblätter		•				•		
Zitronengras		•				•		
Zucker, brauner	•	•				•		
Zucker, asiatischer, rot, (Würfelzucker)						•		
Zucker, Rohrzucker		•	•			•		
Zuckerrohrgranulat	•	•	•					
Zuckersirup	•	•			•			
Zwiebeln, geröstet	•	•	•		•	•		
Zwiebeln, asiatische, klein, rote						•		

Alle im Buch angegebenen Lebensmittel sind in Deutschland erhältlich.

Bezugsquellen

Baikal
Original russische Spezialitäten
Irene Rehberg
Salomon-Idler-Str. 22
86156 Augsburg
Tel. 08 21/59 32 98
Fax 08 21/58 63 51
(Öffnungszeiten:
Di–Fr 8.30–17.00 Uhr;
Sa 9.00–13.00 Uhr)

Bionativ
Müllergasse 5
71364 Winnenden
Tel. 0 71 95/6 18 11
(Versand von Tropenfrüchten;
speziell im Programm:
Feigen und Datteln)

Café Latino
Miguel Angel Servidio
Jahnstr. 6
80469 München
Tel. + Fax 0 89/2 60 97 02
(Originalprodukte aus Lateinamerika;
auf Anfrage auch Lebensmittelversand)

Danel Feinkost Vilf
Zeev D. Vilf
Pilgersheimerstr. 44
81543 München
Tel. 0 89/66 98 88
Fax 0 89/66 98 20
(Verkauf und Versand von
koscheren Lebensmitteln)

Japan-Shop
Westenriederstr. 47
80331 München
Tel. 0 89/22 66 63
Fax 0 89/2 90 47 99

Mexico Haus
Import-Export GmbH
Wichmannstr. 4
22607 Hamburg
Tel. 0 40/8 90 58 40
Fax 0 40/89 22 81

Naturalien-Versand
Grabenstr. 6
65594 Hofen
Tel. 0 64 82/52 02
(Tropenfrüchte, auch Maulbeeren)

Naturkost Volker Schmidt
Rötestr. 5/1
75397 Simmozheim
Tel. 0 70 33/64 49
(Versand von Tropenfrüchten)

Orkos Diffusion
9 rue de Château
Soisy-Bouy B. P. 89
F-77483 Provins Cédex
Tel. 00 33/1/64 60 21 21
(Versand von Tropenfrüchten und
biologischen Lebensmitteln)

Sathi
Indische und asiatische Spezialitäten
Kirchenstr. 32
81675 München
Tel. 0 89/48 45 04
Fax 0 89/9 03 04 55

La Tortilla
Jesus Nevarez
Herstellung von Tortillas;
Originalprodukte aus Mexiko
Kistlerhofstr. 140
81379 München
Tel. 0 89/78 58 23 23
Fax 0 89/78 58 23 24

Walter Vassel
Import und Versand
Originalprodukte aus Lateinamerika
Postfach 1249
63305 Rödermark
Tel. 0 60 74/9 43 00
Fax 0 60 74/9 58 07

Claire Zurgeissel
Asiatische Spezialitäten,
Gewürze, Kräuter
Rostocker Str. 68
20094 Hamburg
Tel. 0 40/2 80 27 47

Danksagungen

Für Unterstützung und Hilfe an diesem Buch möchte ich einigen Damen und Herren besonders danken.

Maria Blaas hat mir die Kontakte zu Brasilien - auch kulturell - vermittelt.

Heidrun Emmert hat mich gleich zum indonesischen Stammtisch eingeladen und mir damit ermöglicht, interessante Kontakte zu knüpfen.

Ingeborg Burger-Balogh, Tibor Balogh und *Dr. Olga Zobel-Birò* haben mir zwei lange, informative Gespräche über Ungarn gewährt.

Dr. Barbara Spielmann hat mich einen ganzen Nachmittag mit Tee und selbst gebackenen Waffeln bewirtet und mir dabei die Gelegenheit gegeben, *Xiaoyan Zhang* kennen zu lernen.

Regina Glei und *Sanae Muraoka* haben mir über Japan berichtet.

Heide Wahr hat mir den Kontakt zu drei Damen aus Japan vermittelt, die wiederum mit Rat und Tat am Buch mitgewirkt haben. *Miyuki Tamura* hat für die Bewirtung an einem langen Nachmittag zu viert gesorgt.

Ellen Presser hat mir ermöglicht, *Bilha Widmann* und damit die jüdische Küche kennen zu lernen.

Traute und *Rolf Hatterscheidt* haben mir einen wertvollen Kontakt zu England vermittelt, der dieses Buch ganz entscheidend beeinflusst hat.

Traute hat auch dafür gesorgt, dass ich *Lyne Manuel* aus Frankreich, *Llermi Schröder* aus Mexiko, *Ramata Ebersbach-Dabiré* aus Burkina Faso und *Natalia Rykova* aus der Ukraine kennen lernen konnte.

Tatjana Lukina vom MIR in München hat mich mit *Natalia Schkunajeva* bekannt gemacht.

Mit *Marina Schlichter* durfte ich ein langes Gespräch über Russland und die russische Küche führen.

Durch *Barbara* und *Bodo Schieren* lernte ich *Sombat Kaewchum-Rozmus* aus Thailand und *Çoskun Büyükgüçlü* aus der Türkei kennen.

Çoskun wie auch *Erdogan Yarar, Miguel Angel Servidio, Iris Bichelmaier-Zalszupin, Dr. Phung Hoang* und *Joëlle Ribas* sind übrigens die einzigen Profis, die bei diesem Buch mitgewirkt und ihr Wissen vorbehaltlos zur Verfügung gestellt haben. Dass dies keineswegs selbstverständlich ist, habe ich bei anderen Gelegenheiten erfahren.

Beatrix Loos von Kikkoman Trade Europe hat mir postwendend wirklich informative Unterlagen, und nicht die leider inzwischen üblichen normierten Presseunterlagen, geschickt.

Danken möchte ich auch meinen Mitarbeiterinnen *Natascha Afanassjew, Monika Jocham, Luise Herrmann* und *Maria Fecondo.*
Natascha hat die Texte aus dem Russischen übersetzt, Kontakte hergestellt, eine Menge von Unterlagen und Literaturstellen sortiert.
Monika und *Luise* haben das Ordnen der vielen Lebensmittel besorgt, sich um Bezugsquellen und Einkaufsmöglichkeiten gekümmert - die ganze Kleinarbeit, die man nun als übersichtliche Tabelle im Buch findet.
Alle drei haben mir geholfen, Fragen zu klären, die beim Recherchieren und Texten ständig aufgetreten sind.
Maria schließlich hat Rezepte getestet, gekocht und einen kleinen Teil der großen italienischen Küche zu diesem Buch beigesteuert.

Über 40 Menschen unterschiedlicher Nationaliät haben an diesem Buch mitgearbeitet.

Rezepteregister

Sachregister

Länderregister

Argentinien

Armenien

Brasilien

Burkina Faso

China

Dänemark

Deutschland

England

Frankreich

Georgien

Griechenland

Ibiza

Indien

Indonesien

Ostervorbereitungen auf der südgriechischen Insel Karpathos: Die Hefekringel werden nach alter Sitte in steinernen Holzbacköfen gebacken (Seite 269).

LITERATURVERZEICHNIS

Bärtels, Andreas: Farbatlas Tropenpflanzen. Zier- und Nutzpflanzen. 3. Auflg., Stuttgart: Verlag Eugen Ulmer, 1993.
Bauer, Wolfgang: China und die Hoffnung auf Glück. Paradiese, Utopien, Idealvorstellungen in der Geistesgeschichte Chinas. München: Deutscher Taschenbuch Verlag, 1974.
Bauer, Wolfgang: Die Nudeln des Marco Polo. In: Schultz, Uwe (Hrsg.): Speisen, Schlemmen, Fasten. Eine Kulturgeschichte des Essens. Frankfurt/Main und Leipzig: Insel Verlag, 1993.
Bitsch, Irmgard, Ehlert, Trude und *von Ertzdorf, Xenja:* Essen und Trinken in Mittelalter und Neuzeit. Sigmaringen: Jan Thorbecke Verlag, 1987.
Bitterli, Urs (Hrsg.): Die Entdeckung und Eroberung der Welt. Dokumente und Berichte, Band 2: Asien, Australien, Pazifik. München: Verlag C.H. Beck, 1981.
Brown, Michèle: Royal Recipes. London: Pavillion Books, 1995.
Clauss, Stephan: Essig. Der Guide für Kenner und Feinschmecker. München: Wilhelm Heyne Verlag, 1996.
David, Elizabeth: A Book of Mediterranean Food. Repr. 2nd edition, London: Penguin Books, 1991.
David, Elizabeth: Italian Food. Rev. edition, London: Penguin Books, 1989.
Das große Buch der Exoten. Obst aus den Tropen und Subtropen (Teubner Edition bei Gräfe und Unzer). Füssen: Teubner Edition, 1990.
Das große Buch der Gemüse aus aller Welt (Teubner Edition bei Gräfe und Unzer). 3. Aufl., Füssen: Teubner Edition, 1995.
Degner, Rotraud: Olivenöl. Ein Guide für Feinschmecker. München: Wilhelm Heyne Verlag, 1995.
Do Van, Paulette: Vietnamese Cooking. Exotic Delights from Indo-China. London: Apple Press, 1993.
Engelbrecht, Beate u. Keyser, Ulrike: Mexikanisch kochen. Gerichte und ihre Geschichte. 4. Auflg., St. Gallen, Berlin, São Paulo: Edition diá, 1993.
Fohrer, Georg: Glaube und Leben im Judentum (UTB für Wissenschaft: Uni-Taschenbücher; 885). Heidelberg und Wiesbaden: Quelle und Meier, 1991.
Franke, Wolfgang: Nutzpflanzenkunde. Nutzbare Gewächse der gemäßigten Breiten, Subtropen und Tropen. 4. Auflg., Stuttgart, New York: Georg Thieme Verlag, 1989.
Heine, Peter: Kulinarische Studien. Untersuchungen zur Kochkunst im arabisch-islamischen Mittelalter. Wiesbaden: Otto Harrassowitz, 1988.
Jaffrey, Madhur: Eastern Vegetarian Cooking. London: Arrow Edition, 1990.
Jaffrey, Madhur: What's Cooking in Japan. Healthy Home-Style Recipes the Kikkoman Way. Tokyo: Kikkoman Corporation, 1993.
Kongpan, Sisamon: The Best of Thai Cuisine. Bangkok: o.J.
Kräuter und Knoblauch (Teubner Küchenlexikon bei Gräfe und Unzer). Füssen: Teubner Edition, 1993.
Kreisel, Werner: Die Pazifische Inselwelt (Wissenschaftliche Länderkunden, Band 38). Darmstadt: Wissenschaftliche Buchgesellschaft, 1991.
Lambert Ortiz, Elisabeth (Hrsg.): Gewürze, Kräuter und Essenzen. Das Handbuch für die Küche. München: Christian Verlag, 1993.
Liebster, Günther: Warenkunde Obst & Gemüse, Band 1: Obst. Düsseldorf: Morion, 1988.
Liebster, Günther: Warenkunde Obst & Gemüse, Band 2: Gemüse. Düsseldorf: Morion, 1990.
Mintz, Sidney W.: Die süße Macht. Kulturgeschichte des Zuckers. Frankfurt/Main, New York: Campus Verlag, 1992.
Owen, Sri: Indonesian Regional Food & Cookery. London et al.: Doubleday/Transworld Publishers, 1994.
Owen, Sri: The Ricebook. The Definitive Book on the Magic of Rice Cookery. London et al.: Doubleday/Transworld Publishers, 1993.
Paprika. Gewürz und Gemüse (Teubner Küchenlexikon bei Gräfe und Unzer). Füssen: Teubner Edition, 1993.
Parbhoo, Ramola: Voyage to Vegetarianism. Stanley, Rose Hill/Mauritius: Editions de l'Océan Indien, 1994.
Rehm, Sigmund u. Espig, Gustav: Die Kulturpflanzen der Tropen und Subtropen. 2. Auflg., Stuttgart: Verlag Eugen Ulmer, 1984.
Ruf, Fritz: »Die sehr bekannte dienliche Löffelspeise«. Mus, Brei und Suppe – kulturgeschichtlich betrachtet. Velbert-Neviges: BeRing Verlag, 1989.
Sahni, Julie: Das große vegetarische indische Kochbuch. München: Wilhelm Heyne Verlag, 1987.
Shaida, Margaret: The Legendary Cuisine of Persia. London: Penguin Books, 1994.
Shurtleff, William und Aoyagi, Akiko: Das Tofu-Buch (Nahrung für alle, Band 2). Oberbrunn: Ahorn Verlag, 1981.
Stehr, Christopher (Hrsg.): Brasilien. Gesichter eines Landes. Ein Reisehandbuch. St. Ottilien: EOS-Verlag, 1994.
Tralow, Johannes: Roxelane. Reinbeck bei Hamburg: Rowohlt Taschenbuch Verlag, 1987.
Weijden, Gera van der: Indonesische Reisrituale (Dissertation Univ. Basel). Basel: G. Krebs, 1981.
Willan, Anne: Kochkünste aus sieben Jahrhunderten. Berühmte Köchinnen und Köche von Taillevent bis Escoffier: Ihre Rezepte – Ihre Gäste. Bern und Stuttgart: Hallwag Verlag, 1979.

TITEL-FOTO	Karl Newedel, München
FOOD-FOTOS	Karl Newedel, München

BILDNACHWEIS Alle Fotos Karl Newedel, München, mit Ausnahme von: AKG, Berlin: 85; Bilderberg, Hamburg: 20 li.o. (Wolfgang Volz), Mi. (Gert Wagner), 37, 269 (Klaus-D. Francke), 52 Mi. (Thomas Ernsting), 57 re.o. (Georg Fischer), 71, 76 li.o., 157 re.o., 172 Mi., 173 re.o., 180 li.o., Mi., 181 re.o., Mi. (Reinhart Wolf), 105 (Aurora), 120 li.o. (Kall), 139 (Hans-Jürgen Burkhard), 168 (Klaus Bossemeyer), 200 (Eberhard Grames), 241 (N.N.), 244 (Hans Madej), U4 (Andrej Reiser); Das Fotoarchiv, Essen: 29 re.o. (Henning Christoph), 32 (Eisermann/Babovic), 33, 231 re.o., 228 Mi., 229 re.o. (Toma Babovic), 56 (Klaus Reisinger), 63 (Thomas Mayer), 68, 94 (Peter Korniss), 87 (Peter Hollenbach), 90, 95 u., 103 Mi., 149, 201 u. (Andreas Riedmiller), 99 (Dirk Eisermann), 102 li. o., 229 Mi. (Sebastian Bolesch), 102 Mi., 191 Mi. (Rupert Oberhäuser), 107 (Lee Day), 121 re. o. (Ossi Baumeister), 140 (Martin Sasse), 156 li.o., Mi., 172 li.o., 233 Mi.u. (Jochen Tack), 158 (George Shelley), 218 (Michael Schwerberger), 228 li.o. (Bernd Euler); Dörfler Alexander, Hamburg: 65, 260; Dressler Fritz, Worbswede: 8; Ebersbach-Dabiré, München: 129; Gerg Franz, München: Umschlagklappe hinten u.; Hechenblaikner Lois, Raith (Tirol): 4, 252; Hein Norbert, München: 24, 25, 79, 121, 157 Mi., 213 Mi.; Kerth Ulrich, München: 193; Knüsel Beat, Birsfelden (Schweiz): 6; Leonhard Christl, München: 145; Manuel Lyne, München: 199 re.o., re.u.; Prangel Astrid, München: 14, 15, 16, 17, 46, 60, 72, 80, 82 li.. u., 111, 125, 128, 161, 166, 170, 176, 185, 233 re.o., 242, 261, Umschlagklappe hinten o.; Schieren Bodo A., München: 188, 188, 232; Teubner Christian, Füssen: 36, 48, 214 li.o.; Transglobe, Hamburg: 11 re.o. (Laski), 73 (Fred Krüger), 159 (N.N.), 171 (W. Jackson), 191 (H. Tschanz-Hofmann), 207 (Di Girolamo), 209 (Dieter Ti.), 249 re.o. (Aloha/ Trizeps); Visum, Hamburg: 21 Mi., re.o. (Bernd Ludwig), 53 Mi. (Michael Wolf), 52 li.o., 214 re.o., 196 Mi., 213 re.o. (Günter Beer), 53 re.o. (Gerd Ludwig), 53 re.o. (Gebhard Krewitt), 76 Mi. (Christoph Engel), 77 Mi. (Tim Rautert), 77 re. (Regina Recht), 120 Mi. (Gregor Schläger), 183 (Gerhard Krewitt), 196 li.o. (Wolfgang Steche), 196 Mi. (N.N.)

GRAFISCHES KONZEPT	Büro für Gestaltung; Dietmar Meyer, Friedhelm Ott, Hamburg
TITEL	Friedhelm Ott, Hamburg
KARTEN	Friedhelm Ott, Hamburg
LEKTORAT	Heike Pressler
FOOD-FACHBERATUNG	Iris Bichelmaier-Zalszupin, Çoskun Büjükgüçlü, Aurea Galarpe-Helbig, Dr. Phung Hoang, Miguel Angel Servidio, Erdogan Yarar
RECHERCHEN-MITARBEIT	Natascha Afanassjew, Luise Herrmann, Monika Jocham
ÜBERSETZUNGEN	
AUS DEM FRANZÖSISCHEN	Gabriele A. Christ (M. A. Dalhousie)
AUS DEM RUSSISCHEN	Natascha Afanassjew
AUS DEM SPANISCHEN	Llermi Schröder
VERSUCHSKÜCHE	Maria Fecondo, Renate Jocham
REDAKTIONSLEITUNG	Dr. Reinhard Pietsch
REDAKTION	Michaela Röhrl
BILDREDAKTION	Bettina Huber
HERSTELLUNG	Manfred Metzger
LITHOGRAFIE	PHG Lithos GmbH, München
SATZ	Reiner Löb
DRUCK UND BINDUNG	Sebald Sachsendruck, Plauen

Gedruckt auf chlor- und säurearmem Papier
ISBN 3-517-01879-1

Anmerkung der Redaktion
Diesem Buch liegt die im Juli 1996 in Wien beschlossene und ab 1. 8. 1998 verbindliche Neuregelung der deutschen Rechtschreibung zu Grunde.